Der emotionale Einfluß einer Krebserkrankung und deren Behandlung auf die Lebensqualität des Patienten und möglicherweise sogar auf den Ausgang des Leidens wird seit einiger Zeit intensiv diskutiert. Das vorliegende Buch vermittelt eine eindrucksvolle Beschreibung der inneren Erfahrungen von Krebspatienten, wie sie in ihren eigenen Berichten, in ihren Gedichten und Kunstwerken zum Ausdruck kommen. Die Autorin, in Los Angeles als Psychoonkologin und Kunsttherapeutin tätig, nimmt den Leser mit auf eine zutiefst bewegende Reise durch die psychischen Realitäten von Krebspatienten, vom Schock der Diagnose bis hin zu den vielfältigen Behandlungsformen und ihren häufig beeinträchtigenden Nebenwirkungen. Die Autorin ist aufgrund ihrer Erfahrung überzeugt, daß Kreativität eine Reorganisierung des Selbst ermöglicht, welche die schwerwiegendsten psychischen Bedrohungen abzuwehren vermag. Die von der Autorin gewählten Fallbeispiele, die im Zentrum des Buches stehen, sind weder sentimental noch niederdrückend, sondern vielmehr geprägt von Gefühlswärme, Humor, Ironie, Mitgefühl und nicht selten von großer moralischer Kraft. – Im ersten Teil des Buches schildert die Autorin, wie der Krebspatient die Informations- und Entscheidungsprozesse, die Beziehung zum Arzt, die verschiedenen Behandlungsmethoden und die eigenen Ängste und Schmerzen in den Krankheitsstadien wahrnimmt. Im zweiten Teil werden auf der Grundlage von Kunstwerken und literarischen Texten, deren Autoren an Krebs leiden, die psychoanalytischen Konzepte Trauer, Verlust und Kreativität überprüft.

Esther Dreifuss-Kattan, Psychologin und Kunsttherapeutin, arbeitet in privater Praxis in Los Angeles. Sie hat Bücher und Aufsätze zu psychologischen und künstlerischen Themen veröffentlicht.

Esther Dreifuss-Kattan

Krebs

Kreativität und Selbst-Heilung

Aus dem Amerikanischen
von Reiner Stach

Fischer Taschenbuch Verlag

Deutsche Erstausgabe
Veröffentlicht im Fischer Taschenbuch Verlag GmbH,
Frankfurt am Main, April 1993

Die amerikanische Originalausgabe mit dem Titel
»Cancer Stories. Creativity and Self-repair«
erschien 1990 im Verlag The Analytic Press, Hillsdale, New Jersey
© 1990 The Analytic Press, Inc., Hillsdale, New Jersey
Für die deutsche Ausgabe:
© 1993 Fischer Taschenbuch Verlag GmbH, Frankfurt am Main
Alle Rechte vorbehalten
Umschlaggestaltung: Buchholz/Hinsch/Hensinger
Gesamtherstellung: Clausen & Bosse, Leck
Reproduktion der Abbildungen: i-dienst, Wiesbaden
Printed in Germany
ISBN 3-596-11278-8

Gedruckt auf chlor- und säurefreiem Papier

Verzicht. Das ist nicht so wie Krankheit war
einst in der Kindheit. Aufschub. Vorwand um
größer zu werden. Alles rief und raunte.
Misch nicht in dieses was dich früh erstaunte.

Rainer Maria Rilke (1975, S. 511)

Aber es stellt sich heraus, daß man ein Leben an einem Tag
leben kann; man kann es in einem Moment leben, in einem Jahr –
so daß bis zu dem Maß, in dem sie dein Leben verlängern können,
das Sterben kein Betrug ist. Es ist etwas Schönes. Ich glaube
nicht, daß die Menschen Angst vor dem Tod haben. Wovor sie
wirklich Angst haben, ist die Unvollendetheit ihres Lebens.

Ted Rosenthal (1973, S. 45)

Inhalt

Vorwort

Die Bedeutsamkeit einer sozialpsychologisch orientierten Medizin hat in den vergangenen Jahren zunehmend mehr Anerkennung gefunden. Insbesondere die Psychologie des Krebspatienten ist nicht nur in den Mittelpunkt des öffentlichen Interesses gerückt, sondern wurde auch zum ernsthaften Gegenstand psychomedizinischer Forschung. Psychodynamische Modelle wie z. B. Abwehr- und Anpassungsmechanismen; die Rolle unbewußter Ängste, Wünsche und Phantasien; schließlich das Erkennen und Einschätzen depressiver Stimmungen und anderer sozialpsychologischer Einflüsse auf das Entstehen von Gesundheit und Krankheit werden von der Schulmedizin, und insbesondere von der Onkologie, mehr und mehr als bedeutsam erkannt.

Die technischen Fortschritte bei der Behandlung von Krebs führen häufig zu Heilung oder verlängerter Lebenszeit. Nicht selten jedoch sind sie begleitet von einem chronischen Verlauf des Leidens. Wird die Behandlung von hochspezialisierten Fachkräften durchgeführt, von denen jeder nur einen Teil der Pflege übernimmt, so versetzt dies den Patienten, der ja bereits mit der bedrohlichen Diagnose fertigwerden muß und sich zahlreichen Verlusten und Einschränkungen gegenübersieht, in noch gesteigerte Angst und Bestürzung. Wir haben heute ein wachsendes Bewußtsein für den emotionalen Einfluß von Krebs und dessen Behandlung auf die Lebensqualität des Patienten und vielleicht sogar auf den Ausgang des Leidens.

Darüber hinaus sehen viele den Krebs geradezu als Repräsentanten von Krankheit und Sterben überhaupt; das veranschaulichen zahlreiche autobiographische Berichte von Krebspatienten, die ich in den vergangenen fünf Jahren gesammelt habe und die ich im vorliegenden Band analysieren will.

Im ersten, psychoonkologischen Teil der Studie wird untersucht, wie der Patient die Informations- und Entscheidungsprozesse, die Beziehung zum Arzt, die verschiedenen Behandlungsmethoden sowie die eigenen Ängste und Schmerzen in allen Stadien der Krankheit wahrnimmt – und zwar anhand von 32 publizierten, in der Ich-Form verfaßten Berichten. Die Interpretation dieser Texte basiert auf dem klassischen Werk *Einführung in die Psycho-Onkologie,* das der

Schweizer Psychoonkologe und Psychoanalytiker Dr. Fritz Meerwein herausgegeben hat (1981). Dieser Teil der Studie richtet sich nicht nur an den Psychoanalytiker, den Psychiater und Psychologen, sondern ebenso an den Onkologen, den behandelnden Arzt, an andere Mitglieder des Behandlungsteams sowie an die Familien Krebskranker.

Der zweite Teil meiner Studie überprüft psychoanalytische Konzepte zu Trauer, Verlust und Kreativität, und zwar im Hinblick auf Kunstwerke und literarische Texte, deren Autoren unter Krebs leiden. Das Hervorbringen von Kunstwerken und Texten wird interpretiert im Sinne einer psychologischen Selbst-Heilung angesichts vielfacher Verluste und einer Wiedergutmachung im Angesicht des eigenen Todes, d. h. als ein Mittel, mit einem intakten inneren »guten Objekt« in unbewußter Weise in Verbindung zu treten. Diese Analyse dient dann als theoretischer Rahmen, um verschiedene klinische Probleme der psychotherapeutischen und kunsttherapeutischen Arbeit mit Krebspatienten und deren Familien zu klären; sie wird überdies illustriert durch Fallbeispiele und Bildmaterial. Besonders hervorheben möchte ich die klinischen Möglichkeiten, die latente Kreativität des Krebspatienten zu aktivieren. Diese vermag die Trauerarbeit wirksam zu unterstützen, ähnlich der Kreativität, die sich bei an Krebs erkrankten Autoren und Künstlern spontan entfaltet.

Persönliche Schilderungen, Autobiographien, Tagebücher, Romane, poetische Beschreibungen und Kunstwerke von Autoren, Künstlern und ungeübten Patienten, die unter Krebs leiden, erweisen sich als reiche Quellen; aus ihnen lassen sich die dringlichsten Sorgen *aller* Krebspatienten ablesen. Die Reaktionen kreativer Menschen auf eine lebensbedrohliche Krankheit bieten bedeutende Einblicke für unser Verständnis davon, wie der Mensch mit Verlust und Tod umgeht und welch wirkungsvolle, ja entscheidende Rolle kreative Arbeit bei diesem Prozeß spielen kann. Diese Krebsgeschichten werfen auch ein Licht auf die Bedeutung therapeutischer Beziehungen für den Patienten, der die Mühsal der Trauerarbeit zu bewältigen hat. Die Studie schließt mit einer Bibliographie von 110 englisch- und deutschsprachigen Publikationen aus den vergangenen zwanzig Jahren, verfaßt von Autoren, die unter Krebs litten.

Einführung in die Psychoonkologie

> *...in der Literatur... allein erfüllt sich uns*
> *auch die Bedingung, unter welcher wir uns*
> *mit dem Tode versöhnen könnten...*
> Sigmund Freud (1915, S. 51)

In jeder historischen Epoche gibt es eine Krankheit, die besonderen Schrecken verbreitet. In biblischen Zeiten war es die Lepra, die tiefste Angst und Abscheu hervorrief. Im Mittelalter und während der Renaissancezeit war der »schwarze Tod« der unaufhaltsame, vernichtende Dämon. Zum Beispiel starben in Florenz innerhalb eines Jahres 60000 Einwohner an der Pest, eine Katastrophe, die Giovanni Boccaccio zu seinem *Decamerone* inspirierte. Im 19. Jahrhundert war der »weiße Tod«, die Tuberkulose, mit den schlimmsten Leiden verbunden; gegen diese Krankheit gab es keine Waffe. In *Der Zauberberg* hat Thomas Mann den Tuberkulosepatienten beschrieben, der von der Krankheit aufgezehrt wird – die sichtbaren Symptome der Krankheit wie auch die besondere psychische Verfassung der Patienten. Bevor man entdeckte, daß Tuberkulose eine bakterielle Infektion ist, war jeder Tb-Patient ein Todeskandidat.

Heute ist Krebs diejenige Krankheit, welche die intensivsten Ängste hervorruft. Der Begriff »Krebs« geht zurück auf Hippokrates, der die langen Blutgefäße, die strahlenförmig von Knoten in der Brust ausgehen, mit Krebsen in Verbindung brachte. Wie die Krebse kriecht auch der »Krebs« mit unvorhersagbaren, seitlichen Bewegungen, dem Blick verborgen wie ein niederes Nachttier. Wie der Krebs von seinem Panzer geschützt wird, so ist auch der »Krebs« aggressiv und unangreifbar zugleich. An allem, was er befällt, hält er fest. Er verschlingt und zerstört, und sein Ziel ist der Tod seines Opfers.

Im Jahr 1798 beschrieb Novalis die Krebsgeschwüre als »vollkommne *Schmarotzertiere* (oder Tierpflanzen) – sie wachsen, sie werden erzeugt, sie zeugen, sie haben ihre Organisation, sie sezernieren, sie essen« (zit. n. Sontag 1978, S. 16). Freud bezeichnete seinen Mundhöhlenkrebs als sein »Ungeheuer« (Schur 1973). »Der Krebspatient verwelkt«, schrieb Alice James in ihr Tagebuch, ein Jahr bevor sie an Brustkrebs starb; »diese unselige granitene Substanz in meiner Brust« nannte sie ihn (James 1964, S. 225).

Keine andere Krankheit zieht eine solche Fülle an privaten Symbolen und metaphorischen Entsprechungen auf sich. Man braucht nur die Diagnose »Krebs« zu vernehmen, und schon beginnt man, einen langsamen Prozeß körperlicher Zerstörung und unentrinnbaren Todes zu imaginieren. Der Gedanke, daß Krebs ein physisches Leiden ist, das häufig eingedämmt oder sogar geheilt werden kann, ist psychologisch außer Reichweite. Statt dessen taucht die Vorstellung eines langsamen, verzehrenden Sterbens auf, die sofort nach den Schemata des eigenen bisherigen Lebens interpretiert wird. Ein Herzinfarkt ist nichts als ein Herzinfarkt; Krebs jedoch ist eine Strafe für nichtgelebtes Leben oder für unterdrückte Feindschaft, oder er ist der Gipfelpunkt der eigenen Hoffnungslosigkeit. Stets färben solche und andere individuelle Deutungen die Wahrnehmung der Krankheit. Sie sind keinesfalls das Resultat unbeabsichtigter Suggestion durch einen Arzt oder eine Krankenschwester. Vielmehr entwickelt jeder Patient die Interpretation ganz unmittelbar, und ebenso seine Familie, wenngleich die von der Familie gebrauchte Metapher sich oft in bezeichnender Weise von der des Patienten unterscheidet.

Für den Arzt wie für den Patienten ist es wichtig, diese Metaphern ans Licht zu bringen und zu verstehen, daß in jedem Fall die Deutung des Krebses durch die Wahrnehmung des Patienten, seine Persönlichkeit und seine gesamte Lebenserfahrung gefiltert worden ist. Die ersten Fragen des Onkologen an den Patienten sollten stets lauten: Was hat Sie krank gemacht? Welche Phantasien haben Sie darüber, *warum* Sie krank wurden? Durch die Antwort auf diese Fragen wird man mit der Person, die vor einem steht, unmittelbar vertraut.

»An Krebs zu denken ist, als wär man in einem dunklen Zimmer mit einem Mörder eingesperrt. Man weiß nicht, wo und wie und ob er angreifen wird!« So hat es die Krebspatientin und Schriftstellerin Maxi Wander beschrieben (1980, S. 15).

Die Psychoonkologie versucht einen therapeutischen Umgang sowohl mit den psychischen Realitäten, die hinter diesen Metaphern stehen, als auch mit der Abwehr, die Arzt wie Patient gegen diese übermächtigen Bilder aufrichten. Sie untersucht die psychologische Reaktion auf die verschiedenen Krebstherapien sowie deren Konsequenzen für den Patienten, die Familie und das Behandlungsteam. Außerdem befaßt sie sich mit der Todesdrohung und mit anderen Ängsten, die der Patient von Anbeginn und durch alle Stadien seiner Erkrankung erfährt.

In seinem Werk *Medicinal Ethics*, das 1803 erschien, schrieb Thomas Percival: »Es ist erforderlich, die Gefühle und Emotionen der Patienten unter kritischen Umständen zu kennen und zu beachten, nicht weniger als die Symptome ihrer Krankheiten« (zit. n. P. Meerwein 1980, S. 13). In den letzten Jahren erlangte die Psychoonkologie wachsende öffentliche Aufmerksamkeit, und sie etablierte sich im Rahmen der naturwissenschaftlichen, medizinischen und psychologischen Forschung. Diese Entwicklung erklärt sich aus den folgenden Gründen:

– Krebs ist die zweithäufigste Todesursache des Menschen.
– Fortschritte in den chirurgischen, radio- und chemotherapeutischen Behandlungsmethoden haben das Leben der Krebspatienten verlängert und in vielen Fällen die Heilungschancen verbessert. Gleichzeitig jedoch haben diese Fortschritte die Lebensqualität der überlebenden Patienten erheblich beeinflußt; häufig werden sie zu chronischen Patienten.
– Patienten haben das Recht und auch das Bedürfnis, aktive Partner zu sein, wenn es um ihre eigene Krankheit geht. Sie möchten an dem Entscheidungsprozeß beteiligt sein, welcher der Wahl zwischen verschiedenen medizinischen Prozeduren vorangeht.
– Patienten erwarten heutzutage, daß ihr Behandlungsplan auch Maßnahmen gegen die Angst einschließt. Sie wissen, daß nur eine mehr oder weniger angstfreie Persönlichkeit stark genug ist, den Kampf gegen den Krebs auszufechten und zu gewinnen.
– Krebs ist gewöhnlich ein langsamer Prozeß, während dessen man die psychische Entwicklung über einen langen Zeitraum beobachten kann.

Die Krebsmetapher enthält jedoch ein merkwürdiges Paradox. Krebs heißt im Lateinischen *carcinoma*, was Tumor bedeutet; im Griechischen lautet das Wort *neoplasma*, und dies bedeutet »Neubildung«. Die Gefahr der Zerstörung, die dieses »neue« Gewebe repräsentiert, flößt ausnahmslos Furcht ein, aber in vielen Patienten ruft es auch verborgene Kräfte wach. Physische wie auch psychische Reserven werden erschlossen, um gegen die Krankheit anzukämpfen. Bei dem Versuch, die Gesundheit wiederherzustellen und zu einem psychischen Gleichgewicht zurückzufinden, werden nicht selten neue kreative Kräfte entdeckt. Auf diese Weise entfaltet sich eine außergewöhnliche Dialektik von Krankheit und Gesundheit, Verzweiflung und neuer Hoffnung. Wie wir im folgenden an zahlreichen autobiographischen und künstlerischen Darstellungen sehen werden, kann die Tatsache, Krebs zu haben, in vielen Patienten einen starken Wunsch nach Ausdruck der eigenen Persönlichkeit hervorrufen. »Wenn mein langsames Sterben, das nicht mehr anzuzweifeln ist, vorbestimmt ist, dann habe ich nur noch einen letzten Wunsch: daß ich selbst aus diesem Sterben eine wunderbare, große, spannende Geschichte machen kann«, schrieb der Schweizer Krebspatient und Autor Walter Matthias Diggelmann in seinem letzten Buch *Schatten* (1979, S. 27 f.).

Ich gebrauche den Begriff »Krebsgeschichten«, um veröffentlichte Texte von Krebspatienten zu bezeichnen, die sich mit einem der verschiedenen Aspekte ihrer Krankheit befassen. Darunter finden sich Autobiographien, Tagebücher, persönliche Schilderungen, Romane und Gedichte, daneben aber auch wissenschaftliche Studien von Psychologen, Psychoanalytikern, Ärzten und Philosophen, deren Krebserkrankung sie dazu motivierte, wissenschaftliche Untersuchungen zu verfassen über die Auswirkungen des Krebses und die Lebensgefahr, die er bedeutet.

Die meisten, jedoch nicht alle Krebsautoren waren bereits vor ihrer Erkrankung Schriftsteller. Mit Hilfe von Tagebüchern oder Diktiergeräten begannen sie, ihren Krebs zu dokumentieren, wobei ein ganzes Bündel durch die Krankheit entstandener Motive sie ansportnte. Einige, wie etwa Diggelmann (1979), begannen zu schreiben, um trotz der verheerenden Auswirkungen der Krankheit die Kontrolle über ihr Leben zu behalten: »Es war mein einziges Mittel, meine einzige Waffe gegen die Krankheit, die ich einzusetzen hatte, daß ich mir damals vor über sieben Wochen dieses Diktaphon beschaffte – das heißt, eigentlich wurde es mir geschenkt –, weil ich mir sagte: Was immer mit dir geschehen ist, du gibst nicht auf, du münzt das sofort um. Du mußt etwas damit anfangen. Du mußt Phantasie haben. Du kannst dich jetzt nicht totstellen« (S. 102).

Andere, wie zum Beispiel der junge Arzt Fitz Mullan (1987), waren beseelt von dem Wunsch, etwas von sich zu hinterlassen:

»Als mit zweiunddreißig bei mir Krebs diagnostiziert wurde, gaben mir meine Eltern ein tragbares Tonbandgerät; sie schlugen vor, ich solle alle meine Energie aufbieten, um Aufzeichnungen über mein Martyrium zu machen. Das Schreiben lag mir, ich hatte schon zuvor oft und mit Genuß geschrieben. Führ' ein Tagebuch, forderten sie mich auf. Vielleicht wird eines Tages ein Buch daraus. Das haben wir alle bezweifelt, glaube ich. Eher würden meine Notizen der Erinnerung dienen, letzte Spuren im Sand, wenn ich – was eine ernst zu nehmende Möglichkeit war – sterben würde. Doch diese rationale Erklärung war mir keineswegs unangenehm. Sie war in der Tat plausibel, und so machte ich mich daran, in täglichen Diktaten das Leben im Krankenhaus zu beschreiben und wie ich mich als Krebspatient einfügte« (S. 45).

Das Buch oder das Kunstwerk, das den Krebs thematisiert, dient dem Krebspatienten als Projektionsfläche für all die Ängste, die von der Krankheit ausgelöst werden. Die Fernsehjournalistin Betty Rollin (1976) schreibt: »Während meiner verrückten Zeit ging ich noch immer ins Büro, und ich ging auch abends aus. Ich glaube nicht, daß von meiner Verrücktheit viel zu sehen war. Das lag zum Teil daran, daß ich jetzt mehr schrieb und meine Verrücktheit zu Papier brachte. Das machte es eher möglich, in der übrigen Zeit normal zu bleiben. Manchmal kam ich mir vor wie einer von denen, die Amok laufen und vom Dach herab vierzehn Leute umbringen, und hinterher sagen die Nachbarn: ›Aber er war doch so ein ruhiger Junge. So höflich.‹ Und dann finden sie dieses bescheuerte Tagebuch« (S. 156).

Die schöpferische Tätigkeit des Krebspatienten wird häufig zum Ort der Aufbewahrung für all die wechselnden Gefühle, besonders von Angst und Schmerz, die er im Laufe von Krankheit und Behandlung erfährt. So beschreibt es die amerikanische Dichterin Audre Lorde (1984):

»10. Oktober 1978

Ich will über die Schmerzen schreiben. Der Schmerz des Aufwachens aus der Narkose im Reanimationsraum, der durch das sofortige Verlustgefühl noch verschlimmert wurde. Das Auf- und Abklingen von Schmerz und Spritzen. Der Schmerz der richtigen Position meines Arms für die Drainage. Die Euphorie des zweiten Tags, und wie es von da an abwärts ging.

Ich will über die Schmerzen schreiben, die ich in diesem Augenblick habe, über die warmen Tränen, die mir unaufhörlich herunterlaufen – warum? Weine ich um meine verlorene Brust? Um mein verlorenes Selbst? Aber welches Selbst war das überhaupt? Weine ich um den Tod, den ich hinausschieben oder dem ich auf elegante Art begegnen möchte – und nicht weiß, wie?« (S. 30 f.).

Literarische oder künstlerische Arbeit ermöglicht es dem Krebspatienten, die Gegebenheiten der Krankheit, von den daran beteiligten

Gefühlen bis zu den Einzelheiten der Behandlung, zu objektivieren, zu externalisieren und damit auch zu kommunizieren – Gegebenheiten, die von Angesicht zu Angesicht nur schwer mitteilbar sind. »Ich kannte den Schmerz und hatte ihn überlebt. Nun blieb mir nur noch, ihm Ausdruck zu geben, ihn durch Mit-Teilen zu nutzen – denn Schmerz sollte nicht vergeudet werden«, schreibt Lorde lakonisch (1984, S. 18). Wie Literatur und Kunst überhaupt, so befriedigen auch die Werke von Krebspatienten das Bedürfnis nach Selbstausdruck und intensivieren damit die Kommunikation. Der Krebs als Faktum schafft einerseits ein dringlicheres Bedürfnis nach Ausdruck, andererseits legt er einer direkteren Verständigung Hindernisse in den Weg.

Krebspatienten haben oft das Gefühl, sie müßten so lange über Schmerz, Verlust und Angst schreiben, bis sie diese Erfahrung »besitzen«, wie die New Yorker Bildhauerin Nancy Fried nach ihrer Brustamputation schrieb (zit. n. Langer 1989, S. 133). Oder wie es die amerikanische Künstlerin Eva Hesse formulierte, die mit 34 Jahren an einem bösartigen Gehirntumor starb: »Wenn etwas von Bedeutung ist, vielleicht gewinnt es dann noch an Bedeutung, wenn man es zehnmal sagt« (ebd.).

Durch Schreiben kämpft der Patient gegen das Gefühl an, daß der Krebs völlig sinnlos sei und das Leben jeder Bedeutung beraube. Die meisten der in diesem Buch diskutierten Autoren waren von mittlerem Alter; sie beschreiben, wie der Krebs sich vor der Zeit in ihr Leben drängte und es zu zerstören drohte. Das Schreiben ist die Antwort des Krebsautors auf die dem Tod innewohnende Bedeutungslosigkeit. Paradoxerweise beruht die Fähigkeit, Bedeutung im Angesicht des Todes auf schöpferische Weise geltend zu machen, gerade auf dem wesentlichen Unvermögen, den eigenen Tod völlig zu begreifen und zu bewältigen. Auf dieses Unvermögen wies Freud (1915) hin, als er schrieb: »Der eigene Tod ist ja auch unvorstellbar, und sooft wir den Versuch dazu machen, können wir bemerken, daß wir eigentlich als Zuschauer weiter dabeibleiben. [...] im Unbewußten sei jeder von uns von seiner Unsterblichkeit überzeugt« (S. 49). Autoren, die an Krebs leiden, drücken immer wieder die Unmöglichkeit aus, sich die eigene Nichtexistenz vorzustellen. So schreibt zum Beispiel Peter Noll (1984), der in seinen fünfziger Jahren Professor für Strafrecht an der Universität Zürich war: »Manchmal verfolgt mich der komische Gedanke, daß ich noch fünf bis zehn Jahre lebe, als medizinisches Wunder gewissermaßen. (...) Wir müssen so leben, als wären wir unsterblich« (S. 34). Ähnlich formuliert der bekannte Journalist Stewart Alsop (1973), auch er in den Fünfzigern: »Als ich dieses Buch zu schreiben begann, akzeptierte ich Johns [seines Arztes] Wette: 20 zu 1 dagegen, daß ich noch mehr als zwei Jahre zu leben habe. Und wenn ich nun noch viel länger überlebe? Ich kann mir die unverschämten Kommentare hinter vorgehaltener Hand vorstellen: ›Ist dieser alte Widerling nicht derselbe, der über sein Sterben an Krebs geschrieben hat?‹ Eine seltsame Aussicht: daß es einem peinlich sein könnte, noch am Leben zu sein« (S. 270).

Durch das Schreiben bleibt der Krebspatient gegenüber seinem eigenen Tod in der Rolle des »Zuschauers«. Er ist nicht nur der Hauptakteur im Drama seines Todes, sondern auch dessen vorrangiges Publikum. Indem er seine Erfahrungen niederschreibt, gewinnt der Autor Distanz zur Gewalt der Krankheit. Das Ziel ist, wie Sikes (1984) erklärt, »mich von außen zu sehen, als Figur in meinem eigenen Leben« (S. 308). Indem er die Position des Zuschauers einnimmt, ist der Krebspatient schließlich in der Lage, sich der bitteren Wahrheit seiner eigenen Sterblichkeit und der aller Menschen zu stellen. Noll (1984) schreibt: »Meine Diktate sollten, so möchte ich es haben, von keiner dieser Ewigkeitsvorstellungen geleitet sein. Ich will nur meine Situation als durchschnittlich und zugleich exemplarisch vorführen, damit die Leser sehen, daß es Sinn hat, sich mit Sterben, Tod und Jenseitsvorstellungen schon im Leben auseinanderzusetzen« (S. 227).

Neben seinen zahlreichen anderen Funktionen dient das Buch über den Krebs seinem Autor also auch dazu, mit dem allgemeinen Schrecken des Sterbens fertigzuwerden. Lorde (1984) benennt diese Funktion ganz ausdrücklich: »Und hier begann ich, eine Quelle der Macht in mir selbst zu erkennen: das Wissen, daß ich zwar am liebsten ohne Angst wäre, aber daß es mir enorme Kraft gegeben hat, meine Angst in einer anderen Relation zu sehen« (S. 25).

Alle Autoren, die in diesem Buch erörtert werden, bieten eigene Deutungen, keine bloß faktischen Aufzeichnungen dessen, was während ihrer Krankheit geschah. Das von der Erinnerung gelieferte Material wird in einer persönlichen Abfolge angeordnet, und es wird den fiktionalisierenden Prozessen der Auswahl und der Auslassung unterzogen. Dieser autobiographische Akt verleiht nicht nur der Erfahrung eine neue formale Qualität, welche die ursprüngliche

Krankheit niemals hatte; er ermöglicht dem Autor auch, seine Krankheit neu zu bewerten und ihr Sinn zu verleihen. Das selektive Niederschreiben und Gestalten einer so überwältigenden Erfahrung ermöglicht dem Patienten, sie zu integrieren und ihr Kohärenz zu geben. Generell ist die Krebsliteratur charakterisiert durch ein dialektisches Wechselspiel von Distanz und Intimität, das diese Art des Schreibens als ein Verfahren der Selbsterkenntnis auszeichnet.

Das Gefühl von Distanz rührt von der Position des Erzählers als reflektierender Beobachter her, während der Eindruck von Nähe dadurch entsteht, daß der Erzähler zugleich der Protagonist des bedrohlichen Dramas ist, das er enthüllt. Über die Angst und den Schmerz angesichts von Verlusten zu schreiben, bedeutet selbst schon einen Prozeß des Akzeptierens und Überwindens dieser Gefühle. Der Autor, der über den Krebs schreibt, konfrontiert sein Unglück mit seinem neuen Selbst, und diese Konfrontation ist eine Bestätigung seines Lebens. Um diese Bestätigung zu erlangen, hat der Patient ständig gegen Verdrängungen zu kämpfen, die dem Selbstschutz dienen. Diesen Kampf beschreiben viele der Bücher über Krebs, die ich gelesen habe. Das folgende Eingeständnis von Lorde (1984) ist nur eine von zahlreichen vergleichbaren Äußerungen: »Dieses Widerstreben ist ein Widerstreben, mich mit mir selbst auseinanderzusetzen – mit meinen Erfahrungen, den in ihnen begraben liegenden Gefühlen und mit den Schlußfolgerungen, die daraus zu ziehen sind. Es ist natürlich auch ein Widerstreben, zu leben oder weiterzuleben und den Schmerz wieder aufleben zu lassen« (S. 32).

Krebs zwingt den Patienten dazu, seinen gesamten Lebensentwurf zu ändern. Häufig findet man in Büchern über Krebs einen Rechenschaftsbericht des Autors über sein Leben vor der Diagnose – das heißt über seinen früheren Lebensentwurf –, gefolgt von dessen neuerlicher Überprüfung. Der Patient versucht, einen neuen Lebensentwurf zu formulieren, der seiner neuen Situation entspricht. Diese verändert sich ständig gemäß der Lebensweise und den Beschränkungen, welche die chronische oder nicht mehr heilbare Krankheit ihm aufnötigt. So zwingt zum Beispiel eine verlängerte Krankheit häufig zu einem neuen Lebensstil oder zu einem veränderten Bekanntenkreis, und einige der Bücher über Krebs beschreiben die Suche des Autors nach neuer Gemeinschaft. Bis zu einem gewissen Grad bedeutet der teilweise Verlust des ursprünglichen Lebensentwurfs auch einen Verlust an Identität. Daher sind die Krebsgeschichten oft auch Berichte darüber, wie eine neue Identität gefunden, eine neue Persönlichkeit erlangt wurde.

Wie wir aus den folgenden 32 persönlichen Berichten ersehen werden, umfaßt die Krebsliteratur bewegende Schilderungen von Krankheit, Sterben und Kreativität. Sie macht anschaulich, in welcher Beziehung wir alle zueinander stehen – die Kranken wie die Gesunden – und wie Verluste uns alle einbeziehen und verbinden.

Teil I:
Literatur über Krebs
Eine psychoonkologische Analyse

1. Krebs im Frühstadium

Der chronische Charakter der Krebserkrankung verursacht beim Patienten und seiner Familie wie auch bei den Ärzten und beim Pflegepersonal eine erhebliche emotionale Anspannung. Durch allmähliches Vertrautwerden kann diese Anspannung zum Teil gemildert werden. Im folgenden erörtere ich die Phasen und die Behandlungsmethoden des Krebses, insofern sie die Beziehung zwischen Arzt und Patient betreffen. Meine Hoffnung dabei ist, daß ein Verständnis des Verlaufs der Krankheit und der von den Krebsautoren beschriebenen Art und Weise, wie sie die Psyche des Patienten in Mitleidenschaft zieht, dem Arzt und anderen Mitgliedern des Behandlungsteams helfen wird, eine Überidentifizierung mit dem Patienten zu vermeiden; denn diese würde einer objektiven, klinischen wie auch einer emphatischen Haltung im Wege stehen. In diesem Kapitel gebe ich eine Beschreibung der Beziehung zwischen physischen und psychologischen Vorgängen während der vordiagnostischen und diagnostischen Phase, das heißt im frühen Stadium der Krankheit.

Die vordiagnostische Phase

Die vordiagnostische Phase setzt ein, wenn der Patient den Arzt zu einer Routineuntersuchung aufsucht oder wenn er mit bestimmten Symptomen erscheint, die subjektiv oder objektiv den Verdacht auf Krebs erwecken. In einer Reihenuntersuchung von 76 weiblichen Patienten mit einem verdächtigen Befund der Brust schätzten 73% ihre Krankheit richtig ein, noch bevor die Diagnose erstellt wurde (Schwartz 1984). Selbst wenn eine »gesunde« Person den Arzt zu einer routinemäßigen Untersuchung aufsucht, ist es wichtig zu fragen: Was hat Sie veranlaßt, gerade jetzt um diese Vorsorgeuntersuchung zu bitten? Hinter diesem Wunsch verbirgt der Patient häufig ein Geheimnis, eine verleugnete Krebsangst, die man aufdecken und mit der man sich befassen muß.

Die verspätet eingeholte Diagnose

Zu Verspätungen kommt es, wenn Patienten, die aufgrund bestimmter innerer Wahrnehmungen ahnen, daß sie Krebs haben könnten, sich erfolgreich darum drücken, die Diagnose der Krankheit durch den Arzt zur Kenntnis nehmen zu müssen. Gewöhnlich finden die Patienten Gründe für ihr Zaudern. Einige beeilen sich, den Arzt aufzusuchen, um ihre Angst loszuwerden, andere jedoch lassen endlos Zeit verstreichen. Die meisten Patienten allerdings warten höchstens etwa acht Wochen nach Auftreten der ersten Symptome, unabhängig von deren Ort (Hackett et al. 1973). Bei einigen Arten von Krebs erhöht eine um drei Monate oder länger verzögerte Diagnose die Wahrscheinlichkeit, daran zu sterben, um 10% bis 20%.

Wie Weisman (1979) gezeigt hat, sind die Gründe für das Hinauszögern der Untersuchung ebenso komplex wie die menschliche Natur selbst: 1. die falsche Annahme, Krebs sei in jedem Falle eine unheilbare Krankheit; 2. frühere Erfahrungen mit Familienmitgliedern oder Freunden, die Krebs hatten; 3. schmerzlose Symptome werden ignoriert aufgrund der verbreiteten Annahme, daß Krebs stets schmerzhaft sei; 4. latente Selbstmordtendenzen bei älteren, notleidenden Patienten, die nur geringen Versicherungsschutz genießen und die hohen Kosten der Behandlung fürchten; 5. Angst vor der körperlichen Untersuchung bei schüchternen und ängstlichen Patienten; 6. Angst vor Krankenhäusern und Operationen; schließlich 7. eine schwache Arzt-Patient-Beziehung. Alte Menschen sowie solche mit schlechter Ausbildung oder niedrigem sozialökonomischen Status tendieren mehr als andere zur Verschleppung.

Bisweilen tragen auch Ärzte dazu bei, die Krebsdiagnose zu verzögern, wobei wir allerdings nicht genau wissen, wie oft dies vorkommt. Der Grund für diese Verzögerung von beruflicher Seite ist häufig die verdrängte Überidentifikation des Arztes mit einem Krebspatienten. Eine derartige Verdrängung kann den Arzt dazu verleiten, sich mit dem Wunsch des jungen Patienten nach Aufschub zu verbünden. Ebenso möglich ist auch eine gesteigerte Angst des Arztes, durch chirurgischen Eingriff ein libidinös stark besetztes Organ zu schädigen – eine Gefahr, die unbewußte »Kastrationsängste« wecken kann, die der Arzt verdrängen muß. Was immer jedoch der Grund ist, stets ist der Patient das Opfer, wenn die Diagnose verspätet erfolgt.

Die folgenden Passagen von Rollin (1976) beschreiben eine offenkundige Verschwörung mit dem Ziel, die Diagnose hinauszuschieben:

»Ich hatte einen Knoten seit einem Jahr. Mindestens seit einem Jahr. Das war ein kleines, hartes Ding – ungefähr so groß wie eine gelbe Traube – und befand sich, nur durch Tasten erkennbar, ganz links außen an meiner linken Brust, von der Brustwarze aus genau in westlicher Richtung. Ich wußte, daß es da war, mein (Ex-)Ehemann wußte es, mein (Ex-)Internist wußte es, und mein (Ex-)Röntgenarzt wußte es. Unter uns vieren war nur einer, der sich darüber Sorgen machte, und das war Arthur Herzog [der Ehemann], der es 1974 an einem Frühlingsabend bei einer beiläufigen erotischen Berührung entdeckte.

›Was ist das?‹ fragte er. ›Ich weiß es nicht‹, sagte ich. ›Es ist ein Knoten‹, sagte er. ›Hmmmm‹, sagte ich und wollte schlafen. ›Läßt du es mal anschauen?‹ fragte er. ›Bestimmt‹, sagte ich und schlief ein. Ich ließ es anschauen. ›Es ist nichts Besorgniserregendes‹, sagte mein Internist am Central Park West – ich will ihn Dr. Smith nennen. ›Fühlt sich wie eine Zyste an. Das haben viele Frauen. Aber wir überweisen Sie, um einige Mammographien zu machen.‹

Ich ließ einige Mammographien machen. ›Das beunruhigt mich nicht im geringsten‹, sagte mein Röntgenarzt an der East Ninetieth Street – ich will ihn Dr. Ellby nennen. Er hielt die Bilder meines Knotens gegen das Licht. ›Kommen Sie in einem Jahr wieder, dann sehen wir's uns nochmal an...‹

Puh! Nicht, daß ich beunruhigt gewesen wäre. Das heißt, ein wenig vielleicht. Wie auch immer, ich war froh, da raus zu sein ...« (S. 3 f.).

»Das war alles, für fast ein Jahr. Obwohl ich mir um den Knoten keine Sorgen machte, konnte ich ihn doch nicht ganz vergessen. Immerhin war er da. Ab und zu fühlte ich ihn – und drückte ihn gleichsam mit meinem Zeigefinger weg. Es war eine geistesabwesende Geste, so wie man Hornhaut oder ein kleines Muttermal fühlt. Immer noch da? Na ja, Hauptsache, es hat nichts zu bedeuten...« (S. 7).

»Außerdem, so ließ sich mein Unbewußtes hören, bist du Reporterin. Du bist immun. Du lieferst Storys über Frauen in irgendwelchen Nöten, aber du bist keine von ihnen. Du berichtest über sie von außen, ›schreibst ihre Geschichte runter‹, wie es so schön heißt. Du bist Journalistin. Du hast Referenzen und Presseausweise, um bestimmte Orte zu betreten oder zu verlassen. Du bekommst Hilfe, wenn du sie brauchst, oder Schutz, falls nötig. Du bist eine Ausnahme. Du bist sicher. Du notierst Schreie in deinen Spiralnotizblock, aber niemals kommen sie aus deiner eigenen Kehle« (S. 8).

»Bevor das Jahr vorüber war, ging ich wieder zu Dr. Ellby. Mein erster Besuch hatte im Juni 1974 stattgefunden, jetzt war es Ende März 1975. ›Das ist mein Knoten‹, sagte ich, als er darauf stieß. Er sah mich an. ›Ich hatte ihn schon letztes Jahr. Sie sagten, das bedeute weiter nichts und ich solle in einem Jahr wiederkommen.‹ Es ärgerte mich, das erklären zu müssen.

Er nickte und zog mit einem Stift einen schwarzen Kreis um den Knoten. ›Das geht beim Waschen weg‹, sagte er und ging hinaus« (S. 14f.).

Nachdem Dr. Ellby die Mammographie angefertigt hatte, bat er die Patientin, wegen des Ergebnisses ihren Arzt anzurufen.

»Ich blätterte im Rolodex nach der Nummer von Dr. Smith, starrte etwa zehn Sekunden darauf und beschloß dann, die Nervensäge zu spielen.

›Entschuldigen Sie bitte die Störung‹, sagte ich, als er an den Apparat kam, ›aber ich war gestern bei Dr. Ellby, und er sagte, falls irgend etwas nicht in Ordnung sei, werde er Sie anrufen, das hat er ja wohl nicht getan, aber ich dachte eben, ich sollte mich doch vergewissern, weil ich wahrscheinlich wegfahre ...‹

Er antwortete nicht sofort, und als er dann sprach, betonte er jedes Wort, als habe er es zuvor geprobt. Die Worte, an die ich mich erinnere, lauteten: ›... nichts Beunruhigendes, aber man sollte ihn wirklich herausnehmen.‹

Auch ich sprach nicht sogleich. ›Wann?‹

›Ich gebe Ihnen die Nummer eines Chirurgen. Dr. Singermann – er ist erstklassig. Machen Sie einen Termin mit ihm, und er wird alles übrige erledigen.‹

›Muß es denn sofort sein?‹ Ich war dunkel beunruhigt, aber im wesentlichen hörte es sich nach weiteren Unannehmlichkeiten an, nach weiterer Zeitverschwendung – als ob das mit Dr. Ellby nicht schon genug gewesen wäre. Doch noch immer glaubte ich nicht wirklich daran. ›Ich fahre für eine Woche nach Kalifornien. Ist es ... sollte ich versuchen, früher zurückzukommen ... ich meine, wie ernst ist es?‹

›Ende der Woche wäre schon recht, Betty‹, sagte Dr. Smith, ohne meine Frage wirklich zu beantworten. ›Schauen Sie‹, fügte er hinzu, als er bemerkte, daß ich noch wartete, ›solche Sachen sind meistens gutartig. Es scheint einfach keine schlechte Idee zu sein, es herauszunehmen, okay?‹« (S. 18 f.).

Eine Tendenz des Arztes, sich mit einem Patienten seiner eigenen Altersgruppe zu identifizieren, ist ziemlich verbreitet, und das Ergebnis fällt immer zum Nachteil des Patienten aus. Auch dann, wenn sie selbst betroffen sind, tendieren Ärzte zum Hinauszögern als Mittel der Verschleierung. Robbins, McDonald und Pack (1983) untersuchten 229 Ärzte mit Krebs und stellten dabei fest, daß diese nach Entdeckung der ersten Symptome genauso zur Verleugnung neigten wie die durchschnittliche Bevölkerung außerhalb des medizinischen Bereichs. Ärzte suchen zur Untersuchung oft den allerungeeignetsten Kollegen auf.

Nicht anders war es bei Sigmund Freud. Im Jahr 1923, im Alter von 66 Jahren, zeigte Freud einem befreundeten Arzt, Dr. Felix Deutsch, eine Geschwulst in seinem Mund. Deutsch erkannte sofort, daß es sich bei dem, was er sah, um fortgeschrittenen Krebs handelte, doch er beschloß, Freud zu sagen, die Wunde rühre von einer Leukoplakie her. Er schlug vor, sie von dem Laryngologen [Kehlkopfspezialisten] Professor Hajek operieren zu lassen – »ein Chirurg von überraschender Mittelmäßigkeit«, wie einige Beobachter urteilten (Romm 1983, S. 709). Freud zögerte zwei Monate, ehe er diesen Chirurgen aufsuchte. Schließlich nahm Hajek eine unvollständige Exzision von Freuds Tumor vor, gefolgt von einer völlig unzureichenden postoperativen Versorgung. Wegen eines unvorhergesehenen Blutverlusts sah sich Hajek gezwungen, Freud in die Klinik aufzunehmen; doch dort stand kein geeignetes Bett zur Verfügung, und so wurde Freud in einem kleinen Nebenraum untergebracht, zusammen mit einem debilen, taubstummen Zwerg. Kurze Zeit später – seine Frau und seine Tochter, die erst jetzt von der Operation überhaupt erfahren hatten, waren zum Mittagessen weggegangen – trat bei Freud eine starke Blutung ein, »worauf Freud um Hilfe geläutet hatte; aber die Klingel hatte nicht funktioniert, und er selber konnte weder sprechen noch rufen. Der freundliche Zwerg war jedoch hinausgeeilt, um Hilfe zu holen, und nach einiger Mühe hatte man das Bluten zum Stillstand bringen können; vielleicht rettete das Eingreifen dieses Kretins Freuds Leben. Nun weigerte sich Anna, wieder fortzugehen, und blieb die Nacht durch bei ihrem Vater. Er war von dem Blutverlust schwach, von den Medikamenten halb betäubt und hatte starke Schmerzen. Während der Nacht gerieten Anna und die Schwester in so große Beunruhigung wegen seines Zustands, daß sie den Spitalarzt riefen; dieser ließ sich aber nicht aus dem Bett holen.« So Freuds Biograph Ernest Jones (1960, S. 114).

Am folgenden Vormittag tauchte Hajek lediglich auf, um Freuds Fall einer Gruppe von Studenten vorzuführen und um ihn aus der Klinik zu entlassen. Weder hinterließ Hajek ein Protokoll der Operation, noch traf er Vorkehrungen für eine weitere chirurgische Behandlung, und er unterrichtete auch nicht seinen Patienten über das Fortbestehen des Krebses. Nach den Ausführungen von Romm, einer plastischen Chirurgin, muß man die Behandlung des Falls durch Hajek aufgrund des vorliegenden Beweismaterials als fahrlässig und mangelhaft beurteilen. Obwohl Freuds Krebserkrankung gerade erst zum Ausbruch gekommen war – sie dauerte insgesamt sechzehn Jahre –, wurde er von seinen Freunden und von seinem Arzt getäuscht, und er wiederum täuschte seine Familie, verzögerte die Behandlung und akzeptierte eine erbärmliche medizinische und pflegerische Versorgung. Erst als die Wucherung in seinem Mund erneut auftrat und ein weiterer chirurgischer Eingriff notwendig wurde, fand Freud doch noch einen guten Chirurgen und eine angemessene medizinische Versorgung. »Obwohl Freud der erste gewesen wäre«, schreibt Golub (1981), »der zugegeben hätte, daß die Leugnung des Todes [...] eine adaptive Abwehr ist, scheint dies eine erstklassige medizinische Behandlung keineswegs gefördert zu haben« (S. 81).

Ein Arzt aus unseren Tagen, Alan Stoudemire (1983), beschreibt, wie er es lange vermied, sich wegen eines andauernden Schmerzes im Bein untersuchen zu lassen:

»Der Schmerz nahm allmählich zu. Ich versprach weiterhin, ›es mal von jemandem anschauen zu lassen‹, doch hatte ich den Schmerz, der an der Vorderseite meines rechten Schienbeins auftrat, bereits selbst als Sehnenentzündung diagnostiziert. So stellte ich den Fall auch einem meiner Assistenten dar, der meiner Diagnose zustimmte und mir empfahl, Aspirin zu nehmen. Durch das Aspirin wurde der Schmerz vorübergehend gelindert; doch schließlich bemerkte ich, daß sich über der schmerzhaften Stelle etwas Weiches ausbreitete. Es folgte eine ›Spaziergangs‹-Konsultation bei einem anderen Assistenten; dieser dachte eine Weile darüber nach und meinte dann, ich habe wohl ›eine geringfügige Osteomalazie [Knochenerweichung]‹: ›Vielleicht lassen Sie es irgendwann mal röntgen.‹

Fünf Monate nach Einsetzen des Schmerzes begann das ganze Knie zu schwellen. Es tat derart weh, daß ich damit nicht mehr auftreten konnte. Erneut bat ich einen Assistenzarzt, es zu untersuchen. Er ordnete eine Röntgendiagnose an. Auf dem Röntgenbild sah es so aus, als habe ›etwas‹ mein vorderes Schienbein buchstäblich weggefressen. Noch immer wurde jeder Gedanke an Krebs strikt niedergehalten; diese Möglichkeit kam mir nicht einmal in den Sinn. Ich überwies mich selbst in die Klinik für Arztpersonal am städtischen Lehrkrankenhaus, wo der zuständige Arzt ein osteoides Osteom diagnostizierte, eine gutartige Geschwulst. Es war nicht gutartig. Als der behandelnde Chirurg schließlich die Röntgenaufnahme sah, wußte er, daß es Krebs war« (S. 380).

Wie Freud wählte auch Stoudemire zunächst ungeeignete Ärzte, um sich untersuchen zu lassen, und wie die Ärzte Freuds leugneten auch sie die Dringlichkeit des Problems – aus einer Überidentifizierung mit ihrem kranken Kollegen.

2. Psychische Reaktionen auf die Diagnose Krebs

Trotz ihres Widerstrebens, den Krebs in der vordiagnostischen Phase zur Kenntnis zu nehmen, fühlen viele Patienten, woran sie erkrankt sind. Françoise Prevost (1976), eine bekannte französische Schauspielerin, leugnete bewußt die Möglichkeit, bei dem Tumor in ihrer Brust könne es sich um Krebs handeln. Doch ihr Unbewußtes erfaßte dieses Wissen und teilte es durch einen Traum mit:

»Mein schöner Optimismus, so töricht er auch war, half mir über jene paar Tage hinweg, ohne daß ich allzuviel Probleme wälzte. Ich hatte mir in den Kopf gesetzt, daß ich eine Zyste hätte, und den Gedanken an Krebs weit von mir gewiesen. Aber die Grenze, die zwischen unserem Bewußtsein und unserem Unterbewußtsein verläuft und sie voneinander trennt, ist eine Scheibe aus Panzerglas, durchsichtig, jedoch undurchdringlich. Unsere Träume dringen manchmal durch sie hindurch und vermitteln uns auf ungeschickte Weise die unverständlichen Botschaften unseres unbekannten Ich. Und ein Traum war es, der mich auf einmal wieder in Zweifel und Ängste zurückwarf.

Ich befand mich auf einer Straße mit sehr vielen Menschen. Neben mir ging jene Frau ohne Busen, die man in dem Film in Großaufnahme herausgebracht hatte. Sie hatte vergessen, sich anzuziehen, und trug nur Rock und Schuhe. Alle sahen sie an, ich schämte mich ihrer und für sie und versuchte voller Entsetzen, sie zu verstecken. Ich bemühte mich auch, ihr zuzureden, ihr zu sagen, daß sie sich anziehen müsse, daß sie in ein Haus hineingehen sollte...

Aber ich brachte keinen Ton heraus. Obwohl ich mich verzweifelt bemühte, hörte sie nichts und sah mich lächelnd an. Wir gingen in ein Pelzgeschäft. Überall lagen Mäntel herum, die sie der Reihe nach alle anprobierte, während der Verkäufer und die Kundinnen vor Grauen erstarrten. Mit einer Fuchsstola um den Hals drehte und wendete sie sich wie ein Mannequin und zeigte dabei allen ihren nackten Rumpf und ihre Narben. Sie machte einen sehr glücklichen Eindruck und lächelte mir in einem fort zu« (S. 59 f.).

Als Schauspielerin mußte Prevost im Traum die Amputation ihrer Brust proben, bevor sie psychologisch darauf vorbereitet war, tatsächlich operiert zu werden. Der Traum half ihr, sich der Realität zu stellen.

Wenn Krebskranke sich ihres möglichen Leidens bewußt werden, zeigen sie eine ganze Skala von Reaktionen. Die 28 Jahre alte Schweizerin Dora Hauri (1982) nahm es nach anfänglicher Unsicherheit und einigem Widerstreben auf sich, ihre Symptome abklären zu lassen. Sie beschreibt es in ihrem Tagebuch:

»16. November 1978

Knoten in der Brust.
Keine Periode.
Müdigkeit.
Was war das eben? Das Rauchen? Der Alkohol? Die Bewegungssucht? Ein Aufbäumen, eine Stichflamme« (S. 9).

»10. Dezember 1978

Gestern war ich beim Arzt, der war verdammt ehrlich zu mir; es könnte etwas Schlimmeres sein, eher nicht, aber die Möglichkeit bestehe. Ich muß also am Dienstag ins Spital; habe viel geweint« (S. 11).

Hauri reagiert mit Traurigkeit. Sie beginnt, Fragen zu stellen und nach Antworten zu suchen.

Als Noll (1984) die Diagnose eines fortgeschrittenen Blasenkrebses eröffnet wurde, zeigte er eine völlig andere Reaktion. Er wurde zunehmend deprimiert: »Inzwischen habe ich entdeckt, daß mir der Schlaf immer lieber wird. [...] Ich überlege, was ich eigentlich gedacht habe, als der Urologe mir den Befund erklärte. [...] Mein Hauptgedanke war wohl: es lohnt sich nicht. Es war jedenfalls kein Schock. Auch später nicht. Eher das Gefühl: Pech gehabt. Kein Aufbäumen, keine Verzweiflung. Jedoch der Tumor scheint nicht nur den Körper, sondern auch die Gedanken zu absorbieren. Immer ist er mit dabei, wenn auch unbewußt« (S. 11 f.). Diese Sätze illustrieren Nolls Kampf gegen eine reaktive Depression.

Alsop (1973) fühlte sich einsam und erschüttert, als ihm die Diagnose seiner akuten Leukämie mitgeteilt wurde: »Ich war mehr als aufgebracht darüber, alleingelassen zu werden – ich fürchtete mich davor. Auf der zweiten Seite meines Notizbuchs steht unleserlich ›Leukämie‹ und dann der hingekritzelte Satz: ›Tish [die Ehefrau] ging heute nachmittag kurz weg, und plötzlich war ich allein mit einer entsetzlichen Einsamkeit.‹ Diese Worte sagen einiges darüber, wie es ist, tödlichen Krebs zu haben, vor allem am Anfang« (S. 53).

Wie soll man es sagen?

Die häufigste Frage, die gestellt wird, wenn es um einen gerade diagnostizierten Krebs geht, ist die, ob man dem Patienten die Wahrheit sagen soll. Es ist nicht leicht, mit der Wahrheit umzugehen, und häufig wird sie abgeschwächt oder es wird jemand anderem überlassen, sie auszusprechen. Es gibt Familien, die vom Arzt Stillschweigen, Täuschung und konspiratives Verhalten verlangen. Nach den Erkenntnissen von Weisman (1972) jedoch wollen lediglich 10 % der Patienten, bei denen Krebs neu diagnostiziert wurde, keine Einzelheiten über ihre Krankheit wissen. Alle übrigen wollen »die Wahrheit« hören.

Sind alle medizinischen Tests absolviert, benötigt der Patient vom Arzt ausreichende Information, um über die Behandlung mitentscheiden zu können. Der informierte Patient ist ein besserer Patient. Die Wahrheit hilft dabei, den Kampf aufzunehmen, weil sich dann Ärzte und Patienten in einer gemeinsamen Realität bewegen. Krebspatienten müssen vertraut sein mit den spezifischen Aspekten ihrer Krankheit und des vorgeschlagenen Behandlungsplans. Die Annahme, daß »der Arzt es am besten weiß« und daß die besten Patienten diejenigen sind, die keine Fragen stellen, ist überholt. Wenn Familienangehörige auf Geheimhaltung bestehen, so geschieht dies häufig aufgrund ihres eigenen Unbehagens; ihr Verlangen nach Täuschung ist Ausdruck schlechter familiärer Beziehungen. Selbstmord ist bei Krebspatienten äußerst selten und folgt fast nie der Eröffnung der Diagnose. Geheimhaltung verhindert nur eine wirkungsvolle Verständigung, und sie läßt es zu keiner Bewältigung kommen. Das Ausmaß des Leids ist in hohem Maß dadurch bestimmt, *wie* mit Patienten über Krebs gesprochen wird, nicht, *was* ihnen gesagt wird. Und die meisten Patienten ahnen die Diagnose ohnehin (Weisman 1979).

Der Arzt benötigt ein erhebliches Maß an Flexibilität, um sich auf die besondere Situation und die Persönlichkeit jedes einzelnen Patienten beziehen zu können, wenn er die Diagnose mitteilt. Er muß ein feinfühliger Zuhörer sein. Er muß darauf achten, was der Patient bereits weiß, und er muß Verständnis aufbringen für dessen Ängste und Widerstände. Er sollte ein Gefühl für die nichtverbale Kommunikation des Patienten haben und die Strategien der Bewältigung kennen, die im Umgang mit lebensbedrohenden Krankheiten zu Gebote stehen. Schließlich sollte der Arzt auch seine eigenen Ängste vor

Krankheit und Tod erkennen und akzeptieren. Diese Bewußtheit ist von entscheidender Bedeutung für eine freimütige Aussprache mit dem Krebspatienten unmittelbar nach der Diagnose. Wenn der Arzt dem Patienten die Diagnose erläutert und ihm einen Behandlungsplan vorschlägt, sollte er ihm gleichzeitig versichern, daß er ihm Hilfe bieten wird auf dem langem Weg, der vor ihm liegt.

Viele Ärzte fühlen sich in ihrer Haut nicht wohl und sind daher wenig einfühlsam bei der Mitteilung der Diagnose. Kälte und Unbehagen, die daraus resultieren, können den Schrecken und die Erschütterung des Patienten, dem sein Zustand zum erstenmal klar wird, noch steigern. Der folgende Bericht von Rollin (1976), die ohnmächtig wurde, als ihr Arzt ihr die vorläufige Diagnose eröffnete, macht deutlich, wie überaus wichtig eine humanere Art der Einführung ist:

»Ich lag auf dem Rücken, und Singermann [der Chirurg] tastete meine linke Brust ab. ›Legen Sie den Arm nach hinten.‹ Weiteres Abtasten. Dann die andere Brust. Es war eine gründlichere Untersuchung als alle vorhergehenden, sei es bei Smith oder bei Ellby. ›Bitte richten Sie sich auf.‹ Weiter wie zuvor. Er bewegte meinen Arm hierhin und dorthin, dann drückte er seine Finger in meine Achselhöhle, als wollte er mich aufheben. ›Ich werde jetzt Ihre Brustwarze zusammenpressen‹, sagte er dann und tat es. Ich wußte, wenn man Krebs hat, tritt aus der Brustwarze manchmal etwas Flüssigkeit aus. Bei mir jedoch nicht. Es tat nicht einmal weh. ›Sie können sich jetzt anziehen‹, sagte Singermann ohne den leisesten Anflug von Strenge in seiner Stimme. Offenbar hatte ich mich bei der körperlichen Untersuchung ebensogut angestellt wie bei der mündlichen.

Ich ließ mich in den Sessel in seinem Büro fallen. Arthur saß noch immer da und rauchte eine Zigarette nach der anderen.

Ich erinnere mich nicht mehr genau, wie Singermann sich ausdrückte, denn sobald ich den Kern dessen begriff, was er sagte, schien sich mein Kopf mit Luft zu füllen, und meine Augen brannten. ›... mit Sicherheit ist da etwas... eine Masse... gut möglich, daß es bösartig ist... verschiedene Arten der Mastektomie, wie Sie wahrscheinlich wissen. Einige Frauen wollen es lieber getrennt durchführen... Untersuchungen zeigen... meiner eigenen Erfahrung nach... aber natürlich liegt es bei Ihnen.‹

Er schwieg. Ich merkte, daß ich nun etwas sagen sollte. Es klang so, als wollte man von mir hören, ob ich nur meine Brust abschneiden lassen wollte oder meine Brust und noch einiges andere dazu.

Langsam drehte ich mich in meinem Sessel und schaute Arthur an. Unsere Blicke trafen sich. Später sagte er mir, der Ausdruck meines Gesichts gehe ihm nicht mehr aus dem Sinn. Da ich nicht unhöflich sein wollte, wandte ich mich wieder Singermann zu. Ich hörte mich selbst sprechen. ›Heißt das, Sie glauben, daß ich Krebs habe?‹ (Dieses Wort war vorher nicht gefallen. Ich erfuhr bald, daß ›Krebs‹ ein Begriff ist, den Ärzte fast niemals verwenden.) ›Ich meine, ich weiß, daß man nicht sicher sein kann, aber wie stehen die Chancen... wieviel Prozent... wie groß ist die Wahrscheinlichkeit...?‹

Dr. Singermann lächelte und stützte sich auf seinen Schreibtisch. ›Alle wollen Zahlen hören. Es ist sehr schwer zu sagen, vielleicht siebzig zu dreißig, sechzig zu vierzig, ich weiß es nicht.‹

Wieder hörte ich mich sprechen. ›Heißt das, Sie glauben, es ist zu siebzig Prozent *wahrscheinlich,* Sie meinen, es ist *wahrscheinlich*?‹ Das brachte ihn in Verlegenheit. ›Schauen Sie, Prozente sind nichts als Prozente. Die Leute wollen Zahlen hören, und man gibt ihnen Zahlen, aber... unzuverlässig... man weiß es wirklich nicht sicher, bevor... aber...‹ Dann stand er auf. Dann stand Arthur auf. Dann stand ich auf. Dann fiel ich hin.

[...]

Singermann hatte den Raum verlassen, nachdem ich umgefallen war. Jetzt hörte ich seine Stimme aus einem der anderen Räume. ›Man weiß nie bei solchen Sachen. Ihr Arzt sagte, sie könne es verkraften... Jeder will, daß man ehrlich ist... und jetzt sehen Sie, was passiert.‹ Ich nahm meine Hände vom Gesicht. ›...ganz außer Fassung...‹, hörte ich Arthur sagen. ›Sechzig Prozent ist bloß eine Zahl.‹ Das war Singermann« (S. 34–36).

Ähnlich schildert Christiane Lenker (1984), eine Gymnasiallehrerin Ende zwanzig, das Unbehagen ihres Arztes bei der Mitteilung der Diagnose.

»Als die Untersuchung endlich stattfand, hörte ich wie durch einen Nebel die Stimme des Arztes: ›Das müssen wir aber herausholen!‹ In diesem Augenblick wußte ich, daß ich eine Krebspatientin war. Ich zitterte und erwartete Erläuterungen, Erklärungen, Einschränkungen, aber mein Gegenüber blieb still. So fragte ich nach einer Weile: ›Ist es bösartig?‹ – ›Ja, zu 99 Prozent.‹ – ›Ist es groß?‹ – ›Ja, ziemlich.‹ – Stille. – ›Heute ist Freitag, ich werde versuchen, ein Bett für Montag zu bekommen, sonst klappt es erst am Mittwoch.‹ – Stille. – ›Ich rufe Sie an und sage Ihnen Bescheid.‹ – Stille. – Ich bat ihn, auf kosmetische Belange keine Rücksicht zu nehmen; er nickte, und damit war das Gespräch beendet.

Hier fand sie zum erstenmal statt, die Konfrontation mit einem Arzt, der zwar gelernt hatte, die Wahrheit zu sagen, aber nicht, ihr etwas von ihrer Bedrohlichkeit zu nehmen. Ich nahm es ihm nicht übel, weil ich merkte, daß ihm die Situation ausgesprochen unangenehm war und er wohl auch selber darunter litt. Wer sagt einer jungen Frau schon gern, daß sie Brustkrebs hat?« (S. 14 f.).

Wie so viele Ärzte, die in den technischen Belangen der Krebsbehandlung durchaus höchst kompetent sein können, versäumten auch die Ärzte von Rollin und Lenker die Gelegenheit, eine vertrauensvolle Beziehung zu ihren Patienten aufzubauen. Das erste Gespräch sollte nicht nur dazu dienen, die ungeschminkte Diagnose zu präsentieren; es sollte auch die Grundlage schaffen für die Aufnahme einer fortbestehenden Beziehung von Arzt und Patient. Ein einfühlendes Verhalten hilft nicht nur dem Patienten, mit der Diagnose umzugehen, es beeinflußt auch die Beziehung, die er zu seiner Krankheit, zur Behandlung und zum Arzt gewinnt.

Reaktionen auf die Diagnose

Die verbreitetsten anfänglichen Reaktionen auf die Diagnose Krebs sind Ungläubigkeit und Erschütterung. Die Überzeugung, es könne kein Krebs sein, kann noch tagelang anhalten. Die gesamte Zukunft ist in Frage gestellt. Viele Patienten werden von der Diagnose geradezu übermannt. Anfangs haben sie kaum Möglichkeiten, sich ihrer neuen Realität anzupassen. Sie werden von intensiven Gefühlen überwältigt, wie wir bei Rollin und Lenker sahen. Im Gegensatz zu den meisten anderen Krankheiten wird Krebs unmittelbar mit dem Tod in Verbindung gebracht, und die Diagnose Krebs erweckt starke Ängste und unheimliche Phantasien. Sie wird assoziiert mit langsamem, schmerzvollem Sterben, das keine Behandlung aufhalten kann. Unter Krebs stellt man sich etwas Böses vor, das im eigenen Innern heranwächst und einen von innen vernichtet. Keine andere Krankheit ruft ein derart metaphorisches Denken hervor. Das Gefühl, das eigene Innere berge etwas Böses und man sei bereits dem Tod verfallen, gehört zu den charakteristischen Phantasien von Krebspatienten (vgl. Hackett et al. 1973; Vollmöller 1982).

Der Schweizer Autor Diggelmann (1979), der unter Gehirntumor und Metastasen in der Lunge litt, beschreibt die diagnostische Phase auf zahlreichen Ebenen:

»Die Untersuchungen gehen sehr rasch vor sich, und das Krankheitsbild wird beinahe von Stunde zu Stunde deutlicher. Dieses Konsilium arbeitet intensiv wie an einem Puzzle. Jeder gibt seinen Kommentar ab, was man tun könnte, was man noch tun müßte, was noch abzuklären sei. Mich beunruhigt eigentlich nur die Tatsache oder die Erkenntnis, daß mich merkwürdigerweise nichts beunruhigt. Es ist etwas in diesem Zimmer, das mich als nichtexistent erscheinen läßt. Ich sehe mich nicht. Ich spüre mich nicht. Ich habe keine Empfindungen. Ich mag auch nicht mehr den Ärzten helfen. Ich mag nicht darüber nachdenken. Eigentlich interessiere ich mich nicht für meinen Fall« (S. 18).

Diggelmann zieht sich emotional zurück, als die Drohung, seine Krankheit könnte als tödlich diagnostiziert werden, näher rückt. Aber er leugnet diese mögliche Diagnose nicht. Schon bevor die Ärzte sie bestätigen, zeigen seine Phantasien, welch enge Beziehung er bereits zum Tod hat:»Damals [in der Kindheit] habe ich dich als Leben mit meinen Flügeln gestreift. Und du bist aufgestiegen in die Weiten des Weltenhimmels. Jetzt haben meine Flügel des Todes dich gestreift. Bist du bereit, mich jetzt bei dir zu beherbergen wie damals, als ich als Leben zu dir kam? Mein Geschenk heute ist ein Geschenk des Todes an den Lebenden. Schenk, Lebender, deinen Teil dem Tod, so schenkst du dir Leben. Versuch's nicht zu verstehen. Gib mir Herberge in deinem Zimmer. Nimm mich auf, ich bin der Tod. Und ich bin das Leben. Wenn du mich, den Tod, nicht zu dir läßt, frage ich auch als Leben nicht mehr bei dir an. [...] Ich bettle nicht als Tod um dein Leben. Ich schenke dir dein Leben, indem ich dir als Tod erscheine. Verstoße mich nicht. Wehre dich nicht. [...] Du wirst erkennen: Nicht Tod pocht an dein Fenster, sondern verwandeltes Leben« (S. 20f.).

Konfrontiert mit der tatsächlichen Diagnose, schreibt Diggelmann:»Seit Tagen sitze ich am Fenster des kleinen grauen Zimmers. Tag für Tag sagen mir die Ärzte, die es nur gut mit mir meinen, wie kräftig die böse Todesblume in meinem Kopf wächst, Wurzeln schlägt, sich wohl fühlt in der Geborgenheit meiner Schädeldecke. Sie blühe wunderbar, sagen mir die Ärzte, sie sei fest verbunden mit mir, als liebte sie mich.

Nachts sitze ich vor dem schwarzen Fenster, und jetzt höre ich in der Stille meines langen Weges in den Tod die flehende Stimme einer neuen Blume« (S. 22).

Die wundervollen Worte Diggelmanns mindern jedoch keineswegs die ungeheure Angst, die er empfindet, nachdem er von seinem Gehirntumor erfahren hat.

Der Bericht von Alsop (1973) verdeutlicht den Schmerz, den die Diagnose Krebs heraufbeschwört. Die Qualen, die Alsop zu erleiden hatte, wurden dadurch verschlimmert, daß es lange Zeit brauchte, um zu einer sicheren Diagnose zu gelangen; seine Reaktion ist jedoch keineswegs untypisch:

»In meinem Brief folgte ich Winstons berühmtem Aufruf zum Widerstand: ›Wir werden mitten unter den Blutplättchen kämpfen‹, schrieb ich. ›Wir werden im Knochenmark kämpfen. Wir werden an der Peripherie des Blutkreislaufs kämpfen. Wir werden niemals kapitulieren.‹

Als ich dies geschrieben hatte, begann ich zu weinen – das erste Mal seit ungefähr fünfzig Jahren. Ich war äußerst erstaunt und erschrocken. Ich war in dem Glauben erzogen worden, öffentliches Weinen sei für einen Mann die allertiefste Demütigung und ein Beweis von Unmännlichkeit. Nur mein älterer Zimmergenosse war anwesend, und der hatte es nicht bemerkt. Ich verdrückte mich in unser winziges gemeinsames Bad, schloß die Tür, setzte mich auf die Toilette, drehte das Badewasser auf, damit niemand mich hören konnte, und weinte mir die Seele aus dem Leib. Dann trocknete ich mir die Augen mit Toilettenpapier und fühlte mich schon viel besser« (S. 68).

Indem er weinte, konnte Alsop die unglaubliche Spannung, die sich während der diagnostischen Phase aufgebaut hatte, wieder etwas mindern.

In Mullans Buch *Vital Signs. A Doctor's Struggle with Cancer* (1985) erleben wir die Verzweiflung, die den Arzt überkommt, als er sich klarmacht, daß die von ihm im Krankenhaus selbst angefertigte Röntgenaufnahme eines Krebses im Brustraum tatsächlich seine eigene ist:

»Da ich nicht erwartete, etwas zu finden, hatte ich meine Brust nur von einer Seite aufgenommen. Ich klemmte das Plastikrechteck unter die Schiene des Sichtgeräts und schaute in meinen eigenen Brustkasten. Bereits der erste Blick sagte mir, daß hier etwas ganz und gar nicht in Ordnung war. Rechts des Herzens und mit dessen Begrenzung verfließend war eine flockige, weiße Verdichtung zu sehen, die sich in sämtliche Lappen der rechten Lunge ausdehnte. Sie hatte die Größe einer Grapefruit, sah auf dem Röntgenbild jedoch aus wie ein unscharfer Blumenkohl.

Zuerst reagierte der Arzt in mir, und instinktiv betrachtete ich die grausigen Tatsachen auf dem Schirm als Kliniker. Ein ungewöhnlicher Befund, eine faszinierende Röntgenaufnahme, sagte ich mir. Da gibt es eine Reihe von Möglichkeiten, über die man wird nachdenken müssen. Ich ging hinunter zu den Radiologen und brachte ihnen die beiden Filme. Den Spezialisten Röntgenbilder mit positivem Befund zu zeigen machte ich immer sehr gerne, denn so konnte ich demonstrieren, daß ich wußte, was ich tat, und außerdem lernte ich auch immer etwas dabei. Dieser Besuch war darin keine Ausnahme. Noch immer war mir nicht zu Bewußtsein gekommen, daß die Pathologie, die ich eben vorführen wollte, meine eigene war. [...] Als ich ihnen sagte, daß ich es selbst sei, änderte sich ihr zwangloses Benehmen sofort. Sorgfältig wogen sie ihre Worte, als sie die Röntgenaufnahme studierten, und verlegen stellten sie mir einige Fragen. Das veränderte Verhalten dieser Menschen, mit denen ich befreundet war, durchkreuzte meine klinische Leidenschaftslosigkeit und löste in meinem Kopf ein erstes Warnsignal aus. Erste Angst stieg in mir auf.

Von nun an begann ich, mich ernsthaft damit auseinanderzusetzen, was eigentlich geschehen war. Dieser winzige Blumenkohl, den ich eben erst auf einem Stück Zelluloid entdeckt hatte, war tatsächlich ein Tumor – ein Krebs. Er ruhte friedlich tief im Innern meines Körpers. Obgleich ich zu diesem Zeitpunkt noch nicht wußte, welche Art von Krebs es war, ließ doch seine strategische Position darauf schließen, daß er mein Leben jederzeit beenden konnte. Innerhalb von fünf Minuten war er aus dem Nichts aufgetaucht und zum Brennpunkt meines Lebens geworden, oder vielleicht besser zum Brennpunkt meines restlichen Lebens. [...] Der Radiologe wollte Röntgenaufnahmen meines Unterleibs anfertigen. Er gab mir einen lächerlich kurzen Kittel, und als ich den Flur entlangwanderte, in Strümpfen und mit bloßen Knien, verstand ich plötzlich, daß ich Patient war.

Nachdem ich auf den kalten, metallenen Röntgentisch geklettert war, hatte ich Zeit und auch Verstand genug, um über all das nachzudenken. Die Röntgenaufnahme, die der Radiologe für mich vorgesehen hatte, war ein intravenöses Pyelogramm, das eine Serie von Aufnahmen meiner Nieren über den Zeitraum einer halben Stunde erforderte. Während dieser Zeit durfte ich den Tisch nicht verlassen. Ich lag auf dieser Platte, starrte auf das Gewirr elektronischer Geräte über mir, und an jenem Morgen im März 1975 fühlte ich mich qualvoll allein, mit dem verzweifelten Verlangen, mit jemandem zu sprechen – mit dem Arzt, den ich konsultieren wollte, mit meiner Frau, meinen Eltern, mit irgend jemandem. Ich *mußte* diese Katastrophe mitteilen. Aber nichts konnte ich tun als dort zu liegen, hilflos den Blick über die im Raum verteilten Geräte schweifen zu lassen und nach einer sicheren Zuflucht zu suchen vor der Angst, die mich plötzlich überschwemmte« (S. 4 ff.).

Nachdem er seinen eigenen Krebs diagnostiziert hat, gleitet Mullan allmählich aus der Rolle des Arztes in die des Krebspatienten. Ohne sich auf jemanden stützen zu können, wird er von Angst befallen.

Während die meisten Patienten auf die Diagnose entweder mit anfänglicher Verleugnung oder mit einem seelischen Schock reagieren, gibt es auch einige – allerdings sehr wenige –, die es mit Humor aufnehmen. In dem Aufsatz der 46jährigen Hausfrau Molly Ingle Michie (1980), ›A Splendid Day‹, kann man verfolgen, wie die Autorin die Diagnose ihres Lungenkrebses (»broncho-alveolares Zellkarzinom«) mit einem Sinn für Humor zur Kenntnis nimmt, der die tödliche Drohung keineswegs leugnet. Dieser Humor verschafft Michie die nötige Distanz, um der Drohung zu begegnen, ohne von ihr überwältigt zu werden.

»Der Chirurg redete nicht darum herum, daß ich wahrscheinlich sterben würde. Er sagte, von den Patienten mit meiner Krankheit sei ein Jahr nach der Diagnose noch die Hälfte am Leben. Nach fünf Jahren seien es nur noch drei von hundert. In der Nacht, als mir meine Diagnose klar wurde, machte ich mir eine Liste all der grauenhaften Dinge, die ich nun nie wieder würde tun müssen:
1. große Dinnerparties geben
2. den Backofen reinigen
3. Fußböden scheuern
4. empfindliche Wäsche von Hand waschen
5. Flecken entfernen.
Als zweites nahm ich mir einen Kalender vor und versuchte, einen passenden Termin für meinen Tod zu finden.

Dann machte ich eine Liste von Leuten, die bereits gestorben waren und die ich gerne wiedersehen würde. Dabei ging ich vor wie bei einer Liste für eine Cocktailparty.

Bevor mein Chirurg mir mitteilte, daß ich sterben sollte, hatte ich für Euphemismen nie viel übrig. Zum Beispiel war mir das Wort ›sterben‹ lieber als ›ableben‹ oder ›entschlafen‹. Nun jedoch bin ich zu der Überzeugung gelangt, daß ›sterben‹ ein Wort ist, das unbedingt eines Euphemismus bedarf, wenn man es selber vorhat.

Die Leute schrecken davor zurück, wenn ich ihnen sage, daß ich sterbe. Ihnen (und mir) geht es besser, wenn ich sage, daß ich ›abreise‹, ›mich verabschiede‹ oder ›den Löffel abgebe‹. Es ist nicht der metaphorische Humor dieser Euphemismen, der sie sozial akzeptabler macht. Ich glaube, es ist eher die Tatsache, daß sie einen vertrauten Vorgang beschreiben. Jeder von uns ist schon einmal abgereist, hat sich verabschiedet oder hat den Löffel abgegeben. Aber keiner von uns ist jemals gestorben. Außerdem sind Abreisen, Verabschieden und den Löffel Abgeben positive Tätigkeiten, die wir bereitwillig und nachdrücklich ausführten *zu einem Zeitpunkt, der uns genehm war.*

Dinge, über die man sich freuen kann, wenn man an Krebs stirbt:
1. Ich muß mich nie mehr davor ängstigen, Krebs zu bekommen. (Als ich noch klein war, spielten wir mit den Röntgengeräten, die in Schuhgeschäften standen, daher erwartete ich immer, Krebs am Fuß zu bekommen.)
2. Ich hatte eine wundervolle Reise nach Jamaika.
3. Ich brauche mir keine Sorgen um graue Haare zu machen. Ich brauche mir keine Sorgen um Rosacea [1] zu machen.

Es gibt nur zwei *wirkliche Vorteile.*
1. Ich habe herausgefunden, daß Menschen mich lieben, von denen ich es nie erwartet hätte. Ich wäre gestorben, ohne es zu erfahren.
2. Das metrische System muß ich nicht mehr lernen« (S. 410f.)

Die Verleugnung der Diagnose

Verleugnung, das heißt nichts wissen zu wollen, ist die wirkungsvollste Art der Abwehr beim Krebspatienten. Sie tritt gewöhnlich in Erscheinung, sobald der Patient die Diagnose erfahren hat. Verleugnung ist ein Versuch, mit dem überwältigenden Schrecken fertigzuwerden, und sie soll der Angst vorbeugen, enge Freunde oder die

1 Eine im Alter auftretende Hautkrankheit; A.d.Ü.

Familie könnten sich zurückziehen. Die meisten Patienten bedürfen dieser Art der Verleugnung zumindest einmal im Verlauf ihrer Krankheit. Patienten, die zur Verleugnung greifen, leben, sprechen und handeln so, als verstünden sie die Konsequenzen ihrer Erkrankung nicht. Bisweilen spalten sie den betreffenden Affekt ab und befassen sich damit nur noch auf einer rationalen Ebene. Patienten, denen die Wahrheit über ihre Krankheit mitgeteilt wurde, dürften sich kaum seltener in dieser Weise verhalten als Patienten, denen man tröstende Märchen erzählt hat. Patienten, die verleugnen, verhalten sich so, als betrieben sie doppelte Buchführung.

Einfache Formen der Verleugnung sind gekennzeichnet durch eine übermäßig optimistische Haltung bei der Einführung therapeutischer Maßnahmen. Komplexere Formen der Verleugnung im Anfangsstadium der Krankheit können mit irrationalen Vorstellungen einhergehen, etwa der, daß der Arzt eine falsche Diagnose gestellt haben könnte oder daß die Labortests vertauscht wurden. Derartiges Verleugnen schützt das Selbst des Patienten und mindert das Gefühl von Desintegration, das Gefühl, die eigene Welt zu verlieren.

Wir bezeichnen diese anfängliche Verleugnung als adaptive Verleugnung. Sie hilft dem Patienten, mit der Diagnose und den vorgeschlagenen Behandlungsmethoden umzugehen. Nach Weisman ist diese Art der Verleugnung ein Verfahren, die Komplexität im neuen Leben des Krebspatienten zu reduzieren. Wenn man mit einer Drohung konfrontiert wird, der nur schwer zu entkommen ist, sorgt die Verleugnung für eine wenigstens zeitweilige Minderung des Drucks. »Verleugnung hat drei Ziele: 1. das Aufrechterhalten des Status quo; 2. die Vereinfachung einer Beziehung; und 3. die Beseitigung von Differenzen zwischen dem, was war, und dem, was sein wird« (Weisman 1979, S. 44). Die Familie und die Mitglieder des Behandlungsteams sollten die Funktion dieser Form von Verleugnung verstehen und stärken. Es gibt keinen Grund, sie zu unterbinden.

Anfängliche adaptive Verleugnung kann einen positiven Einfluß auf die Prognose gewinnen. Frauen, die noch drei Monate nach einer Mastektomie adaptive Verleugnung zeigen, stellen damit auch ihren starken Willen unter Beweis, die Krankheit zu bekämpfen. Sie haben nach fünf Jahren eine höhere Überlebensquote als Frauen, die sich selbst aufgeben und ein Syndrom von Hoffnungslosigkeit und Hilflosigkeit entwickeln (Greer et al. 1979). Adaptive Verleugnung bedeutet nicht, daß die Patienten nicht erkennen, daß sie krank sind. Vielmehr nehmen sie eine übermäßig optimistische Haltung ein gegenüber dem möglichen Erfolg der Behandlung. Wird diese frühe, der Anpassung dienende Generalverleugnung durch gute medizinische Beratung bestärkt, so wird sie später in eine mehr selektive Verleugnung übergehen, die sich nur noch auf einzelne Aspekte der Krankheit richtet.

Der Student Theo Hosch (1986), der an der Hodgkinschen Krankheit leidet, beschreibt detailliert die intensive und lang andauernde Verleugnung in der diagnostischen Phase:

»Eine unangenehme Ahnung stellte sich auch dann nicht ein, als ich beim Baden ein erbsengroßes Ding an meiner rechten Halsseite unter der Haut bemerkte. ›Bemerkte‹ ist dabei allerdings schon zu viel gesagt: Ich habe es befühlt und ihm keine weitere Beachtung geschenkt.

Da zu diesem Zeitpunkt meine Eltern gerade in Urlaub waren, stellte sich bei mir eine gewisse Langeweile ein. Auf der Suche nach etwas Abwechslung kam ich auf die Idee, vielleicht doch einmal bei meinem Hausarzt vorbeizusehen. Als Grund für meinen Arztbesuch gab ich meine bevorstehende Musterung an, zu der ich von ihm wissen wollte, ob ich für die Bundeswehr geeignet sei. Der erste Kontakt mit diesem Mediziner – wirklich nur als Besuch gedacht – entwickelte sich jedoch ganz anders, als ich es mir vorgestellt hatte.

[...] Unser anfänglich lockeres Beisammensein behielt seinen Charakter noch kurze Zeit bei, doch als der Arzt anfing, an mir herumzutasten, änderte sich die Stimmung, zwar langsam, aber stetig. Nachdem er mir sorgfältig den Hals, die Achselhöhlen und die Leistengegend mit den Händen abgetastet hatte, setzte er sich wieder in seinen Sessel. Er sagte mir, daß da die Möglichkeit bestehe, daß etwas nicht stimme, er habe so etwas während seiner Zeit im Krankenhaus schon manchmal gesehen. Man müsse es auf jeden Fall abklären, und er schlüge mir vor, eine Röntgenaufnahme meines Brustkorbes machen zu lassen« (S. 16f.).

»Durch all das war ich in keinster Weise beeindruckt. Ich freute mich, etwas Abwechslung gehabt zu haben, und ging nach Hause. Das bevorstehende Wochenende wurde durch das Erlebnis bei meinem Hausarzt nicht beeinflußt, es war wie viele andere zuvor auch. Mein Tun und Treiben war unbekümmert und ungetrübt« (S. 18).

Über die Tage nach der Biopsie des Knotens schreibt Hosch:

»Immer noch nicht kam ich auf ungute Gedanken. Das gerade Erlebte war zwar etwas schmerzhaft und unangenehm, aber es war für mich kein Anlaß, mir Sorgen zu machen« (S. 20).

»Meine Unbekümmertheit hatte immer noch kein Ende gefunden« (S. 21).

»Meine Eltern freuten sich aus mir noch unerklärlichen Gründen nicht sehr über meine Ferienerlebnisse. Für Erwachsene bot wohl ein Knötchen am Hals, um das etwas Hektik gemacht wurde, schon eher Grund zur Sorge als für einen Heranwachsenden« (S. 22).

»Langsam, ganz langsam, stellte sich nun auch bei mir eine meiner Krankheit angemessene Stimmung ein. Von einer Niedergeschlagenheit oder einer Hoffnungslosigkeit, wie man sie häufig bei Krebskranken sieht, war allerdings bei mir noch keine Spur. Auch das Wort ›Krebs‹ befand sich noch nicht in meinem Sprachgebrauch. Das war im nachhinein betrachtet auch das Beste, was mir passieren konnte« (S. 24).

Zum Teil dürfte Hoschs Jugendlichkeit für die außergewöhnlich starke Verleugnung verantwortlich gewesen sein, die er an den Tag legte. Ebenso wahrscheinlich ging ein Impuls zu strikter Verleugnung jedoch auch vom Tod seiner Schwester aus, die einige Jahre zuvor an Leukämie gestorben war.

Die DDR-Schriftstellerin Brigitte Reimann (1984), eine Frau Ende dreißig, beschreibt in fortlaufenden Tagebucheintragungen, wie ein ähnlich entschlossener Versuch, den Verdacht auf Brustkrebs zu verleugnen, nur ganz allmählich der Erkenntnis Platz macht, daß die Diagnose schwerwiegend ist:

»26.2.68 [...] Ich lag darnieder, mehr psychisch, wenn auch aus physischen Gründen, weil mir da etwas zugewachsen ist (wie Kafka sagen würde), was rechtens nicht in einen Weibskörper gehört – also kein Baby, beileibe nicht. Ich habe jeden Morgen beim Aufwachen geheult, aber dann stramm gearbeitet, weil ich mich schon tot sah, mein Werk unvollendet [...]. Inzwischen habe ich alle möglichen Untersuchungen hinter mir, und alles spricht dafür, daß es sich um einen ›gutartigen‹ Zuwachs handelt.«

»4.4.68 [...] ich muß erst mein Buch fertigschreiben – das ist gewissermaßen ein Wettlauf mit einer möglichen ernsten Krankheit.«

»22.7.68 [...] Am Montag war ich bei Professor S. Ich bin gesund! Ich kann Euch nicht sagen, wie glücklich ich war, als ich aus der Klinik kam.«

»25.7.68. Mir ist ein Stein vom Herzen. Nun muß ich bloß noch mal einen Tag opfern, um mir bei Dr. M. den Knoten rausschneiden zu lassen. [...]«

»8.8.68. Die Operation habe ich gut überstanden, bin allerdings wieder ein bißchen beunruhigt, weil sich während des Schneidens herausstellte, daß doch noch etwas ›im Busch‹ ist, nämlich einige weitere Knoten [...]. Dr. M. schickt sie nun doch ans Institut. [...]«

»10.9.68. Nur ein paar Zeilen – nach langem Schweigen. Heute habe ich das Urteil erfahren, auf das ich seit Monaten wartete, in gewisser Weise auch vorbereitet war. Ich habe Krebs. [...] Drück mir die Daumen. Ich habe Angst. Ich möchte so gern ein Held sein, aber dazu reicht's noch nicht.«

»11.9.68. Ihr dürft Euch das nicht allzu schlimm vorstellen. Da ich rechtzeitig zum Arzt gegangen bin, hat sich die Geschwulst noch nicht sehr ausgebreitet, und es besteht keine Lebensgefahr. Natürlich ist es scheußlich, so halbiert zu werden. Heute früh habe ich mächtig geheult, aber jetzt bin ich schon ruhiger.«

Obwohl sie ihre Befürchtung, Krebs zu haben, verleugnete, war Reimann unbewußt darauf gefaßt, lange bevor aus dem Labor das Ergebnis der Untersuchung eintraf. Eine anfänglich starke adaptive Verleugnung finden wir in vielen Texten von Krebsautoren. Diese Verleugnung tritt in allen Stadien der Krankheit auf, am stärksten jedoch in den ersten Tagen nach Erhalt der Diagnose (Weisman 1972; Lipowski 1979; Lazarus 1981).

In der diagnostischen Phase und zu Beginn der Behandlung kann es zu einem Abbruch der Beziehung zwischen Arzt und Patient kommen, wenn der Arzt auf das Bedürfnis des Patienten nach Information nicht genügend eingeht. Ein überängstlicher Arzt, der Ausflüchte gebraucht, stiftet damit nur Verwirrung. Auch aus Schweigen und ungewöhnlichem Verhalten ziehen Patienten ihre Schlüsse, wie wir in Rollins (1976) Bericht über ihr erstes Arztgespräch sahen. Der Abbruch einer offenen Verständigung zwischen Arzt und Patient übt wiederum einen ungünstigen Einfluß aus auf den Verlauf der Krankheit, auf die Art und Weise, wie der Patient auf die Behandlung anspricht, sowie auf das psychosoziale Gleichgewicht des Patienten.

Sowohl in dieser frühen Phase als auch späterhin ist der Patient äußert sensibel gegenüber dem Verhalten anderer; er merkt es sofort, wenn der Arzt und die Familienangehörigen seinen Fragen ausweichen oder wenn sie versuchen, seine Ängste mit unbegründeten Hoffnungen zu zerstreuen. Solche Vermeidungsstrategien schwächen überdies das Selbstgefühl, das durch die Diagnose ohnehin bedroht ist, und sie tragen dazu bei, daß der Patient sich innerlich zurückzieht und damit einen Zustand der Depression heraufbeschwört. Ein Patient, der sich in diesem frühen Stadium der Krankheit von seinen Ärzten enttäuscht fühlt, wird in späteren Phasen von Angst und Verzweiflung befallen werden. Er wird es in Zeiten der Not vermeiden, sich an seine Ärzte zu wenden, und seine innere Vereinsamung wird nur noch zunehmen. Wenn auch die Unterstützung durch die Familie oder durch Freunde fehlt, so ist der Patient schon vor seinem physischen Tod zu einem »sozialen Tod« verurteilt (Cassileth/Cassileth 1982). Nach Weisman (1979) ist die beste Strategie Aufrichtigkeit, gepaart mit Hoffnung, Feingefühl, Mitleid, gesundem Menschenverstand und klaren Aussagen. Auf diese Weise vermeidet man Gemeinplätze, Umschweife, Ausreden und Belanglosigkeiten.

Alsop (1973) weist darauf hin, wie wichtig für den Krebspatienten in der diagnostischen Phase eine aufrichtige, einfühlsame Verständigungsbereitschaft seitens des Arztes ist. Das Vertrauen, das bereits frühzeitig zwischen Alsop und seinem Arzt John Glick geschaffen wurde, war eine entscheidende Hilfe, um über einen langen Zeitraum mit der permanenten tödlichen Drohung fertigzuwerden.

»An jenem ersten Tag verhielt sich John Glick sehr unpersönlich und professionell, aber instinktiv mochte ich ihn, und so erging es auch Tish. Später wurde aus dieser Sympathie wirkliche Zuneigung und Bewunderung, eine echte Freundschaft, wie sie zwischen einem 28jährigen und einem doppelt so alten Mann nicht leicht zustande kommt.

Dr. Glick litt als Kind unter Asthma (wie auch ich), und wie viele Asthmatiker zieht er seine Schultern etwas hoch. Er hat ein schmales, blasses, interessantes und auffallend kluges Gesicht, und sein Benehmen ist von einer gewissen unbefangenen Intensität. Er hat viel Sinn für Humor, aber wenn er auf der Jagd ist nach Hinweisen, die eine Diagnose begründen könnten, dann zeigt er den humorlosen Eifer eines Bluthunds auf der Fährte. Schon an jenem ersten Tag hatte ich den Eindruck, daß er ernsthaft an meinem Fall interessiert sei – vielleicht ein wenig so wie Sherlock Holmes, der, nachdem er sich lange von der Magerkost einfacher Lösungen ernährt hat, endlich auf einen wirklich kniffligen Fall stößt und sich so angeregt fühlt, daß er kein Bedürfnis verspürt nach seiner gewohnten Dosis Laudanum« (S. 26 f.).

Eine solche Objektivität des Interesses ist nicht immer leicht für den Arzt, wie Alsop später erfuhr.

Manchmal geschieht die Verleugnung der vollen Tragweite der Diagnose ganz bewußt; das zeigt etwa die folgende Passage von Alsop. Nachdem ihm die Diagnose Krebs mitgeteilt wurde, muß sich der Patient mit der Frage der Behandlung auseinandersetzen. Gemeinsam mit seinem Arzt muß er die Chance, die Krankheit zu heilen oder zum Stillstand zu bringen, abwägen gegen schmerzhafte Nebenwirkungen und Veränderungen der Lebensqualität. Und all dies ist zu erwägen in einem Kontext, der die Sterblichkeit in ein neues Licht rückt.

»Würde es sich denn wirklich lohnen, einen Monat oder mehr völlig allein in einem Bestrahlungsraum eingepfercht zu verbringen, dabei Gewicht und Haare zu verlieren, um entweder dort zu sterben oder als glatzköpfiges Skelett wieder aufzutauchen und auf den Tod zu warten? Wäre es nicht vernünftiger, nach Hamlets ›blankem Dolch‹ zu greifen, in Gestalt eines Fläschchens Schlaftabletten? Und dann überkam mich ein Gefühl dessen, was der Tod wirklich bedeutete – das Ende eines angenehmen Lebens, niemals mehr Tish oder Andrew oder Nicky oder die vier älteren Kinder wiederzusehen, niemals mehr nach Needwood zu fahren oder gemeinsam mit Freunden zu lachen oder den Frühling erwachen zu sehen. Mich ergriff ein entsetzliches Gefühl des Alleinseins, der Verwundbarkeit, der Nacktheit, der Hilflosigkeit. Ich stand auf, wühlte zwischen meinem Rasierzeug, fand noch eine Schlaftablette, und schließlich döste ich ein. [...]

Eine derart schlimme Nacht erlebte ich nie wieder, und ich glaube, ich werde sie auch nie wieder erleben. Denn nach dem ersten Schock, als man mir die drohende Todesgefahr mitgeteilt hatte, setzte eine Art von Schutzmechanismus ein, und wahrscheinlich ist das bei den meisten Leuten so. Zum Teil ist dies ein völlig bewußter Willensakt – der Entschluß, der bitteren Zukunft ihren Anteil an den eigenen Gedanken zuzugestehen und mehr nicht. [...]

Der bewußte Versuch, das eigene Bewußtsein oder einen Teil davon gegen die Unvermeidlichkeit des Todes abzuschotten, dürfte auch bei dem seltsam heiteren Stil mitwirken, in dem ein großer Teil meines Buches geschrieben ist« (S. 30 f.).

3. Psychische Reaktionen auf den Behandlungsbeginn

»Hätte ich die Operation vornehmen lassen, so wäre ich Patient ge-worden, hätte mich definitiv in die Rolle des Patienten begeben, für den Rest des Lebens. So aber bin ich nicht Patient, zwar nicht kerngesund, sondern todkrank, aber eben nicht Patient. Bis zuletzt kann ich die Rolle des Gesunden und des Normalen ›spielen‹. Dabei handelt es sich eben nicht um ein Spiel, sondern um die Entscheidung zwischen zwei Existenzformen. Ich glaube immer noch, daß ich richtig gewählt habe [...]« (Noll 1984, S. 123f.).

Krebs besteht aus einer ganzen Gruppe von Erkrankungen von ver-schiedener Häufigkeit, anatomischer Lage und Ausdehnung, Patho-logie, klinischem Verlauf und Prognose. Daher ist er chirurgischer Behandlung zugänglich, er spricht auf ionisierende Bestrahlung an, und man kann ihn mit chemischen Wirkstoffen und mit Hormonen behandeln. Diese Variabilität der wesentlichen Merkmale und somit auch der diagnostischen Verfahren und der Behandlungsmethoden legt es nahe, eine multiple, von einem Team durchgeführte Methode zu praktizieren. Eine aggressive multiple Therapie umfaßt gewöhn-lich die radikale Resektion aller festen Tumore, wo immer möglich, gefolgt von einer Strahlentherapie, um alle verbliebenen Krankheits-herde am Ort des Primärtumors auszuräumen, und schließlich einer fortgesetzten Chemotherapie gegen noch vorhandene Krankheits-herde an anderen Stellen im Körper.

Doch all diese onkologischen Behandlungsmethoden – Chirurgie, Bestrahlung und Chemotherapie – sind von aggressiver Natur und werden von Patienten wegen ihrer unangenehmen Neben- und Nach-wirkungen zu Recht gefürchtet. Häufig hört man von Ärzten wie von Patienten, die Behandlung sei schlimmer als die Krankheit. Beschrei-bungen der Krebstherapie übernehmen die Sprache der Kriegführ-ung: Der Körper des Patienten wird – wie es bei Susan Sontag heißt – von einem »Angriff« oder einer »Invasion« bedroht, daher besteht die einzig mögliche Behandlung in einem »Gegenangriff«. Krebszellen vermehren sich nicht einfach, sie sind vielmehr »invasorisch«; zuerst gründen sie winzige »Stützpunkte« (Mikrometastasen) und bilden vom ursprünglichen Tumor aus »Kolonien«. Die Strahlentherapie be-nutzt die Metaphern des Luftkriegs: Die Tumore der Patienten werden mit toxischen Strahlen »beschossen«. Bei der Chemotherapie werden Begriffe der chemischen Kriegführung verwendet, zum Beispiel »Gift«. Die Behandlung zielt darauf ab, die Krebszellen zu »töten«, ohne den Patienten umzubringen (Sontag 1978, S. 69–71). Patienten befürchten, sich widerstandslos unbekannten und potentiell destruktiven Mächten ausgeliefert zu haben. Jene aggressiven Behandlungsmethoden werden häufig von einem anderen als dem ursprünglichen Arzt des Patienten eingeführt, und das verstärkt die Angst vor dem Unbekannten (Meerwein 1985).

In dem Gedicht »Kriegsberichterstattung« (»Bulletins from a War«) der amerikanischen Dichterin Helen Webster (1980, S. 35), die an Brustkrebs erkrankt war, wimmelt es geradezu von militärischen Metaphern:

Kriegsberichterstattung

Bürgerkrieg. Mein Körper ist
das Schlachtfeld.
Die linke Brust fällt zuerst.
Eine Legion von Knoten tarnt
heimtückische Absichten.
Besetztes Territorium:
Das Lymphsystem.
Unter dem Verdacht,
den Feind zu unterstützen,
werden Ovarien geopfert.
Es folgen
fünf Jahre Waffenstillstand.
Verräter, Adrenalindrüsen
fallen unter einem Angriff der Messer.
Unsichere Waffenruhe folgt.
Brustbein, Rippen, Wirbel
werden heimlich besetzt.
Chemische Kriegführung
vertreibt Grenzverletzer.
Die Lymphzone entmilitarisiert.
Feindliche Kräfte
greifen auf die Bauchhöhle über.
Das Abwehrsystem blockiert.
Stoßtruppen schlagen zurück:

Entfesseln eine neue biologische
Waffe.
Bauen eine Umgehung
durch den Dickdarm.
Armeen sind festgefahren.
Die Aktion gelingt rasch, glänzend.
Feindliche Kräfte ordnen sich neu
am vorigen Schlachtfeld.
Stoßkommandos lähmen teilweise
entscheidende Versorgungstruppen.
Wieder schneiden.
Wieder umleiten.
Tödliche chemische Stoffe
vergiften den Feind.
Unter den Opfern:
unschuldige Zuschauer.
Haare fallen.
Die Schleimhäute abgeschlachtet.
Weiße Blutzellen niedergemetzelt.
Letzte Meldung:
Belagerungszustand.

Chirurgie

Jahrhundertelang war Chirurgie die einzige Methode der Krebsbehandlung, und für die große Mehrzahl der Patienten (75–80 %) ist sie
auch heute noch die wichtigste Form der Behandlung (Sherman et al.
1987). Die moderne Krebsoperation besteht aus einer umfassenden
Exzision des Primärtumors und seiner unmittelbaren Erweiterungen
sowie gegebenenfalls aus der Entfernung lokaler Lymphknoten. Onkologen unterscheiden zwischen heilender Chirurgie, die auf das Ur-
sprungsgewebe und dessen regionale Lymphknoten begrenzt ist; prä-
ventiver Chirurgie, die bevorzugte Behandlung bei noch nicht bösartigen Geschwülsten; diagnostischer Chirurgie oder Biopsie, häufig
während eines untersuchenden Eingriffs durchgeführt; palliativer
Chirurgie, die Symptome heilt oder ihnen vorbeugt und die zur He-
bung des Wohlbefindens und zur Lebensverlängerung eingesetzt
wird; reduzierender Chirurgie, bei der man nur die Hauptmasse des

Tumors entfernt in der Hoffnung, daß Chemotherapie, Strahlentherapie oder beides den verbleibenden Tumor eindämmen oder heilen werden; schließlich Chirurgie bei erneutem Auftreten des Krebses und zur Linderung von Schmerzen.

Geht der chirurgische Eingriff nicht mit der Verunstaltung oder dem Verlust eines Körperteils einher, so gilt Chirurgie als die optimale Behandlungsmethode. Die intensiven Ängste, die gewöhnlich vor der Operation auftreten, verflüchtigen sich normalerweise rasch, wenn diese Art von Chirurgie erfolgreich ist.

Amputationen, welche die physische Integrität des Patienten angreifen, insbesondere Organe oder Körperteile, die in engem Zusammenhang mit der geschlechtlichen Rolle stehen und die damit Identität und Selbstwert des Patienten bestimmen, können postoperative Depressionen oder sogar psychotische Dekompensationen mit sich bringen. Für Patienten, denen eine Amputation bevorsteht, ist die Operation die eigentliche Tragödie; der Krebs und dessen tödliche Drohung selbst verlieren an Bedeutung, gemessen an der unmittelbaren Drohung einer Zerstörung ihrer physischen und psychischen Integrität. Je jünger der Patient ist, desto heftiger ist die Reaktion, da in jungen Jahren das Selbstwertgefühl sehr stark von der äußeren Erscheinung abhängt. Solschenizyn (1971), der selbst eine Krebserkrankung überlebte, läßt in seinem Roman *Krebsstation* das 17jährige Mädchen Asja – sie hat Brustkrebs – mit dem jungen Djomka sprechen, der einen chirurgischen Eingriff wegen eines Knochentumors im Bein erwartet:

»»Was soll das heißen – das Bein amputieren? Die sind wohl wahnsinnig geworden? Sie wollen es nicht behandeln? Laß dich nur nicht von ihnen überreden! Lieber sterben als ohne Bein, meinst du nicht auch? Leben heißt doch glücklich sein!‹

Ja natürlich, schon wieder hatte sie recht! Was wäre das für ein Leben als Krüppel? Jetzt zum Beispiel säße er neben ihr – und wohin mit seiner Krücke? Und dann – der Beinstumpf? […] Wirklich, das wäre kein Leben mehr – ohne Bein« (Bd. 1, S. 119f.).

In einer späteren, bewegenden Szene besucht Asja in Panik und unter Tränen Djomka in seinem Zimmer:

»Sie schluchzte ins Kissen hinein.

›Was ist denn? Sag doch, was du hast?‹

Er hatte es schon fast erraten.

›Sie werden mich operieren!‹

Und sie weinte, weinte. Und stöhnte dann auf:
›O-o-o-oh!‹
Solch einen langgedehnten, seltsamen Schmerzenslaut hatte Djomka noch nie gehört.
[...] Da erst erblickte Djomka ihr feuchtes, rotfleckiges, betrübtes und erzürntes Gesicht. ›Wer nimmt denn eine, die nur noch eine Brust hat? Wer? Mit siebzehn Jahren!‹ schrie sie ihn an, als sei er an allem schuld.
Nicht einmal trösten konnte er sie.
›Und wie soll ich *an den Strand* gehen?‹ schrie sie auf, durchbohrt von dem neuen Gedanken. ›An den Strand! Und wie baden...?‹ Es packte sie wie ein Taumel, wirbelte sie um ihre eigene Achse, schleuderte sie von Djomka fort, irgendwohin nach unten, die Arme um den Kopf geschlungen, rollte ihr Körper auf den Fußboden« (Bd. 2, S. 94f.).
Schließlich verlangt sie, daß er ihre von Krebs befallene Brust küßt: »»Du wirst dich daran erinnern?... wirst dich erinnern, daß es sie gab? Und – wie sie war?‹
[...] Sie zog ihre Brust nicht zurück, und er wandte sich wieder dem roten Schimmer zu und tat mit den Lippen behutsam, was ihr Kind mit dieser Brust niemals mehr würde tun können. Niemand kam ins Zimmer, und er küßte lange dieses Wunder über sich.
Heute ein Wunder. Morgen in den Abfalleimer damit« (Bd. 2, S. 96).
Der junge Arzt Alan Stoudemire (1983), bei dem sich während seiner Asistenzzeit in der Psychiatrie ein bösartiges fibröses Histiozytom am rechten Schienbein entwickelte, beschreibt seine emotionale Reaktion auf die Amputation seines Beins. Dabei bezieht er sich auf Arbeiten von Pollock (1961, 1978), der die verschiedenen Komponenten akuter Trauer bestimmte:
»Nach der Amputation und nach einer anfänglichen Phase ungläubigen Entsetzens reagierte ich auf den Verlust des Körperglieds mit einem Gefühl intensiven Schmerzes, ähnlich wie beim Verlust eines geliebten, geschätzten und stark besetzten Objekts. Diese Phase meines Schmerzes entsprach dem ›akuten Zustand der Trauer‹, der nach der Beschreibung Pollocks [...] durch innere Erschütterung, Leid, Schmerz, Trennungsangst und Trennungswut sowie durch einen allmählichen Rückzug von dem verlorenen Objekt charakterisiert ist. Diese allmähliche Aufhebung der Besetzung betraf bei mir nicht nur

das Bein als das verlorene Objekt, sondern ebenso ein verlorenes Selbstbild.

Meine emotionalen Zustände schwankten. Zeitweilig war ich sicherlich tief deprimiert, doch der dominierende Affekt, den ich fühlte, war Wut: ein schmerzlicher, einsamer, hilfloser, diffuser Zorn.

Als die Erschütterung, das Leid, der Schmerz und die Wut zurückgingen, wechselte ich allmählich in den ›Zustand chronischer Trauer‹ über, in dem alle adaptiven Fähigkeiten des Ichs dazu aufgeboten werden, sich mit der Realität des Verlusts und mit der Notwendigkeit der Anpassung an diese Realität auseinanderzusetzen. In dieser adaptiven Phase beginnt das Ich, sich auf die Anforderungen der Realität einzustellen und den Verlust in ein neues Selbstbild zu integrieren« (S. 381).

Im folgenden bestimmt Stoudemire – dabei weiter Pollock folgend – die eigentümliche Rolle der Wut im Prozeß der Trauer:

»Wenn Wut über den Verlust auftritt, so ist dies ein Anzeichen dafür, daß die Trennung wahrgenommen und anerkannt wurde. In diesem Sinne ist die Wut restitutiv: Durch das affektive Erleben der Wut wird die Besetzung abgeführt. So dient die Wut dazu, die Erschütterung, die Panik und das Leid zu meistern. Fragt man nach den Gründen dieser Wut, so muß man bedenken, daß es sich um narzißtische Wut handelt. Es ist, wie wenn ein Kind schreit: ›*Mir* passiert das, und ich habe es nicht unter Kontrolle!‹ Wird der Zorn in diffuser Weise abgeführt, so wird die Frustration über das Verlassensein – z. B. das Gefühl der Hilflosigkeit – vermieden« (ebd.).

Patienten, deren Körper durch Operationen wie zum Beispiel Mastektomie oder Amputation eines Glieds verstümmelt wurden, bedürfen psychologischer Hilfe, um der schmerzlichen Wahrnehmung der Veränderung ihres Körpers standhalten zu können. Eine Mastektomie bedroht das sexuelle Selbstbild der Frau, und die Minderung ihrer sexuellen und physischen Attraktivität kann Selbstentwertung und eine Identitätskrise nach sich ziehen. Das gleiche gilt für Operationen, welche die Zeugungsfähigkeit oder die Libido beeinträchtigen, wie etwa Eingriffe an den Hoden oder den Ovarien.

Einen Teil des Körpers einzubüßen oder verstümmelt zu werden ist stets mit einer depressiven Reaktion verbunden. Diese Reaktion kann unmittelbar nach der Operation auftreten, sie kann aber auch wochenlang latent bleiben. Es ist wichtig, den Patienten klar zu machen, daß die Depression eine normale Reaktion ist, und ihnen Wege aufzuzeigen, mit derart starken Gefühlen umzugehen. Wie wir in Stoudemires Schilderung sahen, verlangt der Verlust eines Körperteils oder einer Körperfunktion eine Phase der Trauer, ähnlich jener, die man beim Verlust eines nahestehenden Menschen empfindet.

Einige Patienten werden mit dem Verlust nur fertig, indem sie einen äußeren Aggressor ausmachen; ihren heftigen Zorn darüber, einen Teil ihrer selbst verloren zu haben, können sie dann auf diesen projizieren. Eine Zielscheibe, die sich anbietet, ist der Arzt. Ihn sollte jedoch der Ausdruck derartiger Aggressionen nicht über Gebühr erregen; letzten Endes sind sie ein Zeichen dafür, daß der Patient noch leben und aktiv sein möchte. Wenn sich Patienten frei genug fühlen, ihre Wut zum Ausdruck zu bringen, dann sind sie auch eher in der Lage, sie wieder aufzulösen, als wenn sie sie gegen sich selbst richten und depressiv werden.

Kleinere Operationen oder Operationen an emotional weniger besetzten inneren Organen sind für die Patienten im allgemeinen weniger problematisch und rufen keine derart starken Gefühlsreaktionen hervor. Zu erkennen ist der Erfolg solcher Operationen fast unmittelbar danach, wenn der Patient zu begreifen beginnt, daß der bösartige Tumor durch einen Messerschnitt entfernt worden ist. Bis die genauen histologischen Befunde vorliegen, bleiben die Patienten unruhig, doch sie sind sich im klaren darüber, daß die wichtigsten Hinweise für den Erfolg einer Operation die postoperativen Veränderungen sind, z. B. das Ausheilen der Wunde, der Zuwachs an Körperkraft usw. Dies ist auch der Grund dafür, warum Patienten so oft und eingehend von ihrer physischen Genesung sprechen und sich beeilen, dem Arzt noch am Tag der Operation zu versichern, sie fühlten sich körperlich fit. Irgendwie scheint eine rasche Genesung der magische Beweis dafür zu sein, daß die Krankheit letzten Endes doch nicht so schwerwiegend war.

Dennoch wird die Krebs-Chirurgie an *jedem* Teil des Körpers – sei es ein inneres oder ein äußeres Organ – anfangs stets mit großen Ängsten betrachtet und beschwört furchterregende Phantasien herauf. Diggelmann (1979) beschreibt, wie die überwältigende Furcht vor einer zweiten Operation (nach einem früheren chirurgischen Eingriff am Gehirn) ihn völlig übermannt und zu einer allumfassenden Todesangst führt:

»7. Dezember 1978

Die Würfel sind gefallen. Die Histologen haben das Verdikt gesprochen. Sie haben herausgefunden, daß sich im rechten Lappen meiner Lunge ein Tumor eingenistet hat, ein bösartiger. Das Urteil der Ärzte lautet: Dieser Lappen muß weg, radikal.

[...] Was hilft's mir, wenn mir die Fachleute sagen, Ihr Lungenvolumen ist so groß; man könnte Ihnen zwei Drittel wegoperieren, und Sie könnten immer noch sehr gut leben. Darum geht es nicht. Es geht darum, daß man mir wieder ein Stück Leben wegnimmt, und ich weiß nicht, wieso und wozu. Ich weiß nicht woran es liegt, womit ich mich schuldig gemacht habe. Ich muß zugeben, daß mich – seit Tagen übrigens – eine tiefe Depression befallen hat. [...] Depressionen, mehr, es ist Angst. Eine ungeheure Angst, die ich mit Worten nicht beschreiben kann, obwohl ich ja von Beruf eigentlich mit Worten umgehen können sollte. Es ist eine elementare Angst, eine diffuse Angst. Ich habe Angst vor mir. Ich habe Angst vor meiner Umgebung. Ich habe Angst vor allem, wovor ich eigentlich gar keine Angst zu haben brauchte. Ich habe keine Angst vor der Operation; ich habe keine Angst vor der Narkose. Ich denke nicht daran. Sie werden die Sauerstoffflasche bereithalten. Die Technokraten sind perfektioniert. Aber die Angst, die können sie mir nicht nehmen« (S. 49 f.).

Die DDR-Schriftstellerin Maxi Wander (1980) fühlt sich abhängig, der eigenen Kontrolle entzogen und dazu gezwungen, sich unbekannten Mächten auszuliefern. Ihren Anästhesisten sieht sie als den Tod: »Im Halbschlaf erscheint mir der Anästhesist... das ist er, der mich einschläfern wird! Er ist einfach der Tod für mich. Meine Gedanken verwirren sich unter dem Einfluß des Dormutils. Diesen vielen anonymen weißen Kitteln im Operationssaal ausgeliefert zu sein, ohne Bewußtsein, wie soll man da ohne Angst bleiben?« (S. 16)

Ähnlich beschreibt Stoudemire (1983) seine letzte Erinnerung vor der Amputation des Beins als Todesphantasie: »Eine letzte Erinnerung: Vor der Amputation legte der Anästhesist den intravenösen Zugang. Ich hörte die metallenen Instrumente klappern; Messer, phantasierte ich. Niemals hatte ich wirklich danach gefragt, wie sie es anstellten, es abzuschneiden. Die Narkosemaske flößte mir das Gefühl ein, ich sollte erstickt werden. Ich versuchte, sie wegzuziehen, aber meine Hände wurden daran gehindert. Das letzte, woran ich mich erinnere, ist eine Krankenschwester, die zu einer anderen sagte: ›Das dürfte schnell erledigt sein.‹ Schnell erledigt!« (S. 381)

In panischer Angst vor einer drohenden Krebsoperation hält sich der Patient häufig an jeden verfügbaren Beistand. So auch die Schweizer Autorin Maya Beutler (1980). Zuerst versucht sie, ihr gutes inneres Objekt wiederzugewinnen, ihren Vater, der eine Operation am Hals überlebt hat – ähnlich der, die ihr bevorsteht –, und der schließlich mit 79 Jahren an seinem Tumor gestorben ist:

»›Du bist mein liebes Kind‹, hast du mir gesagt, am Abend vor deiner Operation, ich habe den Satz heute nacht hin- und hergedreht in meinem Kopf, die Ohren dröhnen mir, ›du bist mein liebes Kind, du bist mein liebes Kind‹, wie eine Marmel rollt das Wort vor und zurück in mir [...] morgen früh soll ich operiert werden [...]. Vater, jetzt könnte ich reden, jetzt könnte ich dich an mich ziehen, jetzt könnte ich dich festhalten, ›alles hat seine bestimmte Stunde, jedes Ding unter dem Himmel hat seine Zeit‹, jetzt bin ich auf deiner Seite und lasse die Maschine rattern, ›du bist mein liebes Kind‹, denn es muß zehn vor acht werden für die Kinder, das ist alles, was jetzt zählt, sie wollen zur Arbeit, sie wollen zur Schule, und ich muß sie loslassen, einen Schritt zurücktreten, ich will, ich rattere drauflos, ›du bist mein liebes Kind, du bist mein liebes Kind‹, sie können es deutlich hören durch die geschlossene Tür, und sie werden aufatmen: ›Sie schreibt wenigstens, sie vergißt es ein bißchen‹, ich will, Vater, daß sie sich trösten« (S. 55 f.).

Dann blickt Beutler auch zurück auf den tröstenden Beistand ihres Glaubens an Gott, der sich während ihrer Kindheit entwickelte und der mit ihrem geliebten Vater zusammenhängt. Die folgende Passage ist an ihren Sohn gerichtet:

»Ich habe deinen Großvater gefragt: ›Wie groß ist eigentlich Gott?‹ und er hat von der Zeitung aufgeschaut, über die Brille weg, und hat gesagt: ›Unvorstellbar, ich meine: er ist überhaupt unvorstellbar.‹ Ich bin in den Garten gelaufen und habe mich auf den Rücken gelegt. Ich habe ihn mir trotzdem vorgestellt: Gott, groß wie die Wolke über dem Hausdach, nein, groß wie der Himmel über dem Garten, nein, über der Stadt, nein, wie der Himmel bis hinter die Äcker, nein, bis hinter den Wald, nein, bis hinter die Berge, nein, nein. Ich habe plötzlich geweint, vor lauter Angst über diese Größe. Ich bin zurückgegangen ins Haus, und der Vater hat die Zeitung zusammengefaltet [...]: ›Vielleicht hast du es begriffen‹, hat er gesagt, ›was man sich nicht vorstellen kann, das muß man aushalten.‹ Ich kann es aushalten, wir werden es alle aushalten, ich bin sicher: Das Leben ist unvorstellbar, und das Leben ist unsicher, immer, Du hast es mir beigebracht, schon im ersten Augenblick« (S. 74).

Je genauer der Chirurg die intensiven Ängste und Bedürfnisse des Krebspatienten vor der Operation versteht, desto besser. Auch das tiefste Verständnis wird die Todesängste oder das Grauen vor einem amputierten Glied nicht völlig aufheben; doch kann das allmähliche Kennenlernen des Patienten und die Bereitschaft des Chirurgen, auf die Sorgen des Patienten zu hören und ihm mehr an Empathie und Beistand zu bieten, einen erheblichen Teil dazu beitragen, den Schrecken zu lindern.

Die postoperative Phase

Die hauptsächlichen psychischen Bedrohungen in dieser Phase sind zunächst der Verlust der Herrschaft über sich selbst, der mit der Narkose einhergeht, und die physischen Nachwirkungen des chirurgischen Eingriffs; danach, tiefergreifend, die allmählich ins Bewußtsein gelangende Wahrnehmung, daß ein Teil des eigenen Körpers unwiderruflich abgetrennt wurde.

Daß Maya Beutler ihre Zunge nicht mehr bewegen, nicht mehr trinken oder sprechen kann, steigert noch ihre nahezu schwer verständlichen und konfliktbeladenen Phantasien über ihren toten Vater, und es trägt zu einem Gefühl der eigenen Unfähigkeit bei:

»›Vater, der du bist – ‹, warum rufst du? Im Mund sind Felsbrocken und ich kann sie nicht verschieben, aber es muß gesagt werden: ›hier bin ich‹, ich weiß, ich weiß, ich bewege mich, ich stemme mich gegen die Berge. Sprünge? Spalten? Ich muß dieses Gebirge drehen, innen. Nein: Steine, heißt es, *Steine statt Brot*, hat es die Mutter gesagt? ›Ich warte auf Brot von dir, und du gibst mir Steine?‹ [...] Ja, ich verstehe alles. Ich bin zugemauert worden. Ja, ich höre, ich sehe. Aber das tapfere Schneiderlein? Steine ausdrücken, bis das Wasser herausläuft. Warum ist alles vertrocknet, die Wüste? ›Hier bin ich, Vater.‹ Ich stemme mich gegen die Felsen, ich will die Gebirge verschieben, Zeit, ich will doch aufstehen, ich will. Bin ich eine Maus auf der Erde, oder sind die Berge in Wehen? Dann bin ich eine Frau, ich presse, ich presse, ein winziges Stück nasses Leben kann herausschießen, wenn ich nur presse, presse: ›Danke für alles.‹ Fallen Kinder denn aus dem Maul? Wer hat zubetoniert? Aufmachen, ich klopfe doch, aufmachen« (S. 78 f.).

Als Beutler ihr volles Bewußtsein wiedererlangt und noch immer nicht sprechen und sich bewegen kann, steigert sich ihre Erregung noch. In äußerster Konfusion zieht sie die Schläuche aus ihren Venen, und als der Arzt ihr zur Beruhigung eine Spritze anbietet, wird sie nur noch wütender. Sie schlägt um sich wie ein ungezogenes Kind: »Spritzen? Gegen Dynamit? Hilft das heutzutage? Aber ich weiß, was Sie mir andrehen wollen, *das alte Leben*, nein, danke, nein, nein, das ist der falsche Weg, oder die Richtung stimmt nicht. Ich nehme mir ein ganz neues Leben. Ich nehme es einfach, zwischen Daumen und Zeigefinger« (S. 84).

Auch Diggelmanns (1979) Phantasien überschlagen sich, als er nach seiner Lungenoperation auf der Intensivstation liegt. Doch indem das gewöhnliche Bewußtsein zurückkehrt, wird er immer mehr seines Schmerzes gewahr – des physischen wie des psychischen:

»Das war die letzte Nacht in der Intensivstation, wohl auch die schrecklichste. Geplagt von Schmerzen und Angstträumen. Jedesmal, wenn man das Gefühl hatte, erwachen zu können, und erwachte, dann war die Luft, die Nacht voller bösartiger Geschwüre. Man kannte sie und kannte sie doch nicht. Man konnte sie nirgendwo einreihen. Sie gehörten nicht dazu, und dennoch gehörten sie dazu.

Doch endlich geht auch diese Nacht zu Ende. [...] Sie drücken auf irgendeinen Knopf, und sofort beginnen sich auf den Monitoren seltsam gelb-weiße Linien zu bewegen. Vielleicht sind es kleine Ungeheuer, die auf einem Strahl sitzen und über den Monitor dahinfegen. [...]

Ich begreife allmählich, warum das hier Intensivstation heißt. Es ist der Innenkreis, es ist der Kern aller Qualen, die ein Mensch durchleiden kann, wenn er einmal in diese Kreise geraten ist. [...] Das Höllische daran ist, daß du anfängst, das alles zu akzeptieren, gegen deinen Willen, weil du dir einfach sagst: Du kannst nichts dafür. Du hättest früher aufpassen müssen oder hättest dich nicht hierher begeben dürfen. Nun bist du einmal hier« (S. 63 f.).

Der Druck in Richtung Verleugnung ist im postoperativen Stadium ebenso stark wie in der diagnostischen Phase des Krebses. Obwohl Verleugnung in den ersten Tagen nach der Operation erneut eine adaptive Funktion übernehmen kann, um dem Patienten auf die

Beine zu helfen, ist sie als langfristige Antwort auf den Verlust, der damit einhergeht, offenkundig unhaltbar. Und angesichts der körperlichen Evidenz des Verlusts, der sogleich augenscheinlich wird, ist es auch gar nicht möglich, eine emotionale Reaktion beliebig lange zu unterdrücken. Deutlich wird dies, wenn Betty Rollin (1976) von ihrer unmittelbar nach der Mastektomie einsetzenden Verleugnung berichtet, die sowohl von ihren Besuchern als auch von ihrem Arzt bestärkt wurde. Nur oberflächlich war Rollin dazu in der Lage, die starken Gefühle abzuwehren, die durch den Verlust ihrer Brust ausgelöst wurden:

»Man beglückwünschte mich oft zu meiner Tapferkeit und meiner Vergnügtheit. Das gefiel mir, und so wurde ich noch tapferer und noch vergnügter. Und je tapferer und vergnügter ich war, desto mehr schienen mich alle zu lieben, also erhielt ich das aufrecht. Ich wurde regelrecht euphorisch. [...]

Selbst wenn ich doch einmal darüber nachdachte oder sprach, schien immer noch das fröhliche Mädel hindurch: Ich bin froh, nur eine Brust und nicht beide verloren zu haben; ich bin froh, daß ich schon vorher irgendwie flachbrüstig war, so daß es nicht gar so sehr anders aussehen wird; ich bin froh, daß es nicht besonders wehtut (kein Zweifel, mit ordentlichen Schmerzen hätte ich bald das Handtuch geworfen); ich bin froh, daß man es nicht sieht, wenn ich angezogen bin, so wie man es an Arm, Fuß oder Nase sehen würde; und, ach ja, ich bin froh, daß ich nicht tot bin, und – na ja, wer braucht denn schon eine Brust, mit einer Brust kann man überhaupt nichts anfangen, schreiben kann man damit nicht und gehen nicht und ›Melancholy Baby‹ spielen auch nicht. Und außerdem, eine Brust ist etwas, wovon man immer zwei hat; sollte sie also irgendeinem Zweck dienen (ich erinnerte mich dunkel daran, daß sie beim Sex eine Rolle spielt), dann gibt es immer noch die andere. [...] Alles, was angenehm ist, wollte ich hören und glauben – und das tat ich dann auch. War dagegen etwas nicht angenehm, so glaubte ich es nicht, hörte es nicht und dachte bestimmt auch nicht daran. Noch nicht. [...]

Während ich im Krankenhaus war, gebrauchte ich fast nie das Wort ›Brust‹, immer ging es nur um Titten hier und Titten da. Die grobe Ausdrucksweise gehörte nicht nur zu meiner zunehmend flinken Abwehr, sie hatte auch wiederum den Zweck, die Leute zu unterhalten. Tolle Frau, hörte ich sie denken. Was'n Humor, was'n Schneid. [...]

Auch Singermann gratulierte mir zu meiner gutaussehenden Wunde und zu der so ausgezeichneten Genesung. (Ich denke, in Wahrheit gratulierte er sich selbst, aber damals sah ich das nicht so.) Soweit es um meine hübsche Wunde ging, mußte ich mich an seine Worte halten, denn ich hatte nicht vor, sie mir anzuschauen. Die meiste Zeit konnte ich sie gar nicht anschauen, denn ich war bandagiert. Wenn er die Verbände wechselte, hätte ich hinschauen können, aber ich tat es nicht. Ich war nicht einmal in Versuchung, es zu tun. Gewöhnlich saß ich auf meiner Bettkante, er packte mich aus und wir quatschten in unserem üblichen Ton (Titten, Scheiße usw.). Ich suchte mir einen Schmutzfleck auf der Fensterscheibe, und je mehr von der Verpackung abfiel, desto angestrengter starrte ich auf den Fleck. Ich wußte, was ich tat. Ein einziger Blick konnte meine ganze Vorstellung verderben, und das kam nicht in Frage. Meine Vorstellung war alles, was ich hatte« (S. 71–78).

Gemeinsam mit der Patientin erhielt Rollins Chirurg seine eigene Verleugnung aufrecht und hinderte sie damit daran, mit ihrem Verlust umzugehen.

Auch Lorde (1984) beschreibt die Sinnlosigkeit ihrer Versuche, die eigenen Gefühle noch weiter zu verleugnen: Mit dem Schmerz, den sie in der nicht mehr vorhandenen Brust fühlt, kehrt der Verlust um so grausamer wieder. Zunächst schützte sie die Verleugnung:

»Dieser erste Tag nach der Operation verlief in unglaublicher Hochstimmung. Im nachhinein erscheint es mir als die Euphorie des zweiten Tages. Die Schmerzen waren minimal. Ich lebte. Die Sonne schien. Ich weiß noch, daß ich mich etwas tumb, aber ziemlich erleichtert fühlte, daß nun alles vorbei war – oder so dachte ich zumindest. Ich steckte mir eine Blume ins Haar und dachte: ›Es ist halb so schlimm, wie ich befürchtet habe!‹ [...]

Von Zeit zu Zeit legte ich meine Hand auf den flachen Bandagenberg auf meiner rechten Seite, sagte zu mir selbst: Meine rechte Brust ist weg! – und vergoß ein paar Tränen, wenn ich allein war. Aber ich hatte noch keinen wirklichen emotionalen Kontakt mit der Realität des Verlusts; es war, als hätte man mich auch emotional narkotisiert oder als wären die einzig für mich erreichbaren Gefühle körperlicher Art, aber die Wunde war nicht nur unter Verbänden verborgen, sondern schmerzte auch erst wenig. Wenn ich mich im Spiegel ansah, fiel der Unterschied durch die dicke Verbandschicht nicht einmal sehr auf« (S. 47f.).

Dann aber kommt Schmerz auf, der nicht mehr ausgeblendet werden kann:

»Meine nicht mehr vorhandene Brust tat weh, als steckte sie in einem Schraubstock. Vielleicht war das der schlimmste Schmerz von allen, denn er ging jedesmal mit der vollen Ladung des Entsetzens einher, daß ich von nun an mein Leben lang an den Verlust erinnert würde, weil mir ein Körperteil wehtat, der gar nicht mehr existierte. Ich schien auf einmal schwächer statt stärker zu werden. Die Euphorie und die betäubende Wirkung der Narkose schwanden« (S. 48).

In diesen beiden Fällen wurde die Verleugnung durch den jeweiligen Arzt aktiv bestärkt. Der Umgang mit heiteren Patienten ist einfacher; sie schmeicheln der Fachkenntnis ihrer Ärzte und helfen ihnen taktvoll dabei, ihre eigenen Ängste vor Krebs zu unterdrücken. Wie jedoch die folgenden Tagebucheintragungen von Maxi Wander (1980) zeigen, kann das Bedürfnis des Arztes nach Verleugnung unerträglich sein für eine Patientin, die sich vollauf darüber im klaren ist, daß etwas ein für allemal abgetrennt wurde. Die Weigerung von Wanders Arzt, auf ihre Fragen einzugehen, vermehrten ihre Ängste. Seine dem Selbstschutz dienende Distanziertheit – wie auch die der Krankenschwestern – wurde als Kälte und als Mangel an Teilnahme aufgefaßt. Das Ergebnis war, daß diese ansonsten optimistische Patientin tief deprimiert wurde, ihre Isolation beklagte und über ihren Tod grübelte. Mit der Zeit gelangte sie zu der Ansicht, daß das Verhalten ihres Arztes ihre Genesung bedrohte:

»Freitag, 10. September

Schon um vier Uhr früh Thermometer. Heut bin ich ruhig und ohne erhöhte Temperatur. Neuerlich Blutproben, immer wieder Blutproben. Um sieben Uhr die erste Visite der Stationsärztin, um acht die zweite Visite, acht Ärzte, sechs Männer, zwei Frauen und zwei Schwestern. Beängstigend! Sie schauen nur auf die Tabellen am Fußende. Und der Mensch interessiert sie nicht? Was ist das für eine Person, die hier liegt. Aber sie interessiert nur der Tumor« (S. 13).

»Freitag, 17. September

[...] Was die Ärzte sagen in den nächsten Tagen, deutet nicht nur auf Krebs hin, das ist jetzt sowieso eindeutig, sondern daß sie offenbar nicht alles erwischt haben. Ich entnehme es ihren wortkargen Sätzen, die ich ihnen nach und nach entreiße. Ich löchere sie mit Fragen, vielleicht sind sie das nicht gewöhnt. Vielleicht ertragen andere Patienten ihr Los apathisch. Warum schauen sie sich die Menschen nicht an? Warum kann man dem Kranken nicht seine Lage besser erklären? Vergeblich warte ich auf einen Trost, daß einer kommt und sagt: ›Sie haben's jetzt schwer, aber es ist überstanden!‹ [...]

Nichts! Bin ganz mir selber überlassen, meinem kaputten Körper und meinem Hirn, das nicht aufhört zu denken.

›Tief durchatmen‹, sagt die Schwester, ›sonst kriegen Sie Lungenentzündung!‹ Aber ich kann nicht durchatmen, es sticht im Bauch, jeder Atemzug sticht. Und ich atme durch. Ich denke an Hugo, den die Lungenentzündung erlöst hat.

Aber sterben, so plötzlich, ohne Dani großbekommen zu haben? Eitelkeit genug, um zu überlegen, wer um mich trauern wird. Lange sowieso nicht. Bald bin ich vergessen. [...]

Wer setzt sich einmal an mein Bett?« (S. 19 ff.)

»Samstag, 18. September

[...] Schwester Christiane, während sie mich verbindet: ›Nicht schauen!‹ Aber ich habe geschaut. Ein dicker, roter Schnitt, quer über den Brustkorb, bis in die Achselhöhle hinauf! Ich bin vielleicht zu schwach, um zu erschrecken. Bin wie ein verwundetes Tier, das sich totstellt, um nicht noch mehr verletzt zu werden« (S. 23).

»28. September

[...] Aber ich halt es hier nicht mehr aus, ohne einen Arzt, an den man sich halten kann. Hier ist alles anonym, die Patienten und die Ärzte. Eine Atmosphäre, in der ich nicht gesunden kann« (S. 33 f.).

Dieses negative Beispiel zeigt, wie wichtig es für die Patientin in der postoperativen Phase ist, das Gefühl zu haben, daß ihr Arzt und ihr Behandlungsteam fürsorglich sind und Unterstützung geben. Je mehr sich Patienten in der Umgebung des Krankenhauses psychisch aufgehoben fühlen, desto schneller wird ihre physische Genesung voranschreiten und desto eher werden sie die Hoffnung auf eine Zukunft wiedererlangen.

Strahlentherapie

Strahlentherapie bedeutet den therapeutischen Einsatz ionisierender Strahlen, wie z. B. Röntgenstrahlen, Gammastrahlen oder Elektronen, zur Behandlung bösartiger Tumore. Die Verwendung ionisierender Strahlen in der Medizin geht auf Röntgens Entdeckung der Röntgenstrahlen im Jahre 1895 und auf Curies Entdeckung des Radiums 1898 zurück (Sherman et al. 1987). Bei äußerer Bestrahlung werden Hochvolt-Bestrahlungsgeräte, Linearbeschleuniger, Betatrone, Kobalt- und Caesiumkanonen eingesetzt. Wo und wie tief das Ziel liegt, muß zuvor durch Röntgenaufnahmen und bisweilen auch durch Computertomographien exakt bestimmt werden, um sicherzustellen, daß das bestrahlte Gebiet den Tumor präzise umschließt. Der Patient muß genau in die richtige Lage gebracht werden, so daß die Behandlung täglich exakt wiederholt werden kann. Das Behandlungsteam besteht aus einem Radioonkologen, einem Physiker, einem Fachmann für Dosimetrie, einem Wartungsmechaniker und technischen Assistenten. Mit Hilfe von Röntgengeräten und Computersimulationen wird das geeignete Gebiet ausgewählt und mehrfach überprüft. Strahlentherapie kann man als Heilmethode einsetzen, oder aber als Palliativ, z. B. um eine symptomfreie Phase zu verlängern oder um quälende Symptome wie Schmerzen oder Blutungen zu lindern.

70 bis 80% aller Krebspatienten unterziehen sich einer Strahlentherapie. Wird Strahlentherapie notwendig, so kann der Patient daraus entnehmen, daß eine Operation nicht ganz zum Erfolg führte oder daß der Krebs sich weiter ausgebreitet hat.

Strahlentherapie hat etwas Geheimnisvolles und ist besetzt von »unmenschlichen« Phantasien; sie beunruhigt den Patienten und macht ihn beklommen. Beutler (1980) beschreibt, wie die Strahlentherapie sie von sich selbst entfremdete: »Meine eigenen Hände fahren auseinander, wenn sie sich berühren, meine Sprödheit erschreckt mich, ich weise mich selbst ab, Anna, ausgetrocknet und müde, ich möchte immerzu eine Membrane Schlaf zwischen mich und mich legen, Schlaf, Anna, denn ich werde zertrümmert, Tag für Tag, immer mehr angefüllt mit Fremdheit, David gegen Goliath, siebenundfünfzig Sekunden werden gebündelt geschleudert, mit Lichtgeschwindigkeit« (S. 98).

Während der Behandlung liegen die Patienten unter der riesigen

Kobaltmaschine und können daher weder sehen, hören, schmecken noch fühlen, was eigentlich geschieht. Sie sind alleingelassen mit Umrißlinien auf ihrer Haut, die den genauen Ort auf dem Körper bezeichnen, auf den die Strahlen abgefeuert werden; und sie erhalten Anweisungen von einer Mikrophon-Stimme durch eine Glastür hindurch.

In einer solchen Situation, die ohne weiteres paranoide Ängste und Reaktionen hervorrufen kann, ist es besonders wichtig, den Patienten genau darüber zu unterrichten, was er während der Behandlung und während jedes einzelnen Behandlungsabschnitts zu erwarten hat. Der Patient sollte sorgfältig über Nebenwirkungen informiert werden, wie z. B. Appetitlosigkeit, Übelkeit, Schwindel, Müdigkeit, Erbrechen, Durchfall oder Verstopfung sowie Hautreizungen am Ort der Behandlung. Es ist notwendig, dem Patienten in einfühlsamer Weise zu erläutern, daß zwar die Strahlentherapie die gesunden Zellen ebenso zerstört wie die kranken, daß jedoch die gesunden Zellen sich rasch erholen und bald ihre normale Funktion wieder aufnehmen.

Die Wartezimmer vor den Bestrahlungsräumen steigern häufig noch die Beklemmungen der Patienten. Alleingelassen in einer ungewohnten Umgebung, zusammen mit Leuten, die womöglich schwer krank sind, werden Patienten leicht von Einsamkeits- und Vernichtungsängsten befallen. Da sich diese Warteräume in der Regel im Kellergeschoß des Krankenhauses befinden, sind sie häufig düster; alle Abläufe dort sind hochtechnisiert und streng organisiert. Der Techniker, der gerade die Behandlung durchführt, scheint häufig über den Patienten nicht viel mehr zu wissen, als welche Strahlendosis auf welchen Teil seines oder ihres Körpers anzuwenden ist. Dies trägt nur noch zum Gefühl der Entpersönlichung bei, und die tägliche Konfrontation mit den anderen Kranken, die ängstlich im Wartezimmer sitzen, kann die Furcht des Patienten bis zur Verzweiflung steigern. Beutler (1980) beschreibt, was ihr durch den Kopf geht, als sie die Tür ihrer Umkleidekabine auf der Station für Strahlentherapie öffnet und ins Wartezimmer blickt: »Ich mache die andere Tür auf: Da hocken sie noch, wie himmlische Heerscharen mit gerupften Flügeln, Fischer [ein anderer Patient] lacht mir zu, seine grauen Haare sind flaumig und dünn, er stützt sich mit den Vorderarmen auf die Knie. In seinem großen, braunweiß gestreiften Morgenrock sitzt er da, wie ein verkleideter Riese im Märchen« (S. 99).

Die unpersönliche, wenig fürsorgliche Art der typischen jungen Assistenten, die sich der wohlbegründeten Ängste ihrer Patienten oft gar nicht bewußt sind, kann diese Ängste noch vergrößern und sogar Gefühle einer tiefen Entpersönlichung heraufbeschwören. Beutler beschreibt diese Entpersönlichung und das Gefühl von Isolation, das damit einhergeht:

»[Fischer] hat Angst, wie ich, er friert hier unten, wie ich. Bitte der Nächste, bitte die Nächste, bitte nicht eintreten, bitte jetzt eintreten, bitte gleich hinaufklettern, bitte nicht zögern, bitte sich helfen lassen, bitte genau zurechtrücken, bitte, es geht um Millimeter, heute bekommen Sie 150 Einheiten, morgen mehr, bitte sich einrichten, es ist doch erträglich, oder was ertragen Sie nicht, Schmerzen, Angst? Die Strahlen sind nicht zu spüren, die Strahlen sind nicht zu sehen, alles abgeschirmt mit Zylindern, was stellen Sie sich vor? Was bilden Sie sich ein? Nur acht Quadratzentimeter offen, wir pendeln, wir pendeln« (S. 101).

Als Beutler, übermannt von den Nebenwirkungen der Strahlentherapie, sich niederlegen muß, helfen ihr die Floskeln des distanzierten und unpersönlichen Personals wenig: »Eiskalte Milch, eiskalter Rahm, eine Schwester behauptet, Butter lösche den Brand, Pinseln mit Bepanthen, Schlafen mit Rohypnol, Aushalten mit Novalgin. Anna, ich friere immer, ich friere, nimm mich in deine Arme« (S. 104).

Was sie braucht, ist Wärme, die sie nicht beim Behandlungsteam, sondern bei einem Mitpatienten findet: »Mausallein ist er, mausallein bin ich, man muß zusammenrücken, man muß sich warm geben. *Kurios,* Fischer sagt Wörter, wie Erde von seinen Feldern, alt und staubig, die Sätze sind zerzaust vom Wind, aber ich spüre die Wärme: ›Es nützt‹, sagt er mir« (S. 113).

Die Schriftstellerin Shirley Sikes (1988), die sich wegen Brustkrebs einer Strahlentherapie unterzog, beschreibt das gleiche Gefühl: unter Kontrolle zu stehen und der Gnade einer riesigen, einäugigen Maschine ausgeliefert zu sein:

»Als ich bestrahlt wurde, öffnete eine riesenhafte Maschine ihre Klappe wie ein feindseliges Auge. Über mir schwebend, schien sie zu blinzeln. Sie schien im Besitz eines ungeheuerlichen Geheimnisses.

Die Assistenten kamen zurück in den Raum (keinerlei Gefahr, sagten sie, und gingen doch immer hinter ihre Bleiwände) und drehten mich in eine andere Lage. Ich kam mir vor wie eine Puppe auf dem Fensterbrett.

Das Zyklopenauge fuhr auf und zu.

Jemand sagte einmal: ›In den großen Augenblicken des Lebens sind wir allein.‹« (S. 82)

Brigitte Reimann (1984) versucht, die Kontrolle über sich wiederzugewinnen, indem sie ihre Angst mit Alkohol bekämpft. Gleichzeitig untergräbt die Strahlentherapie erneut ihre Verleugnung: »Mit Hilfe von beträchtlichen Mengen Kognak überstehe ich ziemlich gut die Bestrahlungen. Die ersten Male hatte ich gräßliche Angst unter dieser Kobaltkanone. Es war gemütlich wie in einem Inquisitionskeller, Ärztin und Physiker mit Bleischürzen, während ich nackt und bloß dem Beschuß ausgesetzt war ... Manchmal denke ich, daß ich in Wirklichkeit Krebs habe oder so eine ähnliche Scheußlichkeit« (S. 321).

Die Angst, die von der Lebensgefahr rührt und die durch die geheimnisvolle Natur der Strahlentherapie noch vermehrt wird, die Unpersönlichkeit des Behandlungsteams, schließlich das Gefühl, isoliert zu sein – all dies kann sich jetzt zu einer mächtigen, ziellosen Wut verbinden, die abwechselnd gegen das Behandlungsteam und, bei einigen Patienten, gegen sich selbst gerichtet wird. Michie (1980) beschreibt, wie ihr Zorn, den sie als imaginären Raubvogel mit Namen A.F. personifiziert – wobei A.F. für »Albino-Falke« oder für »Anger Free Floating« [frei flottierende Wut] steht – wahllos auf jeden losgeht, dem sie begegnet. Dabei scheint sie ihren Ausdruck »frei flottierende Wut« gegenüber der gewöhnlichen »frei flottierenden Angst« zu bevorzugen.

»Ein kleiner, asiatisch aussehender Mann betrat den Raum. Sofort griff A.F. an und grub seine rötlichen Krallen in den gelben Hals von Dr. Meng L. Lim. Der Zweite Weltkrieg dauerte von meinem neunten bis zu meinem dreizehnten Lebensjahr. Während dieser Zeit ging ich gemeinsam mit Freunden jeden Samstagnachmittag in Kriegsfilme. Wir aßen Popcorn und sahen zu, wie heldenhafte amerikanische Piloten von den Japs gefoltert wurden. Ich entwickelte Haß und Angst gegenüber den Japanern. Und hier war nun Dr. Lim – Japaner und Strahlentherapeut. Schon sprach er darüber, wieviele *rad* er mir würde verabreichen müssen, um das Wuchern des Krebses aufzuhalten. Schon suchten seine Finger nach Anzeichen neuen Wachstums, und ich war sicher, in seinem gelben Folterer-Hirn hegte er die Hoffnung, neues Wachstum zu finden.

Ich begann, ihm Fragen zu stellen, auf die ich wahrscheinlich gar keine wirklichen Antworten hören wollte. Ich hatte es unterlassen, diese Fragen an meinen Chirurgen Ivan Crosby zu richten, zum Teil, weil ich es nicht wissen wollte, zum Teil, weil ich ihn sehr gern habe und er mir sicher nur sehr ungern schlechte Neuigkeiten mitteilen würde. Einmal fragte ich ihn am Wochenende, ob mein Krebs vielleicht – hoffentlich – recht wählerisch sei und vielleicht nur das Brustfell fressen wolle. Er schüttelte traurig den Kopf und sagte: ›Nicht besonders wählerisch. Ihm gefallen auch andere Sachen.‹ Ich fragte Ivan nicht, welche anderen Sachen.

Dr. Lim fragte ich sofort. Er würde es genießen, mir schlechte Nachrichten zu überbringen. ›Sollte der Krebs sich ausdehnen‹, sagte er, ›dann wird er am wahrscheinlichsten auf Ihre Leber oder Ihr Gehirn übergreifen.‹ Ich solle in einer Woche wiederkommen, dann würde ich für die Behandlungen mit dem Linearbeschleuniger markiert. Dann kam ein Pfleger, um mich in mein Zimmer zurückzufahren.

A.F. ließ Dr. Lims Hals los und setzte sich hinten auf den Rollstuhl. Er leckte seine Krallen, offensichtlich ruhiger als zuvor. Auch ich fühlte mich ruhiger. Ein Teil meiner Wut hatte ein Ziel gefunden. Als wir den langen Flur der strahlenonkologischen Abteilung entlanggefahren wurden, entdeckte ich noch weitere Mängel, die meine Wut teilweise absorbieren konnten. Die holländische Therapeutin winkte vergnügt zum Abschied. Leicht machte sie es A.F. und mir nicht gerade, doch wir behaupteten uns und ignorierten sie« (S. 417).

Das übrige Behandlungsteam bot Michie und A.F. reichlich Gelegenheiten:

»Das Markieren am Montag war mir ein Alptraum. Ich lag auf einem harten Tisch, in einer unglaublich unbequemen Lage für jemanden, der gerade eine Thorakotomie [Öffnung der Brusthöhle] hinter sich hat, während hübsche, fröhliche Assistentinnen mich wiederholt röntgten und mit purpurroten Filzstiften auf mir malten. Sie beschlossen, mein Rückgrat liege nicht völlig gerade, bewegten mich kaum merklich und röntgten noch einmal. Ich bat um eine Bleischürze für meine anfällige rechte Lunge und Leber, doch sie kicherten und sagten, Bleischürzen gebe es in der Strahlenonkologie nicht. ›Schließlich sind für Sie 4000 rad vorgesehen‹, sagte eine der Assistentinnen. ›Von dem bißchen Röntgen bekommen Sie höchstens ein paar Millirad ab.‹ A.F. zerkratzte ihre hübschen Wangen. [...]

Die Behandlungen begannen am nächsten Tag. Der Linearbeschleuniger sieht aus wie eine Maschine aus Star Wars. Ich kam auf einem seiner ausgestreckten Arme zu liegen, mit dem Rücken auf einem offenen Plastiknetz. Nachdem ich bequem lag, fuhr der Arm unter die Maschine selbst. Auf einem Bildschirm oben an der Maschine folgten die Assistentinnen meinen Markierungen. Computerlämpchen zuckten. Die Assistentinnen verließen den Raum. Ein hoher Ton setzte ein und hielt für ungefähr fünfzehn Sekunden an. Die Assistentinnen kehrten zurück, drückten einen Knopf, das ganze Gerät drehte sich um 180 Grad, und von hinten wurde ich dann endgültig fertiggemacht, wieder in fünfzehn Sekunden. Dann schwenkte mich der Arm heraus und ich stieg ab. Die Assistentinnen waren alle jung und schön, heiter und freundlich. Sie plauderten mit mir und untereinander. Ich war überzeugt davon, daß sie auch schwätzten und Kaffee tranken, während sie mich fertigmachten, und daß es von den Launen dreier dämlicher Neunzehnjähriger abhing, ob ich in fünfzehn oder in fünfundzwanzig Sekunden fertiggemacht wurde. A.F. griff sie sich alle.

Am nächsten Tag kam Dr. Constable selbst in den Behandlungsraum, um nach dem Rechten zu sehen. Er wartete draußen auf mich. Dann zeigte er mir, wie die zeitliche Steuerung der Maschine in einen Computer eingegeben wurde, und wie die Warnglocken ertönten, wenn irgend etwas schieflaufen würde. Wie ein Computerausdruck jedes rad und jede Sekunde dokumentierte. Murphys Gesetz galt bei dieser Maschine nicht. Nichts konnte schiefgehen. A.F. verpaßte ihm einen ordentlichen Kratzer, weil er mir das nicht schon am vorigen Tag gesagt hatte.

Als ich spater einmal auf dem Arm des Linearbeschleunigers bereitlag, erschien diese Geistliche. Irgendwie war ich erschrocken, denn ich war bis zur Taille nackt und es nicht gewohnt, in unbekleidetem Zustand von Geistlichen aufgesucht zu werden. Nachdem meine Markierungen und die auf dem Monitor zufriedenstellend zur Deckung gebracht waren, verließen die Assistentinnen den Raum. Die Geistliche blieb noch einen Augenblick, tätschelte mir ermutigend den Arm und sagte: ›Denke daran, wir sind mit dir auf allen deinen Wegen.‹ Dann ging sie.

Tränen der Wut rannen über meine Backen. ›Ihr seid nicht mit mir‹, wollte ich schreien, ›wenn ihr bei Verstand seid. Ihr und alle diese hübschen Assistentinnen seid hinter dicken Bleimauern. Niemand ist hier und wird geschmort, außer mir.‹ A.F. zerfetzte sie in mundgerechte Stücke« (S. 419f.).

Unerheblich ist hier, daß die Strahlentherapie zum Besten der Patientin und ihr Zorn »unfair« war. Die Passage vermittelt die Wut zahlreicher Krebspatienten – deren emotionales Gleichgewicht ja bereits ziemlich prekär ist –, wenn sie erleben, wie ihr Körper von unsichtbaren Strahlen bombardiert wird und alle ihre Bewegungen von anderen kontrolliert werden. Die Passage verdeutlicht auch die Empfindlichkeit von Krebspatienten gegenüber Eingriffen in ihre Privatsphäre, wie gut gemeint sie auch immer seien, und gegenüber einer geheuchelten, oberflächlichen Freundlichkeit. Genaue technische Informationen von ihrem Arzt und die von einigen Mitarbeitern herbeigeführten vertrauensvolleren Beziehungen halfen Michie schließlich, ihr seelisches Gleichgewicht einigermaßen wiederzugewinnen. Wären Information und Einfühlung der Behandlung vorhergegangen, hätte das vielleicht die Angst und den Zorn ein wenig besänftigt.

Wie bei der Krebs-Chirurgie begreifen die Patienten früher oder später auch den Nutzen der Strahlentherapie; sie gehen dann in positiverer Weise mit ihr um – und mit den Assistenten, die sie einsetzen. Wie Reimann sagt: »Von mir gibt es Erfreuliches zu berichten: die Strahlen helfen, die Schmerzen lassen nach« (1984, S. 338).

Chemotherapie

Die Zweckmäßigkeit der Chemotherapie bei der Krebsbehandlung ist erwiesen; derzeit sind vierzig Medikamente in Gebrauch, die häufig auch gemeinsam mit anderen therapeutischen Maßnahmen wie Chirurgie und Bestrahlung eingesetzt werden.

Die Nebenwirkungen der Chemotherapie sind der wichtigste Faktor, der ihrem Einsatz Grenzen setzt: Unterbrechungen des Alltags und der Arbeitszeit, Übelkeit, Erbrechen und Haarausfall. Viele der verabreichten Medikamente können das Knochenmark und damit auch das Immunsystem schädigen, wonach es zwangsläufig zu Infektionen kommt. Sie können auch das endokrine System beeinträchtigen und Unfruchtbarkeit hervorrufen. Die Nebenwirkungen der Chemotherapie können so fürchterlich werden, daß sie den Patienten das Gefühl geben, ihr Körper gehöre nicht mehr ihnen; mit dem Fortgang der Behandlung wird ihr Körper immer fremder und beschwerlicher. Seiner Leukämie wegen unterzog sich Ted Rosenthal einer Chemotherapie, als diese Form der Behandlung gerade erst eingeführt wurde und die verabreichten Medikamente noch nicht so wirkungsvoll waren wie die heutigen. Die Nebenwirkungen allerdings sind noch immer so schlimm wie damals; und auch an den Gefühlen der Abgetrenntheit und der Hoffnungslosigkeit, die Rosenthal in dem folgenden Gedicht beschreibt (1973, S. 23), hat sich nichts geändert – bis hin zu dem Punkt, an dem der Patient aufgeben und sterben will.

Ein Auge öffnen.
Am Thermometer lutschen; den Puls erhöhen; die Wasserkübel
    austauschen.
Den Schädel nach nächtlichem Haarverlust abtasten. Vom
    Spiegel bestätigen lassen.
Thioguanin schlucken; frühstücken; das nächtliche Gedicht
    wiederlesen,
Geschrieben im Zorn.
Den Arzt konsultieren; den Pyjama wechseln; den Fisch
    füttern. Die Chrysanthemen gießen; das Bild
    geraderücken; die Toten beschwören.
Den Verstand erbrechen.
Meine Träume sind außer Kontrolle!
Im Stehen pissen, tatsächlich; kommen drei Ärzte rein;
Irgendwelche Probleme, irgendwelche Sorgen?
Überhaupt keine; zuende pissen.
Liebste, um Gottes willen, ich geb's auf.
Wie bringe ich dich zum Verschwinden?
An's Telefon gehen; das andere Auge öffnen.
    Am Thermometer lutschen.

Krebspatienten fürchten die Chemotherapie mehr als jede andere Art der Behandlung. Senator Hubert Humphrey bezeichnete sie als »Tod in Flaschen« (Howe 1981, S. 30). Der israelische Dichter Abba Kovner schrieb das folgende Gedicht (1988a, S. 3), nachdem er wegen eines sekundären Tumors am Hals in ein Krankenhaus eingewiesen worden war. Es vergleicht die farblosen chemischen Substanzen, die in seinen Körper rinnen, mit dem Tod selbst:

Transparenz

Tropf
Tropf
Tropfen herab in seine Venen

Atropin farblos
Wie der Tod. Wie das Buchstabieren seines Namens
In der Sprache eines andern Lands.

Tropfen in jeden Telefonhörer
Um einer amerikanischen Antwort willen
Die einem fremden Herzen schmeichelt. [...]

Die chemotherapeutischen Wirkstoffe, die injiziert oder einer Infusionslösung beigegeben werden, sind äußerst giftig und nur in sorgfältig bemessenen Dosen therapeutisch wirksam. Wird zuviel davon injiziert oder erfolgt die Injektion an falscher Stelle, so können die Folgen von einer schmerzhaften Venenentzündung – im besten Falle – bis zu wirklicher Lebensgefahr reichen. Die Nebenwirkungen sind oft schrecklich, wenn auch jeder Patient auf die verschiedenen chemotherapeutischen Wirkstoffe anders reagiert.

Stoudemire (1983), von Beruf Arzt und selbst von Krebs betroffen, schreibt:

»Nur wenige Ärzte haben einen Begriff davon, welche traumatische Wirkung die streng toxische Herrschaft der Chemotherapie ausübt. Der Schmerz, die Angst und das Grauen, das die chemotherapeutische Behandlung hervorruft, sind nicht zu beschreiben. Die Auswirkungen waren physisch wie emotional vernichtend. Ich litt unter Gastritis und Myalgie. Jeweils vier oder fünf Tage lang nahm ich keine feste Nahrung zu mir. Meine Fingerspitzen und Fußsohlen wurden taub. Zum Teil verlor ich meinen Geschmackssinn. [...]

Die damit einhergehende Übelkeit und das Erbrechen waren bisweilen hartnäckig. Der erste Tag jedes Zyklus war der härteste. Fast acht Stunden lang würgte ich und erbrach mich in Abständen von fünf Minuten. Schließlich verminderte sich das Erbrechen auf Abstände von zehn oder fünfzehn Minuten. Oft litt ich gleichzeitig unter Durchfall und Krämpfen im Unterleib. Häufig wurde ich ohnmächtig infolge von Entkräftung und Flüssigkeitsmangel. Während dieser Aufenthalte in der Klinik hielten die Schwestern gewöhnlich die Tür geschlossen, schauten alle paar Stunden nach und hielten sich allgemein von mir fern. Ihre Unfähigkeit, das Erbrechen unter Kontrolle zu bringen, flößte ihnen offenbar ein Gefühl der Hilflosigkeit und des Ungenügens ein. Die chemotherapeutischen Behandlungen wurden jeweils fünf Tage lang fortgesetzt, zehn Monate lang alle drei Wochen; dann wurden sie beendet.

Jeder Zyklus der Chemotherapie wurde zu einem Ritual von Tod und Auferstehung. Den Tod selber kann man nicht mehr fürchten, als ich das Verabreichen dieses medizinischen ›Gifts‹ fürchtete. Es schien absolut nichts mehr zu geben, auf das man sich hätte freuen können, ausgenommen der Tag, an dem ich die letzte Dosis bekommen und das Behandlungsprotokoll abgeschlossen würde. Hatte ich schließlich einen Zyklus beendet, fühlte ich am folgenden Tag das Leben mit unglaublicher emotionaler Intensität. Ich erlebte eine fast euphorische Freude darüber, das Martyrium überlebt zu haben, einen Genuß daran, daß ich überhaupt lebte. Bilder, Geräusche, Farben schienen gesteigert und unglaublich intensiv. Diese Euphorie hielt allerdings nicht lange an; schon bald wuchs in mir die Angst vor der nächsten ›Runde‹, und ich sank zurück in meinen chronisch kranken Zustand von Angst und Depression« (S. 382).

Herbert Howe (1981), ein graduierter Harvard-Student mit einer seltenen Art von Fibrosarkom [bösartige Geschwulst aus Bindegewebe], schildert, wie sich die Chemotherapie auf seine Identität auswirkte: »In den letzten paar Wochen grübelte ich darüber nach, wie die Chemo mein Leben ruinierte. Im Spätherbst begriff ich mich nicht mehr als graduierter Harvard-Student, der über internationale Politik forscht und lehrt. Ich war Krebspatient, völlig abhängig von Kräften, die ich weder verstehen noch beeinflussen konnte. [...] ›Das ist es also nicht, daß das Leben so unfair ist‹, schloß ich, ›sondern daß es so unkontrollierbar ist‹« (S. 105).

Übelkeit und Erbrechen sind sehr verbreitete Reaktionen auf die Chemotherapie. Im Fortgang der Behandlung kann jedoch der Brechreiz bereits auftreten, bevor der Patient ins Krankenhaus zurückkehrt, oder beim ersten Anblick der Pflegeschwester. Man kann dieses antizipatorische Erbrechen als Wahrnehmungsstörung begreifen: Der Patient nimmt die Resonanz der inneren Organe vorweg, die ursprünglich von der aggressiven Behandlung hervorgerufen worden war, und reagiert auf visuelle Auslöser in seiner Umgebung. Diese Art antizipatorischen Erbrechens kann noch Jahre nach Abschluß der Behandlung auftreten, besonders wenn der Patient zu medizinischen Routineuntersuchungen in die Klinik zurückkehren muß. Sie ist eine heftige, gegen die Behandlung gerichtete Reaktion, jedoch gewöhnlich nicht so heftig, daß die Behandlung unterbrochen werden müßte. Durch pharmakologische Mittel, aktive und passive Entspannungstechniken, Hypnose und Visualisierungsübungen kann man dem antizipatorischen Erbrechen erfolgreich entgegenwirken (Redd 1989). Die meisten Patienten, die Chemotherapie erhalten, sagen danach, daß sie es auch ein weiteres Mal durchstehen würden, und retrospektiv entwickeln sie eine eher positive Auffassung davon. Sind Patienten jedoch zum erstenmal mit Chemotherapie konfrontiert, so entwickeln sie typischerweise das Gefühl, ihre Vitalität werde durch die Behandlung im Innersten zerstört.

Bei einigen Patienten kann man anstelle antiemetischer [den Brechreiz dämpfender] Medikamente Marihuana einsetzen, um Übelkeit und Erbrechen entgegenzuwirken. Im Falle Ted Rosenthals (1973) war dies offensichtlich eine ausgezeichnete Idee:

»Asparaginase, das Medikament, das ich während der vergangenen Wochen erhielt, verursacht akute Übelkeit, gegen die keine Arznei und keine Pille irgend etwas ausrichtet. So stürmte eines Tages mein Arzt herein – ich lag gerade unter dieser Flasche mit Asparaginase – und fragte: ›Haben Sie Stoff? Kommen Sie irgendwie an Stoff ran?‹ Ich sagte: ›Was denn für Stoff‹, und er antwortete: ›*Grass, pot,* Marihuana.‹ Also besorgte ich mir an diesem Abend einiges davon. Dann saß ich da und beschloß, so lange zu warten, bis ich das Gefühl hätte, schlechter könne es mir nicht mehr gehen. Bereit, mich jeden Moment zu übergeben, hielt ich eine Schüssel im Schoß und in der anderen Hand eine Pfeife mit *pot.* Und gerade, als es losgehen sollte, nahm ich einen Zug – und weg war's! Ich fühlte mich gut. Nach zwei oder drei Zügen fuhr ich richtig ab und aß ein Dutzend Krabben und einen riesigen Hummer und obendrauf noch ein Stück Schokoladenkuchen. Am nächsten Tag ging ich gleich zum Arzt und erzählte es ihm, und er sagte: ›Fantastisch.‹ Also nehme ich jetzt *pot* bei ihm« (S. 59).

Weil die chemotherapeutischen Wirkstoffe auch gesunde Zellen und insbesondere das Immunsystem angreifen und die Beschwerden durch die Nebenwirkungen am Anfang oft viel schlimmer sind als die Krankheit selbst, betrachtet der Patient natürlich die Behandlung mit gemischten Gefühlen.

Sowohl die Chemotherapie als auch die Strahlentherapie haben einen erheblichen Einfluß auf die Nahrungstoleranz und damit auf die Ernährung, nicht nur während der Behandlung, sondern häufig auch noch lange nach deren Abschluß. Das Gewicht des Patienten zu überwachen kann beidem dienen: sowohl der Rückversicherung, daß die Krankheit noch nicht außer Kontrolle geraten ist, als auch der gefürchteten Bestätigung dafür, daß die Krankheit dabei ist, ihr Opfer endgültig zu verschlingen – eine Phantasie, die den mit Krebs assoziierten Metaphern entstammt und die im Dahinsiechen des sterbenden Patienten konkrete Gestalt gewinnt.

Chemotherapie und Strahlentherapie können vom Patienten als genauso verzehrend erlebt werden wie der Krebs selbst. Denn die Chemotherapie wie auch die Strahlentherapie zerstören gesunde Zellen ebenso wie die erkrankten Krebszellen. Die Bedrohung, die von diesen starken Giftstoffen ausgeht, ruft im Patienten Gefühle hervor, die seine Reaktionen auf die Behandlung bestimmen und die Art seiner Mitwirkung beeinflussen. Die physische Reaktion auf die medikamentöse Behandlung entspricht der Reaktion auf etwas Unverdauliches; Erbrechen, die instinktive Reaktion des Körpers auf verdorbene Nahrung, ist eine übliche Nebenwirkung. Der Onkologe, der den Patienten mit diesen Giftstoffen »füttert«, wird einerseits als Lebenserhalter wahrgenommen, andererseits aber auch als Lieferant »giftigen Essens«. Dennoch bleibt der Patient entschieden abhängig vom Onkologen, dessen Wissen Leben verkürzen oder verlängern kann, und diese Abhängigkeit macht es dem Patienten unmöglich, Aggressionen gegen den Arzt unmittelbar zu äußern. Die Unterdrückung von Aggression kann auf psychischer Ebene toxisch werden, genau wie das Medikament auf die Physiologie toxisch wirkt. Der Körper behält die Kraft, das Giftige auszuspeien und dadurch loszuwerden, die Psyche hat diese Fähigkeit jedoch nicht. Die Zunahme psychologischer Toxizität kann mit der Zeit dazu führen, daß die Beziehung zum Arzt (bzw. zum »Ernährer«) für den Patienten genauso toxisch wird wie die Chemotherapie selbst (Goldberg 1981). Der Patient wird dann still; er fürchtet, sein Ärger sei genauso wahrnehmbar wie der üble Atem, den die Behandlung hervorruft. In dieser Situation muß der Arzt aktiv auf den Patienten zugehen, um eine stützende Kommunikation aufrechtzuerhalten.

Der Versuch des Patienten, während der Krebstherapie seine Übelkeit mit einer speziellen Diät zu kurieren, bedeutet, daß er sich von seiner anfänglich hilflosen Position, die der eines Kindes ähnelte, zu einem Verständnis seiner eigenen aktiven Rolle bei der Behandlung fortentwickelt hat. Dies ist ein konstruktiver Schritt in Richtung Gesundung. Der Patient kann lernen, sich in einer neuen Weise zu ernähren, indem er z. B. auf behandelte Nahrungsmittel mit chemischen Zusätzen und Konservierungsmitteln verzichtet, indem er eine neue Diät herausfindet oder seine Eßgewohnheiten ändert. Auf diese

Weise lernt er, seine Nahrungsaufnahme selbst zu regulieren, unabhängig von seiner Beziehung zum Arzt, dem Lieferanten der »medizinischen Nahrung«.

Der 24 Jahre alte Patient John Baker, ein erfolgreicher Langstreckenläufer, den William Buchanan (1978) in seinem Buch *A Shining Season* beschrieben hat, liefert ein treffendes Beispiel. Während der Chemotherapie, die man ihm verabreichte, um eine Tochtergeschwulst am Hoden zu bekämpfen, erbrach Baker durchweg sämtliche Nahrung. Er fürchtete bereits, so viel an Gewicht und Kraft einzubüßen, daß er die Aufgabe, die er sich für seine verbleibende kurze Lebensspanne gestellt hatte, nicht mehr würde erfüllen können; da fand er heraus, daß er das Erbrechen überwinden konnte, indem er immer im voraus zwei Sandwiches vorbereitete: Nachdem er das erste Sandwich jeweils erbrochen hatte, aß er unmittelbar danach das zweite und behielt es bei sich. Auf diese Weise konnte er seine Nahrungsaufnahme kontrollieren, sein Gewicht stabil halten und mit seiner Aufgabe als Trainer von Schulkindern fortfahren, die er sehr mochte.

Ein weiteres Beispiel findet sich in dem Buch des Arztes Anthony Sattilaro (1985), *Rückruf ins Leben*. Der Autor berichtet, wie er seine unheilbare Krebserkrankung nicht nur mit traditionellen medizinischen Mitteln bekämpfte, sondern auch mit einer makrobiotischen Diät aus braunem Reis, ganzen Körnern, Bohnen, frischem Gemüse und Fisch. Mit dieser Diät ernährte er sich in einer Landkommune, in der ein positives, spirituelles Verhältnis zum Leben vorherrschend war. Nach einigen Monaten dieser Lebensweise kam Sattilaros Krebs zum Stillstand, und sein Körper begann zu genesen. Er verzichtete schließlich auf die traditionelle medizinische Behandlung, behielt jedoch die gewählte Diät bei. Regelmäßige medizinische Untersuchungen haben dokumentiert, daß fünf Jahre später kein Anzeichen von Krebs mehr bei ihm zu finden war. Sattilaro nahm sein physisches Wohlergehen in die eigenen Hände, wie er es als Arzt auch gewohnt war. Die Diät brachte ihm nicht nur physische Heilung, sondern auch ein neues Gefühl von Ganzheit und geistiger Erfüllung, das seinem bisherigen Leben gefehlt hatte:

»Die Makrobiotik war meine ganze Hoffnung geworden, sie war der Faden, an dem mein Leben hing, und obwohl ich oft glaubte, daß es keinen Grund zur Hoffnung mehr gäbe, blieb doch die ferne Chance auf ein Wunder; jetzt begann ich zu glauben, daß ein Wunder geschehen könnte« (S. 146).

»Es war gerade zwölf Monate her, daß mir gesagt worden war, ich hätte eine tödliche Krankheit. Damals glaubte ich, daß ich noch vor meinem fünfzigsten Geburtstag sterben würde. Was dieser Diagnose folgte, war eine Reihe von Tragödien: drei Operationen, der Verlust meiner Hoden, der Tod meines Vaters, der langsame Abbau meiner Mutter und das lange, bittere Warten auf meinen baldigen Tod. [...]

Michio hatte meine Untersuchung beendet und trat zurück. Er schaute mich auf eine Weise an, wie man es tut, wenn man sich an ein Gesicht erinnern möchte.

›Sie haben keinen Krebs mehr, Tony. Sie haben Ihre Krankheit besiegt‹, sagte Michio. Damit trat er zurück und lächelte.

Plötzlich brach in mir eine Mauer aus Spannung, Verzweiflung, Schmerzen und Enttäuschung in sich zusammen; Gefühle der Freude überschwemmten mich wie heilende Wasser. Jeder, der sich im Raum befand, klopfte mir auf den Rücken und gratulierte mir. Ich hatte das Unmögliche fertiggebracht. Es war mir gelungen, eine Krankheit zu überwinden, die mir unbezwingbar schien« (S. 147f.).

Der Harvard-Student Howe (1981) schildert, wie ihm sein Humor dabei half, mit der Passivität fertigzuwerden, welche die Chemotherapie ihm aufnötigte:

»Unmittelbar nachdem Loring [eine für die Chemotherapie zuständige Krankenschwester] gegangen war, rannte ich zur Toilette. Beim Eintreten begann ich zu erbrechen. Zwei Stunden später schleppte ich mich zurück ins Bett.

Am Mittwochmorgen führte ich endlich aus, woran ich während der letzten sechs Monate oft gedacht hatte. Während mehrerer Chemo-Termine [...] hatte meine Frühstücks-Schwester einen sichtlich nervösen Eindruck gemacht, sobald ich in ihrer Nähe war.

Ich erwachte mit der Sonne. Bald begannen auf dem Korridor die Frühstückswagen zu klappern. Noch immer spürte ich einen Rest von Übelkeit; trotzdem feixte ich, als ich zur Toilette stolperte. Ich zog meine Affenmaske hervor.

Zurück im Bett streifte ich mir die Gummibefestigung über und zog mir dann die blaue Bettdecke über den Kopf. [...] Ich fühlte, wie sie immer näher kam. Schließlich der magische Augenblick, als sie die Decke wegzog.

›O, Scheiße, o mein Gott, nein‹, schrie sie und rannte hinaus. Ich lächelte und legte mich zurück. Ich verbuchte einen weiteren Sieg gegen Passivität und Abhängigkeit« (S. 147f.).

Howe beschreibt, wie er sich auf alles mögliche stürzte, Laufen, Boxen, Gewichtheben und Kanufahren, um sein Gefühl physischer Entkräftung und psychischer Passivität zu überwinden.

Haarverlust ist eine der bedrohlichsten Nebenwirkungen der Chemotherapie. Die Haare repräsentieren Gesundheit und Leben; sie sind Symbol von Schönheit, Sinnlichkeit und Fruchtbarkeit bei der Frau, von Stärke und Potenz beim Mann. Die Haare zu verlieren – mithin die am meisten in die Augen springende Veränderung am Körper – signalisiert den meisten Patienten den Verlust physischer Vitalität und den Beginn des Sterbens. Im Spiegel mit dem eigenen Schädel konfrontiert zu sein heißt, das eigene sterbende Selbst zu erblicken. Obwohl bald nach Abschluß der Chemotherapie das Haar wieder zu wachsen beginnt, erleben Patienten jeden Alters den Verlust der Haare als äußerst bedrohlich. Shirley Sikes (1988) schreibt:

»Als ich all die Medikamente nahm, fielen mir die Haare aus. Ich erwachte eines Tages und wollte sie kämmen. Als ich den Kamm durch meine Haare bewegte, fielen große Büschel herab. Der Kamm verhedderte sich. Haare fielen über mein Gesicht und auf meine Lippen, als seien sie Blätter, die von einem Baum fallen.

Mein Kopf sah aus wie die Spitze eines hohen, kahlen Bergs. Mein Kopf sah aus wie die gerupfte Birne einer weggeworfenen Puppe.

Mein Kopf sah aus wie ein Totenschädel. [...]

Als mein Haar ausfiel, kaufte ich eine Perücke. Ich hatte schreckliche Angst davor, die Perücke könnte herunterfallen. Leute machten mir Komplimente wegen meines Haars. Wenn ich am Abend die Perücke abnahm, war mein Kopf kalt. Ich bedeckte meine Kahlheit mit einem Kopftuch. Ich sah aus wie ein Roboter« (S. 82).

Dora Hauri (1982), die unter Brustkrebs litt, wollte sterben:

»7. November 79

Haare, viele, viele Haare auf dem Kissen. Nein, ich will nicht mitspielen in dieser Tragödie. Als Kobolde erscheinen mir die Ärzte, welche ein böses Spiel mit mir treiben. Sie vergiften mich, sie täuschen mich. Sie reden mir ein, ein Leben ohne Haare sei noch lebenswert. Sie wollen ihre Befriedigung, indem sie meinen Tod hinauszögern und mir damit weismachen wollen, sie würden mir helfen. Ohne Medikamente nimmt das Leben bald ein Ende.

Recht so. Ich habe Angst, daß ich keinen Selbsttod mache, daß ich mich überreden lasse, es nicht zu tun« (S. 47).

Fiore (1979), von Beruf medizinischer Psychologe und selbst ein Überlebender des Krebses, empfiehlt, den Patienten vor Beginn der Behandlung sorgfältig über die positiven Wirkungen der Chemotherapie und über den nur vorübergehenden Verlust des Haars zu unterrichten:»Man könnte es so sagen: ›Sie werden einige sehr starke Medikamente erhalten, die imstande sind, Zellen abzutöten, die schnell produzieren. Krebs ist diejenige Zelle, die am schnellsten produziert, aber es gibt noch andere solche Zellen, wie z. B. beim Haar. Und da man dem Wirkstoff den Unterschied zwischen Haarzellen und Krebszellen nicht erklären kann, kann es sein, daß Sie vorübergehend Haare verlieren. Zum Glück können sich Ihre normalen, gesunden Zellen von der medikamentösen Behandlung erholen und sich vermehren; doch die schwachen, mangelhaft ausgebildeten Krebszellen können das nicht« (S. 286f.).

Eine weitere gefürchtete Begleiterscheinung der Chemotherapie ist es, wegen Blutentnahme oder Transfusionen dauernd in die Venen gestochen zu werden. Sikes (1988) würde sich am liebsten verstecken, wenn sich die Assistentin nur nähert, und sie hat das Gefühl, in die Kindheit zurückzufallen:

»Eine neue Vene zu finden, war harte Arbeit. Nach so vielen Wochen und mit nur einem Arm (in den Arm, aus dem die Knoten verschwunden sind, sollte man keine Nadeln einführen) findet man praktisch keine unversehrte Vene mehr. Wenn die Assistentin mit dem ›Schmetterling‹ (der kleinsten Nadel, die sie haben) nicht gut umgehen kann, wird es äußerst unangenehm. Dann wird gestochert und sondiert, und es kommt immer noch kein Blut.

Man kommt sich vor, als falle man zurück in die Kindheit. Man will weglaufen und sich verstecken, wenn man die falsche Assistentin kommen sieht, um Blut abzunehmen.

Die wollen einen auch am liebsten nicht sehen. ›Ich hoffe, es ist nicht die...‹, sagen sie und nennen meinen Namen. ›Es ist einfach zu anstrengend, Blut aus ihr herauszubekommen.‹

Irgendwie gefällt mir das auch. Ich hebe mich gewissermaßen heraus« (S. 84).

Obgleich Bluttransfusionen bei jeder Art von Krebsbehandlung oder aufgrund von Blutungen notwendig werden können, rufen auch sie beim Patienten bisweilen Ängste und Phantasien hervor. In ihrem Gedicht »Dracula« bringt Webster (1980, S. 43) ihren starken Abscheu vor dem »fremden Blut« zum Ausdruck, das in ihren Körper

gepumpt wird. Sie hat die Phantasie, zum Vampir zu werden, wie
Draculas Opfer:

Dracula

Es gibt da eine Stelle an Dracula
In die würde ich gern meine Zähne versenken –
Schöne Dame in Spitzen,
Entsetzen und Gewähren,
gepeinigte Sexualität.
Ich erliege seiner Gier
und locke wiederum Männer
in ihr Verderben.
Aber diese Transfusion sieht aus
wie verarbeitete Schweineleber,
in Plastik verpackt.
Ein flauer Beginn.
Meine Vene hat etwas
gegen fremdes Blut.
Ein salziger Strom,
und ich sehe
Portweintropfen
in dunkles Magenta spritzen
und hinabkriechen
in meine Hand.
Ich kann dieser Leber
nicht in die Augen schauen.
Meine Vene verlangt
persönlichere
Verbindung.

Die verschiedenen Arten der Krebsbehandlung ziehen den Patienten
innerlich wie äußerlich in Mitleidenschaft. Das Ausfallen der Haare,
der durch die Chemotherapie verursachte Gewichtsverlust, der Verlust von Gliedmaßen durch chirurgischen Eingriff und die durchweg
entkräftende Wirkung sowohl der Krankheit als auch der Behandlung
kann einschneidende physische Veränderungen nach sich ziehen. Dadurch fühlen sich Krebspatienten von sich selbst entfremdet, und sie
fühlen sich als Fremde auch gegenüber vertrauten Freunden.
Gitanjali, ein sechzehn Jahre altes indisches Mädchen mit unheilba-

rem Krebs, verfaßte heimlich zahlreiche Gedichte, in denen sie ihren Schmerz, ihre Ängste, Wünsche und Sehnsüchte zum Ausdruck brachte. Vor ihren Eltern verbarg sie diese Gedichte; sie fürchtete, ihrer Mutter wäre es schmerzlich, würde sie erfahren, daß sich ihre Tochter ihres Schicksals vollkommen bewußt ist. Diese Gedichte, die nach ihrem Tod entdeckt wurden, waren für die junge Patientin die einzige Möglichkeit, ihre heftigen Gefühle auszudrücken, die sie niemandem mitteilen konnte. In »Der totale Schock« (Badruddin 1982, S. 27) berichtet sie von ihrer Rückkehr in die High School, nachdem sie sich im Krankenhaus einer intensiven Krebsbehandlung unterzogen hatte:

Der totale Schock

Gitanjali ist da
Gitanjali ist da
Ist das allgemeine Geschrei
Im Schulkorridor
Von Freund zu Freund
Und zu jenen
Auf die es ihr noch immer
Am meisten ankommt
Gitanjali!!!
Ist sie denn Gitanjali??
Sie gucken, total schockiert
Aber sie sagen nicht viel
Aus Angst, jemanden zu kränken
Den sie noch genauso lieben.

Gitanjali weiß ja
Daß sie ihrer Schönheit beraubt ist
Aber sie schluckt den Schmerz
Mit Stolz
Und bietet ihr Lächeln dar
Schließlich...
Ist auch die Krankheit
Ein Geschenk Gottes
Und Gitanjali nimmt es an
Mit Anmut und gemessenen Schritts.

Ist die Behandlung erfolgreich, klingen die Symptome vorläufig ab, und es kommt zu einer partiellen oder vollständigen Remission. Diese Remission bedeutet für den Krebspatienten – wie Alsop (1973) schreibt – ein neues Leben:»›Vergebung der Sünden‹[1] – diese Redewendung ging mir tagelang nicht aus dem Kopf. Ausgelöst wurde sie natürlich durch die leider vorläufige ›Remission‹, die einem chemotherapeutischen Behandlungsintervall folgte, wenn man Glück hatte. An das weitere konnte ich mich nicht erinnern, auch nicht, woher ich es hatte. Schließlich ergänzte Tish: ›Vergebung der Sünden, Auferstehung der Toten und ewiges Leben‹. Aus dem Credo, natürlich« (S. 53).

Andererseits erfüllte es Alsop mit Schrecken, daß die Remission immer nur etwas Vorläufiges war:»Es hatte mich immer ziemlich irritiert, daß John Glick mir sagte, wenn nach einer Phase der Chemotherapie die Remission einträte, könne ich ›ein normales Leben‹ führen. Normal – stinknormal, antwortete ich. Von Blutuntersuchung zu Blutuntersuchung zu leben, von Knochenmarksanalyse zu Knochenmarksanalyse, und dabei immer zu wissen, daß der Tag kommen wird, an dem sie aus den Tests das Wort ›Tod‹ herausbuchstabieren – was für ein normales Leben soll das sein?« (S. 123)

Wenn man sich in der ersten Phase der Behandlung für Chirurgie, Strahlentherapie oder Chemotherapie entscheidet, so ist das Ziel stets, die Krankheit zu heilen oder zum Stillstand zu bringen. Trotz der unangenehmen Nebenwirkungen der Behandlung vermittelt dieses Ziel im allgemeinen Optimismus und verleiht der Verständigung zwischen Arzt und Patient ein gewisses Maß an Freiheit. In dieser Situation kann der Arzt die Angst des Patienten lindern, indem er seine Fragen beantwortet und ihn zureichend über alles unterrichtet, was er während des Fortgangs der Behandlung zu erwarten hat. Die Gespräche zwischen Arzt und Patient kreisen in dieser Phase gewöhnlich um die erfolgreiche Behandlung ähnlicher Tumore bei anderen Patienten. Der Arzt sollte jedoch darauf achten, dem Patienten nicht mehr zu erzählen, als dieser wissen will. Den heutigen Patienten ist klar, daß die einzige Möglichkeit, den Erfolg einer Krebsbehandlung wirklich zu beurteilen, darin besteht, den weiteren Verlauf der Krankheit zu beobachten. Wenn daher in einer zweiten Phase eine neue Form der Behandlung eingeführt wird, so weiß der Patient, daß

1 Der medizinische Begriff *remission* bedeutet im Englischen zugleich «Vergebung»; A.d.Ü.

der Krebs nach der ersten Behandlung weitergewachsen ist und daß nun stärkere Mittel eingesetzt werden, um die Krankheit zu bekämpfen. In diesem Fall kann die Verständigung zwischen Arzt und Patient schwierig werden, wie wir im nächsten Kapitel sehen.

4. Ängste angesichts der Krankheit und ihrer Behandlung

»Im Krankenhaus bringen sie einem bei, überhaupt nicht mehr in Begriffen der Zukunft zu denken. Niemals sprechen sie von Terminen oder von Zeitabschnitten, und sie versprechen einem nichts. Wenn sie also gute Nachrichten bringen, dann sagen sie im wesentlichen nichts anderes, als daß man nicht tot ist. All die Leute, die einem sagen, man sei berechenbar und man werde auf die gleiche Weise sterben wie alle anderen, haben durchaus recht. Zuerst habe ich mich darüber geärgert, wenn sie immer sagten ›Na ja, so wie Sie ist man eben nach zwei Wochen; Sie empfinden dies und tun jenes, Sie fühlen sich ungebunden, Sie sind in der Phase des Ärgers. Wir verstehen das. Sie sind deprimiert. Sie sind verloren. Dreieinhalb Wochen, nachdem man herausbekommen hat, was los ist, fühlt man sich immer verloren‹« (Rosenthal 1973, S. 24).

Patienten, die sich wegen Krebs einer intensiven Behandlung unterziehen müssen, erleben diese häufig als massiven Angriff gegen die Integrität und die Kohärenz ihres Selbst. Dieser Angriff kann verschiedene Konsequenzen nach sich ziehen. Am auffallendsten ist der Verlust der Selbstachtung, der Verlust eines intakten Selbstwertgefühls. Dies kann so schlimm werden, daß es zu einem Gefühl psychischer Vernichtung führt, zu Anfällen von panischer Angst und in seltenen Fällen zu psychotischen Schüben. Um ihr gefährdetes Selbst wieder ins Gleichgewicht zu bringen, greifen Patienten bisweilen auf primitive Abwehrmechanismen zurück, die ihrerseits beträchtliche Probleme aufwerfen können (Meerwein 1987a).

Ängste signalisieren dem Krebspatienten, daß seine äußere wie innere, seine körperliche wie psychische Integrität bedroht ist. Sie leiten die Mobilisierung psychischer Funktionen ein, derer es bedarf, um jene Integrität wiederherzustellen. Die Ängste entspringen mehreren Quellen: In ihnen vermischen sich residuale neurotische Ängste, realitätsbezogene Ängste und Todesängste. Sie beinhalten auch einen Gutteil der Phantasien, die sich auf die jeweilige »Krebs«-Metapher des Patienten beziehen: die Angst davor, verlassen zu werden, vor sozialer Isolation und Verfolgung, die Angst, vom inneren »Bösen« überfallen oder von unkontrollierbaren Kräften überwältigt zu werden, die Angst davor, sich passiv auszuliefern. Weiter gibt es Ängste vor narzißtischen Kränkungen: durch Bestrahlung und Chemotherapie geschädigt oder durch Chirurgie verstümmelt zu werden, wie auch davor, daß einem schließlich nichts als der Neid auf die Gesunden bleibt. Es gibt die realistischen Ängste davor, Autonomie und Genußfähigkeit zu verlieren, die Angst vor Schmerzen und Rückfällen, die Angst, zu einem unheilbaren Fall zu werden. Schließlich gibt es die furchtbaren Ängste vor dem Tod, vor physischer und psychischer Auslöschung. Zu diesen zählt auch die Angst, die Kontrolle über die Realität zu verlieren oder wegen des Abscheus, den die eigene psycho-physische Auflösung erregt, von signifikanten anderen Personen gemieden zu werden.

Die Patienten stehen diesen Ängsten jedoch keineswegs hilflos gegenüber; sie verfügen über eine Vielzahl von Möglichkeiten, damit umzugehen. Verleugnung, Rationalisierung, Vermeidung, Verdrängung und Reaktionsbildung sind die am meisten verbreiteten Abwehrmaßnahmen, mit denen Krebspatienten die Integrität ihres Selbst schützen oder wiederherstellen. Diese Abwehrmechanismen sind jedoch selten stark genug, um die Ängste des Patienten völlig zu beherrschen. Gewöhnlich bleibt ein Teil der Angst trotz der Abwehr des Patienten hartnäckig bestehen und nimmt die Form frei flottierender Angst an. Aufgabe des Arztes und des Psychologen ist es, derartige Ängste zu erkennen und dem Patienten zu helfen, sie zu kontrollieren. Patienten erwarten heutzutage, daß ihr Behandlungsplan auch Maßnahmen gegen ihre Angst einschließt. Sie wissen, daß nur eine mehr oder weniger angstfreie Persönlichkeit stark genug ist, um den Kampf gegen den Krebs zu gewinnen. Unglücklicherweise teilen mehr Patienten als Ärzte diese ganzheitliche Auffassung der Medizin.

Die stärksten Waffen gegen die Angst des Patienten sind das frühzeitige Gespräch über mögliche Quellen der Angst, Offenheit, Aufklärung, Objektkonstanz (dies bedeutet, daß der Arzt emotional und physisch verfügbar bleibt), Aufrichtigkeit sowie die Gewinnung des Patienten zur aktiven Teilnahme am Prozeß der Rehabilitation, und zwar schon im frühesten Stadium. Auch die Verordnung angstreduzierender Medikamente ist in einigen schwierigen Fällen notwendig.

Verleugnung

Der Eröffnung der Diagnose folgt in der Regel anfängliche Verleugnung. Wenn jedoch auch danach noch eine starke Verleugnung wirksam bleibt, wenn sie also bis in spätere Phasen der Behandlung fortdauert, mit der Entwicklung der Krankheit noch zunimmt oder in der Endphase wiederkehrt, so muß man sie als ein Ergebnis unzureichender medizinischer Beratung auffassen (Meerwein 1986a). Bei dieser nicht mehr der Anpassung dienenden Verleugnung spaltet der Patient bewußt alle Gefühle ab, die mit Angst und Leid zu tun haben. Diese Art der Verleugnung bedarf psychologischer Hilfe und sollte vom Arzt oder vom Behandlungsteam keinesfalls bestärkt werden, wie dies so oft geschieht. Wird der Patient das Opfer einer nicht-adaptiven Verleugnung, die ihm ursprünglich vom Arzt suggeriert worden ist, so wird dadurch ihre Beziehung untergraben, und das Selbstwertgefühl des Patienten wird erheblich beeinträchtigt. Um eine aufrichtige Beziehung betrogen, beginnt der Patient, den Arzt zu hassen, und möglicherweise muß dieser sich aus der Behandlung zurückziehen.

Wie jedes menschliche Wesen ist auch der Krebspatient in ein Netz menschlicher Beziehungen involviert, zu dem Familienmitglieder, Ärzte, Krankenschwestern, Freunde und Mitpatienten gehören. Innerhalb dieses Horizonts von Beziehungen hat die Verleugnung stets eine bedeutende soziale Funktion. Patienten, die verleugnen, wollen damit nicht nur ihr Selbst, sondern auch ihre Beziehungen schützen. Die Verleugnung verfolgt den Zweck, das Bild des Patienten als eines offenherzigen, angstfreien und kooperativen Menschen zu zeichnen, der den Arzt oder andere nicht mit unbequemen Fragen belästigt. Auf diese Weise versucht sich der Patient die dringend benötigte Unterstützung derer zu sichern, die ihm am nächsten stehen; er hält die Menschen, mit denen er zu tun hat, bei Laune, um zu verhindern, daß sie sich zurückziehen. Die Zwänge, die hinter dieser sozial bedingten Verleugnung stehen, bleiben dem Patienten die meiste Zeit unbewußt – ungeachtet der im vorigen Kapitel zitierten Beobachtungen von Rollin (1976). Daher ist es außerordentlich wichtig, daß der Arzt diese Zwänge erkennt, damit sie nicht seinen Dialog mit dem Patienten blockieren. Kommt es zu einem geheimen Einverständnis zwischen Arzt und Patient, um die Verleugnung aufrechtzuerhalten, so kann es geschehen, daß der Patient innerlich intensive Ängste sowie Gefühle der Isolation und Depression entwickelt.

Depressionen nach aufgegebener Verleugnung

Mit Krebs gehen stets Depressionen einher. Ihr Auftreten ist ein Zeichen dafür, daß die Abwehr durch Verleugnung das Selbst nicht mehr zu schützen vermag; der Patient muß sich nun eingestehen:»Ich kann es nicht mehr leugnen, ich habe Krebs.« Bei einer Krankheit wie Krebs ist die Depression eine notwendige Phase im Prozeß des Durcharbeitens. Sind mit der Depression Gefühle der Isolation und Angst vor dem Verlust stützender Beziehungen verbunden, so bezeichnen wir sie als anaklitische Depression (Spitz 1967). Geht die Depression einher mit dem Verlust eines positiven Selbstgefühls, des Gefühls von Sicherheit und Ichstärke, und zieht sie weiterhin den Verlust passiver und aktiver Liebesfähigkeit nach sich, so bezeichnen wir sie als reaktive Depression (Bibring 1961). Bei Krebspatienten finden wir gewöhnlich eine Kombination beider Depressionsformen vor.

Die Depression sollte unterschieden werden von der Trauer, bei der der Patient sich in sich selbst zurückzieht, um mit seinem Verlust fertigzuwerden (Freud 1917). Schuld- und Schamgefühle sind bei Trauernden weniger ausgeprägt als bei Depressiven. Sie können ihre Trauer möglicherweise durch Tränen zum Ausdruck bringen, sie sind niemals völlig ohne Hoffnung, und häufig bewahren sie ihren Sinn für Humor.

Oftmals schämen sich Krebspatienten ihrer Depression. Daher verleugnen sie sie gegenüber anderen oder verdrängen sogar die eigene Wahrnehmung davon, wodurch die manifeste Depression in eine latente übergeht. Latent depressive Patienten sind »einfache«, ruhige Patienten; dieses Problem wird daher oft übersehen, und dies wiederum intensiviert das negative Selbstgefühl der Patienten und vermehrt ihr seelisches Leid. Gerade wenn ein Patient sich in einer Depression befindet, ist Verständigung besonders wichtig, und der Arzt sollte alles versuchen, um ihn zu erreichen. Einige Ärzte glauben, sie brauchten die Depression nicht zu behandeln, sondern könnten sie durch selektive oder völlige Verleugnung überlisten. Meist ist das Gegenteil der Fall. Die Verleugnung durch den Arzt ruft beim Patienten noch tiefere Gefühle der Isolation hervor und macht daher die Depression nur noch schlimmer. Wenn Patienten offen mit ihren Ärzten sprechen können, so dürfte dies ihre Depression eher lindern.

Wenn Patienten die Diagnose erfahren – oder auch zu Beginn einer intensiven Behandlung –, kommt es nicht selten vor, daß sie anstelle der Depression eine plötzliche Leere empfinden, die meist mit tiefer Angst und Hoffnungslosigkeit einhergeht. Die Patienten haben das Gefühl, ihre bloße Existenz sei derart bedroht, daß sie keinerlei Kontrolle mehr besitzen über das mysteriöse, schreckerregende Geschehen, das der äußeren Welt ebenso entspringt wie ihrem eigenen Innern (Meerwein 1987a). Diggelmann (1979) beschreibt diese plötzliche Leere:

»3. Dezember 1978

[...] Wie fühlst du dich? Als ob ich irgend etwas fühlen müßte. Es gibt nur eine Antwort: Ich fühle nichts. Ich fühle keine Krankheit. Ich fühle keine Angst. Ich fühle keine Zukunft. Die Gefühle, die sind da, die wachsen wie Blumen unter dem Schnee. [...] Und wenn man mich fragt, hast du etwas Positives erlebt seit dem 23. November, seit du genau weißt, daß auch dein Leben endlich ist, dann muß ich antworten: Ich wußte es schon immer. Es ist endlich. Aber ist es wirklich endlich? Oder ist es nicht vielleicht doch unendlich?

[...] Ob ich mich wenigstens krank fühle, fragt man mich. Vielleicht ist das eine Krankheit, sich nicht krank zu fühlen. Die einzige ehrliche Antwort: Nein, ich fühle mich nicht krank. Ich fühle mich überhaupt nicht. Der Tod kommt früher, oder er kommt später« (S. 23 f.).

Etwas später im Laufe seiner Krankheit spricht Diggelmann mit Nachdruck von der Einsamkeit und Hoffnungslosigkeit, die dem Gefühl der Leere folgen: »Die letzten Tage waren gekennzeichnet von tiefer Angst und möglichst verborgengehaltenen Depressionen und Tränen. Ich war noch nie so einsam wie in den letzten Tagen. Ich habe schon lange nicht mehr eine solche elementare Angst verspürt. Angst, daß ich nicht mehr heimkehren werde« (S. 103 f.).

Wird durch das Fortschreiten des malignen Prozesses eine zweite Behandlungsphase erforderlich, so ruft dies beim Patienten häufig depressive Reaktionen hervor. Alsop (1973) schreibt darüber:

»Ich las ein wenig, döste, sah meine Post durch, las noch etwas und döste wieder. Außer Tish, Nicky und dem kleinen Andrew wollte ich niemanden sehen. Es war nicht so sehr meiner Depression wegen; ich erinnere mich nicht, ausgesprochen niedergeschlagen gewesen zu sein, wenn ich natürlich jetzt auch glaubte, sehr bald sterben zu müssen. Ich war einfach gleichgültig, und das meiste war mir egal.

Ich fühlte mich keineswegs furchtbar krank oder entsetzlich deprimiert. Vielmehr fühlte ich eine Art Überdruß, eine unendliche
Gleichgültigkeit. In meinem Kopf war während dieser Zeit eine Art
ständiger Hintergrundmusik – oder besser Hintergrundgeräusch –,
kein eigentlicher Kopfschmerz, sondern ein gleichsam murmelndes
Mißbehagen. Und etwas äußerst Unangenehmes passierte: Ich
konnte kaum noch lesen. Nach einer halben Stunde begann die Seite
zu verschwimmen, und die Kakophonie in meinem Kopf steigerte sich
vom Gemurmel zum Gebrüll« (S. 121).

Die depressive Reaktion und die damit einhergehende Dämpfung
jeder gefühlsmäßigen Resonanz kann so weit fortschreiten, daß selbst
die Bedrohung durch den Tod keinerlei emotionale Reaktion mehr
hervorruft:»Ich war mir zu dieser Zeit ziemlich sicher, daß auch ich
ein hoffnungsloser Fall war, aber mich regte das nicht halb soviel auf
wie während meines ersten Aufenthalts am NIH, als ich noch die Pick-
nicks im Wartezimmer genoß und gerne Martinis trank, las, lachte
und meine Freunde empfing. Als ich zum zweitenmal im NIH war,
genoß ich überhaupt nichts. Sterben wollte ich nicht, aber ich wollte
auch nicht unbedingt *nicht* sterben« (S. 133).

Die DDR-Schriftstellerin Brigitte Reimann (1984) beschreibt die
Symptome ihrer Depression, ohne sie jedoch zu verstehen:

»21.9.71

[...] Ich weiß nicht, was mit mir passiert ist, und mein Psychiater, der
mich geduldig auseinanderpolkt, kommt auch nicht dahinter – jedenfalls lebe ich seit Monaten in einem merkwürdigen Dämmerzustand.
Kann nicht mehr schreiben, nicht viel lesen, keine Buchseite aufnehmen, wage nicht mehr auf die Straße zu gehen, mit Leuten zu sprechen, habe dabei panische Furcht vorm Alleinsein, das Gefühl, mich
in einer abstrakten Welt zu bewegen« (S. 342).

»29.12.71

[...] Meine Dame tut seit Monaten gar nichts, will heißen: Die Autorin hat monatelang nichts getan. So lange hat der teuflische Dämmerzustand angehalten, und jetzt weiß ich auch, warum: eine finstere Ahnung, die sich nun endlich bestätigt hat. Ein inoperabler Krebs, und
nach gebührlicher Weise müßte ich seit mindestens einem halben Jahr
schon tot sein. Aber siehe, ich lebe noch und werde es, mit Kräuter-
schnaps und Gottvertrauen, noch ein paar Jährchen machen. Na, dies

unter uns. Jedenfalls will, muß, kann ich nun wieder arbeiten«
(S. 344).

Reimanns Depression hängt mit ihrer starken Verleugnung des Krebses zusammen. In jedem Stadium ihrer Krankheit ist sie von der weiteren Verschlechterung ihres Zustands überrascht. Die depressiven Symptome verschwinden, nachdem ihr Arzt, der kein Blatt vor den Mund nimmt, ihren medizinischen Status klarstellt.

Der Verlauf von Reimanns Depression verweist auf die Vielschichtigkeit der Depressionen Krebskranker. Depression ist gewöhnlich die erste Reaktion darauf, daß die anfängliche adaptive Verleugnung aufgegeben wurde. Solange der Patient in diesem Stadium die Krankheit verleugnete, hatte er keinen Grund, deprimiert zu sein. Wenn jedoch der Krebs fortscheitet und seine entkräftenden Symptome sowie die dauernde Behandlung eine völlige Verleugnung nicht mehr zulassen, dann wird jeder Rest von Verleugnung sowohl die innere Wahrnehmung des Patienten als auch seine Resonanz auf die Außenwelt nachhaltig beeinträchtigen. Ein Gefühl der Dissonanz entsteht, als lebe man mit einer Lüge. Das trennt den Patienten von seinen tiefsten Gefühlen, wie auch von denen, die ihm nahe sind und doch seine Täuschung nicht mittragen. Dadurch entstehen Entfremdung, Einsamkeit und Depression. Das einzige Gegenmittel ist die Rückkehr zur Realität, wie schmerzlich das immer ist. Das Erkennen der Krankheit wird zwar die Ängste des Patienten nicht mindern, aber doch ein wenig Erleichterung bringen.

Dennoch ist die Depression beim Krebs ein konstantes Phänomen. Wie der Bericht von Mullan (1983) zeigt – des Arztes, der die Röntgenaufnahme seines eigenen Lungenkrebses betrachtete –, kann die Depression zu jedem Zeitpunkt der Erkrankung auftreten und von nahezu jedem Aspekt der Krankheit und ihrer Behandlung ausgelöst werden. Mullan beschreibt die wiederholte Rückkehr seiner Depression während eines langen Aufenthalts im Krankenhaus, wo er sich zahlreichen chirurgischen Eingriffen und sonstigen Behandlungen unterzog:

»In den folgenden Wochen weinte ich häufig ganz plötzlich und ohne unmittelbaren Anlaß. Die Krankheit und ihre Behandlung beraubte mich meiner Abwehrkräfte derart, daß jedes Ereignis von geringstem emotionalem Gewicht mich zum Weinen brachte. Ich weinte über bestimmte Fernsehnachrichten – zu jener Zeit wurde in Vietnam gekämpft – ebenso wie über zahlreiche liebe Briefe, die ich von Freunden erhielt. Gespräche mit Judy über unsere Zukunft wurden von meiner Seite stets durch ein oder zwei tränenreiche Zwischenspiele unterbrochen. Die Tränen waren aufrichtig und von kathartischer Wirkung, aber sie waren auch eine lästige Störung bei nahezu jeder ernsthaften Unterhaltung. Im nachhinein denke ich, es waren Tränen der Ohnmacht und der Wut, Tränen eines Geistes, den die Krankheit an seiner ungeschützten Seite erwischt hatte. Im Laufe der Wochen fühlte ich mich mehr und mehr wund, und mein Selbstmitleid wurde immer tiefer« (S. 37).

»Ich weiß nur, daß ich mich in dieser Zeit physisch ruiniert und psychisch überrollt fühlte. Ich bin sicher, tief im Innern war ich wütend über die Schicksalsschläge, die mich in jungen Jahren auf die Knie gezwungen hatten. Hätte ich die Energie und ein Ziel gehabt, oder wenigstens ein Ersatzziel, ich glaube, ich wäre in Raserei verfallen. Aber zum Toben war ich zu alt. An was ich mich erinnere, ist Verzweiflung. Mir schien, mein Glas war tatsächlich halb leer« (S. 42).

Doch obgleich es Mullan deprimierte, im Krankenhaus zu sein, milderte die Entlassung seine Depression keineswegs. Im Gegenteil, die Aussicht, die schützende Umgebung verlassen und in eine unbekannte Situation eintreten zu müssen, mit einer neuen Rolle in einem neuen Zuhause, vertiefte seine Depression bis hin zu Selbstmordphantasien:

»Freunde im Krankenhaus gratulierten mir zu meiner bevorstehenden Entlassung. Die Behandlung hatte ich überstanden und konnte nach zwei Monaten nach Hause gehen, wo alles besser würde. Ich sah das alles ganz anders. Äußerlich gesund war ich ins Krankenhaus gekommen, geistig intakt und bereit, zu kämpfen. Nun verließ ich das Krankenhaus im Rollstuhl, ausgezehrt, unfähig zu schlucken, mit Schwierigkeiten beim Atmen und in akuter Depression. Meine Ausflüge zur Chemotherapie-Abteilung vermißte ich bestimmt nicht, aber am letzten Vormittag, an dem ich Bestrahlungen erhielt, einen Tag, bevor ich das Krankenhaus verlassen sollte, erlitt ich einen unglaublichen Anfall von Angst. Weinen half nichts. Erbrechen, Spukken und Rülpsen brachten keinerlei Erleichterung. Vor der fortdauernden Angst und Übelkeit, die ich empfand, schien es kein Entkommen zu geben.

In meinem Einzelzimmer im 9. Stock begann ich, die Drahtgitter vor meinen beiden Fenstern zu untersuchen. Würde ich stark genug sein, um sie zu entfernen? Gab es etwas, das ich heben konnte und das schwer genug war, um sie zu durchstoßen? Mich kümmerte weniger, wo ich landen würde oder wer mein Verschwinden entdecken würde, als vielmehr, durch welchen Mechanismus man die Fenster freibekam. Noch hatte ich genügend Bewußtsein davon, was in meinem Kopf vor sich ging, um die Schwesternzentrale anzurufen und um Hilfe zu bitten. Es war sieben Uhr morgens. Judy würde mit Meghan beschäftigt sein, daher rief ich Dad an und bat ihn, so schnell wie möglich ins Krankenhaus zu kommen. Um acht Uhr war er da. In der Zwischenzeit saß ein Armeeangehöriger namens Al an meinem Bett, ein zuverlässiger Freund, und hielt meine Hand. Als Dad eintraf, drückte ich ihn an mich.

Ich hatte keine Ahnung, was an diesem Tag eigentlich los war, außer, daß mein Leben – oder das, was davon übrig war – sich entscheidend zuspitzte. Trotz meines Widerwillens gegen das Krankenhaus fürchtete ich mich davor, es zu verlassen. Die sengenden Strahlen und die chemischen Giftstoffe waren es, an die ich jetzt glaubte – trotz ihrer ekelhaften Wirkungen. Im Innersten konnte ich es nicht akzeptieren, nun den Wellen überlassen zu sein und für mich selbst sorgen zu müssen. Ich war zum Sklaven meiner Behandlungen geworden. Ich glaube, obwohl ich begriff, daß man sie abschließen mußte, wäre ich hartnäckig jeden Tag auf den Bestrahlungstisch geklettert, bis mir die Röntgenstrahlen glatt ein Loch eingebrannt hätten. Schließlich schien es erträglicher, Block 9 durchs Fenster zu verlassen als auf die Gifte zu verzichten. Ich wollte leben um jeden Preis – und zwar so sehr, daß ich bereit war zu sterben« (S. 57f.).

Die mit dem Krebs verbundene Depression kann nicht beseitigt, aber immerhin gelindert werden. Noll (1984) wurde immer deprimierter, je schwerwiegender seine Symptome wurden; in seinem Tagebuch berichtet er, wie er mit seiner üblen Laune fertigwurde, indem er einen Besuch bei seinem nahen Freund Max Frisch plante und indem er an seine beiden erwachsenen Töchter dachte, denen er warme und fürsorgliche Gefühle entgegenbrachte:

»Laax, 25. Juli 1982

Alles macht mir Mühe, nun auch schon wieder das Atmen. Die Entschlußlosigkeit hat einen Höhepunkt erreicht. Ich gehe nicht aus dem Haus, obwohl es nicht regnet. Nichts reizt mich, nichts verlockt mich.

Die Diktate, die Krankheit, die Schmerzen, der Gedanke an den Tod – alles ist schon zur Gewohnheit geworden.

[...] Morgen fahre ich zu Max Frisch nach Berzona. Vom Tiefpunkt aus kann jede Bewegung nur nach oben gehen. Diese letzte Zeitspanne fordert mehr als jede frühere. Nicht wissen, wie es weitergeht, mit dem Beruf, der Krankheit, dem Sterben. Und mit denjenigen, die mich dann nicht mehr haben werden, vor allem mit Rebekka und Sibylle. Dauernd denke ich an die beiden. Irgendwie möchte ich eine ganz heile Welt für sie zurücklassen, was natürlich unmöglich ist. Ständig fallen mir neue Kosenamen für sie ein, zu all den alten hinzu« (S. 246 f.).

Für den Arzt und das Behandlungsteam ist Nolls Bericht recht instruktiv. Er veranschaulicht, was man tun kann, um die Depression des Patienten zu lindern – ungeachtet der verheerenden Auswirkungen der Krankheit, der Dauer des Leidens und der alles überlagernden Todesangst. Der Arzt und das Behandlungsteam können und sollen die erforderliche Einfühlung und Fürsorge ebenso erbringen wie Freunde und Mitglieder der Familie.

Aggression und Projektion

Wie bereits etliche der zitierten Passagen dokumentieren, wird Krebs auch von Aggressionen begleitet. Aggressionen können sich introjektiv oder projektiv äußern. Patienten, die sie introjektiv verarbeiten, empfinden sich als »böse«, und es kann zu einem depressiven Zustand kommen. Den Patienten, die Aggressionen projektiv verarbeiten, erscheint die Umgebung zunehmend als böse und feindlich, sie fühlen sich angegriffen, abgewertet oder gar vernichtet. Patienten, die in der Lage sind, negative Emotionen wie Wut, Haß und Aggression auch auszudrücken und die Frustrationen und Gefühle der Enttäuschung zeigen können, haben einigen Autoren zufolge eine bessere Überlebenschance als Patienten, die nur positive Gefühle zeigen können (Baltrusch 1969).

Die Wut des Krebspatienten rührt daher, daß die Krankheit die Integrität des Selbst bedroht. Diggelmann (1979) benennt ganz klar ein unter Krebspatienten verbreitetes Gefühl – den Widerwillen dagegen, von anderen kontrolliert zu werden: »Ich habe die Angst mit

Tränen aus meinem Körper hinausgeschwemmt und auch den Haß auf alle, die über mich verfügen können, verfügen müssen, notgedrungen. Ich will nicht leugnen, daß es Haß war« (S. 60).

Die Frage der Kontrolle ist für alle Patienten von Bedeutung, am meisten jedoch für Heranwachsende. Zu oft werden Termine und Behandlungen mit unnötiger Schroffheit festgelegt, so als sei der Zeitplan bis auf die Minute von höchster medizinischer Weisheit diktiert. Bei jugendlichen Patienten kann man mehr Fügsamkeit erreichen, wenn man ihnen beim Zusammenstellen von Terminen und bei anderen weniger wichtigen Dingen etwas mehr Spielraum gibt. Es ist wichtig, alle Patienten nach ihren eigenen Vorstellungen zu fragen, wann und wie die Behandlungen am besten durchzuführen seien.

Wenn die Krankheit fortschreitet, gewinnen die subtilen und weniger subtilen Kämpfe um die Kontrolle einen entschiedeneren Charakter; denn nun sieht sich der Patient in verschiedenen Aspekten seines Lebens einem ständig zunehmenden Kontrollverlust gegenüber. Was zu Beginn vielleicht nur eine Reihe von Unterbrechungen des Alltags war, droht sich nun zu einem dauernden Gebrechen auszuwachsen, bei dem die Verfügung über die eigenen Aktivitäten immer drastischer beschnitten wird. Im späten Stadium der Krankheit kann sich der Patient sogar dem Verlust der Kontrolle über seine Körperfunktionen gegenübersehen, und schließlich dem Kontrollverlust über sein Ich. Die daraus resultierenden Konflikte spielen sich häufig beim Verabreichen der Medikamente ab, in demjenigen Lebensbereich also, über den der Patient noch immer eine gewisse Kontrolle hat. Die Diskussion darüber, ob und wie welches Medikament einzunehmen sei, wird daher häufig zum Schlachtfeld für lange aufgestaute Frustrationen über den fortschreitenden, mit der Krankheit verbundenen Verlust der Kontrolle. Oft werden diese Kämpfe nicht nur mit dem medizinischen Personal, sondern auch mit der Familie ausgetragen.

Doch nicht nur über die Medikamente bringt der Patient schließlich seine Wut zum Ausdruck. Nahezu jeder Aspekt des Krebses kann Zorn erwecken. Diggelmann (1979) berichtet, wie nicht zu beantwortende Fragen ihn verärgerten und depressive Gefühle bestärkten:

»Was bleibt, sind alltägliche Fragen, zum Beispiel: Wann kann ich das Spital verlassen, wenigstens in die Wohnung zurückkehren, die ich mit soviel Liebe eingerichtet habe und die ich bald nicht mehr kenne. Wie werde ich mit meinen Geschichten weiterleben können? Ich werde mich in vielem umstellen müssen.

Wie gesagt: Ich mag die Fragen nach meinem Befinden nicht mehr hören. Könnte sogar grob werden und sagen: Laßt mich in Ruhe mit diesem Blödsinn! Wenn ihr's nicht wißt, dann braucht ihr nicht zu fragen, und wenn ihr's wißt, dann fragt bitte nicht« (S. 94 f.).

Es gibt Krebspatienten, die auf alles einschlagen, was sich ihnen als Ziel bietet. Meist richten sich diese aggressiven Ausbrüche gegen Personen, die auf den Patienten nicht eingehen, dessen Selbst nach Verständnis und Einfühlung verlangt. Auf diese Weise werden die Erwartungen des Patienten enttäuscht, und sein zerbrechliches Selbstwertgefühl wird erneut tief gekränkt. Der folgende Ausbruch ist dann ein Ausdruck aufgestauter narzißtischer Wut.

Aggressive Gefühle können sich belastend auf die Beziehung zwischen Arzt und Patient auswirken, insbesondere dann, wenn die Aggressionen auf Neidgefühle zurückgehen, die der Patient gegenüber seinem gesunden Arzt hegt. Besondere Intensität können solche Gefühle gewinnen, wenn Patient und Arzt derselben Generation angehören und die Krankheit des Patienten fortschreitet.

Obwohl nicht alle Krebspatienten Aggressionen, narzißtische Wut, Neid oder Argwohn äußern, fürchten die Mitglieder des Behandlungsteams derartige Gefühle und damit einhergehende Projektionen nicht weniger als die Patienten selber. Denn die medizinische Ethik hindert den Arzt und die Schwestern daran, ihrerseits mit Aggressionen zu antworten. Jeder in der Umgebung des Patienten muß sich bemühen, die Aggression nicht persönlich zu nehmen und sich zu vergegenwärtigen, daß sie die Verletzung repräsentiert, welche die Persönlichkeit des Patienten durch den Krebs erlitten hat. Die Aggression ist ein Hilferuf, eine Reaktionsbildung gegen Gefühle der Ohnmacht.

Michies (1980) lebendige, einfallsreiche Schilderung ihres Zorns vermittelt eine gute Vorstellung von der mächtigen, durchdringenden Wut, die viele Krebspatienten beherrscht. In der folgenden Passage erzählt sie, wie »A.F.« entstand:

»Ich entschied, daß ich die ersten drei Phasen wohl überspringen und mich kopfüber in eine tiefe Depression stürzen würde. Die Stadien der Verleugnung, der Wut und des Feilschens schienen mir zu irrational für eine kaltblütige Dame wie mich. Tatsachen sind Tatsachen, und bösartige Zellen sind bösartig. Die Frage ›Warum gerade ich?‹ beantwortete sich von selbst: ›Warum *nicht* ich?‹ Auf Gott sauer zu sein schien mir kindisch.

Doch die Wut kam in ungewohnter, freischwebender Gestalt. Jemand muß daran schuld sein, jemand muß mich wertvoller Zeit beraubt haben – der Blüte meines Lebens. Meine Wut, freischwebend, nahm allmählich tierische Formen an. Ein kleiner Albino-Falke erschien über der Tür meines Krankenzimmers, ein scheußlicher Kerl mit rötlichen Augen und langen, rötlichen Krallen. Ich nannte ihn A.F. – das stand für Albino-Falke und für Anger Free Floating [vgl. S. 65]. Er war bereit, jeden anzugreifen, der mich in irgendeiner Weise beleidigte – abgestumpfte Krankenschwestern, Überbringer ungenießbarer Speisen, rücksichtslose Besucher oder Reinigungspersonal, das mich aus einem Nickerchen weckte.

Wenn ich zu Tests und Untersuchungen gebracht wurde, saß er hinten auf dem Rollstuhl oder auf der Trage und hielt Ausschau nach Gefühllosigkeit und Nachlässigkeit in jeder Form. Vier Tage lang war niemand gefühllos oder nachlässig. A.F. wuchs und wurde allmählich rasend. Er begann, wild im Raum umherzuflattern. Es war offensichtlich: Wäre nicht bald ein wirklicher Schurke aufzutreiben, so mußte er einen Unschuldigen angreifen.

Am Montagmorgen kündigte die Krankenschwester an, um 13.30 Uhr am Nachmittag habe ich einen Termin auf der strahlenonkologischen Abteilung, um dort über eine geplante Folge von Strahlenbehandlungen zu sprechen. A.F. und ich waren überglücklich: ein idealer Schurke! Wir machten uns an die Arbeit – er, seine Krallen zu schärfen, und ich, über meinen Abscheu nachzugrübeln vor der Bestrahlung und vor allen Ärzten und Assistentinnen, die sie anwendeten« (S. 414).

Wie wir in Diggelmanns Darstellung sahen, wechseln sich bisweilen Wut und Depression in der Psyche des Krebspatienten ab, oder sie vermischen sich. Häufig jedoch werden die bewußte Erfahrung und der freie Ausdruck von Wut den Patienten vor tieferen Depressionen bewahren; der lebendige, selbstironische Ton, in dem Michie ihre streitsüchtige Haltung schildert, bestätigt dies.

Angst vor Neid

Krebspatienten fürchten sich vor ihrem Neid und schämen sich für ihn. Wie wir sahen, richtet sich Neid meist gegen gesunde Personen, die über vollständige, unversehrte Körper verfügen und die nach Belieben kommen und gehen können. Besonders nachdrücklich kann er sich geltend machen, wenn der Patient sich mit der gesunden Person sogleich identifiziert – z. B. mit einem gleichaltrigen Arzt –, oder wenn er oder sie von jener Person abhängig ist. Neid richtet sich häufig gegen besonders nahestehende Menschen – eine Krankenschwester, einen Arzt oder ein Familienmitglied. Diggelmann (1979) beneidet seine Frau und ist sich dessen völlig bewußt: »Ich tue B. unrecht. B. meint, ich hasse sie. [. . .] Ich bin eifersüchtig, neidisch, mehr nicht. Ich möchte mit B. zurückfahren. Ich möchte eine Platte auf den Plattenteller legen« (S. 59).

Neid kann sich auch gegen einen Fremden richten, der stolz ist – oder stolz zu sein scheint – auf genau dasjenige Organ, das der Patient verloren hat. Die folgende Passage von Rollin (1976) veranschaulicht dies:

»Monate später, während eines kurzen Urlaubs an einem Pool in Key Biscayne in Florida, trug ich meine neue Prothese in einer speziell dafür eingenähten Tasche im Oberteil meines Badeanzugs (das außerdem in der Mitte um zwei Zentimeter verbreitert war, um die noch immer geschwollene rötliche Narbe zu verbergen). Das quälende ›Prothesenproblem‹ war ich damit los. Die Zeit verging, es war ein schöner Tag, ich lag im Liegestuhl, die Sonne stand hoch und heiß am Himmel, und mit meinen Gedanken war ich weit entfernt von jenem Ort auf meinem Körper, wo einmal eine Brust gewesen war. Ich schaute auf und sah ein Mädchen in einem äußerst knappen Bikini vorbeigehen und um den Pool herumstolzieren. Sie hatte sehr große Brüste. Ich begann zu lesen, doch jedesmal, wenn ich aufschaute, sah ich sie zum Sprungbrett und wieder zurück tänzeln, vor und zurück. Ich versuchte, weiterzulesen, doch sie hörte nicht auf damit, und ich schaute immer wieder hin. Bevor ich merkte, was mit mir los war, schluchzte ich fürchterlich. Zum Glück hatte ich eine Sonnenbrille, um meine Augen zu verbergen, jedoch keine Taschentücher, daher stolperte ich ins Haus und rannte hinauf in mein Hotelzimmer. Es dauerte ungefähr eine Stunde, bis ich den Raum wieder verlassen konnte, und an den Pool ging ich nie wieder.

Dieser Zwischenfall war keineswegs schlimmer als einige ähnliche Anfälle von Brustneid, die ich schon vorher erlebt hatte. Doch dieser traf mich härter, denn er geschah zu einem Zeitpunkt, da ich solche Gefühle nicht mehr erwartete. Da ich mich nicht mehr ganz so scheußlich fühlte angesichts dessen, was passiert war, erwartete ich wohl unbewußt, es werde ›aufhören‹ – etwa so, wie die gebrochene Hüfte meiner Freundin Johanna ›aufgehört‹ hatte. Diese Zwischenfälle erinnerten mich jedoch daran: Obwohl es mir besser ging angesichts dessen, was passiert war, und es sich zweifellos noch weiter bessern mochte, würde ›das, was passiert ist‹, niemals wirklich aufhören. Niemals« (S. 179 f.)

Sowohl Diggelmann als auch Rollin waren sich ihres Neids bewußt, sprachen darüber und setzten sich damit auseinander. Die meisten Krebspatienten sind sich ihrer negativen Gefühle weniger bewußt. So z. B. Maya, ein vierzehn Jahre altes Mädchen, das ich kennenlernte, als es zur Behandlung ihrer unheilbaren akuten Leukämie im Krankenhaus war. Während einer kunsttherapeutischen Sitzung zeichnete Maya ein etwas verrückt aussehendes Mädchen und nannte das Bild »Findet keinen Mann mehr«, was sie mit sich selbst in Zusammenhang brachte. Maya ärgerte sich über ihre 16jährige Schwester, die sie zu selten besuche, und ihr Neid richtete sich gegen deren zahlreiche Freunde. Unbewußt war es Maya durchaus klar, daß die Chemotherapie ihre Leukämie nicht heilen würde und daß sie niemals würde heiraten können wie ihre Schwester. Neid auf die geliebte Schwester verbarg sich auch hinter dem Titel eines anderen Bildes, »Ein Mord«, das einen blutenden Menschen darstellte. Das Besprechen der Bilder im Rahmen der Therapie befreite Maya von Gefühlen der Schuld und der Scham, die sie ihres heimlichen Neids wegen hegte; dieser – so fürchtete sie – könnte die einst nahe und liebevolle Beziehung zu ihrer Schwester zerstören.

Das folgende Gedicht des jungen indischen Mädchens Gitanjali (in: Badruddin 1982, S. 90) beschreibt das Gefühl des Neids sehr deutlich:

Die Fensterscheibe

Immer, wenn ich mich
müde oder deprimiert fühle
oder Schmerzen habe,
sitze ich einfach so für mich
und schaue hinaus durch
die Fensterscheibe.

Makellos
der Himmel
genau wie meine Seele.

Doch manchmal ist sie
befleckt von dunklen
Wolken des Neids, die
mich durchziehen, wegen der
Vögel, die sich aufschwingen.

Hier liege ich, hilflos
ans Bett gefesselt
und erwarte...
das Todesurteil!
Weder mag ich es noch wag' ich es
meinen Gast zu empfangen.

Gitanjali und Maya sind Jugendliche. Geschwächt von ihrer unheilbaren Krebserkrankung, können sie sich nicht mehr von hier nach dort bewegen oder gar wegfliegen wie Vögel. Und gerade in diesem Alter, da das Bedürfnis nach selbständiger Entdeckung der Welt seinen Höhepunkt erreicht und sinnliche Gefühle erwachen, müssen diese jugendlichen Patienten all ihr Begehren unterdrücken, um zu überleben. Sie empfinden Neid auf ihre gesunden Kameraden. Zeichnen und Schreiben bot diesen Mädchen eine Gelegenheit, sich aktiv mit ihren Ängsten und Hoffnungen auseinanderzusetzen, und es gab ihnen Halt im Leben.

Schuld

Die eigene Erklärung der Krankheit und die subjektiven Erfahrungen mit ihr sind für die meisten Krebskranken von besonderer Wichtigkeit. Menschen haben ein Bedürfnis nach Kausalität, und sie neigen dazu, ihre Lebenskonflikte mit der Entwicklung ihrer Krankheit in Zusammenhang zu bringen (Meerwein 1986a). Krebspatienten geben sich häufig selbst die Schuld an ihrer Krankheit. Gewöhnlich fällt es ihnen schwer, diese Selbstanklage auch auszuhalten, aber das Bedürfnis, ihrer Krankheit irgendeinen Sinn zu verleihen, veranlaßt sie, dieses Thema in psychotherapeutischen Sitzungen zur Sprache zu bringen.

In Mullans (1983) Suche nach den Gründen für seinen Krebs ist das Moment der Selbstanklage offenkundig:

»Auch um Schuld ging es bei der Suche nach dem Grund für meine Krankheit. Mein Absturz aus Jugend und Gesundheit in die Abgründe des Krebses mußte durch irgend etwas, was ich getan hatte, verursacht worden sein... aber durch was? Welchen Aktes der Hybris hatte ich mich schuldig gemacht? Gegen welchen Grundsatz, welche Moral hatte mein Verhalten verstoßen? Was hatte ich falsch gemacht? Ich fand niemals Sinn oder Trost in derartigen Gedanken, und doch befaßte ich mich mit ihnen. Und ich erwähne sie nur, weil ich meine, daß für mich und vielleicht auch für andere die Suche nach der Schuld eine natürliche und fast instinktive Reaktion auf unvorhergesehene Katastrophen ist« (S. 42 f.).

Als sie nach ihrer Mastektomie im Krankenhaus lag, grübelte auch Maxi Wander (1980) darüber nach, ob es nicht ihre Sünden waren, die ihr diese Krankheit eingebracht hatten: »Manchmal frag ich mich, ob es geschehen mußte, weil ER mich für meine Eitelkeit strafen wollte. Nimm es endlich an, rebellier nicht länger, sagt ER!« (S. 72)

Patienten mit masochistischen Tendenzen suchen Bestätigung für ihre Selbstanklagen, während solche mit eher hysterischen Charakterzügen dazu neigen, derartige Gedanken zu verleugnen oder zu verdrängen. Beide Arten von Patienten sind jedoch erleichtert, wenn sie hören, daß ihr Arzt oder Therapeut diese peinlichen Gedanken reflektiert: »Ich verstehe, daß Sie wissen wollen, warum Sie Krebs haben. Aber wir wissen heute so wenig über diese Krankheit, daß wir nicht mit Sicherheit sagen können, ob Ihre Annahmen richtig sind oder nicht.« Für den Patienten ist die Anerkennung oder Ablehnung seiner Theorien über die Genese seiner Krebserkrankung weniger wichtig als die Tatsache, daß der Arzt oder Therapeut die Frage ernst nimmt und sie zu verstehen sucht, und zwar hier und heute. Genaugenommen verhält es sich so: Stimmt der Arzt einer psychogenetischen Deutung zu, so bestärkt er damit die Schuldgefühle des Patienten; weist er derartige Gedanken pauschal zurück, fühlt sich der Patient mißverstanden und nicht ernstgenommen. Einfühlungsvermögen ist das wirksamste Mittel, um die Frage der Schuld zu klären.

Schuldgefühle können auch aus unmittelbaren Begleitumständen der Krankheit erwachsen. Ein Patient kann neidisch und daher verärgert sein über die gesunden Mitglieder seiner Familie, oder er ist verärgert über Leute, die seine emotionalen Bedürfnisse nicht respektieren, oder sogar über Gott, der all dies geschehen läßt, obwohl man an ihn glaubt. All diese bösen Gefühle rufen Schuld hervor. Die tief reli-

giöse 16jährige Gitanjali hegte intensive Schuldgefühle, die ihren
Glauben untergruben (in: Badruddin 1982, S. 35):

> *Der Augenblick der Wahrheit*
>
> Gitanjali ist tot
> Gitanjali ist tot
> Flüstern die Leute
> Ein entsetzlicher Schock
> Aber der Augenblick der Wahrheit
> Das ist alles
> Darum geht es
>
> Narren sind alle
> Die Tränen vergießen
> Vermengt mit Kummer und Schmerz
> Sie verstehen wenig
> Mein ist die Freude
> Frei von Qual
> Frei von Schmerz
> Und frei von Schuld
> Die meinen Glauben erschütterte

Abhängigkeit und Autonomie

Krebspatienten sind sich des Ausmaßes ihrer Krankheit sehr bewußt,
auch wenn sie es nicht immer offen zeigen. Je kränker sie werden,
desto stärker wird der Wunsch, sich unter den Schutz des Arztes, des
Behandlungsteams und der Familie zu stellen. Dieser Wunsch ist eine
günstige Form der Regression. Häufig ist er jedoch ambivalent und
mit vielen Ängsten verbunden. Zum Beispiel kann der Patient befürchten, daß er mit zunehmender Abhängigkeit zu selbstbewußtem
Handeln immer unfähiger wird und daher vom Arzt und vom Behandlungsteam desto einfacher manipuliert oder ignoriert werden kann.
Wenn diese Ängste nicht erkannt werden und der Patient sich vom
Entscheidungsprozeß ausgeschlossen fühlt, wird die Abhängigkeit
notwendigerweise schmerzhaft.

Der tief regredierte, passive, infantilisierte Patient ist für das Personal häufig recht bequem. Ein solcher Patient entwickelt nicht nur

regressive Ängste, sondern auch Gefühle der Scham und der Wut. Diese Gefühle wendet er gewöhnlich gegen sich selbst, wodurch er noch mehr deprimiert wird. Indem er versucht, die Beziehung zum Arzt nicht zerbrechen zu lassen, entwickelt der Patient nicht selten eine maligne Regression (Meerwein 1985). Er zieht sich dann völlig in Passivität zurück und läßt die pflegerischen Tätigkeiten mit sich geschehen, ohne Teilnahme, aber auch ohne aktive Weigerung. Je aktiver der Patient in seine Behandlung einbezogen werden kann, desto weniger neigt er zur Depression (Fiore 1979).

Alsop (1973) vergleicht die plötzliche Abhängigkeit von seiner Frau mit der Abhängigkeit von seinem Kindermädchen, als er noch ein kleiner Junge war:

»In allem war ich abhängig von Tish, und in einer Weise, wie ich von keinem Menschen mehr abhängig war, seit Aggie Guthrie sich um mich kümmerte, als ich als kleiner Junge schwer krank war. Ich war abhängig von Tish nicht nur in bezug auf genießbare Leckerbissen, Martinis, Bücher und ähnliches, sondern auch hinsichtlich einer stillschweigenden emotionalen Versorgung – der Druck einer warmen Hand in einer Zeit der Finsternis und der Angst. Mit der Zeit gewöhnte ich mich an dieses Gefühl der Abhängigkeit, und zum erstenmal in meinem Leben begann ich es sogar irgendwie zu genießen. Tish kannte mich und wußte, daß Abhängigkeit mich ärgerte; die emotionale Versorgung, die sie mir zuteil werden ließ, blieb daher stets unausgesprochen« (S. 53).

Es ist naheliegend, daß eine derartige völlige Abhängigkeit seitens einer erwachsenen, unabhängigen Person Aggressionen wachruft; der Arzt und das Behandlungsteam des Krebspatienten sollten auf aggressive Reaktionen daher gefaßt sein: »Am Anfang ärgerte mich meine Abhängigkeit von anderen Leuten. Mehr noch, sie machte mich wütend. Ich hasse es, abhängig zu sein, und habe mich mein ganzes Leben lang dagegen gewehrt. Vielleicht kommt das irgendwie von den Genen« (S. 54).

Alsop beschreibt die starke Abhängigkeit, die Krebspatienten gegenüber ihren Ärzten entwickeln: »Ich war abhängig – tief und existentiell abhängig – von John Glick, und es war John, nicht ich, der entschied, wann der venöse Zugang entfernt werden konnte (nach ungefähr zehn Tagen wird ein venöser Zugang zu einer abscheulichen Belästigung), welche Art der Behandlung ich bekommen sollte, ob ich nach Hause gehen durfte und was ich dort tun könnte« (S. 56).

Auch von der gesamten schützenden Umgebung des Krankenhauses werden Krebspatienten in hohem Maße abhängig. Das Krankenhaus wird zu einer aufnehmenden, »umfassenden« Umgebung, in vielerlei Hinsicht ähnlich der Mutter-Kind-Beziehung. Sie befreit den Patienten von jeder Verantwortung und gibt ihm Gelegenheit, für begrenzte Zeit zu regredieren. Lorde (1984) beschreibt die schützende Umgebung des Krankenhauses: »Ich wollte unbedingt nach Hause. Aber ich fand auch – und konnte es zu diesem Zeitpunkt nicht zugeben –, daß diese besänftigende Weiße des Krankenhauses, über die ich mich aufgeregt und die ich gehaßt hatte, auch eine Art Schutz war, eine willkommene Isolierung, die es mir erlaubte, noch eine Weile nichts zu fühlen. Es war eine von jeglicher Erotik unberührte Umgebung, die es mir mit ihren undifferenzierten, anspruchslosen, kindlich machenden Wänden erlaubte, noch eine Weile emotional abwesend zu sein – psychischer Brei –, ohne daß ich selbst oder irgend jemand sonst etwas anderes von mir verlangt hätte« (S. 59).

Die DDR-Schriftstellerin Reimann (1984) bringt eine ähnliche Abhängigkeit zum Ausdruck gegenüber der »umfassenden« Umgebung des Krankenhauses: »all die Zeit, seit ich aus der Klinik zurück bin, konnte ich keine Zeile mehr formulieren, sehnte mich nach meinem Krankenhaus zurück, den weißen Kitteln, der Nichtverantwortung, dem Nichtalltag mit seinen Anforderungen, kurz, nach all dem Zauberbergischen, das so eine Klinik hat« (S. 338 f.).

Rollin (1978) beschreibt ihr regressives Selbst in der Umgebung des Krankenhauses: »Jetzt war ich im Bauch des Ungeheuers. Und es war gar nicht so übel. Ein hübsches kleines Bett stand dort für mich bereit, mit Seiten wie bei einer Krippe, und jede Menge zu essen. Warm war es, und ich war schläfrig. ›Betty war ein so glückliches Baby‹, sagte meine Mutter immer. Im Bauch des Ungeheuers war ich glücklich und lieb. Niedlich war ich auch, und ich lächelte und gurrte und war folgsam, und alle hatten mich gern. Und ich hatte auch gar keine Angst mehr, denn das, wovor ich Angst hatte, war schon geschehen. Jetzt konnte ich einfach hier liegen und alle Sorgen den Erwachsenen überlassen« (S. 92).

Interessanterweise sind die meisten Texte, die das Krankenhaus als schützende Umgebung schildern, von Frauen nach einer Mastektomie verfaßt. Wenn die Mastektomie-Patientin das Krankenhaus mit seinem einfühlsamen weiblichen Personal als einen beruhigenden Ort erleben kann, wo sie zeitweilig regredieren darf und sich ihrem Verlust nicht unmittelbar stellen muß, dann kann sich der Prozeß der Trauer langsam und organisch entwickeln. Findet jedoch die Patientin in der Klinikumgebung weder Schutz noch Empathie, fühlt sie sich allein gelassen, emotional abgelehnt oder ignoriert, dann wird ihr bereits geschädigtes narzißtisches Selbst weiter untergraben. Es kommt zu einer depressiven Reaktion, bevor sie sich von den physischen Folgen der Operation so weit erholt hat, daß sie sie auch psychisch bewältigen kann.

Für Lorde (1984) war der weibliche Beistand wichtig, den viele enge Freundinnen ihr boten: »Ich erwachte nach der Biopsie im Reanimationsraum kälter, als mir wohl je in meinem Leben gewesen ist. Ich war von Schmerz und Entsetzen erfüllt« (S. 34). »Zwischen dem Augenblick meines Erwachens und dem Gefühl langsam wachsender Wärme durch Adriennes und Bernices und Deannas und Michelles und Frances' Mantel auf meinem Bett spürte ich das Beth Israel Krankenhaus in ein Gewebe von Frauenliebe und intensiven Wünschen für Vertrauen und Hoffnung eingesponnen. Es hielt an, solange ich dort war, und es erhöhte die Möglichkeit meiner Selbstheilung zu wissen, daß ich nicht allein war« (S. 37).

Ein Gedicht von Helen Webster (1980, S. 42) führt vor Augen, von welcher Bedeutung das Bedürfnis des Patienten ist, im Krankenhaus regredieren zu können, aber auch, wie quälend die bedrängenden und überrationellen technischen Abläufe in einer modernen Klinik sein können:

Sie wollen nicht, daß ich schlafe

Sie wollen nicht,
daß ich schlafe.
Tue ich es doch,
dann wecken sie mich,
lassen noch eine Flasche
in meine Venen tropfen,
füttern mich mit einer Pille,
checken meine Lebenszeichen.
Ich bin ziemlich clever,
schlafe, wenn sie es
zuletzt erwarten.
Sie bringen mein Essen.
Ich sage »vielen Dank«

und schlafe.
Sie bitten mich,
auf den Tropf aufzupassen.
Ich verspreche es
und schlafe.
Tag und Nacht
verkündet der Lautsprecher
vor meinem Zimmer
verschlüsselte Botschaften.
Ich weiß, daß sie ihn
lauter stellen,
wenn ich eingeschlafen bin.
Die ganze Nacht hindurch
untersuchen sie mich,
um zu sehen,
ob ich noch lebe.
Bis jetzt verblüffe ich
sie.

Die Depression, die auf diese Weise entsteht, kann maligne werden und mit Selbstmord- und Todesgedanken einhergehen. Wenn es so weit kommt, bedarf es möglicherweise professioneller Hilfe, damit die Patientin neues Selbstvertrauen gewinnen und ihrem Verlust gegenübertreten kann.

5. Fortschreitender Krebs

Die Schweizer Autorin Maya Beutler (1980), die unter einem Tumor am Hals litt, schreibt:

»»Es ist wieder da‹, sage ich, mit der rechten Hand deute ich auf meinen Hals [...]. Pierre [ihr Ehemann] steht da mit hängenden Armen. ›Wer hat es dir gesagt?‹ fragt er. [...] *Wer?* Ich schaue ihn an und spüre, wie ich immer mehr die Übersicht verliere, nein, *Fassung* heißt es. Warum ist Pierre so gefaßt? Fink [der Arzt] hat ihm etwas gesagt, ja, ich bin sicher, schlagartig, ich werde betrogen, man verfügt über mich. *Unmündig werden.* ›Hat Fink angerufen?‹ frage ich, und zugleich habe ich Lust, mich einzuschließen, schnell und für immer: Die Badezimmertüre zuschlagen und schreien: ›Der Rest ist meine Sache, meine ganz eigene, ganz persönliche, macht allein weiter, haut ab, ja, aus dem Staub sollt ihr euch machen, ich bin zu stolz, euch herunterzuleben, was ihr alle schon besprochen habt, das Restchen Wirklichkeit besorge ich allein.‹

Pierre kommt auf mich zu, ich verstehe plötzlich, daß er mich umarmen will, ich trete einen Schritt zurück: ›Seit wann weißt du es?‹ frage ich, sachlich, objektiv, ja, so tönt alles. Pierre hält sich plötzlich die Hand vor die Augen: ›Hör auf‹, sagt er, ich höre, wie er schnell ein- und ausatmet, *Tränen zurückhalten*, nein, er will die Zeit zurückhalten, neun Tage, neun ganze Tage bin ich betrogen worden, ich stehe still und verschränke die Arme: ›Seit wann...‹, aber ich verliere plötzlich das Gefühl für alles, was ich gerade fragen wollte. *Faden verlieren.* Was ist eigentlich los?« (S. 183 f.)

Beutlers Schilderung zeigt, daß die Phase, in der der Krebs fortschreitet, die größten Probleme aufwirft, sowohl für die Patientin, als auch für ihre Familie, den Arzt und das medizinische Personal. Allen wird nun klar, daß die anfängliche Behandlung die Krankheit nicht ausmerzen konnte und daß eine Progression und Infiltration – mit anderen Worten: Metastasierung – stattgefunden hat. Die Patientin verändert sich; sie sieht und fühlt die neuen Symptome, aber häufig fürchtet sie sich davor, den Arzt aufzusuchen. Die anfängliche Hoffnung auf Heilung schwindet, und die Patientin verliert das Vertrauen in den Arzt und die gebotene medizinische Behandlung. Die Angst vor Isolation, Trennung und Verlust wird übermächtig.

Veränderungen der Arzt-Patient-Beziehung

Eines der schwierigsten Probleme in dieser Phase ist die allmähliche, schleichende Veränderung der Beziehung zwischen Arzt und Patient. Sie sind keine Partner mehr; plötzlich ermißt der Patient seine Gefühle und hält sie im Zaum. In diesem fortgeschrittenen Stadium tritt eine Diskrepanz auf zwischen dem, was die Patienten sachlich wissen wollen, und den Personen, denen sie die entsprechenden Fragen stellen. Die meisten Patienten fragen nicht mehr den Arzt nach ihrem medizinischen Status, selbst dann nicht, wenn der Arzt bewußte Anstrengungen unternimmt, um ihnen den Weg zu ebnen. Die Patienten erkennen nun deutlicher, wie abhängig sie von den Behandlungsvorschlägen des Arztes sind, und gleichzeitig entwickeln sie eine tiefe Angst davor, verlassen zu werden (Meerwein 1985). Im fortgeschrittenen Stadium der Krankheit steht für den Patienten am Ende jeder Konsultation die einzige Hoffnung, daß der Arzt sie auch weiterhin wird sehen wollen. Wenn Behandlung noch möglich ist, so gibt es doch noch eine Chance, die Krankheit zu bekämpfen – diese Hoffnung will er bestätigt sehen.

Auch der Arzt wird nun in seiner Beziehung zum Patienten verunsichert. Selbst wenn er anfänglich der Wahrheit den Vorzug gegeben hat, kann es geschehen, daß er nun zu selektiver Verleugnung greift und dem Patienten Halbwahrheiten vermittelt. Er rationalisiert dies, indem er die Sorge geltend macht, der Patient könne zusammenbrechen oder Selbstmord begehen, sollte er die ganze Wahrheit erfahren. Dies ist jedoch nicht unbedingt eine wirkliche Gefahr; gibt es zwischen Patient, Onkologe und Behandlungsteam eine offene, fortgesetzte Verständigung, so ist das Selbstmordrisiko relativ gering. Häufig ist die Besorgnis des Arztes eine Projektion seiner eigenen Gefühle der Ohnmacht und der Selbstabwertung auf den Patienten.

Erst, nachdem sich der Patient von der Wahrhaftigkeit des Arztes überzeugt und sich dessen fortdauernder Präsenz und Verfügbarkeit vergewissert hat, kann er wieder Vertrauen fassen und die neuen Behandlungsmaßnahmen akzeptieren. Diese neue Verbindung zu Arzt und Behandlungsteam kann zu einer Quelle der Hoffnung werden, die der Patient schon ungeduldig ersehnt hat.

Alice James (1964), die kränkliche Schwester des Romanciers Henry und des Psychologen William James, bekam im Alter von 43 Jahren Brustkrebs. In ihrem Tagebuch – geschrieben vor einhundert

Jahren – bringt sie die Intensität ihres Bedürfnisses zum Ausdruck, in der Beziehung zu ihrem Arzt Beistand zu finden: Sie hatte erfahren, daß ihr Brustkrebs unheilbar ist. Doch die professionelle Unbestimmtheit, mit der sie es tatsächlich zu tun bekam, war gerade das Gegenteil dessen, wonach sie so sehr verlangte: »Zweifellos ist Sir Andrew im Grunde gut und liebenswürdig, doch sie sind alle furchtbar mit diesen kugelrunden Manieren, stundenlang zu reden, ohne etwas zu sagen, während das sehnsüchtig bleiche Opfer eine schwache Ranke ausstreckt und eine kleine Wucherung sucht, eine menschliche Warze, um sich daran zu halten, doch vergeblich, es gleitet an der polierten Oberfläche ab, die so tröstlich und ermutigend wie die einer Billardkugel ist« (S. 226).

Noll (1984) behauptet, daß das Verhalten von Ärzten mehr von ihrem Bedürfnis nach Selbstschutz bestimmt ist als von ihrer Sorge um den Patienten. Auch er sehnt sich nach aufrichtiger Sympathie, die er jedoch nirgendwo wirklich findet:

»Wenn ich noch länger Zeit habe, werde ich vielleicht eine Typologie ärztlichen Verhaltens und ärztlicher Persönlichkeiten aufstellen. Doch ist dies gar nicht nötig, weil sie sich alle in den wichtigsten Punkten gleichen. Nicht anders als die Juristen sichern sie sich durch das Verhalten. Sie schützen sich selber, nicht den Patienten [...]. Persönliche Anteilnahme und Eingehen auf die Individualität des Klienten oder Patienten wird dadurch nahezu verunmöglicht. Wahrscheinlich bin ich jetzt ganz ungerecht. Wie soll jemand mit 40 Patienten pro Tag ein wirkliches Gespräch führen können? Dabei bin ich ja noch privilegiert; alle haben sie sich mit mir längere Zeit unterhalten, einerseits wegen meines Titels [Professor für Strafrecht an der Universität Zürich], andererseits aus Neugierde, weil sie es absonderlich fanden, daß jemand so abrupt das übliche Therapieverfahren ablehnt« (S. 45).

Diggelmann (1979) bringt präzis sein Bedürfnis nach einer freimütigen Verständigung zum Ausdruck, die nicht belastet ist von ärztlichen Schutzmaßnahmen oder Verstellungen: »Aber die Aufgabe des Mediziners ist es, sein Spezialwissen so gründlich zu begreifen, daß es ihm gelingt, es dank seiner Phantasie umzusetzen und auch für den Patienten begreiflicher und greifbarer zu machen. Er darf sich nicht hinter Fachausdrücken und Formeln verschanzen; hinter der Überzeugung, daß sein Spezialwissen dem Laien ohnehin unverständlich bleibt. Vielleicht hat Phantasie auch etwas mit Bescheidenheit zu tun. [...] Ich glaube, daß die Angst des Patienten ihre Entsprechung in der

Angst des Arztes hat. Der Arzt hat Angst vor dem Patienten, weil er glaubt, der Patient erwarte zuviel von ihm« (S. 108 f.).

Diggelmann schreibt ausführlich über das Bedürfnis des Patienten nach Klugheit, Einfühlungsvermögen und Phantasie auf seiten seines Arztes, und er betont die Rolle einer offenen, ehrlichen Verständigung bei der Gesundung des Krebspatienten:

»Ein Arzt muß eigentlich denken wie ein Schriftsteller, wie ein Dichter. Er muß sich den Menschen, den Patienten angucken, muß mit ihm sprechen, meinetwegen stundenlang. Er muß ihn kennenlernen, ihn auch so gründlich wie möglich untersuchen, und dann muß er ihm eine Geschichte erzählen, seine Geschichte, die Geschichte des Patienten. Vieles muß in diese Geschichte eingehen: die Aussagen des Patienten, das Ergebnis der medizinischen Untersuchung, das Wissen und die Erfahrung des Arztes, vor allem aber seine Lebenserfahrung, auch seine Ängste und das Bewußtsein des Scheiterns. Er wird diese Geschichte dem Patienten beibringen und ihm sagen: Wenn Sie Vertrauen haben zu mir, dann lad' ich Sie ein, mein Patient zu sein. Sie werden mir helfen, und Sie werden die Geschichte, die ich Ihnen jetzt erzählt habe über Ihren Zustand, über Ihre Krankheit, nicht vergessen. Sie werden mich korrigieren im Laufe der Behandlung, Sie werden mich plötzlich unterbrechen und sagen: Aber Herr Doktor, Sie haben doch damals gesagt! Und ich werde gar nichts überspielen, sondern zugeben, daß ich es vergessen habe. Und Sie werden Ihre Ergänzungen ganz anders wiederholen, und ich werde sie auch anders verstehen und in einem neuen Sinne in unsere Krankengeschichte einbauen. So werden wir gemeinsam arbeiten. Ich werde Ihnen zuhören, und Sie werden mir zuhören, und so werden Sie gesund werden, weil Sie ja gesund werden wollen. Arzt und Patient werden so zu einer Einheit. Je größer die Übereinstimmung, desto größer die Chance einer Heilung« (S. 110 f.).

Je enger die Verbindung zwischen Arzt und Patient, desto größer ist die Chance auf Heilung, oder, falls Heilung nicht möglich ist, desto mehr fühlt sich der Patient aufgehoben und desto leichter ist es für ihn, dem Tod mit einem Minimum an Angst entgegenzugehen.

In ihrem Gedicht »Nach mir suchen« (in: Badruddin 1982, S. 138 f.) beschreibt Gitanjali das Gegenteil dessen, was Diggelmann unter einer vertrauensvollen Beziehung zum Arzt versteht. Indem Gitanjalis Arzt seiner jungen Patientin das Faktum ihres nahe bevorstehenden Todes verschwieg, verspielte er ihr Vertrauen und konnte ihr daher keinen weiteren Beistand leisten. Sie, ihr Vater und ihr Arzt tragen alle an einer schweren Last, doch jeder für sich, allein mit dem Wissen um ihren bevorstehenden Tod – so schildert es das sterbende Mädchen. Die Patientin leidet unter dieser emotionalen Isolation am meisten:

Nach mir suchen

Desillusioniert
Entmutigt
Verzweiflung
Steht in seinem Gesicht
Der Arzt
Hält meine Hand
Nicht mich
Den Augenblick
Meidet er
Ich erhasche seinen Blick
Er schaut
Schnell weg.
Er und Vater
Können mich nicht täuschen
Die arme Mom ist es
Die nicht merkt, was los ist
Und sich ganz auf Gott verläßt
Sie versteht wenig
Ich habe nicht einmal
Eine winzige Chance.

Der israelische Dichter Abba Kovner wurde während des fortgeschrittenen Stadiums seiner Krankheit ins Memorial Sloan Kettering Cancer Center in New York gebracht, wo sein Tumor am Hals behandelt wurde. Er bedurfte sehr einer stützenden Beziehung, die er jedoch entbehren mußte – davon erzählt das folgende Gedicht (1988b, S. 3). In seinem Fall wurden Einsamkeit und Entfremdung durch die Distanz und die Verschlossenheit des medizinischen Personals hervorgerufen, und die Tatsache, daß er Ausländer war – in einer fremden Umgebung, wo die Ärzte ihn nicht kannten –, verschlimmerte die Situation.

Ihre empörende Selbstgewißheit

Die empörende Selbstgewißheit der Memorial-Ärzte
Hat etwas vom Geheimnis
Der Berge von Jerusalem.
– Man ist nur Passant, mehr nicht!
So sprechen die Berge von Jerusalem:
Weitergehen.
Weitergehen.
Bis an die äußerste
Grenze
    Vorwärts!
Gefährliche Kurve.
Achtung!
Langsamer!
Langsamer.

Sie kommen rein. Sie gehen raus.
Gehen weiter.
Weitergehen
Nichts Schlimmeres
Als ein Korridor mitten im
Gelächter –
Weiter. Weiter!

Eine Straße durchschneidet
Samaria;
Der Sloan-Kettering
Korridor
Durchschneidet das Leben.

Eine wenig einfühlsame, unpersönliche Beziehung zwischen Arzt und Patient ist im fortgeschrittenen Stadium der Krankheit besonders schlimm. Es sind nicht nur Ausländer, die in dieser Phase aller Voraussicht nach besonders wenig Beistand erhalten. Auch Ärzte, die krank werden, bekommen nicht gerade häufig den Rückhalt ihrer Berufskollegen, die sich mit ihrem Leiden überidentifizieren und entsprechend starke Ängste davor entwickeln. Dr. Stoudemire (1983), Psychiater und Krebspatient, erläutert diese besondere Situation:
»Kein Zweifel, daß dieser Onkologe das Bedürfnis verspürte, mich

zu meiden, und wahrscheinlich war das die Folge einer Überidentifizierung mit mir. Er brachte es nicht über sich, mir ›zu nahe‹ zu kommen, und Gedanken an mich als ein Opfer des Krebses hielt er sich vom Leibe. Auf diese Versuche der Distanzierung und den Mangel an Unterstützung reagierte ich mit Bitterkeit und finsterem Groll. [...]

Wenn ein Arzt einen anderen behandelt, ist das Problem der Rollenumkehr kaum vollständig zu bewältigen. Schwierig wird dieses Problem insbesondere dann, wenn es zu Identifikationen kommt und beide Seiten an der Verleugnung teilhaben. Der behandelnde Arzt sieht zu viel seiner eigenen Verwundbarkeit in seinem Kollegen widergespiegelt, er fürchtet und verleugnet sie. Dem kranken Kollegen nähert er sich dann häufig mit einem Übermaß an höflichem Respekt, und er behandelt ihn, als sei er oder sie kein ›wirklicher‹ Patient. [...]

Die Eigenart dieser komplizierten Beziehung hängt von den wechselseitigen Identifikationen und dem unbewußten Handeln zwischen den beteiligten Ärzten ab. Einige Ärzte waren durchaus in der Lage, mich als gewöhnlichen Patienten zu behandeln – gründlich, sorgfältig, objektiv und mit Einfühlungsvermögen. Wegen meines eigenen Widerstands gegen die Patientenrolle war ich wohl nicht gerade ein einfacher Patient« (S. 383).

Wie einfühlsam und aufgeschlossen allerdings der behandelnde Arzt auch sein mag – fast immer steht ihm der Patient ambivalent gegenüber. Er ist verärgert über seine Abhängigkeit vom Arzt, und er ist geneigt, ihn als den Ursprung schmerzhafter Behandlungen zu identifizieren.

Doch soll dieses Kapitel nicht den einseitigen Eindruck erwecken, alle Ärzte seien distanziert und nur um den eigenen Schutz besorgt, und sie wollten oder könnten den Krebspatienten nicht die Wärme geben, nach der diese so dringend verlangen. Ich möchte daher mit zwei Zitaten schließen, die das Gegenteil belegen. Eines stammt von Brigitte Reimann (1984), die zu ihrem Chirurgen eine liebevolle, tragende Beziehung hatte – bis ans Ende ihres Lebens: »Professor Gummel war wieder wie ein Vater. Ein großer Chirurg, der sich so viel Güte und Mitgefühl bewahrt hat – oder hat er sie gewonnen im Lauf der Jahre? Kann ein Mensch sich diesen Zuwachs an Anteilnahme leisten, je mehr andere er leiden und sterben sieht?« (S. 334)

Das andere Zitat stammt von Stewart Alsop (1973), und es geht um seinen Arzt John Glick. Ihre ausgezeichnete Beziehung setzte sich ohne Störungen über nahezu die gesamte Behandlungsdauer fort:

»Es berührte mich, als John im Weggehen sagte, jene erste Knochenmarksanalyse habe ihn derart beunruhigt, daß er Magenkrämpfe bekommen und schlecht geschlafen habe. Ärzte sind auch Menschen« (S. 185). Zu dieser Zeit hatte sich Alsops Beziehung zu Dr. Glick bereits zu einer engen Freundschaft entwickelt. Der junge Arzt besuchte Alsop häufig zu Hause und kümmerte sich um die medizinischen und psychischen Bedürfnisse des Patienten. Alsops Nähe zu seinem jungen, intelligenten, energischen, gesunden Arzt, der für ihn Kreativität und Leben repräsentiert haben muß, war von solcher Bedeutung, daß Alsop daran dachte, »auszusteigen«, als wegen einer beruflichen Veränderung Glicks Abreise bevorstand:

»In den vergangenen Wochen ist mir ziemlich oft der Gedanke in den Sinn gekommen, daß dies vielleicht ein guter Zeitpunkt ist, um auszusteigen. Zweifellos war mehr der Zustand von Alsop und weniger der Zustand der Nation dafür verantwortlich, daß mir dieser Gedanke derart oft kam. Ich war einfach deprimiert, und um so mehr, als John Glick, von dem ich über alle Maßen abhängig geworden bin, in ein paar Wochen abreist, um eine neue Stelle in Kalifornien anzutreten. Außerdem ging es mir lausig« (S. 229).

6. Das Endstadium der Krankheit in den Schilderungen von Krebspatienten

Ralph
Mein Bruder
besucht mich
im Traum.
Hör auf damit,
sage ich.
Da steht er
in meinen Träumen
mit seinem schiefen Lächeln.
Ich sage ihm, daß er
tot ist. Er lächelt:
zweifellos ist die Ironie
zu offensichtlich.
Ich werfe ihn
zu Boden,
durchbohre ihn
mit einer Gabel.
Einst, vor zwanzig Jahren,
warf ich ihn um,
nachdem ich zum erstenmal
einen Ringkampf gesehen hatte,
und ich wartete
auf seinen unvermeidlichen
Kampf mit mir.
Entspannung.
Ich bitte ihn,
mir den Tod zu zeigen.
Er nimmt meine Hand,
führt mich einen Tunnel hinab
von Bäumen, auf Gras,
mit Löwenzahn übersät.
Ich zaudere.
Wenn ich gehe,
kann ich zurückkehren?

Er schüttelt den Kopf.
Ich auch.

Eine lebensbedrohende Krankheit wie Krebs stellt einen Krisenfall dar, der den Patienten zu einer Reihe von psychischen Anpassungsleistungen zwingt; die Endphase kann man als Höhepunkt dieser Krise auffassen. Wie das Gedicht von Webster zeigt, ist diese Krise nicht auf gewöhnlichem Wege aufzulösen. Für die Ambivalenz, die der leidende Patient zum Ausdruck bringt – einerseits hängt er am Leben, andererseits sehnt er sich nach Frieden und nach einem Ende der Schmerzen –, gibt es absolut keine Lösung.

Die Bedrohungen, die der Krebs mit sich bringt – der Verlust der Familie und enger Freunde, das Aussetzen körperlicher Funktionen, die Zerrüttung der Identität und weitere Unwägbarkeiten –, erreichen sämtlich ihren Höhepunkt in der Endphase und bilden eine ernsthafte Gefahr für das psychische Gleichgewicht des Patienten. Die terminale Phase des Krebses bedeutet den Verlust von allem, was menschliches Leben ausmacht. Der sterbende Patient muß betrauern, was er kennt und liebt, ohne zu wissen, was er an dessen Stelle zu gewärtigen hat.

Wie die folgende Passage von Hauri (1982) zeigt, setzt die terminale Phase nicht immer zu einem genau definierbaren Zeitpunkt ein:

»9. Januar 80

Das Sterben hat begonnen, ich merke es am Verhalten von mir selbst zu den andern und am Verhalten der andern zu mir. Brüder und Schwestern wollen mich nochmals sehen, mich nochmals bei sich haben. Eiligst werde ich besucht.

Dann nochmals eine Wende, eine Besserung, aber wie lange und wofür? Ich nehme Kontakt mit Freunden auf. Teile mich ihnen mit. Erzähle ihnen von meinem Schmerz, welchen sie niemals nachempfinden können« (S. 69).

Ist der Patient im Endstadium mit dem Tod konfrontiert, so schwankt er gewöhnlich zwischen Akzeptanz und Verleugnung. Viele Patienten beweisen eine außerordentliche geistige Stärke und Beweglichkeit, wie auch das folgende Zitat von Ted Rosenthal (1973) zeigt, eines »Blumenkinds« der späten sechziger Jahre: »Irgendwie trennt einen das Sterben von allen anderen. Kein Mensch kann sich mit dem Tod abfinden. Niemand kann in den Tod gehen und als dieselbe Person zurückkehren. Alle anderen, gleich, wer es ist, ob es ein Dichter, ein Mann von Einfluß oder ein verängstigtes kleines Kind ist, wer immer es ist, alle haben Angst vor den grenzenlosen Möglichkeiten ihrer eigenen Natur. Wenn man nichts mehr hat, kann man alles werden, und das ist ein Gefühl der Freiheit« (S. 28).

Eine ähnliche Vitalität belegen die Tagebucheintragungen von Alice James (1964), die sie in ihren letzten drei Lebensjahren niederschrieb oder, wenn sie zu schwach war, ihrer lebenslangen Gefährtin Katharine Peabody diktierte:

»31. Mai 1891

[Der Arzt sagte mir,] daß der Knoten, den ich seit drei Monaten in der einen Brust habe und der mir starke Schmerzen macht, ein Tumor sei, daß man nichts für mich tun könne, als den Schmerz zu lindern, daß es nur eine Frage der Zeit sei usw. Dazu noch der feingesponnene ›betrüblichste Fall von nervöser Hyperästhesie‹ mit einer spinalen Nervenerkrankung, die mich für sieben Jahre von den Beinen holte, und Anfälle von rheumatischer Gicht im Leib während der letzten zwanzig Jahre – das sollte doch die aufgeblasenste pathologische Eitelkeit zufriedenstellen. Sicher ist es ungehörig, sich selbst in dieser Weise zu inventarisieren, doch ich schreibe es nieder im Geiste der Wissenschaft, um zu zeigen, daß ich zwar keinen produktiven Verdienst, aber doch einen gewissen Wert als unzerstörbare Größe habe. [...]

Jedem, der nicht dort gewesen ist, wird es schwerfallen, die ungeheure Wohltat des entschiedenen Urteils von Sir A.C. [des Arztes] zu begreifen, das uns aus der formlosen Unbestimmtheit heraushebt und uns mitten ins Herz der Wirklichkeit versetzt. Zur Reise hinab ins finstere Tal würde man natürlich nicht auf eine derart häßliche und grauenhafte Methode der Fortbewegung zurückgreifen. [...] Dem Ereignis einige Zeit entgegensehen zu müssen, verdoppelt scheinbar seine Bedeutung, denn plötzlich wird man sich selbst zu einer pittoresken Erscheinung; die eigene kleine, flackernde Individualität hebt sich ab wie auf einem Kamee, und man verspürt die zärtlichste Nachsicht mit all den kleinen, vergeblichen Anstrengungen, welche die Erinnerung bedrängen.

Ich kann nicht sagen, ob das Schicksal völlig abwesend war oder ob es ein Übermaß an Humor bewies, als es für mich, eine Persönlichkeit wie Distelwolle, einen derart kunstvollen Ausgang errichtete – zumal in einem Augenblick wie diesem, da so viele Große dieser Welt innerhalb von ein, zwei Tagen von einer Mikrobe verschlungen werden« (S. 207 ff.).

Mit ihrem Lachen über den Tod und der Furcht vor ihm, ihrer Entsagung und ihrem Protest spiegeln diese Zeilen von James eine sehr individuelle Art und Weise der Annäherung an die terminale Phase.

Bestimmte Besonderheiten des terminalen Stadiums können die Anpassung des Patienten an den bevorstehenden Tod erleichtern. Eine davon ist die mit dem Fortschreiten der Krankheit zunehmende Schwäche des Patienten. Alsop (1973) schreibt darüber: »ein wenig kränker zu werden – todkrank sogar –, ist für Leute, die bereits krank sind, mit viel weniger Schrecken verbunden als für Leute, die sich gesund fühlen. Sowohl Cy Sulzberger als auch Bill Attwood [Freunde von Alsop] schrieben mir Briefe, in denen sie sich auf den Tod als griechische Gottheit bezogen, auf Thanatos. Von da an nannte ich den Tod in Gedanken ›Onkel Thanatos‹. Als ich mich krank genug fühlte, hegte ich sogar eine gewisse Zuneigung für Thanatos, und ich hatte weit weniger Furcht vor ihm als zuvor« (S. 134).

Nachdem Alsop sich von seinem Arzt, dem er sehr zugetan war, trennen mußte, und als seine physischen Kräfte schwanden, verlor »Onkel Thanatos« einiges von seiner Bedrohlichkeit:

»Kurzum, ich habe das gelebt, was John Glick ›ein normales Leben‹ nennt.

Doch völlig normal war es nicht. Es ist nicht normal, jede Nacht kurz vor Tagesanbruch mit ungefähr 38,5 Grad Fieber zu erwachen, ein paar Tabletten zu nehmen und dann vier oder fünf Stunden lang wie ein Schwein zu schwitzen. Es ist nicht normal, sich derart schwach zu fühlen, daß man weder Tennis spielen noch Forellen fischen kann. Und es ist nicht normal, eine Art schleichenden Überdrusses zu empfinden und das Gefühl zu haben, wie ein Vampir in einer grauenvollen Weise vom Blut anderer abhängig zu sein. Nach acht Wochen eines derart ›normalen‹ Lebens verliert der Gedanke an den Tod einiges an Schrecken.

Doch der wichtigste Grund dafür, warum ich letzten Samstag durchaus keine panische Angst hatte, ist wohl der seltsame, unbewußte, nicht zu beschreibende Prozeß, den ich in diesem Buch zu beschreiben versuchte – der Prozeß der Anpassung, in dessen Verlauf man sich mit dem Tod abfindet. Ein sterbender Mensch muß sterben, so wie ein schläfriger Mensch schlafen muß, und es kommt der Zeitpunkt, da es ebenso falsch wie nutzlos ist, sich dagegen zu sträuben« (S. 299).

Mit anderen Worten, gerade die eigentlichen Verluste, die das Endstadium des Krebses so furchtbar machen, können den Patienten helfen, sich mit dem bevorstehenden Tod abzufinden. In schrecklicher Weise verdeutlicht dies das folgende Gedicht von Helen Webster (1980, S. 46), die sich in einem übermechanisierten, übertechnisierten Krankenhaus, in dem Exkretionen mehr geschätzt werden als menschliche Wärme, resigniert dem Tode preisgibt:

> *Im Krankenhaus*
>
> Ich bin in Sicherheit,
> ausgezogen bis auf die Knochen.
> Meine Öffnungen
> verehrt;
> meine Exkretionen
> gehütet.
> Ich bin knochenrein.
> Aufgeben ist hier einfach.
> Der Tod ist leicht
> hinter geschlossenen Türen.

Glücklichere Patienten erleben im terminalen Stadium Tröstliches, das sie davor bewahrt, von Todesangst befallen zu werden. Alsop (1973) wird getragen von der liebevollen Fürsorge seiner Familie und von dem Gefühl, seine verstorbene Mutter und Schwester erwarteten ihn »auf der anderen Seite«: »Sis erzählte, Mutter habe um einen kleinen Plausch mit Gott nachgesucht. Sie habe Gott gesagt, sie wolle nicht, daß ihr Sohn Stew oder ihre Tochter Corinne ihr schon jetzt in den Himmel folgten; sie werde es Ihm mitteilen, wenn die Zeit gekommen sei. Gott habe natürlich zugestimmt, die Wiedervereinigung zu verschieben« (S. 34).

Die aus Washington stammende Schriftstellerin Michele Murray, die mit vierzig Jahren an Krebs starb, näherte sich dem Tode mit Gleichmut; in Gedanken verweilte sie bei dem an Gefühlen reichen Leben, das sie geführt hatte, und sie machte geltend, daß dies ihr nicht mehr genommen werden könne (1974, S. 97):

Todesgedicht

Was wirst du besitzen, wenn du mich schließlich besitzt? Nichts.
Nichts, was ich nicht schon gegeben habe
reichlich und jeden Tag, den ich verlebte
ohne auf dich zu warten
doch lebend
als wenn die wechselnden Schatten der Trauben
und die fein gezeichneten Blätter im Schutz
des Baumes weiter zitterten
in Erinnerung an mein Sehen
wenn meine Augen schon fern,
oder als öffneten sich Bücher, wo ich sie angestrichen hatte
wenn mich Erstaunen überkam
über ein Geschenk, das ungerufen kam, diese Liebe
zu den offenen Händen der Gedichte,
Früchten der Erde, sonnengesäuertem Gras, die beständig
sich ausbreitende Stille mitternächtlichen
Schneefalls, ein Lichtpfeil, der mich weckt
an gewissen Morgen, mit schneidender Wunde
so geheim, daß nicht einmal du
ihn besitzen wirst, wenn du mich besitzt.
Du wirst meine Finger besitzen
doch nicht, was sie berührten. Einige Gesten
die Eingewurzeltem entströmen, die Erinnerung
an Morgenlicht auf einem Bett
wo zwei beisammen liegen –
die leuchtende Wölbung des Leibes! –
sie werden dir immer unerreichbar bleiben, dir
der sich um die Hülsen kümmert.

Ihre Erinnerung an die Vereinigung mit anderen Menschen, sei es zwischen Mutter und Kind oder im Liebesakt zwischen Mann und Frau, bewahrt Murray vor einer allumfassenden Todesangst.

Rosenthal kehrt im Endstadium der Krankheit zu seinen geliebten kalifornischen Bergen zurück; vor der Todesangst schützt ihn dort ein Gefühl des Einsseins mit der Natur. »Wir gehen nun nach Hause«, schreibt er (1974, S. 74), als er über seine Vereinigung mit der Natur nachsinnt, die er mit dem Tod erwartet:

Ach Leute, es tut mir so leid.
Man kann nichts verbergen.
Es ist ein Kreis im Rund.
Es ist Gruppentheater,
ohne Kulissen, ohne Garderobe, ohne Hauptrolle.
Ach, ich weine, doch dies ist die Bühnenmitte
    für jeden für uns.
Verborgen in Schwarz, doch nackt hervortreten.
Im Sand tanzen, mit Blitzen um uns her.
Tanzt mit Anmut, wir gehen nun nach Hause.
Die Wolken nehmen jede Gestalt an.
Wir erklimmen die Felsblöcke; es gibt kein Plateau.
Wir überqueren den Fluß und gehen die Böschung hinauf.
Schau, der Bussard stürzt herab.
Vor uns dehnt sich die Ebene, dahinter die Hügel,
    die Täler, die Wiesen.
Weiter, Leute. Wie könnte ich nicht unter euch sein?

Für Patienten, die keine solchen tröstlichen Gedanken haben, ist es
schwerer, dem Tod gegenüberzutreten; noch schlimmer aber ist es,
wenn sie sich gerade desjenigen menschlichen Kontakts beraubt fühlen, dessen sie dringend bedürfen. Die folgenden drei Gedichte der
sterbenden Gitanjali (in: Badruddin 1982, S. 108 f., 135, 140 f.) zeigen, wie schwer ihr das Sterben wurde, trotz ihres festen Glaubens an
Gott. Jedes der Gedichte steht für eine andere Phase in Gitanjalis
Sehnsucht nach ihrem abwesenden Vater. Sie fürchtet, er werde zu
spät kommen. Seine Ankunft symbolisiert für die Jugendliche die vertraute Verbindung mit ihm, die sie in der Kindheit erfahren hatte.

Komm nicht so spät

Ich weiß nicht
Wie lange ich noch warten muß
Bis du dich entschließt
Dein Versprechen zu halten
In meine sehnsuchtsvollen Arme zurückzukehren
Arme, die sich vielleicht nicht mehr erheben
Zu deiner Begrüßung
Weil sie sterben
Aus Mangel an Stärke.

Das Gefühl von Isolation
Und Einsamkeit, das ich empfand
Als ich dir den letzten Abschiedskuß gab
Hat mich erneut überschwemmt
Ich zittere bei dem Gedanken
Dich nicht mehr wiederzusehen
Komm nicht so spät
Mich zu besuchen, mein lieber Papa!
Denn du wirst mich niemals mehr
Aus dem Staub erheben!
[...]

Der Tod steht gleich um die Ecke
Und wartet darauf, mich zu peinigen
Während mein Blick trübe ist
Und immer schwächer wird
Noch flackert die Hoffnung
Dich durch die Tür gehen zu sehen.
Wenn viele Menschen
Auf dem Weg herbeiströmen werden
Auf dem Weg
Zu meiner letzten Reise
Und still Tränen des Mitleids vergießen
Mich mit tiefer Liebe überschütten
Und mit Blumen
Wirst du dann
Unter ihnen sein
Und still hinter mir gehen
Oder meinen Sarg auf deinen Schultern tragen
Wo du einst mich getragen hast
Um mich ein wenig reiten zu lassen
Als ich ein Kind war

Gitanjali erhofft sich von ihrem abwesenden Vater ein Zeichen der Liebe, etwas, das sie mit sich nehmen kann, wenn sie gehen muß.

Deine Botschaft

Meine Augen
Kleben
Am Türschlitz
Von wo
Deine Botschaft
Kommen wird.

In fieberhafter
Erwiderung
Werde ich den Brief
An mich reißen
Und ihn fest drücken
Gegen
Mein pochendes
Herz.

Was du zu sagen hast,
Liegt bei dir.
Wonach meine Augen
Forschen werden,
Liegt bei mir.

Noch immer in Erwartung, doch über sein Ausbleiben aufs äußerste enttäuscht, prophezeit Gitanjali die Zukunft ihres Vaters – in den Farben ihres verständlichen Zorns:

Die Qual der Reue

schließlich
wirst du
mich brauchen
mich wollen
irgendwann
im Leben.

du wirst
ich bin sicher
nach mir rufen
wenn einsam
eines Nachts.

aber, ach!
alles, was du
finden wirst, ist die...
trübselige Stille.

in Tränen
voll Angst
und Furcht
anstelle von
Liebe.
du wirst dir
meine Nähe
wünschen.
Aber,
so leid es mir tut,
dann werde ich
dort sein, von wo
niemand
jemals zurückkehrt

die Qual
der
Reue
wird dich durchtränken
mit Gram und
Schuld, und
endloses Leid
ist alles, was...
du ernten wirst
für all den Kummer,
den ich hatte,
denn
zu mir
warst du
herzlos.

meine Augen,
obgleich matt,
flackern noch immer
in Liebe.

in ihnen wirst du
trotz allem
keinen Zorn finden
und keinen Haß.

komm, o bitte, komm!
komm und sieh –
meinen erbärmlichen Anblick,
ich, die einst
und vor nicht langer Zeit
dein...
geliebtes Kind war.

Der sterbende Patient hat es mit emotionalen Problemen von großer Tragweite zu tun: Angst vor dem Tod, Angst vor der schmerzhaften Tortur des Sterbens, vernichtende Angst vor dem Verlassensein. Reimann (1984), die von Alpträumen ihres eigenen Todes gequält wird, beschreibt die entsetzliche Angst vor dem Sterben:

»Wieder unterbrochen. Früher Morgen. Noch mal ein Ansatz: Diese üble Krebserei hat ganz andere als die ausgemalten Folgen, auf die ich immerhin gefaßt war. Worauf ich nicht gefaßt war: die entsetzlichen Träume jede Nacht, die Todesangst, die mich nie mehr verläßt, das Gefühl provisorischen Lebens, die Unlust, ja Unfähigkeit, weiter als bis übermorgen oder gar zur nächsten Woche zu planen. Irgendwas hat sich von Grund auf geändert. Der physische Mangel..., man sieht nichts, preußische Haltung, frühzeitig anerzogen, kommt mir jetzt zustatten, und kein Mensch würde mich für beschädigt oder gar krank halten. [...] Was mich langsam und sicher umbringt, ist die Angst, die sich abends bis zum panischen Entsetzen steigert (und die andererseits – das ist beinahe noch schlimmer – furchtlos macht, nämlich furchtlos aus Gleichgültigkeit). Professor Gummel hat mir damals gesagt, es gebe eine gewisse Anfälligkeit dafür, daß Zellen bösartig werden [...]. Seitdem hat sich der Gedanke in mir festgesetzt, daß irgendwann, vielleicht bald, vielleicht später, die nächste Runde kommt. Dieses Wort ›Anfälligkeit‹ wuchert und frißt um sich, und wenn ich nicht irgendeine Möglichkeit finde – ich weiß nicht welche –, mich davon zu befreien, dann werde ich verrückt oder bringe mich um, weil ich die Angst und das Warten nicht mehr ertrage« (S. 298).

In psychologischer Hinsicht setzt das Endstadium ein, wenn der

Arzt dem Patienten mitteilen muß, daß medizinische Behandlung das Leiden nicht mehr aufhalten oder heilen wird und daß er nur noch Palliative verabreichen kann, um Symptome zu lindern und Schmerzen zu verringern. Die meisten unserer literarischen Beispiele behandeln diesen eigentlichen Beginn des Endstadiums; später zieht sich der Patient meist in sich selbst zurück und verspürt kein Bedürfnis mehr, seine Gefühle schriftlich mitzuteilen.

Im terminalen Stadium ist die gesamte Beziehung zwischen Arzt und Patient vom bevorstehenden Tod des Patienten überschattet. Wie Arzt und Behandlungsteam damit umgehen, ist in dieser Phase von entscheidender Bedeutung. Sie müssen sehr viel Verständnis und Taktgefühl aufbieten, wollen sie dem Patienten, der dem Tod entgegensieht, wirklich helfen. Einerseits ist es in heilenden Berufen allgemeine Überzeugung, daß man Patienten dazu ermutigen solle, ihre Sorgen und Gefühle im Hinblick auf den Tod zu verbalisieren. Andererseits gibt es zahlreiche Ärzte, die derartige Diskussionen lieber um jeden Preis vermeiden. Keiner dieser beiden Wege ist dem Interesse des Patienten völlig angemessen.

Im terminalen Stadium ist der nahe bevorstehende Tod ganz offenkundig. Auch ohne daran gemahnt zu werden, weiß der Krebspatient jetzt, daß er stirbt. In diesem späten Stadium ist es im allgemeinen wenig tröstlich für ihn, über seinen so unabweisbar nahen Tod zu sprechen. Ungeschickte Bemühungen des Behandlungsteams, den Patienten dazu zu bewegen, über seine Gefühle zu sprechen, bringen diesem keine Erleichterung; sie erzeugen nur Druck und rufen emotionales Mißbehagen hervor. Das Bedürfnis des sterbenden Patienten, nachdrückliche Mahnungen an den Tod zu meiden, wird deutlich bei Reimann (1984). Sie rechtfertigt sich dafür, nicht an der Beerdigung ihrer Tante teilgenommen zu haben, die sie doch gern gehabt hatte: »Es ist einfach so, daß ich jetzt, unter dieser seelischen Belastung, eine Scheu davor habe, mit irgend etwas in Berührung zu kommen, was mit Sterben zu tun hat. Vielleicht empfindet Ihr das als brutal in einem solchen Fall, wo es sich um eine Tante handelt, bei der ich früher so gern war – aber es ist auch eine Art von Selbstschutz. Ich brauche mir bloß die Atmosphäre auf einem Friedhof vorzustellen, und schon fange ich an zu heulen. Entschuldigt, daß ich so viel von mir rede, aber ich werde mit meiner Geschichte innerlich einfach nicht fertig. Ich zeige es sonst auch niemandem« (S. 301).

Keinen Friedhof besuchen und an keiner Beerdigung teilnehmen zu wollen ist eine Form von Selbstschutz. Ähnlich wollen die meisten Patienten im Endstadium ihrer Krankheit auch nicht mit Blumen überschüttet oder von mitfühlenden Briefen wohlmeinender Freunde bombardiert werden. Solche gut gemeinten Aktivitäten führen nur dazu, daß der Patient sich dem Tod noch näher fühlt – als werde er schon zu Lebzeiten beerdigt und betrauert.

Andererseits ist jedoch eine »erneute Verschwörung des Schweigens« (Cassileth/Cassileth 1982) in dieser Phase keineswegs günstiger. Wenn Familie oder Behandlungsteam nicht willens oder unfähig sind, gegenüber dem Patienten zuzugeben, daß sie über sein Sterben Bescheid wissen, dann ist er gezwungen, sich allein mit dem ganzen Ausmaß der Situation, mit tiefer Trauer und furchtbaren Ängsten auseinanderzusetzen. Infolgedessen fühlt er sich völlig verlassen. Schweigen beraubt den Patienten der Möglichkeit, seine Ängste zur Sprache zu bringen und seine Sorgen zu teilen, wenn er dies wünscht, und es bestärkt die Angst davor, verlassen zu werden – neben der Angst vor Schmerzen die hauptsächliche Sorge des sterbenden Patienten, wie wir im nächsten Kapitel sehen werden.

Das folgende Zitat von Hauri (1982), die das Dilemma erkennt, in dem sich der Arzt in dieser Phase befindet, verweist auf das Bedürfnis des sterbenden Patienten nach ärztlicher Anteilnahme, Taktgefühl, stillschweigendem Verständnis und – wie stets bei Krebs – nach freundlichen, aufrichtigen Antworten:

»Der Arzt hat mir nämlich nicht gesagt, daß ich gesund werde, sondern daß ich sterbe.

Der Arzt, die Praxis, meine verhaßten Wege dorthin. Die Gespräche in den weißen Räumen ohne Bilder, die Neonröhre an der Decke, das blitzende Metall. Ein Loch in den Bauch frage ich ihn, und er antwortet mir zwischen den Zeilen, unvermittelt, zwischen Tür und Angel, mit dem Tonfall seiner Stimme. Mit der Art und Weise, wie er mir frohe Weihnachten wünscht, mit einem Blick, mit seiner Geduld. Er bringt Wärme in die kalten Räume, er füllt sie aus, er ist geduldig, denn er weiß, daß er mit Krebspatienten geduldig sein muß. Er nimmt sich Zeit, das hat er sich sicher zu einem Prinzip gemacht. Er ist glücklich, wenn es mir etwas besser geht. Er hat etwas Zwingendes, wir beide sind ausgeliefert an den Krebs, er muß zusehen, wie seine Kunst an Grenzen stößt, wie Krebs meinen Körper verändert, wie er wuchert, sich ausbreitet, zuschlägt. Manchmal benützt er die ›ärztliche Distanz‹, um peinlichen Fragen auszuweichen, manchmal tut er so, als wisse er nichts, und läßt doch durchblicken, daß er mehr weiß, aber es nicht sagen will. Der Arzt ist manchmal auch Mensch.

So vieles kommt mir jetzt hoch, ich könnte mich übergeben. Wenigstens weine ich« (S. 71).

Wenn die Krankheit nicht mehr heilbar ist, kann sich das Entfremdungsgefühl des Patienten zu tiefer Einsamkeit steigern. Ein Gespräch zwischen dem, der weiß, daß seine Zeit abläuft, und dem, der unbegrenzt Zeit hat, ist sehr schwierig: »Das Gespräch bricht nicht erst mit dem Tod ab, sondern schon vorher. Es fehlt ein sonst stillschweigend vorausgesetztes Grundelement der Gemeinsamkeit« (Noll 1984, S. 10). Die von Kübler-Ross (1971) genannten Phasen – Verleugnung, Zorn, Verhandeln, Depression und Zustimmung – werden oft mißverständlich aufgefaßt, als folgten sie einander in stets derselben Reihenfolge. Diese Phasen sind jedoch nicht konstant und nicht einmal charakteristisch für alle sterbenden Patienten; bisweilen trifft man auf alle fünf in einem einzigen der *Interviews*. Für den Beobachter ist das terminale Stadium häufig schwieriger, weil sich der Patient, wenn sein Leben zu Ende geht, meist in sich selbst zurückzieht. Die fortwährende Präsenz anderer kann dem Patienten und seiner Familie helfen, die verbleibende Zeit zu bewältigen.

In diesem Stadium erstreckt sich die Abhängigkeit des Patienten auch auf das medizinische Hilfspersonal. Diese fast völlige Abhängigkeit des unheilbar Kranken geht in einigen Fällen mit intensiven Frustrationen und Gefühlen der Demütigung einher, vor allem dann, wenn er zuvor ein unabhängiges Leben führte und frei über sich entscheiden konnte. Mit Einfühlung und Vorsicht kann man derartige Spannungen verbalisieren und abbauen, so daß der Patient schließlich auf die Existenzweise eines Kindes regredieren kann, um dessen körperliche Bedürfnisse sich andere kümmern. Die Verständigung geht dann häufig auf ein Minimum zurück, vor allem, wenn es um die Ängste des Patienten geht. Die meisten Patienten ziehen sich zurück oder zeigen eine gewisse Distanziertheit, was ein positives Zeichen dafür sein kann, daß sie sich auf den Tod vorbereiten. Schweigen wird zur Sprache dieses letzten Stadiums. »Das Problem ist weniger, was man sagt, sondern wie man zuhört« (Cassileth/Cassileth 1982, S. 110).

Zu diesem späten Zeitpunkt wollen Patienten nicht mehr über Tod und Sterben sprechen, denn dies bringt sie dem Unvermeidlichen näher. Ein Patient, der auf den Tod krank ist, weiß dies, ohne daß es ihm eigens mitgeteilt wird. Am Ende akzeptieren Patienten häufig ohne größere Ängste den unvermeidlichen Ausgang ihrer Krankheit. Manchmal ist ihr hauptsächliches Anliegen die künftige Versorgung ihrer Kinder. Näher dem Tode jedoch lösen sie sich immer mehr von den Realitäten des Lebens, und es kann dann sogar geschehen, daß sie nicht mehr nach den Kindern fragen. Es ist dies der Zeitpunkt, da beim Patienten die aktiven Strategien der Bewältigung übergehen in nurmehr passive Mitarbeit.

Da der Patient sich einsam fühlt mit der Erfahrung des nahenden Todes, die er mit niemandem teilen kann, ist die Präsenz und der Beistand der Krankenpfleger von entscheidender Bedeutung. Die pflegerische Versorgung – zum Beispiel das Baden des Patienten und die Sorge um andere persönliche Bedürfnisse – wird außerordentlich wichtig. In diesem letzten Stadium haben Patienten oft das Gefühl, unberührbar zu sein. Berührungen, das Halten der Hände, das Waschen und Massieren des Körpers sind Möglichkeiten, eine stille, tröstliche Botschaft zu vermitteln.

Das Pflegeteam und die Familie übernehmen in dieser Zeit auch die Ichfunktionen des Patienten. Bisweilen müssen sie für ihn handeln und sprechen, da er selbst vielleicht nicht mehr sprechen kann. Ein Beispiel, das mir in den Sinn kommt, ist ein 24jähriger Krebspatient im terminalen Stadium, den ich mehrere Jahre lang bis zu seinem Tod behandelte. Bei unserer letzten Sitzung war dieser einst sehr aktive Patient zu schwach, um den Termin unseres nächsten Treffens in sein Tagebuch einzutragen; leise bat er mich, es für ihn zu tun – ein Versuch, sich meiner Gegenwart für den nächsten Tag nochmals zu versichern.

Oralen Bedürfnissen wie Hunger und Durst sollte man sich in einfühlsamer Weise widmen, und ein Plan zur Schmerzbekämpfung sollte erstellt werden. Pflege und Versorgung können im Patienten Erinnerungen an vergangene »gute Objekte« wecken (wie z. B. die Brust der Mutter); diese guten Objekte werden dann zu Stützpfeilern gegen das Eindringen der »bösen Teile«, die der Krebs repräsentiert (Meerwein 1985).

Gitanjali hoffte, mit dem Tod in den tiefen, behüteten Schlaf der Kindheit zurückzukehren (in: Badruddin 1982, S. 34):

Eine große Bitte

Tod
Wer bist du?
Woher kommst du?
Wohin wirst du mich führen?
Ist es ein weiter Weg?
Ist er sehr dunkel?

Ich will doch tapfer sein
Und dennoch fürchte ich mich
Denn ich weiß nicht
Was drüben ist.
Tod
Manchmal
Erwarte ich dich
Und dann wieder wünschte ich
Du würdest niemals kommen
Wenn du mich holen mußt
Sei barmherzig
Bring mich irgendwohin
Wo niemand mich verletzen
Oder mir Schmerz zufügen kann
Und ich habe eine große Bitte
Sei bitte freundlich
Und laß mich schlafen...
Wie ich in meiner Kindheit schlief.

»Tod, manchmal erwarte ich dich und... hoffe, du würdest niemals kommen« – auf diese beiden entgegengesetzten Gedanken treffen wir oft, wenn wir für den sterbenden Krebspatienten sorgen.

In der terminalen Phase tritt beim Krebspatienten häufig eine Art innerer psychischer Spaltung ein, die es ihm ein wenig erleichtert, den bevorstehenden Tod zu akzeptieren. Er bringt zwei gegensätzliche Inhalte zum Ausdruck: zum einen das volle Bewußtsein, daß der Tod nahe ist; zum anderen den Glauben an ein Überleben, der sich häufig in Gestalt lebhafter Zukunftsphantasien äußert. Für die Menschen, die den Patienten umgeben, ist es außerordentlich schwierig, diese Spaltung zu erkennen und psychologisch mit ihr umzugehen. Denn sie steht im Gegensatz zu dem Realitätsprinzip, das unser gewöhnliches, tagtägliches Leben beherrscht, und sie läßt eine Irrationalität erkennen, die unserem Verständnis von Realität zu widerstreiten scheint (Dreifuss/Meerwein 1984b).

Mit Hilfe dieser Spaltung überwindet der Patient seine Todesangst, und er kann auf diese Weise den Kontakt zu seiner Umgebung aufrechterhalten, deren vorzeitiger Verlust ihn aufs äußerste bedroht. Wer den Krebspatienten bis ans Ende seines Lebens begleiten möchte, muß diese Spaltung begreifen. Weigert er sich, die Spaltung seinerseits nachzuvollziehen – indem er entweder die Zukunftsphantasien des Patienten zurückweist oder aber die Realität des nahe bevorstehenden Todes verleugnet –, so kann er nicht Partner sein auf dem Weg, den der Patient gehen muß. Er muß fähig sein, gleichzeitig mit beiden Teilen des Patienten umzugehen – nur dann fühlt sich der sterbende Mensch als ganzer Mensch aufgehoben, der liebende Fürsorge für seinen sterbenden wie für seinen überlebenden Teil empfängt.

Maxi Wander (1980), bereits dem Tode nahe, beschreibt in einem Brief diese Spaltung sehr anschaulich:

»Was ich Dir eigentlich sagen wollte? Wie doch irgendwo in uns die Grenzen zwischen Schmerz, Verzweiflung und Genießen (bis in den Schmerz hinein) ineinanderfließen. Von tiefster Verlassenheit und Apathie fall ich fast ohne Übergang in euphorische Zustände. Alles Leben in mir ist in eine winzige Kammer meines Wesens gepreßt, bis diese Kammer ihre Wände sprengt, explodiert und sich ausbreitet. Ich zerbreche meine Schale und wandere von einem Pol zum andern, um mich wiederzufinden. Dabei werde ich von Lichtströmen übergossen. (Ach, die Engel, die Feuerwagen...) Ich lache wieder, verspritze Heiterkeit und Spott, bringe die Ärzte, die Schwestern zum Lachen. Die Frauen sehen mich erstaunt an, manche scheel, böse, neidisch, verständnislos. Einige kommen zu mir, schauen mir in die Augen, als wollten sie aus ihnen trinken« (S. 200).

Rosenthal (1973) beschreibt die »positive« Seite der Spaltung im terminalen Stadium:

»Tatsächlich wurde mir klar, daß es mir zum erstenmal in meinem Leben wirklich gut ging. Nicht bloß ein aufflackerndes gutes Gefühl, nicht bloß zwanzig Minuten lang ein gutes Gefühl, sondern das anhaltende Gefühl, nichts zu besitzen, und da ich nichts besaß, hatte ich nichts zu verlieren, und da ich nichts zu verlieren hatte, konnte ich alles sein. Es gab kein Selbstbild, um das ich mir Gedanken machen mußte. Und kein Selbstbild zu haben, um das ich mir Gedanken machen mußte, bedeutete, daß ich nicht definiert war. Es gab nichts, das ich sein mußte, nichts, um das ich mich sorgen mußte. Und ich fühlte mich frei. Ich fühlte mich, als könnte ich aus dem Fenster springen, nicht aus Verzweiflung oder Angst, sondern aus Spaß an der Freude, nur so zum Vergnügen« (S. 27).

Der Krebspatient im terminalen Stadium kämpft darum, seinem Leben einen Sinn zu verleihen. Häufig findet er diesen Sinn in der Möglichkeit, im Gedächtnis der ihm Nahestehenden als guter, liebevoller und schöpferischer Mensch fortzuleben. Negative Gefühle gegenüber seiner Vergangenheit, gegenüber Familie und Freunden wie auch gegenüber sich selbst möchte er auflösen, um seinem Ende ganz ohne Konflikte entgegenzugehen. Er bedarf des Beistands, wenn er um seinen Körper und um die äußere Welt trauert, um so seine guten, inneren Erfahrungen und Phantasien wiederzuerlangen. Die folgenden Gedichte der Schweizer Lyrikerin Ruth Reichstein (1988, S. 53 u. 42), die an unheilbarem Brustkrebs litt, zeigen den starken Impuls, der in diese Richtung weist:

Michaelis

An
einem
Spinnen-
faden hängt
das letzte Licht

Trost

An den
kahlen Lärchen
Zäpfchen

Immer zwei
beieinander

Dieser Rückzug aus der äußeren Welt in ihre inneren Phantasien wird der Patientin Kraft geben, wenn sie in jene andere Welt übergeht.

7. Der Tod des Iwan Iljitsch –
Schmerz und Schmerzlinderung im Endstadium von Krebs

Angst vor Schmerzen kommt bei Krebspatienten recht häufig vor. Viele Krebspatienten befürchten, daß sie mit dem Fortschreiten der Krankheit verheerende Schmerzen ertragen müssen, ohne eine wirksame Möglichkeit der Linderung. Schmerzen vermitteln ihnen ein Gefühl der Ohnmacht, und sie erleben sie als »endlos«. Erinnerungen an schmerzfreie Phasen oder die Hoffnung auf eine Zukunft ohne Schmerzen bringen keine Linderung.

Etwa 60 % aller Krebspatienten im Endstadium erleiden starke Schmerzen, und vielleicht ein Drittel von diesen sterben ohne wirksame Schmerzlinderung (Twycross/Ventafridda 1980). Die Häufigkeit, mit der Schmerzen auftreten, variiert mit dem Sitz des Primärtumors. Relativ ungewöhnlich sind Schmerzen bei Leukämie und bei Lymphomen; dagegen treten sie bei einem hohen Anteil von primären Knochentumoren auf (85 %), bei Mundhöhlenkrebs (80 %) und bei Krebs im urogenitalen Bereich (Männer 75 %, Frauen 70 %) (Twycross 1984b).

Dieser weiten Verbreitung wegen spielen der Schmerz und seine Linderung eine beherrschende Rolle in den Gedanken, die sich der Krebspatient über seine Krankheit macht, und sie sind ein entscheidendes Problem für die psychologische Betreuung sowohl der Patienten als auch von deren Behandlungsteams. Da Schmerzen meist im fortgeschrittenen oder terminalen Stadium von Krebs auftreten, werden sie nur in wenigen Fällen zum Gegenstand literarischer Werke von Krebspatienten. Als Beispiel möchte ich statt dessen Tolstois Erzählung *Der Tod des Iwan Iljitsch* (1882) heranziehen, in der es um die außerordentlichen emotionalen Belastungen und physischen Leiden eines 45jährigen Richters während der letzten drei Monate seiner tödlichen Krankheit geht. Tolstoi nennt das Leiden seines Protagonisten nirgendwo beim Namen; doch hat C. Schein (1981), Chefchirurg am Albert Einstein College of Medicine, die Krankheit Iwan Iljitschs retrospektiv als Krebs diagnostiziert, und er hat aus Tolstois Schilderung die Differentialdiagnose eines Karzinoms an der Bauchspeicheldrüse abgeleitet.

Tolstois lebendige, detaillierte Beschreibung seines fiktiven Patienten Iwan Iljitsch und dessen Schmerzen ermöglicht es, die verschiedenen Komponenten des Schmerzes zu skizzieren, unter denen Krebspatienten typischerweise leiden. Zunächst eine kurze »Anamnese« des Iwan Iljitsch: »Die Lebensgeschichte des Iwan Iljitsch ist sehr einfach und sehr gewöhnlich und doch entsetzlich«, heißt es bei Tolstoi (1882, S. 24). Iwan Iljitsch besuchte die Rechtsschule, ging dann, um eine entsprechende Stelle zu finden, in die Provinz, wo er fünf Jahre lang Dienst tat. Danach gelangte er in die Position eines Untersuchungsrichters, was ihm recht ausgedehnte Machtbefugnisse in die Hand gab; diese mißbrauchte er jedoch niemals, wie der Autor ausdrücklich betont. Nachdem er sich an seinem neuen Wohnsitz niedergelassen hatte, begegnete er seiner künftigen Ehefrau, Praskowja Fjodorowna Michel. Diese wurde schwanger, und bald begann sie, »die Annehmlichkeit und Bequemlichkeit des Lebens zu zerstören« (S. 32). Nach der Geburt ihres ersten Kindes wurde Iwan Iljitsch mehr von seiner beruflichen Tätigkeit beansprucht, und seine Frau wurde immer reizbarer. Nach sieben Jahren Dienst in derselben Stadt wurde er als Erster Staatsanwalt in eine andere Provinz versetzt, wo sich jedoch seine Frau recht unglücklich fühlte. Wegen jeder Unannehmlichkeit machte sie ihrem Mann Vorwürfe. Sie gerieten nun häufig in Streit, unterbrochen von seltenen Perioden der Verliebtheit. Sieben Jahre dauerte diese unbefriedigende Situation bereits an, als Iwan unerwartet ein Amt in seinem vorgesetzten Ministerium erhielt und überdies eine prächtige Wohnung fand, die er mit großer Sorgfalt ausstattete, um seine Familie zu überraschen. Als er eines Tages eine Trittleiter bestieg, glitt er aus und prallte mit der Seite gegen den Griff eines Fensters. Auf diesen Unfall führt Iwan Iljitsch seine Krankheit zurück.

Seine Beschwerden beginnen mit einem nagenden Schmerz in der Seite, den er zunächst gar nicht als Krankheit betrachtet: »Man konnte doch nicht von Krankheit reden, wenn Iwan Iljitsch zuweilen klagte, daß er einen merkwürdigen Geschmack im Munde habe und ihm in der linken Magengegend etwas weh tue. Doch dieses unangenehme Gefühl wurde ärger und ging mit der Zeit wenn auch noch nicht in Schmerz über, so doch in das Bewußtsein einer dauernden Schwere in der linken Seite und in schlechte Gemütsverfassung« (S. 51 f.). Jetzt konsultiert unser Patient erstmals einen Arzt, um nach der Ursache der Schmerzen zu forschen; aus dessen Urteil »zog Iwan Iljitsch den Schluß, daß es mit ihm schlecht stehe, daß dies dem Doktor und wahrscheinlich allen anderen zwar gleichgültig sei, daß es ihm aber schlecht gehe. Und diese Schlußfolgerung warf ihn nieder, er hatte Mitleid mit sich selber und war wütend auf den Doktor, dem diese so wichtige Frage vollkommen gleichgültig schien« (S. 54 f.).

Als der Patient versucht, aus dem Arzt herauszubekommen, ob seine Krankheit gefährlich sei oder nicht, verweigert dieser eine klare Antwort. Auf dem Heimweg überlegt Iljitsch, was der Arzt eigentlich gesagt hat: »Steht es schlecht, sehr schlecht mit mir, oder ist es noch nichts?« (S. 57) Da der Arzt diese Fragen unbeantwortet ließ, wird Iwan allmählich deprimiert: »Der Schmerz, dieser dumpfe, nagende Schmerz, der nicht für eine Sekunde nachließ, erhielt jetzt in Verbindung mit den unklaren Reden des Doktors eine andere, viel ernstere Bedeutung. Iwan Iljitsch verfolgte ihn von nun an mit einem neuen schweren Gefühl« (S. 57 f.).

Diese Passage macht deutlich, daß der Patient, um seinen Schmerz bekämpfen zu können, ganz und gar auf das Verständnis und den guten Willen seines Arztes angewiesen ist. Es ist daher von größter Wichtigkeit für den Arzt, den Schmerz des Patienten und dessen Bedeutung zu verstehen sowie die verschiedenen Methoden der Schmerzlinderung zu kennen – die medizinischen wie die psychologischen. Um den Schmerz des Patienten bekämpfen zu können, muß der Arzt eine genaue Schmerzdiagnose erstellen, eine sogenannte Schmerzanamnese. Wie man der Geschichte unseres fiktiven Patienten Iwan Iljitsch entnehmen kann, würde eine erste Schmerzanamnese folgendes ergeben: Der Schmerz geht zunächst einher mit rapidem Gewichtsverlust, Reizbarkeit, ausgeprägter Depression und Unfähigkeit zur Konzentration bei der Arbeit. Beim Essen verschlimmert er sich: »Die Wahrheit war, daß die Streitigkeiten jetzt von *ihm* ausgingen. Gewöhnlich begannen sie vor dem Essen, oder wenn er sich zu Tisch setzte, bei der Suppe« (S. 52).

Schmerz ist ein zwiefältiges Phänomen; er umfaßt sowohl die Wahrnehmung der Empfindung als auch die psychologische Reaktion des Patienten auf diese Empfindung. Die Schmerzgrenze variiert je nach Stimmung und Moral. Angst, Depression und Erschöpfung sind bedeutsame Faktoren, die das Schmerzempfinden verändern. Erläutert man dem Patienten die Mechanismen, die dem Schmerz zugrunde liegen, so wird die Angst dadurch häufig gemindert, und eine beständige Teilnahme stärkt seine Moral (Twycross/Ventafridda 1980). Ignoriert man bei der Schmerzbehandlung die sozialen und mentalen Einflüsse, so kann dies zur Folge haben, daß Schmerzen, die eigentlich zu lindern wären, unvermindert andauern.

Durch eine Vielzahl von Mechanismen kann Krebs in praktisch jeder Körperregion Schmerz verursachen. Gegenüber dem Arzt setzen Patienten häufig eine tapfere Miene auf, so daß man ihnen selbst im Falle starker Schmerzen die Qual nicht unbedingt ansieht. Auch die Schilderung des Patienten ermöglicht dem Arzt nicht immer eine korrekte Einschätzung der Schmerzintensität. So heißt es etwa bei Noll (1984): »Meine Schmerzen sind jetzt da, stumpf und schwer, aber ich kann nichts über sie aussagen, weil ich mich auf keine fremde, gleichartige Erfahrung berufen kann« (S. 236). Der Arzt sollte auch wissen, welche Medikamente dem Patienten keine Erleichterung brachten, ob sein Schlaf gestört ist und inwiefern seine Aktivitäten Einschränkungen erfuhren. Darüber hinaus sollte er mit dem Ehepartner oder einem anderen nahen Angehörigen ein Gespräch führen, um ein vollständiges Bild zu erhalten. All diese Informationen sind in die Überlegungen einzubeziehen. Sagt der Patient »Nur noch Schmerzen, Herr Doktor«, so teilt er damit nicht nur mit, daß die Schmerzen heftig und übermächtig sind, sondern auch, daß Angst, Depression und ein Verlust an Moral sie noch verschlimmern.

Im Falle Iwan Iljitschs geht der Verlust an Moral teilweise darauf zurück, daß seine Ärzte keinerlei Empathie zeigen und ihn über die wahre Natur seiner Krankheit täuschen, und schließlich auch darauf, daß seine Frau und seine Kollegen mit wenig Sympathie und sogar mit Feindseligkeit reagieren. Praskowja Fjodorowna verhält sich so, als sei ihr Ehemann an seiner Krankheit selbst schuld. Als Iwan Iljitsch versucht, mit ihr über seine Angst zu sprechen, hört sie ihm gar nicht wirklich zu und fordert ihn lediglich auf, die verordneten Medikamente regelmäßig zu nehmen. Daran hält er sich, doch die Schmerzen gehen nicht zurück. Im Dienst kommt es ihm vor, »als sähen ihn dort alle an wie einen, der bald Platz machen wird« (S. 63). Insgesamt sind seine Schmerzen dann am größten, wenn er mit seiner Frau streitet, wenn er Probleme in seinem Büro oder Pech beim Kartenspiel hat. Er konsultiert weitere Ärzte, verliert aber auch in deren Behandlung bald das Vertrauen. »Der Schmerz in der Seite quälte ihn weiter, wurde heftiger, andauernder, auch der Geschmack im Munde wurde immer merkwürdiger [...] der Appetit und die Kräfte ließen nach« (S. 61). Die Reaktionen, die er von seiner Frau und von den Kollegen erfährt, sind alles andere als beruhigend; sie bestätigen nur seine schlimmsten Ahnungen: »Er konnte sich nichts mehr vormachen: etwas Schreckliches, Neues, Bedeutsames, das mit nichts anderem in seinem Leben zu vergleichen war, ging in ihm vor. Und er allein wußte darum« (ebd.).

Schmerz isoliert den Patienten, dessen Sterben ohnehin einsam ist. Er sieht, daß für das medizinische Personal der Schmerz Bestandteil der täglichen Routine ist. Für ihn jedoch ist der Schmerz etwas Neues, Überwältigendes und Schmachvolles, etwas, das sein ganzes Leben in Besitz nimmt. Iwan fühlt, daß sein Leben vergiftet ist und das Leben anderer vergiftet, und dieses Gift verflüchtigt sich nicht, sondern durchdringt immer tiefer seine gesamte Existenz. »Und mit diesem Bewußtsein, mit dem körperlichen Schmerz, mit der qualvollen Angst muß er zu Bett gehen und kann meist vor Schmerzen den größten Teil der Nacht nicht schlafen« (S. 64).

Iwan Iljitschs Schmerzen steigern seine Angst bis zum blanken Entsetzen. Zu dieser extremen Gefühlsreaktion kommt es, weil es niemanden gibt, dem er seine tiefe Angst mitteilen könnte, während ihm allmählich klar wird, daß er unheilbar krank und dem Tode nahe ist. Sowohl der Arzt als auch seine Familie vermeiden es, mit ihm über seine Krankheit oder seine Zukunft zu sprechen, und damit stoßen sie ihn in einen Abgrund der Einsamkeit und der Angst, wodurch wiederum sein physisches Leiden verstärkt wird. Jedesmal, wenn er glaubt, es gehe bergauf, fühlt er wieder »den alten, dumpfen, nagenden Schmerz, hartnäckig und ernst«, und er erkennt, daß es »um Leben und Tod« geht (S. 68). »Iwan Iljitsch sah, daß er sterben müsse, und war in ununterbrochener Verzweiflung«, schreibt Tolstoi (S. 71). Ohne seine Ängste seiner wenig einfühlsamen Frau oder den Ärzten mitteilen zu können, »ging [Iwan] wieder in sein Zimmer, legte sich hin und blieb allein mit Ihm, Auge in Auge mit Ihm. Mit Ihm war nichts anderes zu machen als Ihn ansehen und erstarren« (S. 75).

Heutzutage werden bei Krebspatienten die besten Resultate durch die Kombination von zwei oder mehr Behandlungsmethoden erzielt, d. h. durch ein breit angelegtes Verfahren der Schmerzbekämpfung. Der Einsatz von Analgetika ist nur eine der Möglichkeiten, die Schmerzschwelle des Patienten anzuheben (Twycross 1984b). Einige Patienten leiden trotz schmerzstillender Medikamente weiterhin unter Schmerzen, insbesondere, wenn sie auf den Beinen sind. Dann müssen andere, auch psychotrope Medikamente angeboten werden, sowie Strahlenbehandlung und Leitungsanästhesie. Man sollte in diesen Fällen dem Patienten eine vernünftige Veränderung seiner

Aktivitäten nahelegen und vielleicht auch vermittelnd in die Kommunikation mit der Familie eingreifen.

Eine 1980 am St. Christopher's Hospice in London durchgeführte Reihenuntersuchung an Krebspatienten ergab, daß von 100 Patienten 82 unter Schmerzen litten (Baines 1984). Für einige Patienten dürfte eine Linderung recht einfach zu erzielen sein. In anderen Fällen – insbesondere bei Patienten, denen Bewegung Schmerz verursacht oder bei denen tiefe Angst und Depression den Schmerz intensivieren – kann eine drei- bis vierwöchige stationäre Behandlung erforderlich sein, um zu einer zufriedenstellenden Schmerzdämpfung zu gelangen; doch ist sie jedenfalls erreichbar. Bei allen Patienten sollte es möglich sein, zumindest eine geringe Besserung innerhalb von 24 bis 48 Stunden zu erzielen.

Ich möchte mich auf diese Andeutungen beschränken und die aktuellen medizinischen Möglichkeiten, Schmerzen bei Krebskranken zu behandeln, nicht weiter ausführen. Krebs ist ein fortschreitender pathologischer Prozeß, der immer wieder neue Schmerzen verursachen oder alte Schmerzen wieder aufleben lassen kann. Sobald dies eintritt, sollten die Bedürfnisse des Patienten jeweils neu bedacht werden. Möglicherweise benötigt er eine veränderte medikamentöse Behandlung, zusätzliche Strahlenbehandlung oder Leitungsanästhesie, eine neue psychologische Beurteilung seiner aktuellen Lebenssituation und deren Einfluß auf die innerfamiliären Beziehungen oder noch andere Interventionen. Wird der Patient von Schmerzen überwältigt, so muß innerhalb weniger Stunden eine Neubeurteilung erfolgen.

Hypnose und Selbsthypnose sind Möglichkeiten, gegen vorhersehbare Schmerzen und Beschwerden anzugehen, wie etwa bei den Entzündungen, die regelmäßig nach der Injektion chemotherapeutischer Toxine auftreten. Entsprechend kann man mit Entspannungstechniken Schmerzen bekämpfen, die mit Muskelkrämpfen einhergehen. Gemeinsam ist diesen und vergleichbaren Techniken, daß sie es dem Patienten ermöglichen, die Schmerzen bis zu einem gewissen Grad unter Kontrolle zu halten; sie mindern damit das Gefühl der Hilflosigkeit, das mit dem Fortschreiten eines malignen Prozesses häufig einhergeht (Portenoy/Foley 1989).

Weder derartige Techniken noch die Bedeutung von Medikamenten werden bei Tolstoi abgewertet; doch betont er gerade den menschlichen Faktor, der im Falle Iwan Iljitschs ausschlaggebend ist zur Linderung – oder Nichtlinderung – der Schmerzen. Da Iwans Arzt dessen Angst und Depression überhaupt nicht in Betracht zieht, bringen auch das Opium und die subkutanen Morphiuminjektionen keine dauerhafte Erleichterung: »Den dumpfen Schmerz, den er [aufgrund der Medikation] im halbschlummernden Zustand spürte, empfand er nur zu Beginn als Linderung, da er noch neu war; später aber wurde er ebenso quälend, ja heftiger als der offene Schmerz« (S. 76). Im weiteren werden die Schmerzen Iwans auch noch durch die Täuschungsmanöver seiner Familie verschlimmert, die nicht zugeben will, daß er im Sterben liegt: »Die Hauptqual für Iwan Iljitsch lag in der Lüge, in der von allen anerkannten Lüge, daß er nur krank und nicht ein Sterbender sei [...]. Und ihn peinigte diese Lüge, ihn peinigte es, daß sie nicht offen bekennen wollten, was sie wußten und was er wußte, sondern ihn belogen und ihn selber zwangen, an dieser Lüge teilzuhaben. [...] Und merkwürdig: wenn sie ihm wieder eine dieser Komödien vorspielten, war er oft nahe daran aufzuschreien: ›Hört doch auf zu lügen! Ihr wißt und ich weiß, daß ich sterbe. Hört wenigstens auf zu lügen!‹« (S. 81 f.)

Die einzige Erleichterung, die der leidende Patient erfährt, verdankt er dem Küchendiener Gerasim, einem sauberen, frischen, jungen Bauern, der ihm Beistand leistet. Als Iwan sich gezwungen sieht, ihn bei der Körperhygiene um Hilfe zu bitten und sich auf ihn zu stützen, um nicht zu fallen, sagt Gerasim: »Aber ich bitte Sie! Warum soll ich das nicht tun? Sie sind doch krank!« (S. 77) Die Anwesenheit Gerasims ist so angenehm, daß Iwan ihn des öfteren nicht weglassen will – besonders, nachdem alle anderen auf Distanz bleiben, um nicht eingestehen zu müssen, daß er im Sterben liegt. Diesem Täuschungsmanöver will Iwan entgehen, nicht weniger als seinen körperlichen Schmerzen: »nur Gerasim begriff seine Lage und hatte Mitgefühl mit ihm. Und darum war Iwan Iljitsch nur wohl mit Gerasim« (S. 82). Tolstoi betont das Verlangen des Sterbenden nach echtem, menschlichem Mitgefühl: »Iwan Iljitsch hatte zuweilen nach langen Leidensstunden Sehnsucht danach [...], daß jemand mit ihm Mitleid habe wie mit einem kranken Kinde. Er sehnte sich danach, daß man ihn liebkose, ihn küsse, über ihn weine, wie man Kinder liebkost und tröstet« (S. 83). Doch es ist schwer für den Sterbenden, um diese lebendige Anteilnahme zu bitten, wie Tolstoi deutlich macht: »Iwan Iljitsch stöhnte nicht vor Schmerzen, obwohl diese Schmerzen furchtbar waren, sondern aus Gram« (S. 85 f.).

Sobald Iwan Iljitsch in dieses neue Krankheitsstadium eintrat, hätte eine weitere Schmerzdiagnose erstellt werden müssen, wobei man die neuen Symptome – Verlust an Appetit und Körperkraft, übelriechender Atem und Stuhl – hätte einbeziehen müssen. Durch Befragen des Patienten hätte der Arzt – wie der Leser – erfahren können, daß es Iwan am besten ging, wenn er die Füße auf Gerasims Schultern legte und damit den Lendenmuskel entspannte (Schein 1981, S. 416). Hätten sich seine Ärzte nicht den Tatsachen verschlossen, so hätten sie wohl bemerkt, daß seine Angst und Depression sich verstärkten, und von daher hätten sie vielleicht auch begriffen, wie sehr seine Isolation zu den Schmerzen beitrug. Möglicherweise hätten sie dann den Versuch erwogen, das Verhalten von Ehefrau und Tochter günstig zu beeinflussen.

Aus Tolstois Schilderung geht deutlich hervor, daß Iwans Schmerzen nur zum Teil physischer Natur sind und daß sie überwiegend auf seine narzißtische Wut und auf sein tiefes Gefühl der Einsamkeit zurückgehen. Die Menschen um ihn vermeiden bewußt das offene Gespräch über seine Krankheit und deren tödlichen Verlauf. Der Patient hat den Wunsch, zu regredieren, doch vermag er dies – bis zu einem gewissen Grad – lediglich gegenüber seinem Diener Gerasim, der als einziger offen zugibt, daß Iwan stirbt. Die folgende Todesphantasie macht deutlich, wie Angst und Isolation die Schmerzen des Sterbenden verschlimmern: »Ihm schien es, als ob man ihn unter großen Schmerzen in einen engen, tiefen, schwarzen Sack stopfe und immer tiefer hineindrücken wolle, aber er könne nicht hinein. Und das ist furchtbar für ihn. Ihm wird angst, er will selber hinein und strengt sich an und hilft mit. Doch plötzlich reißt er sich los und fällt und wacht auf. [...] Er weinte über seine Hilflosigkeit, er weinte über seine schreckliche Einsamkeit, er weinte über die Grausamkeit der Menschen, die Grausamkeit Gottes, er weinte darüber, daß es keinen Gott gebe« (S. 96f.).

Der Patient wird nun immer deprimierter und kann sich nicht mehr von seinem Sofa erheben. Unentwegt liegt er mit dem Gesicht zur Wand, was man als Versuch sehen kann, dem Anblick seiner Ärzte und seiner Ehefrau zu entgehen. Als sein Ende naht, heißt es: »Aber noch furchtbarer als die körperlichen Schmerzen waren die seelischen, und in ihnen lag für Iwan Iljitsch die große Qual« (S. 105).

Drei Tage, bevor Iwan stirbt, beginnt er zu schreien, und bis kurz vor seinem Tod hört er nicht mehr auf damit. Dies veranlaßt uns zu einer dritten Schmerzanamnese. Im Endstadium seiner Krankheit machen die peinigenden Schmerzen ihn bettlägerig, und sie lassen ihn schreien ohne Unterlaß. Er bekommt Opium und Morphium, aber das hilft wenig gegen die Qual, die seiner abgrundtiefen Einsamkeit wegen um so vieles schlimmer ist, als sie hätte sein müssen.

Wenige Stunden nur vor seinem Tod werden Iwans Leiden ein wenig gelindert. Es ist sein Sohn, der ihm Trost bringt, ein Schuljunge, der sich in das Zimmer stiehlt und an Iwans Bett tritt. Noch immer schreit der Sterbende verzweifelt und schlägt mit den Armen um sich. Dabei fällt seine Hand auf das Haupt des Kindes. Der Junge faßt sie, drückt sie an seine Lippen und beginnt zu weinen.

»In diesem selben Augenblick war Iwan Iljitsch ins Loch hineingefallen und sah das Licht, und ihm war offenbar, daß sein Leben nicht so war, wie es hätte sein sollen, aber daß er es noch gutmachen könne« (S. 111).

»Und plötzlich war ihm klar, daß das, was ihn quälte und nicht aus ihm heraus wollte, auf einmal herausging von zwei Seiten, von zehn Seiten, von allen Seiten. [...]

Und er suchte seine frühere Todesangst und fand sie nicht. ›Wo ist sie? Wo ist der Tod?‹ Die Angst war nicht mehr da, weil auch der Tod nicht mehr da war. Anstelle des Todes war ein Licht da« (S. 112).

Sein Sohn hält seine Hand und führt ihn zu dem »engen, tiefen Sack« – oder, wie es bei Noll (1984, S. 74) heißt, zu einem »schwarzen Loch«, einer »Negativwelt«, einer »Unwelt« –, und Iwan läßt sich hineinfallen und trifft auf ein Licht. Durch die Verbindung zu seinem Sohn erlangt sein Leben plötzlich wieder Bedeutung, und der Tod verliert seine Bedrohlichkeit.

Heutzutage gibt es genaue Richtlinien, umfassende Studien und veröffentlichte klinische Erfahrungsberichte über Schmerzbekämpfung und Schmerzlinderung bei Krebspatienten im terminalen Stadium. Und dennoch erhalten Patienten häufig keine angemessene, auf sie abgestimmte Behandlung, die den Schmerz eindämmen könnte. Es gibt dafür eine ganze Reihe bewußter und unbewußter Ursachen sowohl auf seiten des Arztes als auch auf seiten des Patienten. So ist zum Beispiel die Ausbildung junger Ärzte im Hinblick auf eine methodisch breit angelegte Schmerzbekämpfung zumeist ungenügend, und nur ungern bitten sie ihre erfahreneren Kollegen um Hilfe. Als weiterer Grund – leider von bitterer Ironie – ist anzuführen, daß angesichts einer machtvollen, malignen Progression des Leidens dem Arzt als Handlungsmöglichkeit häufig nur noch das Verordnen schmerzdämpfender Medikamente bleibt. Indem er dem Patienten ein gewisses Maß an Schmerzen zumutet und ihn damit zwingt, um Schmerzmittel zu bitten, kann der Arzt in einer Situation, in der er keinerlei andere medizinische Hilfe mehr bieten kann, dennoch eine aktive Beziehung zum Patienten aufrechterhalten. Freilich ist ihm dieses Motiv nicht bewußt.

Auch unbewußte Abwehr kann zu unzulänglicher Schmerzbekämpfung führen. So kann der Arzt zum Beispiel befürchten, in eine narzißtische Einheit mit einem Patienten gezogen zu werden, den Medikamente der vollen Kontrolle seines Willens beraubt haben. Der Arzt ist für die Medikation eines Menschen verantwortlich, der weitgehend ohne Bewußtsein ist und bald sterben wird. Diese Situation verlangt vom Arzt, sensibel auf den Zustand des Patienten zu reagieren, sensibel genug, um ihm Schmerzen zu ersparen. Das bringt jedoch die Annäherung an eine Person mit sich, die im Sterben liegt und die unfähig ist, ihre eigene Meinung zu äußern. Man kann gut verstehen, daß derartige Umstände Angst erregen. Diese Angst kann sich noch steigern, wenn die Vorstellung hinzutritt, Schmerz gehöre zum Leben und ein Zustand ohne Schmerz sei ein Zustand am Rande des Todes. Der Arzt kann dann unbewußt zu dem Glauben gelangen, wenn er den Patienten leiden lasse, verhindere er dessen psychischen Tod und vermeide auf diese Weise, in eine »narzißtische Dualunion« mit ihm verstrickt zu werden (Meerwein 1985).

Andere unbewußte Motive auf seiten des Arztes sind von aggressiverer Natur. So kann er etwa einen starken Widerstand dagegen verspüren, dem Patienten die sekundäre Befriedigung einer Euphorie zu gestatten, die von schmerzlindernden Medikamenten hervorgerufen wird. Er kann die angemessene Behandlung der Schmerzen vorenthalten, weil er gegen einen schwierigen oder unangenehmen Patienten Rachegefühle hegt. Er kann die Vorstellung haben, daß Krankheiten, und insbesondere Krebs, selbst verursacht sind. Und wenn die Behandlung nicht zum gewünschten Ergebnis führt, so kann er dies als Verschulden des Patienten rationalisieren: Der Schmerz ist dann der Preis, der für dieses Verschulden zu zahlen ist. All diese und ähnliche Motive sind natürlich meist unbewußt und stehen im Gegensatz zu den ethischen Idealen des medizinischen Berufs.

Auch der Patient kann ein unbewußtes Interesse daran haben, weiter Schmerzen zu leiden, ungeachtet eines bewußten und aufrichtigen

Wunsches, den Schmerz zu bekämpfen. Das Mitbestimmen über die Einnahme der Schmerzmittel spiegelt bei einigen Patienten den Wunsch wider, ihre Hilflosigkeit und Regression, Folgen der malignen Progression ihrer Krankheit, weiterhin unter Kontrolle halten zu können. Eine verbreitete Furcht ist es, der Tod komme in dem von schmerzlindernden Medikamenten erzeugten Zustand des Halbschlafs wahrscheinlich eher oder plötzlicher.

Auch das Bedürfnis, einen Zustand geistiger Wachheit und Klarheit aufrechtzuerhalten, kann eine Rolle spielen. »Wie lange kann man den Schmerz beseitigen, ohne das Bewußtsein stark zu beeinträchtigen?« fragt Noll (1984, S. 258). Auch kann der Patient die Phantasie hegen, sein Krebs sei durch ein Unrecht oder eine Sünde von ihm selbst heraufbeschworen worden; in diesem Fall kann der ungeminderte Schmerz einem unbewußten Wunsch nach Bestrafung dienen. In ähnlicher Weise kann ein isolierter Patient, der sich wertlos fühlt, durch masochistisches Festhalten am Schmerz versuchen, seinen Selbstwert zu steigern und den Zustand der Depression zu bekämpfen; er fühlt sich dann aufrechterhalten allein durch die Anstrengung, den Schmerz zu überwinden. Ein solcher Patient kann sogar die Vorstellung hegen, Schmerz in diesem Leben werde nach dem Tod belohnt. Der behandelnde Arzt oder Therapeut muß derartige masochistische Reaktionsweisen beim Patienten erkennen und ihn von solchen Vorstellungen befreien, um den Weg freizumachen für eine zureichende Schmerzbehandlung und für ein angenehmes Sterben.

Ich möchte diesen Teil beschließen mit einem Gedicht, das Rainer Maria Rilke (1975, S. 511) in sein Notizbuch eintrug, kurz bevor er an chronischer Leukämie starb:

> Komm du, du letzter, den ich anerkenne,
> heilloser Schmerz in leiblichem Geweb:
> wie ich im Geiste brannte, sieh, ich brenne
> in dir; das Holz hat lange widerstrebt,
> der Flamme, die du loderst, zuzustimmen,
> nun aber nähr' ich dich und brenn' in dir.
> Mein hiesig Mildsein wird in deinem Grimmen
> ein Grimm der Hölle nicht von hier.
> Ganz rein, ganz planlos frei von Zukunft stieg
> ich auf des Leidens wirren Scheiterhaufen,

so sicher nirgends Künftiges zu kaufen
um dieses Herz, darin der Vorrat schwieg.
Bin ich es noch, der da unkenntlich brennt?
Erinnerungen reiß' ich nicht herein.
O Leben, Leben: Draußensein.
Und ich in Lohe. Niemand der mich kennt.

Für den sterbenden Krebspatienten faßt dieses letzte Gedicht Rilkes die Totalität des Schmerzes zusammen.

Teil II:
Psychoanalytische Perspektiven

1. Trauer, Verlust und Kreativität

In Teil I war unser Bezugsrahmen der Krankheitsprozeß und der Verlauf der Behandlung; die Krebsgeschichten betrachteten wir hier aus psychoonkologischer Perspektive. Wie wir sahen, unterliegen sowohl die Ängste des Patienten wie auch die angemessensten Reaktionen, mit denen man diesen Ängsten begegnen kann, wesentlichen Veränderungen, die von der jeweiligen klinischen Situation abhängen. In Teil II werden wir die literarischen und künstlerischen Produkte, die von Opfern des Krebses hervorgebracht wurden, aus einer gänzlich anderen Perspektive betrachten. Hauptsächlich werde ich von psychotherapeutischer Arbeit berichten, die ich und andere mit schwerkranken oder im terminalen Stadium befindlichen Krebspatienten durchführten – eine Arbeit, die zum überwiegenden Teil von psychoanalytischen Prinzipien bestimmt ist. Darüber hinaus erwächst vieles von dem, was ich zu berichten habe, aus dem relativ spezialisierten Gebiet der Kunsttherapie, eine Disziplin, die dem Leser möglicherweise nicht vertraut ist. Ich hoffe jedoch, daß dasjenige, worauf es in diesen Berichten ankommt, von hinlänglich umfassender Geltung ist, um sowohl für den allgemein interessierten Leser als auch für Angehörige benachbarter Disziplinen zugänglich zu sein.

Um in diesen veränderten Gegenstandsbereich einzutreten, gilt es zunächst, die Ebene unserer Analyse zu verlagern. Wir werden uns nicht nur ein feinkörnigeres Bild der vorliegenden Daten zu eigen machen, sondern auch auf ein subtileres Interpretationsmuster zurückgreifen – und zwar eines, dessen Ausgangspunkt nicht die jeweiligen Lebensumstände des Patienten sind, sondern die innere psychische Realität, durch die diese Umstände vermittelt und verstanden werden. Um ein Verständnis dieser psychischen Realität zu gewinnen, werden wir uns auch mit Themen befassen, die auf den ersten Blick weit entfernt sind von der Realität des Krankenhausbetts. Aufgabe dieses Kapitels ist es, diese Themen einzuführen und – zumindest vorläufig – ihre besondere Bedeutung für den sterbenden Patienten zu begründen. Im weiteren soll es dann um die Frage gehen, in welcher Weise diese Themen für einen psychotherapeutischen Umgang mit Krebspatienten fruchtbar gemacht werden können.

Dies alles soll nun keineswegs den psychoonkologischen Ansatz oder gar die Vitalität der Krebsgeschichten relativieren, die im ersten Teil dieses Buchs besprochen wurden. Nichts weniger als das. Wenn der Mut der Autoren und ihre Entschlossenheit, trotz schlechter Chancen mit ihrer Arbeit fortzufahren, irgend etwas bewirkt haben, dann gerade dies, uns Einsichten zu vermitteln sowohl in die furchtbare Realität des Krebses als auch in die besonderen Bedürfnisse derer, die mit dieser Krankheit zu kämpfen haben. Allein dafür gebührt ihnen unsere Bewunderung und unser Dank.

Doch es gibt noch bestimmte andere Fragen, die man an die Krebsliteratur richten kann. Diese Fragen haben mit dem psychologischen Ursprung der Kreativität zu tun, mit deren Beziehung zu Mut und Beharrungsvermögen sowie mit deren sehr besonderem Verhältnis zu den Themen der Trennung, des Verlusts und der Trauer. Diese Fragen gewinnen an Klarheit erst dann, wenn wir uns von der ergreifenden Unmittelbarkeit der Krebsgeschichten lösen, wenn wir zu den Kämpfen auf Leben und Tod, die sich darin abspielen, ein gewisses Maß intellektueller Distanz gewinnen. Etwas in uns mag sich zunächst sträuben bei dieser Aussicht – als sei Perspektive gleichbedeutend mit interesseloser Distanz und beides wiederum gleichbedeutend mit Mißachtung. Doch ich behaupte, daß diese Fragen das Innerste der menschlichen Kreativität betreffen und daß es keineswegs unangemessen ist, sie auch im Kontext der Sterblichkeit zu stellen. Und ich glaube auch nicht, daß unsere Autoren etwas dagegen einzuwenden hätten, daß wir auf die Ebene der Reflexion wechseln – womöglich waren sie vor uns dort.

Man denke etwa daran, daß die Texte, die wir eben besprachen, abwechselnd ironisch, rührend, lustig, inspirierend, traurig und bewegend waren. Nur eines waren sie nicht: deprimierend. Wie kommt das? Wie ist es möglich, daß wir als Leser an der Erfahrung eines endgültigen Verlusts teilhaben können, ohne daß wir uns dadurch völlig überwältigt fühlen? Was sagt uns das über die besondere Kraft schöpferischer Resonanz? Man bedenke auch, daß die Autoren selbst noch immer in der Lage waren, von ihren besonderen Talenten Gebrauch zu machen, und dies unter den denkbar unmöglichsten Umständen. Ist das die Reaktionsweise einiger weniger ungewöhnlich tapferer Menschen? Oder gibt es etwas Besonderes in der Natur der Kreativität, das bewirkt, daß sie in derartigen Notsituationen als Antwort bereitsteht?

Vielleicht gibt es eine grundlegende Beziehung zwischen der Kreativität und den Problemen von Trennung und Verlust – Probleme, die mit der Bedrohung durch den Tod zwar ihren Höhepunkt erreichen, die uns jedoch in jeglicher, nur relativ begrenzter Form das ganze Leben hindurch quälen. Und wenn dies der Fall ist, müssen wir dann nicht weiter annehmen, daß Kreativität in der menschlichen Psyche eine besondere Funktion hat, daß sie ein besonderes Geschenk der Götter ist, das uns überwinden läßt, was wir mehr als alles fürchten, unser Alleinsein am Ende?

Gibt es eine einzelne Eigenschaft, die unsere Krebsautoren gemeinsam verkörpern, so ist dies ihre Fähigkeit zu großer Charakterstärke. Ich glaube, das ist es, was wir am meisten an ihren Geschichten bewundern. Daß sie talentiert und begabt sind in einer Weise, wie nur wenige von uns, scheint vergleichsweise trivial. Wenn wir über unsere eigene Sterblichkeit nachdenken, so sind es nicht ihre Begabungen, um die wir diese Autoren beneiden, sondern ihre Würde und ihre Entschlossenheit. Es ist jedoch denkbar, daß unsere Einschätzung in diesem Punkt nicht ganz richtig ist. Vielleicht gibt es etwas im Wesen der Kreativität, das einen befähigt, unerschrockener zu sein als gewöhnlich. Könnten ein Alsop oder eine Gitanjali zurückkehren, so würden sie uns vielleicht erklären, daß sie sich selbst keineswegs für besonders tapfere Menschen hielten und daß die Leute in den Betten nebenan wohl kaum weniger hart um ihr Gleichgewicht kämpften. Sie verspürten einfach einen Drang – würden sie vielleicht sagen –, über das, was sie durchmachten, zu schreiben, und irgendwie hat es geholfen. Und möglicherweise war ihnen das ebenso rätselhaft wie uns.

In diesem Kapitel möchte ich dem Rätsel der Kreativität und seiner besonderen Beziehung zum Thema des Verlusts nachgehen, in der Hoffnung, dieses Problem zumindest ein klein wenig zu erhellen. Im wesentlichen werde ich mich dabei an zwei Quellen halten, wobei die eine relativ abstrakt, die andere dagegen höchst konkret ist. Zunächst möchte ich in Kürze einige psychoanalytische Theorien über die Ursprünge der Kreativität in der menschlichen Entwicklung behandeln, wobei besonderes Augenmerk darauf zu richten ist, inwieweit diese von Anbeginn mit Trennungsproblemen verbunden ist. Sodann werde ich auf Interviews zurückgreifen, die ich mit einer Anzahl von Künstlern und Schriftstellern führte. Diese waren bereit, mir ihre Gedanken darüber mitzuteilen, wie der Krebs ihr Werk beeinflußte und in welcher Weise sie ihre kreativen Fähigkeiten zu nutzen suchten, um dem Leiden eine Antwort entgegenzusetzen. Für ihre Zeit und für ihre Bereitschaft, die Früchte eines noch andauernden Kampfes mit mir zu teilen, bin ich ihnen dankbar.

Freilich habe ich nicht vor, schnelle und eindeutige Schlußfolgerungen zu ziehen, und der Leser sollte auch keine weitreichenden Synthesen erwarten. Zunächst muß es um den Nachweis gehen, daß es tatsächlich einen inneren – wenn auch schwer faßbaren – psychologischen Zusammenhang zwischen Kreativität und Verlust gibt und daß dieser Zusammenhang im Innersten sowohl der Krebsgeschichten als auch der klinischen Falldarstellungen im zweiten Teil dieses Buchs zu finden ist. Darüber hinaus würde ich meinen, daß das Verständnis dieses Zusammenhangs uns ermöglicht, auf die ungewöhnlichen Bedürfnisse des terminal erkrankten Individuums angemessener zu reagieren – sei es von Berufs wegen oder als Menschen, die in persönlicher Beziehung zu dem Sterbenden stehen. Anders gesagt: Wenn wir begreifen, was es eigentlich ist, das der von Natur begabte, schöpferische Mensch in die Situation der Krebserkrankung mitbringt, dann werden wir auch eher in der Lage sein zu verstehen, wie diese selbe Eigenschaft durch die Vermittlung eines anderen von außen erweckt werden könnte.

Psychoanalytische Auffassungen der Kreativität

Freud war skeptisch hinsichtlich der Möglichkeit, das Wesen des künstlerischen Prozesses psychoanalytisch zu klären. »Woher dem Künstler die Fähigkeit zum Schaffen kommt, ist keine Frage der Psychologie« (1913a, S. 417); »Leider muß die Analyse vor dem Problem des Dichters die Waffen strecken« (1928, S. 271) – solche Erklärungen finden sich in seinem Werk immer wieder. Freud war auch der Auffassung, das Endresultat künstlerischer Bemühung könne mit psychoanalytischen Mitteln nicht beurteilt werden; daher »müssen wir zugestehen, daß auch das Wesen der künstlerischen Leistung uns psychoanalytisch unzugänglich ist« (1910, S. 157). Freuds Urteil war durchweg unzweideutig: »Die Analyse kann nichts zur Aufklärung der künstlerischen Begabung sagen und auch die Aufdeckung der Mittel, mit denen der Künstler arbeitet, der künstlerischen Technik, fällt ihr nicht zu« (1925a, S. 91).

Freud hielt es jedoch für möglich, daß die Psychoanalyse einiges Licht in die Motive des Künstlers bringen könnte – völlig unabhängig vom Problem der Begabung oder der geglückten Verwirklichung. Für Freud drehte sich diese eingeschränkte Möglichkeit der Deutung um die annähernde Äquivalenz von künstlerischen Imaginationen und den Mechanismen hysterischer Phantasiebildung. In beiden Fällen werden gegenwärtige Wahrnehmungen auf dem Wege der Phantasie verändert, um sie vergangenen emotionalen Erfahrungen anzupassen; und hierin liegt die Möglichkeit, aus den gegenwärtigen und den vergangenen Lebensumständen des Künstlers dessen Motive zu deuten. Das Ziel der Deutung geht bereits aus Freuds Bemerkungen im sogenannten Manuskript N hervor, das er am 31. Mai 1897 seinem Freund Fließ sandte; es enthält die frühesten bekannten Überlegungen Freuds zu den Motiven, die der schöpferischen Tätigkeit zugrunde liegen. Zufälligerweise ist das Motiv in Freuds Beispiel eines mit potentiell tödlichem Ausgang:

»Der Mechanismus der Dichtung ist derselbe wie der [der] hysterischen Phantasien. Goethe vereinigt zum Werther etwas Erlebtes, seine Liebe zu Lotte Kästner, und etwas Gehörtes, das Schicksal des jungen Jerusalem, der durch Selbstmord endigt. Er spielt wahrscheinlich mit dem Vorsatz, sich zu töten, findet darin den Berührungspunkt und identifiziert sich mit Jerusalem, dem er seine Motive aus der Liebesgeschichte leiht. Mittels dieser Phantasie schützt er sich gegen die Wirkung seines Erlebnisses. So behält Shakespeares Zusammenstellung von Dichtung und Wahn recht (fine frenzy)« (1986, S. 268).

Freud erweiterte dann sein Forschungsfeld und bezog auch das Rohmaterial ein, aus dem das schöpferische Werk geformt ist: »Uns Laien hat es immer mächtig gereizt zu wissen, woher diese merkwürdige Persönlichkeit, der Dichter, seine Stoffe nimmt [...] und wie er es zustande bringt, uns mit ihnen so zu ergreifen, Erregungen in uns hervorzurufen, deren wir uns vielleicht nicht einmal für fähig gehalten hätten« (1908, S. 171).

Freud fand die Antwort im Tagtraum, dessen Wurzeln bis in die Kindheit zurückreichen:

»Sollten wir die ersten Spuren dichterischer Betätigung nicht schon beim Kinde suchen? Die liebste und intensivste Beschäftigung des Kindes ist das Spiel. Vielleicht dürfen wir sagen: Jedes spielende Kinde benimmt sich wie ein Dichter, indem es sich seine eigene Welt erschafft oder, richtiger gesagt, die Dinge seiner Welt in eine neue, ihm gefällige Ordnung versetzt. Es wäre dann unrecht zu meinen, es nähme diese Welt nicht ernst; im Gegenteil, es nimmt sein Spiel sehr ernst, es verwendet große Affektbeträge darauf. Der Gegensatz zu Spiel ist nicht Ernst, sondern – Wirklichkeit. [...]

Der Dichter tut nun dasselbe wie das spielende Kind: er erschafft eine Phantasiewelt, die er sehr ernst nimmt, d. h. mit großen Affektbeträgen ausstattet, während er sie von der Wirklichkeit scharf sondert« (1908, S. 171 f.).

Aus diesem letzteren Moment, der scharfen Abgrenzung zur Wirklichkeit, leitet nun Freud die seltsame Fähigkeit der Kunst her, Themen zu behandeln, die im gewöhnlichen Leben schmerzhaft und unerträglich wären: »Aus der Unwirklichkeit der dichterischen Welt ergeben sich aber sehr wichtige Folgen für die künstlerische Technik, denn vieles, was als real nicht Genuß bereiten könnte, kann dies doch im Spiele der Phantasie, viele an sich eigentlich peinliche Erregungen können für den Hörer und Zuschauer des Dichters zur Quelle der Lust werden« (1908, S. 172).

Freuds Beobachtung ist von gewohntem Scharfsinn; doch wenn wir an die vorigen Kapitel denken, so ist noch recht unklar, wie sie auf die Krebsgeschichten anzuwenden wäre. Gewiß existiert der von Michie imaginierte Raubvogel, der Albino-Falke, in einer phantasierten, ja nahezu halluzinierten Welt, die von der Realität scharf gesondert ist. Gerade darin liegt ja viel von der schöpferischen Kraft dieses Bildes: In der Imagination kann man ungefährdet die schlimmsten Aggressionen zum Ausdruck bringen, die in der Wirklichkeit unerträglich wären. Doch was ist mit Gitanjalis Gedichten? Oder allgemein mit dem streng autobiographischen Charakter der Krebsgeschichten? Sie setzen sich durchweg mit einer schmerzlichen Wirklichkeit auseinander, und zwar vorsätzlich und ausdrücklich. Hier gibt es keine Phantasiewelt, jedenfalls nicht im Sinne Freuds und nicht im Sinne der gewöhnlichen fiktiven Unwirklichkeiten, welche die spezifischen Freiheiten des Romanautors ermöglichen.

Freilich werden in den Krebsgeschichten Dinge mittels einer deutlichen imaginativen Distanz vergegenwärtigt, doch es ist schwierig zu sagen, worin diese Distanz genau besteht. Auf keinen Fall geht es darum, ein heiteres Gegenbild zur Wirklichkeit zu phantasieren. Keiner unserer Autoren hat sich damit abgegeben, sich einen schöneren Ort auszumalen, an dem er gerne wäre, und sie haben auch uns keinen gütigen Dispens von den Realitäten des Krankenhausbetts gewährt. Es gibt eine imaginative Distanz, aber sie wird nur errichtet, um unmittelbar eine schmerzliche Wirklichkeit anzupeilen. Vielleicht kann man von einem imaginierten inneren Raum sprechen, in dem augenblickliche Umstände beobachtet werden können, in den sie selbst jedoch nicht eindringen. Doch was sagt uns das über Kreativität?

Der englische Kinderarzt und Psychoanalytiker D. W. Winnicott (1971) erörterte Freuds Gleichsetzung von Spiel und Kreativität in einer Weise, die sich direkter auf unseren Gegenstand bezieht. Winnicott beschreibt, wie Kleinkinder zwischen dem vierten und sechsten Monat die Fähigkeit entwickeln, Objekte zu schaffen, die sie als Stellvertreter der realen Mutter betrachten. Kinder sind dazu in der Lage, unbelebte Objekte durch schöpferische Einbildungskraft zu beleben. Gewöhnlich sind es die ersten Besitztümer des Kindes – Daumen, Decke, Teddybär –, die auf diese Weise mit den Erzeugnissen von Subjektivität ausgestattet werden. Indem das Kind ein Objekt mit etwas ausstattet, was seiner inneren Welt angehört, erzeugt es eine Illusion, die es ihm ermöglicht, mit der vorangegangenen Erfahrung einer beschützenden Mutter in Kontakt zu bleiben. Winnicott bezeichnet dieses Objekt als »Übergangsobjekt«: Es markiert den Beginn einer Übergangsphase, in der sich das Kind von der primären Einheit mit der mütterlichen Umgebung weg in Richtung eines realen Selbst entwickelt, das von der Mutter getrennt ist. Das Übergangsobjekt gehört weder zur inneren Welt noch zur äußeren Realität. Es ist sowohl vom Kind geschaffen als auch von der Welt außerhalb der kindlichen Subjektivität gegeben.

Nach Winnicott sind es die Übergangsobjekte und die in der weiteren Entwicklung noch folgenden verschiedenen Übergangsphänomene, die die Basis aller schöpferischen Aktivitäten darstellen. Mehr noch, gerade aus diesem Zwischenreich zwischen äußeren und inneren Welten, wo Objekte gleichzeitig gegeben sind und erfunden werden, gewinnen kulturelle Produkte gewöhnlich ihre Bedeutung. So weist zum Beispiel das Publikum einer Theateraufführung den Schauspielern eine Bedeutung zu, die sie strenggenommen nicht haben. Und doch ist diese Zuweisung entscheidend für den Bühneneffekt. Nur weil die Zuschauer fähig sind, sich auf die verschiedenen Rollen auf der Grundlage ihrer eigenen inneren Erfahrungen zu beziehen, können sie sich mitgerissen fühlen von der sich entfaltenden Handlung, die der Text vorschreibt. Das Schauspiel findet gleichzeitig außen und innen statt.

Ein Publikum, das sich nicht so verhielte, das den Schauspielern keine Motive und Gefühle zuschriebe, ein wahrhaft objektives Publikum also würde eine völlig andere Erfahrung machen. Dieses Publikum würde wahrnehmen, was im Theater gewöhnlich verborgen bleibt, daß nämlich die gesamte Handlung durch das Theaterstück vorherbestimmt ist und daß alles, was heute abend geschehen wird, identisch ist mit dem, was gestern abend geschah und morgen abend wieder geschehen wird. Ein derart objektives Publikum könnte dem Abend bestenfalls ein gewisses mathematisches Interesse abgewinnen, indem es den einander folgenden Szenen mit dem gleichen Vergnügen folgt wie der Logiker der Auflösung diverser Verwicklungen. Tatsächlich wird bisweilen zu politischen oder ideologischen Zwecken diese Art von »Verfremdungseffekt« – um Brechts Begriff zu gebrauchen – bewußt auf der Bühne eingesetzt, um unsere normalen Gefühlsreaktionen zu vereiteln und uns zu zwingen, Dinge in einem neuen und manchmal kälteren Licht zu sehen.

Das Übergangsobjekt ist ein wirkliches Objekt, etwas, das in der äußeren Welt Bestand hat, das verloren und wiedergefunden werden kann – paradoxerweise kann es für das Kind eben darum die erste bedeutungsvolle Erfahrung eines »Nicht-Ich« repräsentieren. Genauer gesagt, für das Kind repräsentiert es die erste *willkommene* und bedeutungsvolle Erfahrung eines »Nicht-Ich«, und zwar eines, das nichtsdestoweniger zu »meinem« gemacht werden kann. Insofern dient das Übergangsobjekt sowohl als Halt in der Realität als auch als Garant von Kontinuität; es wird zum Talisman schlechthin, der Furcht und Angst abwehrt. Für das sich entwickelnde Kleinkind, dessen elementares Selbstgefühl noch immer weitgehend von der Mutter abhängig ist, wird das Übergangsobjekt rasch zum Brennpunkt, von dem aus die ersten Abwehrleistungen gegen Verlustängste organisiert werden. Auch die Abwehr depressiver Reaktionen aufgrund der Wahrnehmung, daß man die Mutter zumindest für den Augenblick bereits verloren hat, wird von hier aus organisiert. Das Kind, das nach seiner Decke greift und sie fest umklammert, sobald seine Mutter den Raum verläßt, ist ein hinreichend vertrauter Anblick; psychodynamisch gesehen ist dieses Phänomen jedoch ziemlich kompliziert. Im wesentlichen geht folgendes vor sich: Das Kind stellt sich etwas vor – die Einheit mit der Mutter – und benutzt diese Vorstellung, um etwas hervorzubringen – seine Erfahrung der Decke –, das ihm erlaubt, sowohl den Verlust hinzunehmen als auch eine neue Erfahrung für sich selbst zu machen.

Doch depressive Reaktionen des Kindes sind nicht nur in Verlusten begründet. Sie können ebenso von einem gegen die versorgende Person gerichteten Schutzwall aggressiver und destruktiver Impulse herbeigeführt werden, Impulse, die wiederum die Sorge auslösen, die Mutter (psychoanalytisch gesprochen, das mütterliche Objekt) geschädigt oder »böse« gemacht zu haben. Unser Verständnis dieser Gruppe von psychischen Phänomenen geht hauptsächlich auf das Werk von Melanie Klein zurück, deren Hypothesen über die Bewußtseinsprozesse beim Kind sich als unendlich fruchtbar erwiesen haben – selbst wenn man die unwahrscheinlichen Datierungen nicht akzeptiert, die sie bei der Beschreibung komplexer dynamischer Prozesse beim Neugeborenen anführt, oder wenn man ihren metaphernreichen Stil nicht schätzt. Klein (1975) war der Auffassung, daß das Kind aus einer früheren »paranoiden Position« in eine »depressive Position« überwechselt, sobald es erkennt, daß die Mutter eine vollständige Person für sich ist, die man ebenso hassen wie lieben kann. Beim Kind entsteht daraus die Furcht, daß seine ambivalenten Gefühle ihr gegenüber, die mit realen oder phantasierten Angriffen einhergehen und deren Destruktivität es durchaus wahrnimmt, die Liebe der Mutter untergraben oder zerstört haben könnten. Daraus resultieren Schuldgefühle, und wenn diese nicht durch die fortdauernde Verfügbarkeit der Mutter abgebaut werden, folgen Depression und Verzweiflung.

Es ist offenkundig, daß die Fähigkeit, diese Position einzunehmen, gleichbedeutend ist mit dem Erreichen eines bestimmten Entwicklungsstandes. Für Melanie Klein und ihre Anhänger geht das Einnehmen der depressiven Position Hand in Hand mit der Bildung eines realitätsorientierten Ichs. Die intensiven Verlustgefühle, die das Kind als Folge seiner eigenen – realen oder phantasierten – Angriffe auf die Mutter erleidet, erwecken den Wunsch, das geliebte, verlorene Objekt wiederherzustellen und ihm neues Leben, neue Ganzheit einzuflößen (Segal 1974). Die Dienste der realen Mutter sind auch weiterhin entscheidend dafür, inwieweit die depressive Verzweiflung zurückgedrängt wird; dennoch hängt das erfolgreiche Durchlaufen dieser Phase weitgehend von der Fähigkeit des Kindes ab, die Mutter innerlich wiederherzustellen. Denn dieses phantasierte innere Objekt ist zugleich die Quelle der Wohltat, die der alten narzißtischen Symbiose entsprang, als auch der hauptsächliche Empfänger der Schläge, die kindlicher Zorn versetzen kann. Ganz anders als in der früheren paranoiden Phase, als das Kind lediglich internen und externen, wirklichen und imaginierten Peinigern zu entkommen suchte, leitet nun das Kind in der depressiven Phase wiedergutmachende Aktivitäten ein. Diese wiedergutmachenden Aktivitäten sind von essentieller Bedeutung für das Durchlaufen der depressiven Phase und damit für die Entwicklung des Ichs und des Realitätssinns. Sie werden angespornt von dem Wunsch, das verlorene Glück der Symbiose wiederherzustellen, zu erhalten und neu zu erzeugen und damit dem inneren Objekt ein äußeres Leben einzuhauchen. Überdies bilden diese wiederherstellenden Aktivitäten den Kern des sich entwickelnden Bewußtseins und des Über-Ichs. Weil in dem Kind das Gefühl aufkommt, es sei möglich, durch eigene Aktivität einen früheren, vorteilhaften Zustand wiederherzustellen, nimmt es erstmals die moralische Bürde auf sich, sich selbst Böses zuzuschreiben und Wiedergutmachung zu leisten. Das Über-Ich, das diese moralische Aktivität leitet, hat wiederum teil an den Eigenschaften des guten Objekts.

Diese komplexe Dynamik bildet den Kern der depressiven Phase, und ihre Auswirkung auf das Kind ist von keiner geringeren Bedeutung als seine schlichten Verlassenheitsängste. Und wie das Übergangsobjekt die erste willkommene Erfahrung eines Nicht-Ich darstellt und auf diese Weise eine erste Abwehr gegen Verlustängste bildet, so hat es auch mitzuwirken bei der Überwindung der besonderen Ängste, die mit der depressiven Phase einhergehen. Der Teddybär oder die Decke werden zu Trägern der kindlichen Hoffnung, daß die gute innere Mutter nicht zerstört worden ist, daß ihre liebende Fürsorge immer aufs neue belebt werden kann, sooft das Kind sich vom Ausmaß seiner eigenen Aggression bedroht fühlt. Obwohl Eltern gewöhnlich nicht auf diesen Aspekt achten, kann das Spiel des Kindes mit dem Übergangsobjekt doch fürchterliche Formen annehmen: Dieses wird abwechselnd vernichtet und neu erfunden, wobei nur sehr allmählich ein Interesse dafür aufkommt, was das Objekt selber von all dem hält. Man tut gut daran, sich Freuds Beobachtung ins Gedächtnis zu rufen, daß Spiel »ernst« ist. Es ist bitterernst; denn im Spiel bewältigt das kleine Kind erstmals die potentiell furchterregende Welt seiner eigenen Leidenschaften.

Der Begriff des Spiels führt uns zu unserem Ausgangspunkt zurück. Wenn wir Winnicotts These akzeptieren, daß Kreativität ursprünglich aus Übergangsphänomenen erwächst, dann gibt es Grund zu der Annahme, daß sie tatsächlich in besonderer Beziehung zu den Themen des Verlusts und der Trauer steht. Im Spiel, der ihm eigenen Form der

Kreativität, lernt das Kind erstmals, allein zu sein. Zunächst spielt das Kind »allein« in der Gegenwart seiner Mutter; später, mit der Introjektion des tragenden Ichs der Mutter, spielt es tatsächlich allein. Dies ist der Punkt, an dem Ichstärke ihren Anfang nimmt, die Fähigkeit, durch sich selbst zu sein. In ähnlicher Weise lernt das Kind durch schöpferisches, symbolisches Spiel, seine eigenen Aggressionen auszuhalten und dabei ein Gefühl des eigenen Gutseins – und des Gutseins des inneren Objekts – zu behalten. Es scheint, als seien Kreativität, Verlust, Depression, Trauer und Wiedergutmachung von Anbeginn miteinander verflochten.

Die Drohung der Sterblichkeit

Die spezifische Reaktion der Krebsautoren und -künstler ist zunächst bestimmt durch ihre bereits vorher vorhandenen schöpferischen Fähigkeiten. Diesen Fähigkeiten haben sie es offenbar zu verdanken, daß sie Bedrohungen ihrer psychischen Integrität leichter zu tolerieren und aufzulösen vermögen. Künstler und Schriftsteller, die es gewohnt sind, schöpferisch tätig zu sein, haben dadurch ihr Allmachtgefühl und ihre Selbstliebe gestärkt; mit Krebs konfrontiert, können sie auf Erfahrungen der Deprivation, auf tiefe Ängste und Trauer unmittelbarer reagieren, ohne von intensiven Gefühlen des Zorns und des Hasses überwältigt zu werden. Über Krebs ein Buch zu schreiben oder ein Bild zu malen ist eine recht wirkungsvolle Alternative gegenüber primitiveren Reaktionen wie etwa Verleugnung oder projektive Identifikation – wenn diese auch, wie wir aus der frühen Kindheit wissen, in anderen Fällen das Ich vor Verzweiflung zu schützen vermögen. Verzweiflung droht erst dann das Ich zu überwältigen, wenn dieses keinerlei Vertrauen mehr in seine Fähigkeit aufbringt, das gute innere Objekt wiederherzustellen.

Die besondere Reaktionsweise des Krebsautors oder -künstlers wird häufig bereits bei der allerersten psychoonkologischen Etappe sichtbar, bei der Diagnose. Die Angst, an Krebs zu sterben, ist häufig die Angst, von einem bösen inneren Objekt überwältigt zu werden; dieses Objekt wird durch den Tumor symbolisiert, der darauf aus ist, sein Opfer zu peinigen und schließlich aufzuzehren. Der Wettlauf gegen diesen langsamen Prozeß der Zerstörung kann nur gewonnen werden, wenn das Über-Ich und das Ichideal, repräsentiert vom guten inneren Objekt, neu besetzt werden können und wenn das Ich sich weiterhin mit ihnen identifizieren kann (Meerwein 1989). Der vom Krebs Betroffene, der ein Buch schreibt, ein Kunstwerk schafft oder sich in einem wissenschaftlichen Beitrag äußert, kann mit Recht darauf hoffen, von der Öffentlichkeit beachtet zu werden; auf diese Weise kann er – mit einem Gewinn an psychischer Lust und unter Verminderung der Angst – die Omnipotenzwünsche und die narzißtischen Wünsche befriedigen, die vom Krankheitsprozeß aufs äußerste frustriert wurden. Gleichzeitig kann er so dem bösartigen inneren Prozeß, der durch den Krebstumor symbolisiert wird, entgegenwirken. Die Identifikation mit dem Über-Ich und dem Ichideal kann dadurch weiter aufrechterhalten werden. Das Buch oder das Gemälde über den Krebs ist daher von doppelter Bedeutung: Es repräsentiert ein Abschiedsgeschenk, und es wird nach dem Tod des Künstlers fortdauern und damit seine Unsterblichkeit sichern. Das Ende und die Endlosigkeit scheinen identisch, und die bedrohliche Realität ist gleichsam aufgehoben (Meerwein 1989).

Um diesen doppelten zeitlichen Aspekt des Buchs oder des Gemäldes über Krebs zu verstehen, müssen wir das Zeitproblem aus entwicklungstheoretischem Blickwinkel betrachten. Die allerersten Zeiterfahrungen des Neugeborenen setzen ein mit Störungen seiner Körperrhythmen (Lichtenberg 1991). Hunger ist der Prototyp einer solchen Erfahrung: die Störung eines behaglichen Zustands der Befriedigung und die daraus entstehende Spannung im Körper. Das Kleinkind, das zuvor die Erfahrung gemacht hat, daß die Mutter seinen Hunger stillt, kann zunächst die Halluzination der »Nährmutter« aktivieren. Mit der wachsenden Erfahrung des Kindes, daß die Mutter gewöhnlich doch rechtzeitig kommt, um seinen Hunger zu stillen, wächst auch die Fähigkeit zur Antizipation, und innerhalb der Situation des Hungers bzw. der Spannung entwickelt sich Vertrauen zur Mutter. Man kann sagen, daß diese Antizipation eine rudimentäre zeitliche Perspektive zum Ausdruck bringt, die einsetzende Empfindung eines Jetzt, eines Vorher und Nachher.

Das Kleinkind, das auf die Erfüllung seiner Wünsche warten muß, erlebt den zeitlichen Abstand zwischen der Wahrnehmung des Hungers und dessen nachfolgender Befriedigung als lang oder kurz. Es ist dies die früheste Erfahrung der Dauer und – je nach Fähigkeit des Kindes, die Befriedigung zu antizipieren – die einsetzende Wahrnehmung der verschiedenen Zeitebenen, um die es implizit geht: Vergangenheit, Gegenwart, Zukunft. Ist die Spannung des Wartens erträglich, so kann man den Affekt des Kindes während dieser Zeit als Sehnsucht charakterisieren. Schreitet jedoch die Zeit voran, ohne daß der Hunger gestillt wird, so verändert sich der Affekt und wird zu Frustration und Angst. Dem Kind drängt sich die Möglichkeit auf, daß die Befriedigung ganz ausbleiben könnte. Hilflosigkeit kommt auf und bedroht die früheren Gefühle der Hoffnung und des Vertrauens, und die Zukunft wandelt sich in eine gefährliche Dimension der Zeit. Je jünger das Kind, desto geringer ist seine Fähigkeit, angesichts wachsender Qual die Befriedigung noch zu antizipieren. Die Spannung wächst rasch, und tiefe Angst tritt in den Vordergrund. Angst wird zur Panik, Panik zum Gefühl der Ohnmacht, der Wut und der Hoffnungslosigkeit. Die Zukunft ist verloren, und katastrophische Angst wird zur einzig erkennbaren Gegenwart. In einer traumatischen Situation erfährt das Kind die Zeit stets als Zeitlosigkeit (Häfliger 1988).

Zeitlosigkeit kann auch als etwas Positives erscheinen. Wenn das Kind völlig befriedigt und zufriedengestellt ist, erlebt es eine angenehme Zeitlosigkeit, die Erfahrung von Ewigkeit als ewiger Gegenwart, in der die Trennung von Gegenwart, Vergangenheit und Zukunft aufgehoben ist, wo es weder Erinnerung noch Wunsch noch Antizipation gibt, nur reine Versunkenheit im Sein. Freud nannte dies – darin seinem Freund Romain Rolland folgend – das »ozeanische Gefühl«. Hinsichtlich der narzißtischen Balance des Kindes würde man diesen Zustand dadurch charakterisieren, daß eine hochgradige Verschmelzung mit dem idealisierten inneren Objekt eingetreten ist. Im Gegensatz dazu zeigt sich der zweite mögliche Aspekt von Zeitlosigkeit, der sich in Situationen der Deprivation und der katastrophischen Angst geltend macht, im Gefühl völligen Alleinseins und in der Nähe zur negativen Ewigkeit des Todes. Das Gegenteil der Erfahrung des ozeanischen Gefühls ist die Fragmentierung: Die Welt fällt auseinander, alle Verbindungen sind zerstört.

Im Alter von etwa zwölf Monaten beginnt das Kleinkind, die Bedeutung des Wortes »bald« zu verstehen. Dieses Verständnis bedeutet auch ein erstes Erfassen einer Vorstellung von Zukunft. »Bald« ist »noch nicht«, jedoch nicht »morgen«, sondern »heute«. Die Vorstellung einer Vergangenheit kann das Kind im Alter von etwa 36 Monaten verstehen. In diesem Alter verschmilzt das Imago der guten Mutter, die einst das Selbst befriedigte, mit den bedrohlichen, bösen

Aspekten der Mutter, wodurch die depressive Position Melanie Kleins ausgelöst wird. Die Integration der Gegensätze von gutem Selbst und bösem Selbst (innerhalb des Kindes) und von gutem Objekt und bösem Objekt (innerhalb der Mutterimago) festigt sich normalerweise weiter und erzeugt die Vorstellungen eines realen Selbst und eines realen Objekts. Damit entsteht die emotionale Objektkonstanz zum selben Zeitpunkt, da das Kind auch die Vorstellungen von Gegenwart, Vergangenheit und Zukunft zu beherrschen lernt. Wirkliche Objektkonstanz bedeutet, daß das Imago der realen Mutter emotionale Veränderungen in der Eltern-Kind-Beziehung – seien sie wirklich oder nur vorgestellt – überdauern kann; sie bedeutet aber auch ein Gefühl der Beständigkeit in der Zeit. Anders gesagt, die reale Mutter muß in der Imagination des Kindes in allen drei Zeitdimensionen Bestand haben, in Vergangenheit, Gegenwart und Zukunft. Beide Prozesse, die emotionale Integration und die Beherrschung der Zeit, ergänzen sich in diesem Alter. Es ist dies auch die Entwicklungsphase, in der sich das Über-Ich ausformt, das Teile des idealisierten Objekts ins Ichideal assimiliert (Häfliger 1988).

Mit dem Ausbruch des Krebses beim Erwachsenen stehen die psychischen Strukturen, die bestimmend sind für die Vorstellung des Selbst wie auch für die zeitlichen Erfahrungen des Selbst und der anderen, vor einer massiven Bedrohung. Das Ichideal wird dadurch noch bedeutsamer. Kann der Krebspatient sich mit der Zeitlosigkeit des Ichideals identifizieren, so verlieren die bösen inneren Objekte einiges an destruktiver Gewalt. Auf meine Frage, was sich für sie seit ihrer Mastektomie vor drei Jahren verändert habe, antwortete mir die Malerin und Kunsterzieherin Ruth Weissberg, ihr Zeitgefühl habe sich verändert. Sie erlebe jetzt die Zeit als »einen Kreis oder als Kontinuum, als einen Strom der Menschheit, in dem es Glückliche und Verwundete gibt, in dem es Wiedergeburt gibt«. Form und Inhalt von Weissbergs Kunst veranschaulichen dieses veränderte Zeitgefühl: Ihre berühmtes, auf einer großen Papierrolle aufgebrachtes Gemälde zeigt den Lebenskreis, der weder Anfang noch Ende kennt.

Doris Schwerin (1988) erzählt, als sie sich psychisch von ihrer Mastektomie erholte, habe sie Tauben zugeschaut, die auf einem Sims an ihrem New Yorker Appartement nisteten. Zuerst fühlte sie lediglich den Impuls, sie zu beobachten; dann half sie ihnen, einen kalten Winter zu überstehen, ihre Nestlinge aufzuziehen und Nesträuber zu vertreiben. In ihrem Bewußtsein beobachtete sie nicht nur die Tauben, sondern ebenso sich selbst und ihre Vergangenheit: »Ich pirsche mich wieder heran, um einen Blick auf die Kindheit zu werfen« (S. 28). »Die beiden kleinen Tauben und ihre Eltern sind für mich zu einer Möglichkeit geworden, mit einer ganz frühen Stufe in Verbindung zu treten; ich ›fühle‹ das Nest, die Vergangenheit, die Stufen der Verwandlung« (S. 83). Sie beschreibt, wie der erste Flug der kleinen Tauben ihre Gegenwart stillstehen ließ; aus ihr erwuchs »ein anderes, friedliches Leben, erfüllt von Zeit. Reiner Zeit« (S. 99). Das Beobachten der Vögel bringt sie mit ihrer Kindheit und mit ihren inneren Objekten in Verbindung: »Wo war Mama? Schaute sie zu an dem Tag, als ich zum erstenmal flog? Kam sie, um mich zu füttern, Schnabel an Schnabel? Wieso ›wußten‹ es Ma und Pa Smith [die Tauben-Eltern], und sie wußte es nicht?« (S. 100). »Sonnenstrahlen auf dem Taubenkindersims piekten mich, Zeichen aus meinem Innern« (S. 109), beschreibt Schwerin die neue Verbindung zu ihrer inneren Welt. Und sie beobachtet, wie »vergessene Vergangenheit und Gegenwart verschmelzen« (S. 113).

Indem sie einen ganzen Winter hindurch die Tauben beobachtete, kam Schwerin in Fühlung mit ihrer eigenen frühen Kindheit. Wenn sie die Vögel mit ihren starken Elterninstinkten schildert, spürt man, wie sie dabei den Verlust ihrer Brust durcharbeitet. Die Trauer und die darauf folgende Reintegration führten ihrerseits zu einem ausgeprägteren Selbstgefühl und zu einem veränderten Zeitempfinden. Bei einem späteren Besuch am Grab ihrer Eltern denkt Schwerin über ihre verlorene Brust und ihren veränderten Körper nach: »Ich bin anders und dennoch auf sonderbare Weise ein Ganzes, mehr ein Ganzes denn je« (S. 287). Ihren Eltern sagt sie: »Ich nahm Zeit in die Hand und warf sie hoch in die Luft« (S. 287). Zu beobachten, wie Naturgeheimnisse sich enthüllen, offen zu sein für die Geheimnisse der eigenen Vergangenheit, schließlich über all dies zu schreiben – diese mehrdimensionale Erfahrung ermöglichte es Schwerin, die verschiedenen Zeitsphären neu zu integrieren und sich wieder lebendig zu fühlen.

Das Resultat der schöpferischen Arbeit des Krebsautors ist angesiedelt zwischen der inneren Welt des Patienten und der äußeren Welt des Lesers; es gewinnt die Form eines Übergangsobjekts im Zwischenreich der Trauer. Wie andere Kunst und Literatur von Krebspatienten stellen auch Weissbergs Rollengemälde und Schwerins Tagebuch Übergangsobjekte bereit, die zwischen außen und innen, zwischen vergangener und gegenwärtiger Zeit angesiedelt sind; sie ermöglichen die vorläufige Abwehr einer Identifikation mit der traumatischen, fragmentierenden Seite der Zeitlosigkeit. Diese Identifikation wäre gleichbedeutend mit psychischem Tod – ein für den Leser oder Betrachter nicht weniger traumatisches Ereignis als für den Patienten.

Um was trauern Krebspatienten? Wie wir in Teil I sahen, bezieht sich die Trauer zunächst auf die verlorene Illusion der Zeitlosigkeit, die wir dem Leben zuschreiben, auf die verlorene Empfindung eines Lebens in Geborgenheit. Nur sekundär bezieht sich die Trauer auf den Verlust von Körperteilen oder Körperfunktionen und auf den Verlust der gewohnten Genüsse, die sie verschaffen; und erst zuallerletzt geht es auch um das äußerste Leid, den Verlust des Lebens selbst. Die Trauer um ein Leben in Geborgenheit kann eine recht schmerzliche Sehnsucht erwecken, die Sehnsucht – so könnte man sagen – nach der Übergangsphase, nach dem schützenden und stützenden Spiel-Raum und nach dem Zeitgefühl, das zu diesem Raum gehört. Krebspatienten sehnen sich nach kreativer Abwehr, mit der sie den kommenden Verlusten entgegengehen können; diese scheinen dann erträglicher.

Wie wir bereits ausführten, hilft das schöpferische Spiel in der Übergangsphase dem Kind, sich von der Mutter zu lösen und seine ganz eigene Beziehung zur Realität zu gewinnen. Die Entdeckung einer neuen Form literarischer oder künstlerischer Arbeit in Gestalt der Krebsgeschichte oder des Krebsgemäldes, verbunden mit einem wachsenden Gefühl künstlerischer Omnipotenz, erleichtert es dem Künstler, Trennungen ins Auge zu sehen, Verluste zu betrauern und eine Beziehung zu den neuen Realitäten zu gewinnen, denen er sich stellen muß. Für viele Autoren ist das Thema Krebs schon so ungewöhnlich, die damit verbundenen Anforderungen derart schwierig, daß dies allein eine beträchtliche Veränderung ihrer gewohnten Arbeitsweise bedeutet. Anderen genügt auch dies noch nicht. Es ist keineswegs ungewöhnlich, daß ein bereits erfolgreicher Künstler sich auf eine völlig neue Form des Ausdrucks verlegt. Und wenn der Krebs nach anfänglicher Remission wiederkehrt, so ist auch ein zweiter Wechsel der künstlerischen Ausdrucksmittel nicht selten. Viele der von mir interviewten Künstler reagierten in dieser Weise. Die Anthropologin und Violinistin Ruth Reichstein gab die Musik auf und begann, sich auf Lyrik zu konzentrieren, nachdem ihr Krebs diagnostiziert worden war. Als der Krebs später wiederkehrte, fühlte sie sich nicht mehr dazu in der Lage, Gedichte zu schreiben. Doch sie wurde dazu angeregt, sich aufs Photographieren zu verlegen; sie befaßte sich mit Aufnahmen von Bäumen, wobei sie geradezu besessen war von den Vernarbungen des Holzes. Als sie im Sterben lag, inspirierten sie diese Photographien zu ihren letzten Gedichten, und diese Inspirationen fesselten sie derart, daß sie in der Lage war, ihre heftigen Schmerzen auszublenden, die bedrohliche Wirklichkeit ihres bevorstehenden Todes aufzuheben und hoffnungsvoll zu bleiben bis zu ihrem Ende. Eines dieser Gedichte (1990) lautet:

Feder. Schlafend. Das Auge geschlossen.
Fliegen! Über die Städte, die Wälder, die
Wiesen
über die Wolken, die Winde, den Regen, den Tau.
Der Sonne nah
Unendlich der Raum
Nie mehr stürzen
aus der Tiefe
des Traums.

Die Gestaltung neuer Formen, sei es innerhalb des gewohnten Ausdrucksmediums oder mittels neuer schöpferischer Aktivitäten, ruft trotz der lebensbedrohlichen Situation wohltuende, befriedigende Gefühle hervor; sie trägt dazu bei, die vom malignen Prozeß des Krebses verursachte narzißtische Schädigung wiedergutzumachen. Die Trauer, die von den zahlreichen mit dem Krebs einhergehenden Verlusten hervorgerufen wird, erregt unbewußte Wünsche nach der verlorenen Nähe zum primären Objekt, aber auch den Wunsch nach einer neuen Gestalt, einer neuen Lösung. Wie das Übergangsobjekt in der Kindheit als Symbol der abwesenden Mutter dienen konnte, so kann das Buch, das Gedicht, das Bild über den Krebs zu einem vermittelnden Symbol für Trennung und Nähe, für Sterben und Unsterblichkeit werden.

Das Wort »Symbol« geht auf das griechische *symbállein* zurück: vereinigen, verbinden, getrennte Teile zusammenfügen. Symbole können etwas enthüllen und mitteilen, aber auch verbergen. Sie dienen dem Künstler dazu, Ordnungen zu erschaffen, und sie spielen eine Rolle bei der Entwicklung und Definition von Formen. Symbolisierung durch schöpferische Arbeit hilft dem vom Krebs betroffenen

Künstler, seine innere Erfahrung zu organisieren und seine Umgebung zu verstehen. Für Krebspatienten ist es besonders wichtig, für ihre übermächtigen Erfahrungen eine neue Gestalt zu finden und diese Erfahrungen durch Symbole, die sich in Bildern ausdrücken, zu formen. Für Melanie Klein (1975) ist die Fähigkeit zur Produktion von Symbolen die Grundlage einer gesunden Ichentwicklung in der Kindheit; ähnlich bedeutsam ist die Fähigkeit, neue und selbst bedrohliche Symbole zu erschaffen, um auf eine lebensbedrohende Krankheit in schöpferischer Weise reagieren zu können.

Einer Anzahl derartiger Symbole begegneten wir bereits in Teil I. Als etwa Diggelmann (1979) mit der Diagnose seines Gehirntumors konfrontiert wurde, nahm er seinen Stift und schrieb: »Tag für Tag sagen mir die Ärzte, die es nur gut mit mir meinen, wie kräftig die böse Todesblume in meinem Kopf wächst, Wurzeln schlägt, sich wohl fühlt in der Geborgenheit meiner Schädeldecke. Sie blühe wunderbar, sagen mir die Ärzte, sie sei fest verbunden mit mir, als liebte sie mich. Nachts sitze ich vor dem schwarzen Fenster, und jetzt höre ich in der Stille meines langen Weges in den Tod die flehende Stimme einer neuen Blume« (S. 22).

Wie bei den meisten unserer Krebsautoren und -künstler sind auch bei Diggelmann die Grenzen zwischen den einzelnen psychischen Instanzen sehr durchlässig; er hat damit leichten Zugang zu primärprozeßhaftem Denken und Vorstellen. Interessanterweise erscheint die psychische Funktionsweise des Künstlers während der schöpferischen Arbeit als frei von Verdrängung. Diggelmanns Bildsprache ist in dieser Hinsicht typisch: Sie wendet sich unmittelbar Dingen zu, die man sonst eher unterdrücken würde. Indem er auf die üblichen Annehmlichkeiten des Nichtwissens oder wenigstens der Nichtbeachtung verzichtet, setzt Diggelmann sein Symbol der »Todesblume« ein, um im eigenen Innern Ordnung zu erzeugen. Er schafft ein Symbol, das Gegensätze innerhalb einer neuen Gestalt, einer neuen Form vereinigt. Dasselbe gilt für das folgende, ebenfalls von Diggelmann verwendete doppelgesichtige Symbol: »Nimm mich auf, ich bin der Tod. Und ich bin das Leben. Wenn du mich, den Tod, nicht zu dir läßt, frage ich auch als Leben nicht mehr bei dir an. [...] Ich bettle nicht als Tod um dein Leben. Ich schenke dir dein Leben, indem ich dir als Tod erscheine. Verstoße mich nicht. Wehre dich nicht. [...] Du wirst erkennen: Nicht Tod pocht an dein Fenster, sondern verwandeltes Leben« (S. 20f.).

Sterben ist eine universelle Erfahrung, die in Kunst und Literatur seit jeher ihren Ausdruck fand. Hier erscheint diese Erfahrung gewöhnlich im Licht archetypischer Bilder, die dem kollektiven Unbewußten entstammen. Der Künstler jedoch, der mit dem eigenen, nahe bevorstehenden Tod konfrontiert ist, muß diese universellen Bilder umformen zu persönlichen Symbolen, die seinen vergangenen Erfahrungen und seinen unbewußten Motiven entsprechen. Das folgende Todesgedicht von Claire Henze (1987, S. 3), einer in Kalifornien lebenden Photographin und Schriftstellerin, veranschaulicht dies sehr gut. Entstanden ist es kurz nach ihrer Mastektomie. Unter anderem hatte Henze versucht, sich den Tod durch eine Serie von Photographien zu verbildlichen, darunter das Bild eines riesigen Motorrads ohne Fahrer, das in der Wüstenlandschaft von Death Valley steht (Abb. 1). Ihr Gedicht erweitert dieses Bild:

An den Tod

Nur ein billiger Junge
der sich für den Größten hält,
ihr mit euren Riesenmaschinen, Kanonen, Kameras,
Machtinstrumenten, die ihr nicht mal bedienen könnt.
Raus aus meinem Haus, und gib's auf, mir zu folgen!
Ich weiß, du bist nicht gekommen, um mein Haus zu plündern.
Ich bin es, hinter der du her bist.
Mit diesen schwarzen Handschuhen, die mich ekeln.
Aber du kannst dich nicht entschließen,
Lungerst nur in der Dämmerung herum.
Das ist nicht so einfach mit mir.
Für dich stürze ich nicht hinab
oder gehe zu Boden, oder liege irgendwo bei dir.
Sag ihm, wenn meine Zeit kommt,
soll er wenigstens einen Mann schicken,
der mit Frauen umgehen kann,
einen Mann mit europäischem Flair,
dessen Berührung mich den Schmerz vergessen läßt,
dem ich mit Freuden folge
und für dessen Körper ich den meinen zurechtmache.
Bis dahin, elender, verfluchter Bastard,
laß mich in Ruhe. Ich paß auf mich selber auf.

Abb. 1: Claire Henze, *Death Valley,* 1981, schwarz-weiß.

Aggression und Libido, Frustration und Befriedigung sind sämtlich von essentieller Bedeutung für die schöpferische Aktivität. Henze versucht, diese Gegensätze in ihrem Bild des Todes zu vereinigen. Dieses sehr eigentümliche Todessymbol entstammt ihrem Unbewußten und wird gespeist von frühen Erfahrungen. Der Tod wird hier nicht als Mann, sondern als unreifer Junge symbolisiert – doch als einer, der sie bedroht und gleichzeitig zu verführen sucht. Indem die Autorin Gegensätze innerhalb eines Symbols verschmilzt, zielt sie ab auf einen symbolischen Ausdruck für ihre Trauer und für die Bedrohung ihres Lebens.

Auch das folgende Gedicht von Reichstein (1986, S. 27), der Anthropologin, die zur Dichterin wurde, veranschaulicht sehr klar die Vereinigung von Gegensätzen:

> *Abwesend*
>
> Ein Glas Milch
> fand sich
> in deinem Zimmer

Die Milch
war fest
und Schimmel
wuchs auf ihr
wie Gras
auf einem frischen Grab

Reichstein, die die meisten ihrer veröffentlichten Gedichte nach Ausbruch ihres Brustkrebses verfaßte, versicherte mir, das Schreiben dieser Gedichte vermittle ihr Gefühle höchsten Glücks und tiefster Befriedigung. Sie sah in ihnen »eine Verschmelzung von Melodie, Form
und Sprache«, die in keinem anderen Medium zu verwirklichen sei.
Wenn Künstler, die unter Krebs leiden, etwas erschaffen, erleben sie
ein außerordentliches Gefühl der Erfüllung; denn sie setzen auf diesem Wege eine organische, verbindende Kraft frei, die Innen und Außen versöhnen kann. Das Innere des Künstlers ist nicht mehr bloße
Brutstätte eines bösartigen Prozesses, sondern ebenso der gesunde
Nährboden für Symbolbildung und Formgebung. Leben und Tod,
schöpferische Kräfte und Trauer werden vom Künstler geformt.

Aus funktioneller Perspektive ist Michies »Albino-Falke« – oder
»A.F.« – eine völlig andere Art von Symbol. Als Verkörperung einer
frei schwebenden Wut wurde A.F. durch die Diagnose des Krebses
ins Dasein gerufen und durch dessen verschiedene Komplikationen –
z. B. Strahlenbehandlung – am Leben erhalten. Ihre Aggression und
ihr Bedürfnis, Rache zu nehmen, delegiert Michie mit Hilfe dieses
ausdrucksstarken Symbols an etwas Schutzgewährendes außerhalb
ihrer selbst. Während sie sich pflichtgetreu einem rigiden Behandlungsplan unterwirft, finden jene aggressiven Impulse ihre Befriedigung an den heimtückischen Manövern des Raubvogels, der lebendig
und aktiv ist und der wachsam ihre Widersacher ausfindig macht und
attackiert. Die selbstheilende Funktion dieser eigentümlichen Symbolisierung ist offensichtlich: Sie ermöglicht es der Patientin bzw.
Künstlerin, ihre Aggressionen abzuspalten und sie auf den imaginierten Rächer zu projizieren. Aus psychologischer Sicht könnte man dies
– technisch gesprochen – fast als projektive Identifikation bezeichnen,
da Michie ihre Wut projiziert und doch in Verbindung zu ihr bleibt.
Allerdings war sie dazu in der Lage, gegenüber ihrem Behandlungsteam gefaßt und entspannt zu bleiben und ihre Aggressionen auf ihre
schriftstellerische Arbeit zu begrenzen.

Die Tatsache, daß »A.F.« psychisch von Nutzen ist, braucht uns jedoch nicht davon abzuhalten, ihn auch als schöpferische Leistung anzuerkennen – eine Leistung, die eine andere Patientin vielleicht nicht erbracht hätte. Wie andere von Krebs betroffene Autoren entdeckte auch Michie, daß sich mit der vollen Vergegenwärtigung des Krebses und seiner Folgen auch ein außergewöhnlicher Impuls zu symbolisierender, schöpferischer Tätigkeit einstellte.

Eines haben all diese ausdrucksstarken Symbole gemeinsam: Sie sind der Versuch, mit jemandem oder mit etwas, das in einem anderen Bereich angesiedelt ist, in Verbindung zu kommen. Sie versuchen zu erreichen, was direkt nicht zu erreichen ist; sie versuchen, im Imaginären auszudrücken, was im Wirklichen nicht ausgedrückt werden kann; und sie versuchen, die Grenzlinie zwischen Innen und Außen, zwischen der Welt der Lebenden und der Welt der Sterbenden zu überschreiten. Charakteristischerweise erfolgt der Versuch, durch symbolische Bilder den zerstörerischen Prozeß des Krebses auszudrücken, gerade vermittels der wiederherstellenden Prozesse von Kunst und Literatur.

Die begabte Malerin und Performance-Künstlerin Ruth Weissberg, die vor einigen Jahren an Brustkrebs erkrankte, zeigte in einem ihrer folgenden Stücke die Geschichte eines Schwans, der zu einem weit entfernten Ort fliegt, als er bemerkt, daß unter seinen Brustfedern Tumore wachsen. Als er die Tumore jedoch genauer untersucht, stellt sich heraus, daß es kleine Kolibris sind. Dieses Symbol des Kolibris enthält den Aspekt der Wunscherfüllung und der magischen Macht. Darüber hinaus aber steht es für eine bedeutsame Wahrheit, denn für Weissberg erwies sich der reale Tumor als Quelle von geistiger Kraft und Kreativität.

Ein ähnliches Bild kam der deutschen Malerin Richild Holt in den Sinn, und mit weitgehend demselben Inhalt. Nachdem Holt das letzte ihrer fünf Selbstporträts vollendet hatte, die im Zusammenhang mit ihrer Mastektomie entstanden, entdeckte sie plötzlich ihren Herzschlag wieder, der sich nun »wie ein kleiner Vogel im Käfig« anfühlte (zit. nach Tallmer 1989, S. 4). Ähnlich wurde der Vogel auch für die Künstlerin Hanna Wilke zu einem bedeutsamen Symbol. Sie zähmte einen wirklichen Vogel, der drei Tage, nachdem ihre Mutter an Brustkrebs gestorben war, in ihr Zimmer flog. Sie gab dem Vogel den jiddischen Namen ihrer Mutter, Chaya, was auf den hebräischen Begriff für »Leben« zurückgeht. Kurz nach Ende der Trauerzeit um ihre Mutter wurde der Vogel versehentlich getötet; Wilke bekam einen neuen Vogel, der ihr Gesellschaft leistete und ihr dabei half, mit einem kleinen knotenförmigen Lymphom fertigzuwerden, das bald darauf diagnostiziert wurde (Langer 1989, S. 132).

Für alle drei Künstlerinnen wurden Vögel, die archetypischen Symbole für Sublimation, Einbildungskraft und Liebe, zu Boten aus der Welt der Lebenden in der Welt der Sterbenden.

Der wiederhergestellte Körper

Wie Aristoteles, der den Tastsinn als den ursprünglichsten Sinn bezeichnete, haben auch Winnicott (1958) und Melanie Klein (1975) die Realität des Körpers als die erste Realität des Kleinkindes betrachtet. Mittels der motorischen Aktivitäten des Kindes wird diese Realität nach und nach erprobt. Unser ganzes Leben hindurch stellen wir symbolische Verbindungen her zwischen unseren Körpern und der Außenwelt. Und innerhalb dieser imaginären Landschaft des Realen – oder des Verkörperten – hat die Hand eine besondere psychische wie biologische Bedeutung und ihre ganz eigene Geschichte. Vom Leben in der Gebärmutter an steht die Hand in naher Verbindung zum Mund. In der frühen Kindheit überträgt die Hand orale Spannungen vom Mund auf den übrigen Körper (Hoffer 1964). Die Feder des Schriftstellers und der Pinsel des Künstlers sind Erweiterungen der Hand, d. h., sie drücken das Körperbild aus und verallgemeinern es. In gewissem Sinne überträgt die Hand die Spannung von Liebe und Haß, von Leben und Tod auf das Papier oder die Leinwand, wie sie in der Kindheit die Erregung vom Mund über die Haut verbreitet. Als Matisse einmal gefragt wurde, wie er zwischen seinen gelungenen und seinen weniger gelungenen Bildern unterscheiden könne, antwortete er, er fühle den Unterschied in der Hand (Rose 1980).

Die Arbeit des Künstlers oder Schriftstellers ist zuallererst physische Arbeit, und schöpferische Kunst ist eine der Möglichkeiten, lustvolle körperliche Zustände neu zu erfahren. Die erhöhte Sensibilität vieler Künstler sowohl gegenüber körperlichen Empfindungen als auch hinsichtlich der Welt der Wahrnehmungen führt dazu, daß eine harmonische Balance zwischen Körperzuständen und Formen der äußeren Welt aktiv angestrebt wird. Psychische Selbst-Heilung durch Schreiben und künstlerischen Ausdruck unterliegt stets dem unbewußten Wunsch, das fertige Ergebnis möge die durch den Krebs zerstörte körperliche Intaktheit wiederherstellen. Dies gilt insbesondere für Frauen, die an Brustkrebs leiden, wie wir in einem späteren Kapitel noch sehen werden. Die israelische Schauspielerin Nira Rabinowitz erzählte mir, sie habe die beiden Tage zwischen der Biopsie ihrer Brust und der folgenden Mastektomie dazu genutzt, sich von ihrer Brust zu trennen und sie gleichzeitig durch Photographien festzuhalten.

Die Schweizer Dichterin Ruth Reichstein litt an entzündlichem Brustkrebs, der zahlreiche Hauttransplantationen erforderlich machte. Sie photographierte Baumstämme und insbesondere kranke und narbige Baumrinde, doch erst später wurde ihr klar, daß sie unbewußt Bilder ihrer eigenen Narben und ihres sich verändernden Hautgewebes auf die Natur projiziert hatte. Sie erklärte mir, daß in der Natur selbst zerstörerische Veränderungen allmählich als Teil ebenjener Natur integriert und schließlich als ästhetisch schön erfahren werden. Die Motivwahl für ihre Photographien war eine Möglichkeit, ihren kranken Körper zu akzeptieren. Ihre Photos und Gedichte kann man als Versuche der Selbstheilung deuten, die darauf abzielen, sich mit den eigenen physischen Narben abzufinden. Sie hoffte, diese Narben in ihr Körperbild reintegrieren zu können, genau wie die Natur die Fähigkeit hat, die eigenen Mängel als Bestandteile natürlicher Prozesse hinzunehmen und sie zur Wiederherstellung physischer Integrität zu nutzen.

In der ersten Zeit nach ihrer Mastektomie machte die Schriftstellerin und Photographin Claire Henze Schwarzweiß-Aufnahmen ihrer beiden kleinen, nackten Kinder. Diese Schnappschüsse wurden mit einer billigen Plastikkamera gemacht; die Aufnahmen sind verschwommen und unscharf und spiegeln die nebelhafte Wahrnehmung der Künstlerin in der Zeit unmittelbar nach der Diagnose wider. Dem Impuls zu folgen, die starken, gesunden, intakten Körper ihrer Kinder auf Film zu bannen, erleichterte es ihr – wie sie heute weiß –, ihre Gefühle dem eigenen Körper gegenüber ins Gleichgewicht zu bringen. Der schöpferische Akt half ihr, ein Gefühl psychologischer Unversehrtheit und Ganzheit aufrechtzuerhalten, so daß sie später die narzißtische Wunde heilen konnte.

Die deutsche Malerin Richild Holt porträtierte sich selbst nackt, nachdem sie mit einer äußerst düsteren Prognose ihres malignen Brustkrebses konfrontiert worden war. Diese Nachricht zerbrach sie völlig, wie sie sagt, doch sie war noch in der Lage, drei Stunden hindurch zu malen; danach fühlte sie sich ruhiger. Obwohl dieses Bild mit dem Titel *Todesurteil* (Abb. 2) sie noch körperlich intakt zeigt, lassen der undeutliche Ausdruck und die dunkle Schattierung des Gesichts doch ihren tiefen Schmerz erkennen. Drei Tage später, nach einer zweiten medizinischen Untersuchung, wurde das Urteil ein Stück weit korrigiert. Holt malte sich erneut mit zwei Brüsten; diesmal jedoch ist ihr Gesicht mit dem seitwärts auf den Betrachter gerichteten Blick klar erkennbar (Abb. 3). Am Tag nach ihrer Mastektomie, als die Verbände entfernt wurden, litt sie unter erheblichen Schmerzen; doch unter der Obhut einer Schwester schaffte es Holt,

Abb. 2: Richild Holt, *Todesurteil, 6. August 1987*, Öl auf Leinwand, 127 x 178 cm.

noch in ihrem Krankenzimmer ein drittes Selbstporträt anzufertigen (Abb. 4). Auch diesmal fühlte sie sich danach ruhiger. Auf diesem Bild ist der Oberkörper der Malerin mit seiner Wunde klar und unsentimental dargestellt; ihr Blick ist gerade und direkt.

Wie mir Holt in einem Brief erläuterte, entstanden die letzten beiden Selbstporträts als Versuche, den leeren Platz auf ihrem Oberkörper besser kennenzulernen und mit diesem neuen, verstümmelten Körper vertraut zu werden: »Ich mußte diese ›Krebsbilder‹ malen, um zu begreifen, was überhaupt passierte.« Auf dem ersten dieser beiden Bilder scheint die Todesangst wiederzukehren: Das Gesicht ist überschattet (Abb. 5). Auf dem zweiten jedoch vollzieht sich nun

Abb. 3: Richild Holt, *Revidiertes Urteil, 9. August 1987,* Öl auf Leinwand, 127 x 178 cm.

eine Integration aller Elemente der vorigen Bilder, und die Hand der Künstlerin legt sich schützend über ihre Wunde (Abb. 6). Diese Geste spiegelt Hoffnung wider, und tatsächlich war dies der Zeitpunkt, an dem Holt ihr Herz wiederentdeckte, das flatterte »wie ein kleiner Vogel im Käfig«. Sowohl die Integration eines neuen Körper-Selbst als auch das Annehmen einer neuen Lebensgestalt, mit der sich Holt identifizieren konnte, war durch den Akt der Malerei wesentlich gefördert worden. Für Holt ist es eines der Ziele des Künstlers, ein gesteigertes Bewußtsein seiner selbst und des eigenen Körpers zu forcieren; angesichts einer Krankheit müsse dieses Bewußtsein fähig sein, sowohl die schmerzliche Wahrheit zu umfassen als auch ihr ent-

Abb. 4: Richild Holt, *Im Krankenhaus, 16. August 1987,* Öl auf Leinwand, 127 x 178 cm.

gegenzutreten. Weiter ist sie der Auffassung – und ich denke, dies gilt für alle Menschen, die mit Krebs konfrontiert sind –, daß die körperliche Wahrheit dieses Leidens in seiner rohen, ungeformten, nicht zum Ausdruck gelangten Gestalt psychisch außerordentlich schmerzhaft und kaum zu ertragen ist.

Die feministische Schriftstellerin und Lyrikerin Deena Metzger tätowierte sich sogar einen wachsenden Baum um ihre Brustnarbe. Das folgende Gedicht (1983, S. 194), das kurz darauf entstand, zeigt ihr starkes Bedürfnis nach Veränderung und den Impuls, ihrer Erfahrung Form zu verleihen; dabei bediente sie sich ihrer Einbildungskraft als der wirksamsten heilenden Kraft:

Abb. 5: Richild Holt, *1. September 1987*, Öl auf Leinwand, 127 x 178 cm.

Ich habe keine Angst mehr

Ich habe keine Angst mehr vor Spiegeln, in denen ich das
   Zeichen der Amazone erblicke, die Pfeile schleudert.
Eine dünne rote Linie lief quer über meinen Brustkorb,
   ein Messer war dort eingedrungen, doch jetzt
rankt sich ein Zweig um die Narbe, der vom Arm zum Herzen
   wächst.
Grüne Blätter bedecken den Zweig, Trauben hängen daran,
   und ein Vogel erscheint.
Was nun in mir wächst, ist lebendig und fügt mir
   kein Leid zu. Ich glaube, der Vogel singt gerade.

Abb. 6: Richild Holt, *Februar 1988,* Öl auf Leinwand, 127 x 178 cm.

Auf einige Narben habe ich verzichtet.
Meine Brust habe ich sorgfältig gestaltet wie ein
  illuminiertes Manuskript.
Ich schäme mich nicht länger zu lieben. Liebe ist eine
  Schlacht, die ich gewinnen kann.
Ich habe den Körper einer Kriegerin, die nicht tötet
  und nicht verwundet.
In das Buch meines Körpers habe ich für immer
  einen Baum eingetragen.

Dieses Gedicht wie auch ihre anderen Werke aus jener Zeit machen deutlich, in welcher Weise Metzger ihr kreatives Vermögen einsetzte, um wieder zu einem Gefühl von Ganzheit und Intaktheit zu gelangen.

Die Bildhauerin Nancy Fried benutzt den eigenen veränderten Oberkörper als Ausgangspunkt zahlreicher ihrer Werke. Ihre kopflosen Torsi in Bronze und Terracotta konzentrieren sich auf den Brustkorb mit der einen, schweren Brust und der waagrechten Amputationsnarbe; sie lassen deutlich erkennen, daß sie ihren neuen, veränderten Körper akzeptiert. »Ich mußte das machen, um mich selbst zu heilen«, erklärt Fried. Die schönen und ausgewogenen Stücke, die sie seither ausführte, zeigen ästhetische Geschlossenheit und beweisen, daß ihr Versuch der Selbstheilung gelungen ist. Die bildhauerische Arbeit führte zur Entdeckung einer neuen Gestalt und zur Anerkennung eines neuen, veränderten Körpers (Abb. 7 und 8).

Vielleicht mehr als Männer müssen Frauen Veränderungen ihres Körpers bewältigen. Von der Pubertät über die Schwangerschaft bis in die Wechseljahre, mit den zugehörigen Möglichkeiten der flachen Brust oder des »narbigen« Bauchs, gehören körperliche Veränderungen zur physischen Entwicklung der Frau. Wird diese normale Entwicklung durch den malignen Prozeß des Krebses beschleunigt oder in andere Bahnen gelenkt, so wird das Bedürfnis, am Bild eines intakten, gesunden Körpers festzuhalten, um so wichtiger. Für Künstlerinnen erwächst daraus einer der wichtigsten Antriebe. Rabinowitz und Holt prägten sich in den Tagen vor der Mastektomie das Bild ihrer noch intakten Brust durch Photographieren und Malen ein. In ähnlicher, jedoch unbewußter Weise fühlte sich Henze dazu veranlaßt, die gesunden Körper ihrer Kinder zu photographieren – einschließlich der noch unreifen, flachen, aber makellosen Brust ihrer kleinen Tochter.

Abb. 7: Nancy Fried, *Torso,* 1987, Terracotta, 25 x 27 x 23 cm.
(Foto: Allan Finkleman Studio, New York City)

Aus demselben Grund scheinen Frauen häufiger und eher dazu bereit, sich mit den durch Krebs und Chirurgie verursachten physischen
Veränderungen direkt auseinanderzusetzen. Vielleicht ist der künstlerische Ausdruck für eine Frau eher erträglich als für den Mann, dessen körperliche Veränderungen mit einem weit langsamer ablaufen-
den Prozeß einhergehen. Für die Patientin ist der Körper selbst dann
Bezugspunkt, wenn der Krebs kein derart emotional besetztes Organ
wie die Brust betrifft. Man erinnere sich an das Bild, das die Schriftstellerin Maja Beutler (1980) gebrauchte, um ihren Versuch zu beschreiben, mit dem Mund, der von der Halsoperation noch betäubt
war, die ersten Laute hervorzubringen: »Dann bin ich eine Frau, ich
presse, ich presse, ein winziges Stück nasses Leben kann herausschießen, wenn ich nur presse, presse« (S. 79).

Abb. 8: Nancy Fried, *Der Handspiegel,* 1987, Terracotta, 25 x 27 x 23 cm.
(Foto: Allan Finkleman Studio, New York City)

Aspekte der Form

Ob durch Malerei, Photographie, Schreiben oder Performance-Aufführungen – Künstler versuchen, die physische Erfahrung des Krebses zu formen und in eine völlig neue Gestalt zu überführen. Ein bedeutsamer Aspekt dieses Prozesses ist die Verwendung der Form als Mittel, die Erfahrung in eine Einheit zu bringen. Form wird so nicht nur zum Träger unbewußter Wünsche, den intakten Körper zurückzuerlangen, sondern ebenso zum Mittel, das wiederentdeckte schöpferische Selbst Gestalt annehmen zu lassen, jenen Teil des Künstlers, der weiter lebt und wächst. Die Form wird zum Träger eines weiteren umfassenden Begehrens: das nach Wiederherstellung eines primären narzißtischen Gleichgewichts, das noch von keiner Trennung bedroht ist. Nicht nur im harmonischen Bei-sich-Sein der schöpferischen Arbeit, sondern auch in der Einheit der literarischen oder künstlerischen Form können Künstler unbewußt nach der ursprünglichen Einheit von Mutter und Kind suchen. Die strukturelle Geschlossenheit einer literarischen Form kann dazu beitragen, die schmerzliche Trennung von Subjekt und Objekt zu überwinden. Ebenso kann sie das Entschwinden der Zeit vorübergehend aufhalten, indem sie eine neue Empfindung lustvoller Dauer erzeugt, in der Vergangenheit und Zukunft in der Fülle der Gegenwart vereint sind.

Indem es die Einheit eines erfolgreich ausgeführten Werks formt, sichert sich das Ich des Schriftstellers ein Gefühl von Allmacht und Selbstliebe; aus psychodynamischer Perspektive genießt der Künstler oder Schriftsteller innerlich erneut die Liebe der Mutter und überwindet dadurch das Trauma der Trennung. Gewöhnliche Erfahrung, und ganz besonders die gewöhnliche Erfahrung des Krankenhausbetts, zerfällt in unzusammenhängende Fragmente; schöpferische Erfahrung dagegen trägt ihre eigene Ganzheit und Kontinuität in sich.

Literarische und künstlerische Formen markieren die Grenzlinien, die maßgebend sind für die Beziehungen und Konflikte zwischen Wunsch und Wirklichkeit, zwischen objektiven Umständen und subjektiver Phantasie. Form vermittelt zwischen dem, was als Inneres, und dem, was als Äußeres gilt; dadurch gibt sie der Erfahrung Genauigkeit. In gewissem Sinne ist der literarische Inhalt lediglich ein subjektives Moment, das von der objektivierenden Form umschlossen wird und von dieser erst seine Geltung erhält. In dieser Hinsicht ist der Inhalt jedes literarischen Werks bereits weitgehend festgelegt, sobald über die Form entschieden ist. Freud hat in seinen Studien über Leonardo da Vinci (1910) und Michelangelo (1914) gezeigt, daß Aspekte der Form uns einiges über die Psychologie des Künstlers offenbaren können. Susanne Langer (1953), deren Ideen sich aus einer Logik der symbolischen Formen entwickelten, behauptet sogar, daß Form ein direkter Ausdruck von Gefühl und Emotion sei.

Aus psychologischer Perspektive ist es diese Eigenart der einmal gewählten Form, den Ausdruck unkontrollierter Phantasien steuern und diese Phantasien mit der Realität in Verbindung bringen zu können, die dem Schriftsteller eine produktive Arbeit innerhalb seiner subjektiven Situation ermöglicht. Auf dieser Ebene ist die Form das Auswahlprinzip, das zwischen Phantasie und Wirklichkeit, zwischen Trieben und Realitätsprinzip herrscht; es vermittelt die vom Künstler gewählten Inhalte im Hinblick auf die Dichotomien der Erfahrung: innen und außen, Wunsch und Wirklichkeit, Subjektivität und Objektivität. Indem sie die Phantasie auf diese Weise strukturiert, erzeugt die Form einen Zwischenbereich, innerhalb dessen soziale Akzeptanz und soziale Integration ungeschmälert weiterbestehen.

Auch über die Ichstruktur des Patienten bzw. Künstlers kann die Form uns einiges mitteilen. Sie unterstützt die Funktionen der Abwehr, der Triebunterdrückung, der Realitätsprüfung und der selektiven Triebabfuhr. Die Lust an der Form rührt nicht nur von der Abfuhr derjenigen Triebimpulse, denen sie gestattet, zum Ausdruck zu gelangen, sondern auch von der Triebabwehr, die durch ihre Integration in die umfassende formale Werkstruktur eine gewisse Eleganz gewinnt. Ein Beispiel ist die nur scheinbar einfache literarische Form von Michies Aufzählungen, die in Teil I zitiert wurden. Nachdem ihr mitgeteilt wurde, daß sie Krebs hat, tröstet sich die Autorin mit einer Liste von Dingen, die sie nun nie mehr wird tun müssen: z. B. empfindliche Wäsche von Hand waschen, große Dinnerparties geben und das metrische System erlernen. Es handelt sich um einen Katalog von Unannehmlichkeiten des Lebens, eine Erinnerung daran, daß wir über unsere leibliche Existenz nicht immer nur glücklich sind und daß damit sehr wohl einige Dinge verbunden sind, auf die wir bereitwillig verzichten würden. Auf den ersten Blick scheint die Sache völlig klar. Doch spielt hier ein wichtiges formales Element hinein: Die lockere Struktur der Liste fördert den Einsatz von Humor als Abwehr, indem sie merkwürdigen und frechen Gedanken freien Lauf läßt, während sie zur eigentlichen Schwere des Inhalts ihren eigenen Beitrag leistet.

Denn es wird ja suggeriert – und zwar ästhetisch dadurch, daß es sich um eine Liste handelt –, daß man all diese Dinge notieren muß, um sie nicht zu vergessen. Nur zu diesem Zweck stellen wir gewöhnlich Listen zusammen: um Dinge davor zu bewahren, vergessen zu werden – als ob man das, was hier in Wahrheit auf dem Spiel steht, vergessen könnte. Auf diese Weise bewahrt Michie sich selbst und ihren Leser davor, überwältigt zu werden von der Drohung des Krebses – eben von jener Sache also, die zu vergessen praktisch unmöglich ist.

Websters Gedicht *Kriegsberichterstattung* (1980, S. 35), dessen strenge, prägnante Form dem Titel entspricht, vermittelt ein völlig anderes Empfinden und verrät damit eine völlig andersgeartete psychische Organisation. Die Form, die einem Frontbericht angemessen wäre, unterstreicht den aggressiven Inhalt mit seinen Bildern des bewaffneten Kampfes und der unsicheren Waffenruhe. Und ebenso wie die Dichterin sich vom Krebs angegriffen fühlt, erlaubt ihr der poetische Stil, nun ihrerseits zum Gegenangriff überzugehen; dabei kann sie ihre Wut und ihre Verbitterung um so freier zum Ausdruck bringen, als diese ja durch die Form gebändigt sind und daher niemanden verletzten können. Form geht über in Inhalt; Inhalt verschmilzt wiederum mit Form:

> *Kriegsberichterstattung*
>
> Bürgerkrieg. Mein Körper ist
> das Schlachtfeld.
> Die linke Brust fällt zuerst.
> Eine Legion von Knoten tarnt
> heimtückische Absichten.
> Besetztes Territorium:
> Das Lymphsystem.
> Unter dem Verdacht,
> den Feind zu unterstützen,
> werden Ovarien geopfert.
> Es folgen
> fünf Jahre Waffenstillstand.
> [...]

Im Gegensatz dazu wahren die meisten der Gedichte Gitanjalis, obgleich fast ebenso lakonisch, in ihrer Form einen Sinn für Balance und Proportion. Wie der Inhalt ihres Werks dient auch ihr Gebrauch der

Form, die von beständiger, kontemplativer Schönheit ist, Zielen des Über-Ichs. Form wie Inhalt zielen gleichermaßen auf eine innere, strukturelle Sicherheit, welche die Werte der Autorin unangetastet fortbestehen läßt. Man kann ihre Gefühle verfolgen und respektieren, doch werden sie innerhalb der Schranken ihrer gelassenen, stets beherrschten Verse gehalten. Wer sich auf diese Weise hinter die ästhetische Sicherheit der Form zurückzieht, flieht die Realität und erkennt sie zugleich an. Aus einer gewissen Entfernung zur Wirklichkeit, aber doch in Kontakt mit ihr, ist Gitanjali fähig, ihre Situation zu analysieren; daher kann sie, ganz wie es ihr gefällt, ihre Gefühle entweder zügeln oder sich ihnen gemäß verhalten. Der erregende Eindruck, den ihre Gedichte beim Leser hervorrufen, beruht zum Teil darauf, daß sie letzten Endes keines von beiden tut: Ihr Nachsinnen verbleibt in ewiger Balance am Punkt der Entscheidung, wo die Tat und ihre Unterdrückung gleich schwer wiegen.

Die schroffen inneren Widersprüche in Werken wie denen Gitanjalis resultieren letzten Endes aus der problematischen Beziehung der Literatur zur Gesellschaft. Schriftsteller schreiben sowohl zu ihrer eigenen Befriedigung als auch für ein Publikum. Daher kann das geschriebene Wort den Autor resozialisieren, während es ihm gleichzeitig ermöglicht, allein zu bleiben. Gitanjali hat diese doppelte Funktion sogar selbst inszeniert: Sie versteckte ihre Gedichte, um ihre Mutter nicht vor den Kopf zu stoßen, und bewahrte sie gleichzeitig vor Zerstörung, so daß sie überdauern konnten. Während sie daran arbeitete, konnte sie sich an die tröstliche Gewißheit halten, daß die Gedichte nach ihrem Tod gefunden würden – ein Gedanke, der ihre Todesangst und ihr Gefühl emotionaler Isolation sicherlich gelindert hat.

Die gleiche soziale Zweideutigkeit tritt regelmäßig auch bei Eintragungen in Tagebücher und Notizbücher auf, und das Werk von Krebspatienten ist in dieser Hinsicht keine Ausnahme. Die relative Privatheit eines Tagebuchs begründet die vorläufige Hoffnung, sein Inhalt möge trotz allem geheim bleiben. Dies impliziert aber bereits ein Gefühl der Einschränkung, ein Gefühl, das man dazu nutzen kann, bestimmte formale Techniken abzustützen, die den Zielen des Über-Ichs dienen. Im folgenden Zitat aus dem Tagebuch von Dora Hauri (1982) etwa beginnt die Autorin in der denkbar knappsten Form, dabei völlig in Einklang mit ihrer auch sonst nüchternen Empfindungsweise. Doch sehr schnell machen sich Schuldgefühle bemerkbar, die diesen Rahmen sprengen; sie drohen, umzuschlagen in einen Zorn der Erinnerung, der dann nur noch durch weitere Symbolisierung gebändigt werden kann. Diese überschreitet zwar weit die Grenzen des vormals konventionellen Diskurses, doch noch immer ist das Ganze der Äußerung Hauris gleichsam gefesselt; die Forderungen des Über-Ichs sind erfüllt, und zwar teilweise dadurch, daß es sich schließlich nicht um einen öffentlichen Ausbruch handelt, sondern um einen insgesamt besonnenen Eintrag in ein Tagebuch:

»16. November 1978

Knoten in der Brust.

Keine Periode.

Müdigkeit.

Was war das eben? Das Rauchen? Der Alkohol? Die Bewegungssucht? Ein Aufbäumen, eine Stichflamme« (S. 9).

Je dichter und starrer die ästhetische Form wird, desto weiter ist der Autor entfernt von libidinöser Befriedigung: von den wohltuenden Empfindungen des noch lebendigen Körpers und der Befriedigung, die er durch die Nähe begehrter Objekte erlangen kann. Der Gewinn für die innere Ökonomie des Künstlers oder Schriftstellers liegt im gesteigerten Gefühl der Selbstkontrolle und Selbstbeherrschung sowie im Stolz und im Gefühl der Befriedigung, die diese Beherrschung vermitteln kann. Doch kann dieses Bestreben im Extremfall bombastische Ausmaße erreichen, so daß die schöpferische Aktivität den Charakter einer rigiden Abwehr annimmt. In solchen Fällen können wir von einer Kreativität sprechen, die Hagglund (1978) als »phallisch« beschrieben hat. Phallische Kreativität tritt dann ein, wenn – psychologisch gesprochen – der Künstler versucht, Kastrationsangst gemeinsam mit Trennungsproblemen zu verdichten und dann beides völlig auszulöschen, indem er sich die Intaktheit und Produktivität seines Selbst neu bestätigt. Der schöpferische Akt wird dann zu einer ganz und gar narzißtischen Erfahrung, in welcher der Künstler sein Verlangen nach Größe, Stärke, Bewunderung usw. befriedigt; über welches Talent er auch immer verfügt, es wird nur eingesetzt, um das Selbstgefühl immer weiter zu steigern. Es ist dies die künstlerische Entsprechung des gewöhnlichen Ausrufs »Noch nie ging's mir besser!«, der freilich auch die Form »Seht her, was ich geschafft habe, mit was ich fertiggeworden bin!« annehmen kann – wie ja Selbstbezüglichkeit stets ebenso gut in negativen Begriffen ausgedrückt werden kann. Tritt eine derartige Abwehr bei einem von Krebs betroffenen Schriftsteller oder Maler auf, so wird er versuchen, den emotionalen Widerhall der Umstände zu verleugnen: Er ist dann nicht mehr allein, ist nicht verlassen worden, nicht wertlos usw. Oft genug ermöglicht diese Art der Reaktion dem Krebskranken, seine künstlerische Aktivität bis zum Augenblick des Todes unbeirrt fortzusetzen; jedoch beseitigt sie keine Trennungsängste und erlaubt es auch nicht, die Probleme durchzuarbeiten. Am Ende steht damit kein Annehmen, sondern bloßes Aufhören.

Hagglunds (1978) Beschreibung der phallischen Kreativität steht begrifflich der von Melanie Klein so genannten »manischen Abwehr« sehr nahe. Nach Klein und ihrer Schule ist die manische Abwehr durch eine Verleugnung psychischer Realität gekennzeichnet, durch ein Gefühl omnipotenter Kontrolle und Herrschaft sowie durch eine partielle Regression zur paranoiden Position mit einer Wiederbelebung archaischer Abwehrmechanismen, wie z. B. Abspaltung, primitive Idealisierung, Verleugnung und projektive Identifikation (Segal 1974). Ziel dieser manischen Wiedergutmachung ist es, das Objekt in einer solchen Weise wiederherzustellen, daß Verlust und Schuld gar nicht mehr als wirklich erfahren gelten. Aus psychodynamischer Perspektive verhält es sich so, als seien die guten Bestandteile des Objekts ins Selbst hineingenommen und der Kontrolle des Individuums unterworfen worden, so daß nicht nur das gesamte Drama der Kindheit – Wut, Leid und Wiederherstellung – überdeckt, sondern sogar die Tatsache der Trennung selber verleugnet wird. Darum ist phallische Kreativität weniger eine Erweiterung oder Transformation der Trauer als vielmehr eine gegen sie gerichtete Abwehrmaßnahme. Leid wird dabei nicht erfahren, denn es ist ja genau diese Emotion, die vereitelt wurde; ihr Platz wird eingenommen von einem Gefühl des Triumphes und von gesteigerter Selbstschätzung. Erst wenn die phallische Abwehr hinreichend abgeklungen ist, kann man zu einer wirklichen Kreativität gelangen, die dem Patienten das Durcharbeiten der notwendigen Trauer ermöglicht (Hagglund 1978).

In meiner Übersicht über die Krebsliteratur möchte ich lediglich ein Buch untersuchen, das Ausdruck phallischer Kreativität ist: *Mars*, verfaßt von dem Schweizer Fritz Zorn (1977); ich komme noch darauf zu sprechen. Indessen stieß ich auf eine ganze Reihe solcher Bücher. Viele von ihnen sind sachliche Tagebücher, aus denen sämtliche persönlichen Gefühle und Phantasien der Autoren systematisch ausgeschlossen wurden; statt dessen finden sich Polemiken gegen das medizinische Establishment, Klagen über Familienangehörige oder über bestimmte Ärzte sowie Vorschläge verschiedener alternativer Behandlungsmethoden. Und schließlich gibt es Bücher, in denen die Religion vorrangig nicht Trost ist oder als Medium der Kontemplation von Sinnfragen dient, sondern zur Abwehr gegen Enttäuschung und Wut.

Ein gutes Beispiel dafür ist Mary Higginbothams *With Each Passing Moment* (1974). Higginbotham berichtet, ein wegen Krebs am Dickdarm vorgenommener, äußerst schmerzhafter und demütigender medizinischer Eingriff habe wiederholt werden müssen, da ein Arzt einen falschen Schlauch eingesetzt hatte. Ihre anfängliche Klage darüber ist nur menschlich und unmittelbar verständlich: »Nun würde es notwendig werden, das alles noch einmal durchzumachen. Wie sollte ich das aushalten?« (S. 15) Doch kaum ist dieser Gedanke ausgesprochen, wird er auch schon von einem anderen überdeckt, der den Korinther-Briefen entlehnt ist: »Warum sollte mein Herz klagen, wenn Weisheit, Wahrheit und Liebe diesen Schicksalsschlag verhängen, diese Schmerzen auferlegen und dabei höhere Freuden versprechen« (vgl. 2 Kor 4, 17). Und auch dies genügt noch nicht, denn Higginbotham fährt fort: »Wie ich mich meiner unausgesprochenen Klagen schämte. Ja, unausgesprochen, aber Gott kannte sie. Hatte mein Gott nicht gesagt ›Ich bin bei euch alle Tage‹ (Mt 28, 20)« (S. 15). Es ist charakteristisch für Bücher wie das von Higginbotham, daß ihre Autoren sich durchweg weigern, sich mit Angst, Verlust und Trauer ernsthaft auseinanderzusetzen. Infolge dieser strikt auf Abwehr gerichteten Haltung sind sie formal wie literarisch nur von recht begrenztem Wert. Und bezeichnenderweise sind sie auch nicht eben tröstlich.

Wiedergutmachung und Mitteilung

Der Begriff des Trosts führt uns hinsichtlich der Krebsgeschichten zu einer abschließenden Überlegung: über ihre Fähigkeit nämlich, uns in einer Weise zu bewegen, wie wir es nicht für möglich gehalten hätten. Die Geschichte oder das Gedicht über den Krebs spiegelt nicht nur deren Schöpfer wider, sondern kommuniziert gleichermaßen mit dem Leser – dessen ist sich jeder bewußt, der sich durch die zitierten Autoren im ersten Teil dieses Buchs irgendwie berührt fühlte. Inhalt und Form vermitteln dem Leser die innere Realität des Autors und ermöglichen eine emotionale Befriedigung im Rahmen des Realitätsprinzips. Wie wir das Spiel des Kindes von innen wie von außen betrachten, in derselben Weise sehen wir auch den ästhetischen Ausdruck aus beiden Perspektiven zugleich. Als Erwachsene können wir ohne weiteres die Gefühle nachvollziehen, mit denen ein Kind seinem Spiel nachgeht. Ähnlich ist es, wenn wir eine Geschichte, ein Gedicht lesen oder ein Bild betrachten: Wir sind fähig, die Emotionen des Künstlers nachzuerleben, die dieser in sein Werk hat einfließen lassen. Das schöpferische Produkt ist angesiedelt in einem Raum zwischen Künstler und Zuschauer bzw. Publikum. Es ist ein Übergangsobjekt, eine Brücke zwischen inneren und äußeren Welten, die Künstler und Publikum gemeinsam überqueren können. In diesem Grenzbezirk der Erfahrung ist die Schranke zwischen Selbst und Objekt aufgehoben; beide werden in dialektischer Weise vereint, sie werden zu reziproken Begriffen, die sich wechselseitig einschließen.

Hinsichtlich der vom Rezipienten empfundenen gehobenen Stimmung hat Segal (1952) einen Begriff aufgenommen, den bereits Freud bei der Analyse der Lust am Witz gebrauchte: Das Publikum sei zum ästhetischen Vergnügen »bestochen«, und zwar durch »die Identifikation unserer selbst mit dem Kunstwerk als Ganzem und mit der gesamten inneren Welt des Künstlers, die sein Werk repräsentiert« (S. 204). Segal beschreibt dies als unbewußtes Wiedererleben der schöpferischen Erfahrung des Künstlers, wodurch es – theoretisch gesprochen – zu einer unbewußten Identifikation kommt. Durch diese unbewußte Identifikation mit dem kreativen Akt begegnen wir erneut unseren frühen depressiven Ängsten und durchleben noch einmal den geglückten Prozeß der Trauer, der uns ermöglicht, unsere eigenen inneren Objekte, unsere eigene innere Welt wiederherzustellen. Das unbewußte Wiedererleben dieser Erfahrungen vollzieht sich, während wir die ästhetische Reise absolvieren, die das Kunstwerk ausmacht; am Ende steht ein Gefühl der erneuten Integration und der Bereicherung (Segal 1952).

Diese Erfahrung der Integration und der Bereicherung tritt auch dann unvermindert ein, wenn das Thema, um das es bei dem schöpferischen Akt geht, die Sterblichkeit ist. Freilich, wenn wir von einer Krebsgeschichte tief bewegt werden, so teilweise deshalb, weil in diesem Werk eine schwerwiegende Erfahrung des Zusammenhangs von Leben und Tod dargestellt ist, mit der wir uns identifizieren können. Nicht nur erscheinen in diesen Geschichten archetypische Vorstellungen von Leben und Tod in Gestalt sichtbarer Manifestationen, die sich mit dem kollektiven Unbewußten auf seiten des Lesers treffen – die Autoren symbolisieren auch höchst individuelle und persönliche Erfahrungen, die uns zwar nicht unmittelbar hilfreich sind, die uns aber dennoch faszinieren, wie behutsam auch immer wir uns ihnen nähern. Um aber wahrhaften Trost zu bieten, muß die Krebsgeschichte ihren eigenen Gegenstand überschreiten; sie muß das schöpferische Abenteuer in sich beschließen, das jedem gelungenen künstlerischen oder literarischen Werk innewohnt, und sie muß anschaulich machen, daß dieses Abenteuer in seinem Wesen etwas Gutes bleibt, trotz seines Themas. Erst dann können wir als Leser oder Zuschauer die persönliche Erfahrung des Künstlers von Verlust und Trauer unbewußt wiedererleben, und wir können teilhaben an seinem Sinn für Verwandlung und symbolische Verwirklichung. Dabei vermittelt uns die vom Künstler oder Schriftsteller strikt eingehaltene Form ein schützendes Gefühl innerer Distanz; ebenso wie den Künstler bewahrt sie auch uns davor, emotional überwältigt zu werden. So können wir uns als Leser oder als Zuschauer mit dem beständigen Gefühl der Positivität und der Ganzheit identifizieren, das der Künstler erfährt, und wir können teilhaben an der unbewußten Verbindung zum guten inneren Objekt, die in seinem Werk zum Ausdruck gebracht ist.

2. Brustkrebs –
Schreiben als psychologische Selbst-Heilung

Das folgende Kapitel soll die verschiedenen Möglichkeiten veranschaulichen, mit den Verlusten umzugehen, die der Brustkrebs mit sich bringt; es soll versucht werden, zu zeigen, wie das Buch oder das Gedicht über den Krebs verschiedene Aspekte des Prozesses der Trauer zum Ausdruck bringt, wie aber auch das Buch oder das Gedicht selbst die Form eines neuen Objekts annehmen können, die Form einer gesunden, lebenspendenden Brust. Dabei sollen literarische Beispiele aus zehn Büchern herangezogen werden, die von Frauen während oder kurz nach der akuten Phase des Brustkrebses verfaßt wurden, sowie ergänzend zwei klinische Falldarstellungen.

Ein Buch über den Krebs zu schreiben, wird häufig als innere Notwendigkeit erlebt; es ermöglicht der Autorin, Kreativität zur Kanalisierung aggressiver Impulse einzusetzen, die von ihrer Identifikation mit dem aggressiven, malignen Krankheitsprozeß herrühren sowie von der damit einhergehenden Phantasie einer zerstörerischen Invasion böser innerer Objekte. Auf diese Weise wird das Gleichgewicht innerhalb des Ichs wiederhergestellt und die depressive Reaktion gedämpft. Indem die Autorin ein Buch schreibt und veröffentlicht, kann sie die sehr private Erfahrung von Verlust und Trauer umwandeln in eine allgemeinere Erfahrung. Und indem sie ihr Erleben mit dem Leser teilt, ist sie eher in der Lage, ihre Nähe zum Tod zu akzeptieren und ihre stark angeschlagene narzißtische Integrität wiederherzustellen. Die auf eine Mastektomie folgende psychologische Selbst-Heilung durch Schreiben und durch schöpferische Arbeit kann allerdings nur dann gelingen, wenn die tödliche Bedrohung und der Verlust der Brust aufgewogen werden durch Liebe zum Leben und durch eine Identifikation mit dem guten inneren Objekt, der guten Brust. Dann kann neues Leben entstehen – in Gestalt einer ästhetischen Schöpfung.

Trauer ist gewöhnlich ein normaler, sich selbst begrenzender Prozeß. Freud (1917) schreibt: »Trauer ist regelmäßig die Reaktion auf den Verlust einer geliebten Person oder einer an ihre Stelle gerückten Abstraktion wie Vaterland, Freiheit, ein Ideal usw. [...] Es ist auch sehr bemerkenswert, daß es uns niemals einfällt, die Trauer als einen krankhaften Zustand zu betrachten und dem Arzt zur Behandlung zu übergeben, obwohl sie schwere Abweichungen vom normalen Lebensverhalten mit sich bringt. Wir vertrauen darauf, daß sie nach einem gewissen Zeitraum überwunden sein wird« (S. 197f.). Freud führt weiter aus, daß schwere Trauer den Verlust des Interesses an der Außenwelt nach sich zieht – diese erscheint nun verarmt und leer –, sowie die Abwendung von jeder Aktivität, die nicht in Zusammenhang mit dem verlorenen Objekt steht. Indem der Trauernde sich von der Realität abwendet, kommt es zu Reaktionsweisen, die denen der Depression bzw. der Melancholie sehr nahe stehen: Verlust der Liebesfähigkeit, Selbstvorwürfe, schließlich Verlust des Selbstgefühls aufgrund der Entleerung des Ichs.

Jede Frau, die ihre Brust verliert, reagiert mit Depression – unabhängig von Alter und Familienstand und unabhängig auch davon, ob sie die depressive Reaktion zunächst unterdrückt oder verleugnet. Häufig entwickelt sich einige Wochen nach dem tatsächlichen Verlust ein Gefühl völliger Hilflosigkeit; darin spiegelt sich die zunehmende Einsicht in die Implikationen der Diagnose »Krebs«. Indem sie nach der anfänglichen adaptiven Verleugnung erkennt, daß sie niemals mehr ihre physische Vollständigkeit wiederherstellen und die Realität des Todes leugnen kann, wird die Patientin möglicherweise in einen Zustand äußerster Hoffnungslosigkeit und Resignation verfallen. Als Reaktion auf den Verlust ihrer idealisierten Vergangenheit kapituliert sie vielleicht und zieht sich zurück. Eine derartige Kapitulation geht häufig einher mit einer allgemeinen Hemmung der Triebe und der Ichfunktionen. Die Patientin wird dann depressiv im klassischen Sinne.

Eine andersgeartete Reaktion, die der normalen, am Beginn stehenden depressiven Reaktion folgen kann, ist der Protest: der Wille, gegen Unzufriedenheit, Groll und Angst anzukämpfen und nach anderen, aktiveren Möglichkeiten zu suchen, um mit dem Verlust des schönen und libidinös hoch besetzten Organs fertigzuwerden, das Träger so zahlreicher symbolischer Bedeutungen ist. Diese innere Revolte führt dazu, daß das Streben nach dem Idealzustand der gesunden Frau mit zwei Brüsten aufgegeben wird; aktive Trauerarbeit setzt ein. Die Leere, die der Verlust der Brust hinterlassen hat, kann dann von neuen Gedanken erfüllt werden; es kann zu einer schöpferischen Auflösung alter Vorstellungen und Wahrnehmungsweisen kommen, getragen von dem Willen zur Veränderung und Überwindung überkommener Lebensstile. Zu dem Drang, alte Gewohnheiten

187

zu verändern oder mit ihnen zu brechen, muß jedoch als Gegenge-
wicht der Wille hinzutreten, aus den alten Elementen und Emotionen
etwas Neues und Befriedigendes zu erbauen. Es ist recht schwierig,
einen derartigen inneren Prozeß der Rebellion und der Veränderung
zu steuern; und dies gilt erst recht für eine Frau, die eben eine Brust
eingebüßt hat, ist sie doch nicht selten aufgrund von Chemotherapie
oder operativer Entfernung der Gebärmutter zusätzlich mit einem
vorzeitigen Klimakterium konfrontiert. Sie muß befürchten, daß die
Veränderung ihres Körpers nicht nur ihre physischen Kräfte untergraben und sie ihrer Fruchtbarkeit berauben wird, sondern auch, daß
sie damit ihre Kreativität einbüßen wird.

Ein Buch über die eigenen Erfahrungen mit Brustkrebs zu schreiben leitet an sich schon einen Prozeß der Trauer ein. Es ist dies ein
aktiver Versuch, die eigenen depressiven und zerstörerischen Nei-
gungen zu überwinden, und zwar dadurch, daß die bedrohliche Erfahrung in eine schöpferische, konstruktive Tätigkeit überführt wird, an
der andere Frauen und Männer teilhaben können. Gelingt in dem
Buch oder dem Gedicht ein ausbalanciertes Wechselspiel zwischen
Schein, Phantasie und Akzeptieren einer neuen Realität, so kann damit die Autorin um ihre verlorene Brust und um ihr verlorenes Gefühl
unbegrenzten Lebens gemeinsam mit dem Leser trauern. Ihr Buch ist
dann Gestalt gewordene, neue Vitalität; gleichzeitig dient es dem Gedenken an den Verlust und den Prozeß des Durcharbeitens – ein Akt
der Wiedergutmachung, mit dem sich der Leser identifizieren kann.
Die Autorin bietet dem Leser in greifbarer Form die Gegenwart einer
intensiven, neuen und kostbaren Erfahrung: die einer Überwindung
von Bedrohung und Verlust. Und damit trägt sie dazu bei, ihr eigenes,
angeschlagenes narzißtisches Selbst wiederherzustellen. Bei Lorde
(1984) finden sich dazu die folgenden Sätze:

»Ich schreibe dies nun in einem neuen Jahr, rufe mir diesen Brok-
ken meiner jüngsten Vergangenheit ins Gedächtnis zurück und versuche, ihn in Einzelteile aufzulösen, so daß andere aus Not oder Verlangen darin eintauchen können, um nach Belieben die Zutaten zur For-
mung eines größeren Ganzen daraus zu schöpfen. [...] Ich schreibe
auch, um für mich selbst herauszufinden, wer ich gewesen und im
Lauf dieser Zeit geworden bin [...].

Aber ich schreibe über einen Abgrund hinweg, der so voll ist von
Tod – wirklichem Tod –, daß es mir schwerfällt zu glauben, daß ich
immer noch sehr lebendig bin und dies hier schreibe« (S. 69).

Lorde schreibt, es gehe um »die Verwandlung von Schweigen in Sprache und Aktion« (S. 24), und sie lerne, »meine Angst in einer anderen Relation zu sehen« (S. 25). Ihre Erfahrung mit dem Brustkrebs erlangt dadurch Bedeutung, daß sie versucht, dem Schmerz »Ausdruck zu geben, ihn durch Mit-Teilen zu nutzen – denn Schmerz sollte nicht vergeudet werden« (S. 18).

Verluste angesichts von Brustkrebs

Welcher Art sind die Verluste, die Frauen mit Brustkrebs erfahren? Die folgenden Zeilen von Hauri (1982) benennen die zahlreichen Verluste, die sie während ihres kurzen Kampfes mit einem nicht mehr heilbaren Brustkrebs zu erleiden hatte – Verluste, die fast alle Frauen mit Brustkrebs erfahren: »Mit der Krankheit, dem Kranksein verliere ich an Sicherheit, an Überlegenheit. Scheu und Scham erfüllen mich plötzlich. Ich werde nicht fertig mit der Krankheit. Es ist zuviel. Wenn nur alles bald ein Ende hätte! Bis ich sterbe, werde ich zusehen müssen, wie mir alles genommen wird: Gesundheit, Schönheit, Sicherheit, Körperkraft, Bestätigung, Beruf, Lebenslust, Selbständigkeit. Nackt, bloß und offen werde ich daliegen am Ende« (S. 63).

Christiane Lenker (1984) schildert ihre Reaktion, nachdem der Arzt ihr mitgeteilt hatte, daß sie Krebs habe: »Ich fühlte nur eine totale Hoffnungslosigkeit. Vergangenheit und Zukunft waren erloschen, es gab keine Verzweiflung, einzig dumpfe Leere, Einsamkeit. Wie in Trance verließ ich die Praxis und ging zu meinem Auto. Als ich hinter dem Steuer saß, dachte ich: ›Hoffentlich baust du in dem Zustand keinen Unfall.‹ Dann kam mir der Gedanke völlig belanglos vor, da ich nun doch mit etwas konfrontiert war, das wesentlich schlimmer schien« (S. 15).

Der erste Verlust, den die Patientin nach der Eröffnung der Diagnose erleidet, ist der Verlust der Unsterblichkeitsphantasie, die wir alle tief in unserem Unbewußten hegen. Freud (1915) hat dies zutreffend beschrieben: »Wenn man uns anhörte, so waren wir natürlich bereit zu vertreten, daß der Tod der notwendige Ausgang alles Lebens sei [...]. In Wirklichkeit pflegten wir uns aber zu benehmen, als ob es anders wäre. Wir haben die unverkennbare Tendenz gezeigt, den Tod beiseite zu schieben, ihn aus dem Leben zu eliminieren. Wir haben versucht, ihn totzuschweigen; wir besitzen ja auch das Sprich-

wort: man denke an etwas wie an den Tod. Wie an den eigenen natürlich. Der eigene Tod ist ja auch unvorstellbar [...] im Unbewußten
[ist] jeder von uns von seiner Unsterblichkeit überzeugt« (S. 49).

Wenn der Schock dieses ersten Verlusts – ein anfänglicher Verlust
der Welt – abgeklungen ist, folgt der Verlust der Brust. Sämtliche
literarischen Zitate in diesem Kapitel stammen von Frauen, die sich
einer mehr oder minder radikalen Mastektomie unterzogen; dies bedeutet, daß nicht nur der Tumor, sondern die gesamte Brust chirur-
gisch entfernt wurde. Für jede Frau bedeutet dies ein schweres narzißtisches Trauma. Betty Rollin (1976) schildert den Abend vor ihrer
Mastektomie:

»Ohne meine Augen von der Brust im Spiegel abzuwenden, legte
ich meine Hand über die linke, die mit dem Knoten. Ich drückte die
Brust so flach wie möglich und versuchte mir dabei vorzustellen, wie
es aussähe, wenn sie nicht mehr da wäre. Ich fragte mich, ob sie sie
aushöhlen würden wie ein Melone und ob dann ein Loch zu sehen
wäre. Ich zog die Hand weg und schaute die Brust an, so wie sie war.
Ich betrachtete sie, als sei sie eine geliebte Person, die ich nie mehr
wiedersehen würde. Meine Kehle schwoll an, und meine Augen füll-
ten sich. Ich nahm mein Nachthemd vom Haken und zog es mir über
den Kopf, wühlte im Arzneikasten nach einer weiteren Valium-
tablette, fand auch eine, schluckte sie, putzte mir die Nase, legte mich
ins Bett, und dann war Sonntag« (S. 52).

Nach ihrer Mastektomie schilderte Hauri (1982) das Trauma in
ihrem Tagebuch:

»29. Mai 1979

Ich bin nicht mehr schön; es war schön, schön zu sein.
Wer sieht mich schon weinen, wer sieht schon diese Traurigkeit?

4. Juni 1979

Ich bin untröstlich, ich bin grausam verstümmelt, ich hasse die Menschen, das Gefühl des Absterbens.
Honky Tonk Woman
Honky Tonk Girl
Wie ich mich fühle, wenn ich meine Brust betrachte! Allein schau ich
in den Spiegel, schau ich mich an, was ist aus mir geworden? Nein, es
ist nicht Eitelkeit« (S. 21 f.).

Hauri, eine geschiedene Frau, die eine Beziehung zu einem Mann eingegangen ist, betrachtet den leeren Platz auf ihrem Oberkörper und fühlt sich plötzlich allein. Zu dem Verlust der Brust tritt noch der Verlust ihrer Schönheit und steigert ihr Gefühl der Verlassenheit.

Reimann (1984) schreibt nach der Mastektomie in ihr Tagebuch:

»25. Dezember 1968

Verstimmt und beängstigt, weil mein Arm wehtut. [...] Ein halber Mensch. Eine halbierte Frau. Das Entsetzen morgens beim Aufwachen (ich träume jede Nacht von der Zerstückelung), und abends, wenn ich mich ausziehe, dieses Gefühl von Fremdheit. Ich sehe ohne Schrecken auf die Narbe. Das bin ich nicht, das kann nicht gerade mir zugestoßen sein. Es ist aber...« (S. 291)

Für Reimann ist der entscheidende Verlust – betrachtet sie ihren Oberkörper, der nur noch eine Brust trägt – der Verlust ihrer Identität: »dieses Gefühl von Fremdheit. Das bin ich nicht, das kann nicht gerade mir zugestoßen sein. Es ist aber...«. Durch Schreiben versucht sie gegen das starke Bedürfnis nach Verleugnung anzugehen, das sie im gesamten Verlauf ihrer bösartigen Erkrankung verspürt. Bisweilen wird die Verleugnung so stark, daß sie das tragende Gefühl einer Identität als erfolgreiche Schriftstellerin vollständig einbüßt und im klinischen Sinne depressiv wird. Durch professionelle Hilfe und eine offenere Beziehung zu ihrem Arzt gewann sie danach einiges Selbstvertrauen zurück; sie wurde fähig, ihre Angst zu bekämpfen und um ihre Verluste durch Schreiben zu trauern.

Die verheiratete Maxi Wander (1980), Mutter eines Sohnes (eine Tochter verlor sie bei einem Unfall), empfindet nach der Mastektomie den plötzlichen Verlust ihrer Jugend: »Andere Frauen altern langsam und merken es kaum. Ich bin in einem Herbst gealtert, habe einen zerschnittenen Körper, der nie wieder einen Mann reizen wird. Nie wieder werde ich mich unbefangen am Strand ausziehen können. Mein Körper, den ich gern hatte, ist ausrangiert für immer. Ich kann es nicht fassen, es ist zu grausam« (S. 72).

Die Schriftstellerin und Photographin Claire Henze trauert mit dem folgenden Gedicht (1987, S. 48) um den mütterlichen Aspekt ihrer Brust. Sie kann keine schönen Babys mehr nähren, doch sie erfindet schöne Gedichte:

An meine Tochter

Du hast jetzt die Brüste
Deine Babyknospen keimen
sie werden eines Tages blühen
und Rosen enthüllen
Hege sie
wie dein innerstes Selbst.
Halte sie und dich
frei von diesen Zellen
die nicht aufhören können zu wachsen,
die von weiblichem Blut genährt werden.
Mögen dir schöne Babys erwachsen
und schöne Brüste.
Du wirst dich nicht daran erinnern
wie du die Narbe geküßt hast,
wie ein aufgeschürftes Knie,
um es wieder gut zu machen,
Aber ich.
Du wirst dich nicht daran erinnern
wie ich mit zwei Brüsten aussah,
Du bist erst zwei Jahre alt.
Aber ich

Um die mehr sexuellen, sinnlichen Aspekte ihres Verlusts trauert Henze in dem folgenden Gedicht (1987, S. 48), das ihrem Sohn gewidmet ist:

An meinen Sohn

Vielleicht meinetwegen
wirst du ein Mann sein, für den
Brüste nicht bloß Titten sind
und Kalenderbildchen.
Vielleicht wirst du wissen
daß jeder Körperteil
so viel wert ist wie der andere,
daß Schönheit zu finden ist in der
Asymmetrie,
daß eine Brust nur

das Herz darunter bedeckt,
daß die Haut das am meisten erogene Organ ist,
daß Frauen stark sind,
daß Männer weinen dürfen
und daß nur den Eidechsen
neue Schwänze wachsen.

In den bisherigen Zitaten wurde vor allem der Verlust der Brust hervorgehoben. In den nun folgenden Äußerungen geht es den Frauen weniger um den Verlust als vielmehr um die Brust, die ihnen verblieben ist. Zum Zeitpunkt ihrer Mastektomie war Rollin (1976) verheiratet, jedoch kinderlos. Sie vergleicht ihre gesunde Brust, die der Zerstörung entgangen ist, mit einem gesunden Baby: »Links auf meinem Oberkörper, wo einmal eine Brust gewesen war, war jetzt eine flache, unebene Oberfläche, wie der Erdboden, nur mit Haut statt mit Schmutz bedeckt. Quer über diese Oberfläche schlängelte sich krumm ein langer, horizontaler, roter, geschwollener Striemen, und zwar von der Mitte, wo einst eine Furche gewesen war, zur anderen Seite, unter den Arm und nach hinten herum. Und neben diesem kleinen Hiroshima auf meinem Rumpf, auf der nicht bombardierten Hälfte, lag in groteskem Gegensatz dazu eine rechte Brust, hübsch und unversehrt wie ein gesundes Baby« (S. 146).

Lorde (1984), die sich selbst als »schwarze, lesbische Dichterin« (S. 24) bezeichnet, benennt deutlich ihr Bedürfnis, ihren einbrüstigen Körper zu akzeptieren, während sie um die verlorene Brust trauert: »Ich betrachtete die weite sanfte Kurve meiner linken Brust unter dem Pyjamaoberteil, eine Kurve, die jetzt, wo sie allein stand, noch weiter wirkte. Ich erschien mir selbst als fremd, uneben und eigenartig, aber irgendwie soviel mehr ich selbst und daher soviel annehmbarer als mit diesem Ding ausgestopft. Denn selbst die geschickteste Prothese auf der Welt konnte diese Realität nicht ungeschehen machen oder sich anfühlen, wie sich meine Brust angefühlt hatte – und entweder würde ich jetzt meinen Körper einbrüstig lieben oder für immer mir selbst entfremdet bleiben.

Dann kletterte ich wieder ins Bett zurück und weinte mich in den Schlaf, obwohl es halb drei Uhr nachmittags war« (S. 56).

Während man noch unter akuten Schmerzen leidet, ist es außerordentlich schwierig, die verbliebene Brust schätzen zu lernen und gleichzeitig das, was verloren ist, zu betrauern; die folgenden Zeilen von Lorde machen das deutlich:

»Als ich die Bänder aus diesen letzten Tagen im Krankenhaus abhörte, fand ich nur die Stimme einer stark geschwächten Frau, die mit größter Mühe und fast unhörbar sagte:

›25. September, der vierte Tag. Die Dinge werden mit einer Geschwindigkeit klar und wieder verschwommen, als würde ein vorbeirasendes Licht aufblitzen; die Tage sind so schön jetzt, so goldbraun und blau; ich wäre so gern draußen im Licht; ich wäre so gern glücklich, daß ich noch lebe; ich würde mich so gern über all die Dinge freuen, über die ich mich freuen müßte. Aber jetzt tut es mir weh. Jetzt tut es mir weh. Die Dinge jagen sich vor meinem inneren Auge, und da sind Tränen, die ich nicht weinen kann, und Wörter wie Krebs, Schmerz und Sterben.‹« (S. 58)

Während sie sich allmählich erholt, versucht Lorde, die beiden entgegengesetzten Kräfte, die im Kampf gegen den Krebs aufeinandertreffen, zu integrieren: Sie versucht, den Todesstoß durch Lebenskraft aufzufangen. Nach und nach tritt eine neue Bestimmung ihres Lebens, ihrer Arbeit und ihres Körpers in Erscheinung: »Das Bedürfnis, dem Tod ins Auge zu sehen, ohne vor ihm zurückzuschrecken oder mich ihm allzu bereitwillig in die Arme zu werfen, war eine entwicklungsfördernde und heilsame Aufgabe für mich, und parallel dazu liefen ständig die praktischeren und unmittelbareren Bedürfnisse aus übermäßigen Schmerzen und der Frage nach meinem Selbstgefühl als einbrüstige Frau« (S. 60).

Weder Lorde, Mutter zweier Töchter und damals Mitte vierzig, noch Rollin mit Anfang dreißig hatten je ihre vom Krebs befallene Brust als kranke, »böse« Brust wahrgenommen. Beide Frauen, die offenbar ein sehr gutes Verhältnis sowohl zum eigenen Körper als auch zur Mutter (zum inneren Objekt) gehabt hatten, betonen nachdrücklich, daß die »kranke«, verlorene Brust »gut« und schön war. Rollin (1978) schreibt:

»Ich betrachte den leeren Platz auf meinem Körper, und ich begreife es durchaus. Ich begreife es.

Ein Tod am Körper ist in mancher Hinsicht wie jener andere Tod. Der Toten erinnert man sich mit freundlichen Gedanken. Manchmal erscheint einem der Verstorbene rechtschaffener und herrlicher, als er oder sie tatsächlich war. Ich erinnere mich meiner linken Brust mit Liebe, wirklicher Liebe. Und wie ich sie als selbstverständlich hinnahm! Ist das nicht verrückt; natürlich betrachtete ich sie als selbstverständlich. Wer läuft denn herum und denkt, Mensch, geht's mir gut mit zwei Brüsten. Sind mir meine anderen Körperteile nicht auch selbstverständlich? Würdige ich denn eifrig und hingebungsvoll meine Arme, meine Beine, mein tätiges Gehirn? Nein. Nicht einmal jetzt.

Unterschied zwischen dem Tod des Körpers und dem Tod der Person: Eine Person wird beerdigt oder verbrannt, die Asche verstreut, außer Sichtweite. Der tote Teil des Körpers ist natürlich auch zerstört, aber es bleibt der leere Platz. Eine Witwe kann die Schränke ihres verstorbenen Mannes mit eigenen Kleidern füllen; sie kann die leere Seite ihres Betts mit einem anderen Mann ausfüllen« (S. 151).

Lorde (1984) berichtet, ihre Wahrnehmung der Brust habe sich bereits verändert, während sie – ein Jahr vor der schließlichen Entdeckung ihrer Krankheit – fast vier Wochen lang auf das Ergebnis einer Biopsie warten mußte (das sich dann als negativ herausstellte):

»Das Jahr davor [...] war ich auf meine rechte Brust zornig geworden, weil es mir vorkam, als hätte sie mich auf unerwartete Weise betrogen, als hätte sie sich bereits abgetrennt und gegen mich gewandt, indem sie diesen Tumor produzierte, der vielleicht bösartig war. Meine geliebte Brust hatte plötzlich die Regeln unseres Zusammenlebens gebrochen, auf die wir uns all die Jahre hindurch geeinigt hatten.

Aber am Tag vor der Brustamputation schrieb ich in mein Tagebuch:

›21. September 1978. Der Zorn, den ich letztes Jahr gegen meine rechte Brust empfand, hat sich gelegt, und ich bin froh, dieses Extrajahr gehabt zu haben. Von dem Zeitpunkt an, wo ich das Vorhandensein meiner Brüste akzeptieren konnte, sind sie so überaus kostbar für mich gewesen, daß es ein Jammer wäre, das letzte Lebensjahr der einen von beiden nicht zu genießen. Und ich glaube, ich bin jetzt in einer Weise auf diesen Verlust vorbereitet, wie ich es im letzten November doch noch nicht war – denn jetzt sehe ich es wirklich als Wahl zwischen meiner Brust und meinem Leben, und so gesehen ist es gar keine Frage.‹« (S. 42 f.)

Die Bejahung des Lebens, eine Identifikation mit ihrer guten, kreativen Brust, obsiegt im Kampf gegen ihre aggressiven Impulse.

Das Ersetzen der verlorenen Brust
durch eine neue Beziehung

Eine andere Möglichkeit, mit dem Verlust einer Brust fertigzuwerden, ist, sie durch eine Person zu ersetzen, eine neue, enge Beziehung einzugehen. Diese Reaktionsweise kann man unter verschiedenen Aspekten betrachten. Die brustamputierte Frau, die den Partner wechselt, will dadurch vielleicht herausbekommen, ob sie noch sexuell begehrenswert ist. Auch kann dies ein Weg sein, die eigene Vitalität zur Geltung zu bringen. Eine Liebesaffäre zu beginnen kann auch einen Akt der Aggression darstellen. Diese Aggression scheint primär dem Kampf gegen den bösartigen Krankheitsprozeß zu entspringen; denn es ist ein interessantes Merkmal der Schilderungen, daß sämtliche Autorinnen ihre Ehemänner als stützend, liebevoll und hilfsbereit schildern. Schließlich kann das Eingehen einer Liebesbeziehung zu einem Zeitpunkt äußerster Gefahr auch als das Ausagieren einer Liebestod-Phantasie interpretiert werden: Der Tod als Liebhaber ist eine häufige Erscheinung in Mythen, Märchen und Künsten. (Solche Phantasien finden sich häufig auch bei Frauen mit anderen unheilbaren Leiden.) Gewöhnlich spielen bei den Patientinnen alle vier Aspekte eine Rolle.

Bei Christiane Lenker, einer jungen, verheirateten Frau, tritt sehr stark der erste Aspekt hervor, die Bestätigung von Weiblichkeit. Bei ihrer ersten gruppentherapeutischen Sitzung lernte sie einen Mann kennen, einen Arzt von außerhalb, der nicht wegen Krebs, sondern wegen eines Hautproblems teilgenommen hatte. Bald nachdem sie über ihre Krankheiten gesprochen hatten, beschlossen sie, die Gruppe zu verlassen und die Zeit lieber miteinander zu verbringen. Sie entwickelten eine enge, sinnliche, sexuell befriedigende Beziehung, die mehrere Wochen andauerte, bis der Arzt nach Hause zurückkehren mußte. Lenker (1984) schreibt: »Ich hatte geglaubt, durch die Operationen [Mastektomie und Entfernung der Eierstöcke] meine Weiblichkeit vollständig eingebüßt zu haben, gleichsam von nun ab als Neutrum umherzuwandeln« (S. 52). Dabei war ein »Neutrum« für Lenker nicht nur eine asexuelle Person, sondern ein Wesen, das zu keinerlei Gefühlen fähig ist. Diese Affäre half Lenker, sich darüber klarzuwerden, daß sie noch immer eine Frau war, selbst mit einer Brust – eine Frau, die erregen konnte und selbst erregt wurde. Lenker bezeichnet diese kurze, erfüllende Beziehung als »das größte

Wunder meines Lebens«, »das Empfinden einer neuen Weiblichkeit«
(S. 58).

Bei Rollin (1976) tritt der aggressive Aspekt in den Vordergrund.
Nachdem sie sich von der Mastektomie erholt hatte, war ihr in ihrer
Ehe zunehmend unbehaglich zumute, obwohl sie sich unterstützt und
sexuell akzeptiert fühlte. Während ihrer Zeit im Krankenhaus hatte
ihr David, ein alter Freund, einen Heiratsantrag gemacht. Eines
Nachmittags packte sie in aller Eile und flüchtete aus New York zu
ihrem neuen Liebhaber nach Philadelphia: »Wann sonst? Ein Erdbe-
ben hatte in meinem Leben stattgefunden. [...] Wenn ich mein Leben
von Grund auf renovieren wollte, dann war jetzt, da ohnehin noch
alles ein Durcheinander war, der richtige Zeitpunkt« (S. 198). Sie war
erstaunt über die heftige Reaktion ihres Mannes, der sie liebte und
der seinen Schmerz, sie zu verlieren, in Briefen und Gesprächen zum
Ausdruck brachte. Die Beziehung zu David endete abrupt, als er sie
wegen eines gemeinsamen Kindes bedrängte; das hätte die Gefahr
heraufbeschworen, den Krebs zu reaktivieren. Erst nachdem Rollin
auch ihrem Liebhaber davongelaufen war, kam sie emotional so weit
zur Ruhe, daß sie um ihre Brust trauern und sich mit ihrem verände-
ten Körper vertraut machen konnte; erst jetzt gewann sie eine neue
Lebensperspektive.

Die Darstellung einer Liebestod-Phantasie gibt das folgende Zitat
von Hauri (1982), die wenige Monate vor ihrem Tod schreibt: »Der
Gedanke an den nahenden Tod ist verführerisch geworden, er ver-
zückt mich; der Tod bietet mir eine Reise, die Möglichkeit, mein Leben ganz zu verändern [...]. Verlockend! Tod, du willst mich verführen. Oh, ich weiß, Du stehst auf der Schwelle: noch gibst Du mir
Gnadenfrist« (S. 27). Ihre Vereinigung malt sie sich aus in Erinnerung
an »ozeanische Gefühle«: »Und dann, wenn ich Glück habe, werde
ich im Tod der Liebe nahe sein, werde nicht alleinsein müssen. [...]
›Sterben ist schön‹, sagen jene, die schon mal gestorben zu sein glauben. Ich halte mich fest an ihren Aussagen. Wie sonst könnte ich
meine Zukunft ertragen. Die Erfüllung aller Sehnsucht, Schwerelo-
sigkeit, Körperlossein, Freiheit, Sonnenaufgang, Morgen – der Tod
ist ein Aufwachen, ein Morgen« (S. 69).

Die Vorstellung vom Tod als Liebhaber erscheint in zahllosen My-
then; so wird zum Beispiel in der griechischen Mythologie Hades, die
Personifizierung des Todes, auch als dunkler und furchterregender
Liebhaber dargestellt. Unsere Sprache kennt den »Todeskuß« und

das »Stelldichein mit dem Tod«. In der Literatur findet sich das wohl bekannteste Beispiel bei Shakespeare. Als Julia betäubt am Boden liegt, sagt Romeo: »Liebe Julia, / Warum bist du noch so schön? Soll ich glauben – / Der körperlose Tod entbrenn in Lieb« (5. Aufzug, 3. Szene). In *Das Motiv der Kästchenwahl* analysiert Freud (1913b) ein charakteristisches Motiv aus Mythen und Märchen, die Wahl zwischen drei Jungfrauen; er entwickelt die These, daß es sich dabei um die drei Parzen handelt. Von den dreien ist stets die Jüngste die Begehrenswerteste; sie ist zugleich die Göttin des Todes und trägt Attribute, die symbolisch den Tod repräsentieren, wie etwa – im Falle Cordelias in *König Lear* – Schweigen oder Stummheit. Sie zu wählen bedeutet, freiwillig und ohne Zwang den Tod zu wählen; es bedeutet, den Tod nicht scheußlich, sondern schön zu finden, ihn nicht zu fürchten, sondern zu begehren. Diese Liebestod-Phantasien, die den Tod als Partner libidinös besetzen, können für die sterbende Frau zu einer Quelle des Trosts werden (Greenberger 1965).

Reimann (1984), die zweimal geschieden war, schreibt über die erste Nacht, die sie – nach der Mastektomie – mit ihrem Liebhaber verbrachte:

»An jenem Abend, als er zum erstenmal bei mir blieb, habe ich ihm gesagt, daß ich eine halbierte Frau bin. Es fiel mir unglaublich schwer, aber die Scham und der Schrecken, die ich vor mir empfinde, waren plötzlich verschwunden, als er sagte, im Orient werden in besonders schöne Teppiche absichtlich Fehler eingewebt, damit sie nicht durch Vollkommenheit die Menschen einschüchtern, und diese Narbe sei eben mein ›Webfehler‹. Ein verrückter Vergleich, aber er findet mich schön und vollkommen, er erzählte von diesen Teppichen so gelassen, als wär's die natürlichste Sache von der Welt, daß man auf eine Amazone trifft, ohne einen Augenblick zu erschrecken oder abgestoßen zu sein oder Mitleid zu empfinden« (S. 328).

Reimanns Beziehung zu diesem Mann, den eine Vereinigung angesichts des Todes offenbar nicht schreckte, war glücklich; sie blieb mit ihm beisammen bis zu ihrem Tod.

Die Projektion von Aggressionen

Eine der Möglichkeiten, Aggressionen zum Ausdruck zu bringen, ist, sie zu projizieren. Obwohl eine derartige Projektion für andere unangenehm sein kann, ist sie doch für die Patientin weitaus besser als Introjektion. Rollin (1976) beschreibt den Vorgang so: »»Brust-Abschneiden‹ ist den Leuten auch nicht lieber als ›Krebs‹. Brust-Abschneiden ist zu lebendig, zu anschaulich. Brust-Abschneiden sagt genau das, was passiert. Und wer will das schon hören, vor allem über einem Thunfisch-Sandwich? Warum mußte ich das sagen? Ich weiß nicht genau. Irgendwie war es wie Erbrechen. Vielleicht dachte ich, wenn ich es ausspucke, bin ich es los, und es geht mir besser. Es ging mir tatsächlich besser. Aber fast unmittelbar darauf ging es mir wieder schlechter. Also wieder erbrechen, und besser fühlen, und schlechter fühlen« (S. 129).

Warum hatte Rollin das Bedürfnis, sich so zu verhalten? Um sich einiger der Aggressionen zu entledigen, die sich während ihrer Zeit im Krankenhaus aufgestaut hatten: Dort hatte sie das »fröhliche Mädel« gespielt, wie sie es nannte, die sich rauhbeinig aufführte und tapfer die Glückwünsche ihres Chirurgen zu ihrer »gutaussehenden Wunde« entgegennahm (vgl. Kap. I, 3). Hauri (1982) hatte nach *ihrer* Mastektomie schlicht erklärt: »ich hasse die Menschen« (S. 22). Rollin dagegen sparte sich ihren Haß auf, und selbst später wählte sie einen indirekten Weg – das »Brust-Abschneiden« –, um ihn zu entladen.

»Ich erzählte es einer Dame bei Kenneth, die meine Beine wachste, einem Mathematikprofessor auf einer Cocktailparty und einer Verkäuferin bei den Morgenröcken im zweiten Stock von Bloomingdale's. Ich erzählte es Eugene. Ich erzählte es Beth Coolidge, einer hübsch großkotzigen, freiheraus redenden Schulfreundin aus Boston: ›Meine Liebe‹, sagte sie und bekam fast eine Maulsperre dabei, ›du mußt einfach eine dieser hübschen kleinen Taschen an deine linke Seite pressen und sie dort festhalten.‹ Damit war mein Tag gerettet. Besser war nur noch Susan Wood, die meinte, es wäre fesch, wenn ich mich tätowieren ließe, ›und dann‹, sagte sie, wobei ihre kleinen, runden, bösen Augen hinter ihren kleinen, runden, bösen Gläsern aufblitzten, ›dann photographiere ich dich nackt für Vogue‹« (S. 159).

Wenn eine Krebspatientin ihre Aggressionen abläßt, muß sie auch einiges einstecken!

Brustkrebs als symbolische Identifikation
mit dem »bösen« inneren Bild

Es kommt vor, daß der Brustkrebs die negativen Aspekte einer Person symbolisiert, die im Leben der Patientin eine bedeutende Rolle spielen. Diese Äquivalenz bleibt jedoch unbewußt und taucht lediglich in Träumen oder bei der künstlerischen Arbeit auf. Hier kann die subjektive Phantasie der Patientin auf direktem Wege zum Ausdruck gelangen. Das folgende Beispiel veranschaulicht diesen Prozeß.

Die amerikanische Dichterin Helen Webster verlor mit nur einein-halb Jahren ihre Mutter, die an Brustkrebs starb. Einige Jahre später ertrank ihre ältere Schwester. Im Alter von 21 Jahren trat bei Webster selbst Brustkrebs auf, wodurch sie gezwungen war, ihr Leben neu zu strukturieren. Sie wurde Künstlerin und Schriftstellerin und verlegte sich aufs Sporttauchen (vielleicht unbewußt, um ihre tote Schwester zu suchen). Viele Jahre später trat der Krebs erneut auf. Im Endsta-dium ihrer Krankheit verfaßte Webster das folgende Gedicht (1980, S. 11):

Kind

Mama will, daß ich
tot bin, ertränkt
wie die Kätzchen
in einem Eimer,
niedergehalten
von Stöcken,
aufgedunsen
wie meine Schwester,
die Kluge
die Schöne
die Gute,
die aus einem Segelboot
in die Bucht fiel,
angeschwemmt
einundzwanzig Tage
später.
Eines Tages
tue ich ihr den Gefallen –
verschließe mir die Ohren

mit Schlamm
fülle meinen Mund
mit Steinen
verstopfe meine Nase
mit Lehm
bedecke meine Augen
mit Blättern
fessle meinen Körper
mit Lumpen.
Und warte dann
umhüllt

In diesem Gedicht spricht Webster von ihrem Gefühl, ihre Mutter sei die Mittlerin der tödlichen Krankheit und damit des Todes selbst gewesen. Meerwein (1988) hat darauf hingewiesen, daß Websters Brustkrebs in latenter Weise durch dieses negative innere Bild der Mutter symbolisiert wird. Wenn man in dem Gedicht das Wort »Mama« durch »Krebs« ersetzt, so erkennt man, daß die Dichterin die innere Erfahrung ihrer Krankheit beschreibt, die diesem Getötetwerden zugrunde liegt.

In Claire Henzes Gedicht »An meine Mutter« (1987, S. 48) spürt man die Aggression gegen eine harte, wenig einfühlsame Mutter; gleichzeitig erkennt man Henzes Versuch, sich mit der Großmutter zu identifizieren, die sie niemals gekannt hat:

An meine Mutter

Du hast mir erzählt, das Dienstmädchen sei
   in Ohnmacht gefallen,
als sie meine Großmutter in ihrer Badewanne sah.
Nackt, aufrecht, munter und witzig
Einen furchtbaren Schnitt quer über ihrem Oberkörper
Keine Brüste.
Und ich stelle mir das Mädchen vor, das schlaff
   auf dem gekachelten Fußboden liegt
in diesem riesigen französischen Bad,
meine Großmutter, die in der großen Wanne sitzt.
Du sagst, sie amüsierte sich über den Schrecken
   des Mädchens
und dieses Bild macht keinen Mut

es ist nicht amüsant, es enthüllt nicht ihren Geist,
nichts von alledem, nur einen Knoten macht es mir
    in den Magen
und es bringt mich zum Weinen.
Meine Großmutter starb lange, bevor ich geboren wurde
an dem Leiden, das jetzt ich habe.
Ich habe sie nicht gekannt
doch jetzt kenne ich sie.
Ich weiß, was sie in diesem Augenblick fühlte
als das Dienstmädchen ohnmächtig wurde.
Ich weiß jetzt mehr über sie als irgend jemand sonst.
Und ich weiß, daß sie sich nicht amüsierte.

Eine ähnliche Spaltung in eine »gute« Brust der Großmutter und eine
»böse« Brust der Mutter läßt das folgende Gedicht von Murray erkennen (1975, S. 67):

Gedicht an meine Großmutter im Tode

Nach zwölf Jahren des Todes
verliert sich sogar die Liebe, der alte getreue
Hund ist müde des Liegens auf hartem Marmor.

Jedenfalls würdest du dieses Leben
nicht verstehen, die schlichten weißen Wände
und die Bücher, eine Leidenschaft, die dich kalt läßt.

Ich weiß nicht, wie dein Leben
nach all den grausamen Jahren
    zu einer Geste des Gebens werden konnte –
ein Apfel, Schokoladenstücke, eine Hand.

Nichts hätte übrigbleiben sollen
nach den ärmlichen Straßen, den schäumenden Waschzubern
und den wilden Schreien von Geburten zu Hause.

Macht nichts. Auch in meinen Händen zerbröselt,
was du gegeben hast. Von Gesimsen sprang ich
und landete seltsam verdreht, innerlich blutend.

So lerne ich, mich an deine Verletzungen zu erinnern –
deine plötzliche Schwermut, wenn feiner Regen fiel, oder
dein Schweigen über dem rissigen Brotschneidebrett.

Mich zu finden bedeutet am Ende dich zu finden
und wenn du verloren bist in den Falten deines Schweigens
finde ich nichts, verliere mit dir jene Jahre.

Dumm schüttelte ich mich selbst ab wie zerlumpte Kleider
als ich mich schämte, ein Kind zu sein
deines Kindes. Jetzt suche ich nach ihnen

In finsteren Schränken, denn ich habe Angst.
Ich habe so vieles vergessen. Könnte ich dir
    wiederbegegnen,
vielleicht könnte ich dann
    meinen eigenen Leib wieder zusammenfügen

Und nicht verlieren, was immer für dich Liebe war.
Ich könnte dein Schweigen verstehen und es aussprechen
und du wärst mir so gegenwärtig wie dein abgetragener Ring.

In der Dämmerung greife ich nach dem Eimer
    mit wilden Dahlien,
die du kauftest, ohne nach dem Preis zu fragen,
    die Jacke, von der du

Abb. 1: *Die Muttergottes,* farbige Filzstifte.

den Schnee abgeschüttelt hast, die Bluse, die du
gebügelt hast.

Es gibt keine Liebe, die gedeiht
ohne ihre Verkörperungen. Ich würde dich gerne
wiedererkennen über deinen angeschlagenen Tassen,
randvoll von Tee.

Das abgelehnte, negative Bild der Mutter, mit dem sich Murray innerlich identifiziert, zeigt sich deutlich in den Worten »als ich mich
schämte, eine Kind zu sein / deines Kindes«. Murrays Krebs steht in
engem Zusammenhang mit dieser geleugneten Identifikation: »verliere mit dir jene Jahre«. Gleichzeitig macht sich ein starker Wunsch
bemerkbar, die »gute« Großmutter zu finden, während die Dichterin
selbst dem Tode näherrückt.

Abb. 1 stammt von einer 39jährigen Frau, die unter Brustkrebs litt;
die Zeichnung entstand während einer recht langen kunsttherapeutischen Behandlung und veranschaulicht dieselbe tiefe Spaltung. Der
Patientin zufolge wollte sie eigentlich die »Muttergottes« darstellen
und war überrascht, in dem Bild ihre eigene starke, phallische Mutter
(mit zwei Brüsten) und sich selbst als verängstigtes Hündchen an der
Leine (und ohne Brüste) zu erkennen. Zu dem Zeitpunkt, als die Patientin dieses Bild malte, kümmerte sich ihre Mutter um sie, da sie
wegen Metastasen in den Rückenwirbeln von der Taille abwärts gelähmt war. Das Bild verdeutlicht auch die beiden Seiten der Patientin:
ihre Identifikationen einerseits mit der starken, phallischen Mutter,
andererseits mit dem hilflosen, geängstigten, abhängigen Selbst, das
keine Brust besitzt. Das Bild ließ die Patientin die Spaltung deutlich
erkennen, die sie nach der Mastektomie – mit nur noch einer gesunden Brust – empfunden hatte, und sie konnte jetzt auch sehen, wie sie
durch Projektion diejenigen, die sich um sie kümmerten, in Gute
(Brust) und Böse (Brust) unterschied.

Eine etwas komplexere Illustration dieser Spaltung findet sich bei
Frau W., einer 40jährigen Mutter zweier Kinder, die wegen Brustkrebs mastektomiert wurde und einige Jahre später an Leukämie erkrankte. Im Verlauf der Psychotherapie, während der sie eine enge
Übertragungsbeziehung zu ihrer Therapeutin entwickelte, erinnerte
sie sich zum erstenmal ihrer warmherzigen, zärtlichen Großmutter,
die immer besonders auf sie achtgegeben und sie mit kleinen Geschenken bedacht hatte. Dieses positive Bild der Großmutter stand in

Gegensatz zu einem »bösen« Bild der Mutter, die ihre Kinder weder lieben noch umsorgen konnte und die ärgerlicherweise dennoch gesund blieb – mit zwei unversehrten Brüsten und einem Liebhaber. Diese innere Spaltung wurde nicht einfach durch eine gesunde, »gute« Brust und eine »böse«, von Krebs befallene Brust symbolisiert, sondern wurde auf das Team der Pfleger und auf die Therapeutin projiziert. Die Patientin fürchtete, der tiefe Neid auf ihre gesunde Mutter werde die Beziehung zu ihrer Therapeutin zerstören und dabei die wahrhaft »gute«, doch verwundbare Brust des inneren Bilds der Großmutter bedrohen. Die Deutung dieses Neids (vgl. Kap. II, 5) und die Entwicklung einer tragenden Beziehung zur Therapeutin ermöglichten es der Patientin, gegen die kranke und daher »böse« Brust die Introjektion der »guten«, gesunden Brust der Therapeutin/Großmutter geltend zu machen.

Wie wir im vorigen Kapitel sahen, können die guten und die schlechten Objekte leichter miteinander verschmolzen werden, wenn während der depressiven Position in der frühen Kindheit eine »ausreichend gute Bemutterung« stattfindet (Winnicott 1965). Das Ich gelangt dadurch zu einem höheren Maß an Integration, und angesichts von Ambivalenzen und Verlusten kann dann eher die Hoffnung auf die Wiederherstellung eines guten Objekts aufrechterhalten werden. Da der Krebs mit seiner Todesdrohung auch unbewußte depressive Ängste hervorruft, ist es notwendig, das Durcharbeiten der infantilen depressiven Position zu wiederholen und fortzusetzen. Das Kleinkind hat sein inneres Chaos überwunden, um ein »gutes« inneres Objekt zu errichten; ebenso verhält es sich in akuter Lebensgefahr: Eine befriedigende Anpassung an ein Leben mit dem Tode beruht auf demselben Prozeß.

Wenn das Gleichgewicht von Gut und Böse sich zugunsten des Hasses auf das innere Objekt verschiebt, gelangen zunehmend destruktive psychische Kräfte in den Vordergrund: exzessiver Narzißmus, Habgier, Neid und Angeberei. Liebe und Haß sind auseinandergerissen und werden den Bildern verschiedener Objekte gewidmet, wie in den Gedichten von Webster und Murray sowie in den beiden Fallskizzen zu erkennen war.

Verschiebt sich das Gleichgewicht von Liebe und Haß zugunsten der Liebe, so kann die unbewußte Erinnerung an den übriggebliebenen Haß aus der depressiven Position der Kindheit durch Liebe abgedämpft werden. Tod und Zerstörung werden durch schöpferische

Wiedergutmachung und durch den Willen zum Leben in ihrer Wirkung gemildert. Wurde die gesunde Brust durch unbewußten Haß physisch und symbolisch geschädigt, so kann sie durch liebevolle Sorge wiederbelebt und geheilt werden. Wird der Neid auf die Gesunden weniger durch fortwährende Verleugnung neutralisiert als vielmehr durch die Wertschätzung dessen, was einem geblieben ist, und durch Hoffnung und Vertrauen in die Zukunft, so werden Schmerz, Schuldgefühl und Trauer um eine verlorene Vollkommenheit erträglich; ein aktiver Versuch der Wiedergutmachung und der symbolischen »Selbst-Heilung« können sie überwinden. Hauri (1982) formuliert dieses Bedürfnis nach aktiver Wiedergutmachung in Begriffen, die einerseits auf ihre Grenzen, andererseits auf ihr Zukunftsgefühl verweisen: »Konturen schaffen, ich habe keine Konturen [...] ich werde herausgefordert zu denken, zu reflektieren, zu verändern, auch mein Verhalten, damit der Feind, der Krebs, keine Möglichkeit hat, mich zu töten« (S. 15). In noch deutlicherer Weise sagt Lorde (1984) fast dasselbe, doch betont sie den inneren Kampf, der damit einhergeht:

»Es war ungemein wichtig für mich, nach meiner Brustamputation mein eigenes Machtbewußtsein zu entwickeln und zu verstärken. Ich mußte meine Energien in der Weise sammeln, daß ich imstande war, mich selbst als Kämpferin zu sehen, die Widerstand leistet, und nicht als passiv leidendes Opfer. Die ganze Zeit über schien es mir entscheidend, mich ganz bewußt zum Überleben zu verpflichten. Es ist körperlich wichtig für mich, mein Leben zu lieben, statt um meine Brust zu trauern. Ich glaube, ich verdanke es dieser Liebe zu meinem Leben und zu mir selbst sowie der sorgsamen Pflege dieser Liebe durch Frauen, die mich lieben und unterstützen, daß ich mich so schnell und gut von den Auswirkungen der Brustamputation erholt habe« (S. 94f.).

»Im Hinblick auf den Zeitdruck möchte ich jetzt sagen, daß ich alles darum gäbe, es auf andere Weise geschafft zu haben – wobei ›es‹ die Geburt einer einzigartig überlebenswerten – oder überlebenswirksamen – Perspektive ist. Oder ich würde alles darum geben, keinen Krebs zu haben – und meine schöne Brust dahin, zusammen mit meiner Liebe zu ihr! Aber ich muß es gleich wieder einschränken, denke ich, denn einige Dinge würde ich wohl doch nicht geben. Mein Leben vor allem, sonst hätte ich mich gar nicht erst für die Operation entschieden, was ich aber habe. Frances würde ich nicht geben, und auch nicht die Kinder und nicht einmal eine einzige der Frauen, die ich liebe. Ich würde das Dichten nicht aufgeben, und ich glaube, genau besehen würde ich auch weder meine Augen noch meine Arme geben. Daher muß ich wohl aufpassen, daß das, was mir im Hinblick auf den Zeitdruck als vordringlich erscheint, auch das widerspiegelt, was eigentlich von vorrangiger Bedeutung für mich ist.

Manchmal kommt es mir vor, als sei ich die Beute in einer Schlacht zwischen Gut und Böse, gerade jetzt, oder als stünde ich in diesem Kampf auf beiden Seiten gleichzeitig und wäre mir nicht einmal des Ergebnisses oder der Bedingungen sicher. Aber manchmal kommt mir, so wie gerade jetzt, die Frage in den Sinn: Was würdest du wirklich geben? Und selbst wenn ich nur mit dem Gedanken spiele, habe ich das Gefühl, ich könnte einen schrecklichen, tragischen Irrtum begehen, wenn ich nicht beständig meinen Kopf klar halte und meiner Prioritäten sicher bin. Es ist, als würde der Teufel tatsächlich versuchen, meine Seele zu kaufen – und ich tue so, als machte es nichts aus, wenn ich ja sage, weil doch jeder Mensch weiß, daß es ihn gar nicht gibt! Aber ich weiß es nicht. Und ich glaube ganz und gar nicht, daß dies alles ein Traum ist, und nein, ich würde die Liebe nicht aufgeben« (S. 99 f.).

Die innere Balance ist bei Lorde sehr deutlich der Liebe zugeneigt, und ihre Stärke rührt von der Fähigkeit, diese Balance auch angesichts unwiderruflicher Verluste aufrechtzuerhalten: »Der Schmerz, mich von meiner Brust trennen zu müssen, war mindestens so scharf wie der der Trennung von meiner Mutter. Aber ich habe es damals schon geschafft, und so weiß ich, ich kann es auch diesmal schaffen« (S. 32). Das gute innere Objekt Lordes wird deutlich durch eine Erinnerung, die ihr einen Tag vor der Mastektomie in den Sinn kommt und die in der folgenden Nacht im Traum wiederkehrt. Erinnerung und Traum dienen als Mittel, ihren Verlust zu bewältigen; sie weisen ihr den Weg zu schöpferischer Wiedergutmachung: »Eudora Garrett [...] war die erste Frau, mit der ich mich restlos auf die Liebe einließ. Ich erinnere mich noch an das Zögern und an die Zärtlichkeit, die ich empfand, als ich die tiefen Narben in der Höhlung ihrer rechten Schulter und über ihrer Brust berührte – in jener Nacht, als sie in der klaren, geballten Hitze unseres mexikanischen Frühlings schließlich ihren letzten Schmerz über ihre Brustamputation mit mir teilte. [...] In der Nacht vor der Operation kam Eudora im Traum zu mir [...] und wir hielten uns eine Weile an den Händen« (S. 45). Am folgenden

Tag schreibt Lorde in ihr Tagebuch: »Eudora, was habe ich dir in jenen mexikanischen Tagen vor so langer Zeit gegeben? Wußtest du, wie sehr ich dich geliebt habe? Nie hast du über deinen Tod gesprochen, immer nur über deine Arbeit...« (ebd.)

Das schöpferische Produkt, sei es ein Buch, ein Gedicht oder ein Bild, wird wiederum unbewußt introjiziert und kann auf diese Weise zu neuer Kreativität anregen. Ein Buch oder ein Gedicht zu schreiben kann so als lebensspendende Tätigkeit erfahren werden, die den Verlust samt seinen Todesängsten in eine aktive, konstruktive Erfahrung verwandelt. Mit Hilfe dieses schöpferischen Produkts kann sich die Autorin der letztendlichen Unvermeidbarkeit des Todes stellen und sie akzeptieren.

In dem Maße, in dem es Frauen mit Brustkrebs gelingt, durch ihre schöpferische Arbeit die depressive Position der Kindheit erneut durchzuarbeiten, im selben Maße sind sie auch fähig, ein Gefühl von Ganzheit und das Vertrauen in ihre Liebesfähigkeit wiederzuerlangen; sie werden sicherer in ihrer Fähigkeit, das, was sie verloren, zu betrauern, anstatt es zu hassen oder sich davon gequält zu fühlen. Durch projektive und introjektive Identifikation mit der »guten schöpferischen Brust« lernen sie zu leben mit einem begrenzten, doch verläßlichen Gefühl emotionaler Sicherheit – und ebendies bedeutet Leben.

3. Schreiben als Wiedergutmachung angesichts des eigenen Todes

Von Krebspatienten verfaßte Literatur läßt erkennen, wie ein gesteigertes Gefühl der Omnipotenz, verbunden mit einem zeitweiligen Ausblenden der Realität, dem Patienten eine Anpassung an seine lebensbedrohende Situation ermöglicht. Durch Schreiben bleiben Krebspatienten in Fühlung mit ihren Phantasien und inneren Objekten, und sie gelangen zu einem Gleichgewicht zwischen der Vergangenheit, der gegenwärtigen Realität und der bedrohlichen Zukunft. Finden sie bei diesem Unternehmen einen Begleiter – ihren Arzt, den Therapeuten oder einen Freund –, mit dem sie sich über den Fortgang ihres Werks austauschen können, so wappnen sie sich damit gegen die furchtbare Isolation und Einsamkeit, die mit der Todesangst einhergeht. Kreatives Schreiben und eine neu gewonnene Objektkonstanz lassen den Krebspatienten erkennen, daß er trotz der tödlichen Drohung noch immer narzißtische Befriedigung erlangen kann. Das Bewußtsein eines sinnvollen Lebens, das durch die Krankheit untergraben worden ist, gewinnt er zurück, und so entsteht neue Hoffnung. Indem er seinen Verlust durch Schreiben betrauert, ist er eher fähig, dem Tod mit Gleichmut zu begegnen.

Der Krebspatient und sein Verlust

Psychologisch gesehen findet der Krebs tief im »Selbst« des Patienten statt. Das »Selbst« ist die teils bewußte, teils unbewußte innere Repräsentanz unserer selbst, die wir im Laufe unseres Lebens entwickeln. In bedeutendem Maße beruht diese Repräsentanz auf guten wie schlechten Erfahrungen, die wir in der frühen Kindheit machen – Erfahrungen, die unseren Körper, unsere Person oder die uns nahestehenden Menschen betreffen. Unser Selbstwertgefühl ist weitgehend abhängig von der Art dieser frühen Erfahrungen sowie von unserer Fähigkeit, sie später im Leben durchzuarbeiten. Psychisches Wohlbefinden ist unmöglich ohne Selbstwertgefühl.

Für den Patienten repräsentiert der Krebs häufig – bewußt wie unbewußt – die negativen Anteile seiner Persönlichkeit, die schlechten inneren Objekte (die »schlechten Introjekte«). Auf diesem Wege beeinflußt er unmittelbar sein Selbstgefühl und seine Beziehungen zu anderen.

Jeder Krebspatient hat die Empfindung, daß sein Krebs ein Eindringling ist, der von innen kommt. »Mein Krebs frißt mich auf«, sagen viele Patienten und folgen damit einer alten Metapher, die tief in den frühesten Erfahrungen des Körper-Selbst verwurzelt ist. Der Krebspatient reagiert darauf, indem er versucht, seinen inneren Raum zu entleeren, um auf diese Weise die schlechten Introjekte, die der Krebs repräsentiert, loszuwerden. Die Folge davon ist, daß der Patient sich zunehmend als leer erlebt, und zwar gerade dann, wenn die Todesdrohung ihm am nächsten rückt. Dies kann in Gefühle der Isolation und der Vernichtung münden (Meerwein 1987a). Die folgende Schilderung von Alsop (1973) veranschaulicht diese Gefahr:

»Ruhelos erhob ich mich, um ein wenig die Umgebung zu erkunden, streifte umher und gelangte zu einer Nebentür des Solariums. Ich stieß sie auf und fand mich in einem Auditorium.

Dann sah ich die Worte, die mir einen wahren Schrecken einjagten. Es hing dort auf einem Podium ein großes Plakat, das wahrscheinlich der Unterweisung neu eingetroffener Ärzte und Schwestern diente. Es war mit ›Vorschriften bei der Aufnahme‹ überschrieben, und zehn oder zwölf numerierte Regeln waren aufgeführt. Ich las nur die ersten beiden: *Alle Patienten müssen unheilbaren Krebs haben. Alle Patienten müssen offen über ihren Fall unterrichtet werden.*

Rasch wandte ich mich um und schloß die Tür. Tish sagte ich nichts, außer, daß ich zurück in mein Zimmer wolle. Irgendwie führten mir diese gedruckten Worte die Realität vor Augen, in einer Weise, wie es bei all der freundlichen Offenheit von John Glick nie der Fall gewesen war. In mir war ein dunkler Abgrund von Angst« (S. 51).

Die Konfrontation mit dem Tod zwingt den Patienten zu enormen inneren Veränderungen. Auf der Ebene des Narzißmus kommt es zunächst zur Trauer um die verlorene Integrität des eigenen Körpers, der stetig und unter Schmerzen verfällt. Erinnern wir uns daran, daß die früheste Entwicklung des Ichs eng mit dem Bild eines unversehrten Körper-Ichs zusammenhängt; wir verstehen dann, welche Bedrohung seines Selbstwertgefühls der Patient erfährt, wenn sein Körper verfällt, und welch starke Gefühle von Scham und Wut dies nach sich zieht. Recht anschaulich macht dies ein Gedicht von Helen Webster (1980, S. 38), die zu schreiben begann, nachdem erstmals der später für sie tödliche Brustkrebs aufgetreten war:

Der Spiegel

Bestürzend
das Gesicht einer Fremden:
Eine kahle Betrügerin,
verblüfft, glotzend.
Ich frage:
Wer bist du?
Nicht ich.
Diese jung-alte
Plastikmaske –
meine ist es nicht.
Die Augen,
vielleicht,
gehören mir.
Sie scheinen
erstaunt
über den entblößten
Schädel.
Das nackte Gesicht
leugne ich.

Ist der Patient dazu gezwungen, libidinöse Besetzungsenergie von seinem Körper und damit von den meisten seiner Triebwünsche abzuziehen, so kann ihm dies in befriedigender Weise nur gelingen, wenn er fähig ist, seine inneren Erfahrungen und Phantasien stärker zu besetzen als zuvor. Gelingt ihm dieser Übergang nicht, so wird er häufig tief depressiv. Das folgende Gedicht von Webster (1980, S. 89) veranschaulicht diesen Prozeß recht gut:

Notiz aus dem Krankenhaus

Sei bitte nachsichtig,
ich sterbe.
Müßtest du mich
so im Bett sehen –
tropfend, trocknend,
verpackt und übel zugerichtet,
schwitzend und unter Medikamenten,
drainiert und mit Schläuchen,

verstümmelt,
aufgeschlitzt, zerschnitten,
zusammengeflickt, verklammert,
rasiert, stinkend,
am Ende –
ich fürchte
unser Spinnennetz
der Liebe
würde zerreißen;
ein paar Fäden
bleiben vielleicht haften,
aber die kann man leicht
abstreifen.

Webster beschreibt, wie es ist, wenn man das schwache »Spinnennetz der Liebe« nicht besetzen und daher über den sterbenden Körper nicht hinausgelangen kann. Angesichts ihres angegriffenen, sterbenden Körpers und mit Objektbeziehungen, die aufs äußerste geschwächt sind und zu zerreißen drohen, ist sie nicht mehr in der Lage, ihre innere Welt neu zu beleben. Doch nur die Patientin, der dieser Übergang gelingt, wird auch fähig werden, ihren kranken, schmerzenden Körper zu betrauern und sich mit dem bevorstehenden Tod abzufinden.

Auf der Ebene der Objektbeziehungen geht die Trauer, die das Sterben mit sich bringt, notwendigerweise einher mit einem allmählichen Abzug der Besetzungsenergien von Menschen und Dingen der äußeren Welt. Zu diesem Prozeß gehört auch, daß der Patient in der Endphase den starken Wunsch entwickelt, negative Gefühle gegenüber seiner Vergangenheit oder gegenüber nahestehenden Menschen aufzulösen; auf diese Weise fällt es ihm leichter, sie zu verlassen. Je besser und je tragender die inneren, internalisierten Erfahrungen sind, die auf die frühe Mutter-Kind-Beziehung zurückgehen, desto leichter ist es für den Patienten, jene Gefühle aufzulösen, während er um den Verlust der äußeren Welt zu trauern beginnt. Je ambivalenter jedoch diese internalisierten Beziehungen sind, desto schwieriger ist es für den Patienten, ein wirkliches Gefühl der Trauer zu erfahren.

Das folgende Gedicht von Murray (1974, S. 11) zeigt die Identifikation mit einem schlechten inneren Mutterbild, daß den Prozeß der Trauer erschwert:

Ein Spuk

Die Hand meiner Mutter spielt mit dem Löffel
doch mein Gesicht, scheußlich aufgebläht,
starrt mich an aus der schief spiegelnden Höhlung
bevor es sich in der klaren Suppe kräuselt –
zerbrochen!
Ach, gnädige Frau, meine Hand zittert.
Essen kleckst auf das Tischtuch,
Essen und die Farben der alten Ängste.
Die Hand meiner Mutter bricht die Blumen.
Blatt für Blatt sterben sie
unter dem rauhen Griff ihrer Hände.
In meinem Haus liegen sterbende Blumen umher.
Ihr Gestank verpestet die grazilen Wände.
Ich tanze auf dem Rasen unter der Sonne.
Mein Schatten springt an meiner Seite
leicht . . .
meiner, meiner!
Die Füße meiner Mutter zertreten das Gras
wo ich tanze.
Wir alle gehen schwanger mit unseren Geistern.

In den Zeilen »In meinem Haus liegen sterbende Blumen umher« und »Wir alle gehen schwanger mit unseren Geistern« wird eine symbolische Identifikation des bösartigen Krebses mit dem negativen Mutterbild erkennbar.

Ein bedeutender Teil der Krebsliteratur, die in diesem Kapitel besprochen wird, konzentriert sich auf die Wiedergutmachung der zahlreichen Verluste, die der Krebskranke zu erleiden hat.

Die zeitweilige Aufhebung der Realität im Dienste von Anpassung und Kreativität

In dem Aufsatz *Fear of breakdown,* den Winnicott (1974) kurz vor seinem Tode verfaßte, zählt er die »primitiven Urängste« des Patienten auf, der fürchtet, auseinanderzufallen: »1. Rückkehr in einen Zustand der Nichtintegration; 2. ewiges Fallen; 3. Verlust der psychoso-

matischen Kollusion, Unbehaustheit; 4. Verlust des Realitätssinns«
(S. 104). Sämtliche Krebsautoren scheinen genau diese von Winnicott
beschriebenen Ängste zu erleben. Doch woher nehmen sie dann die
Kraft und die schöpferische Energie, ihre Bücher zu schreiben? Zum
Teil ist die Fähigkeit des Schreibens Ausdruck davon, daß der Krebs-
patient die drohende Gefahr leugnet; doch das ist längst nicht alles.

Während er um seine geliebte Frau trauerte und zur selben Zeit
selbst an Krebs starb, verfaßte der amerikanische Psychoanalytiker
Ping Ni Pao den Aufsatz *The Suspension of the Reality Principle in
Adaption and Creativity [Die Aufhebung des Realitätsprinzips bei Anpassung und Kreativität]*, der 1983 postum veröffentlicht wurde.
Darin beschreibt er die Fähigkeit des Menschen, in einer bedrohlichen Situation sein Allmachtsgefühl zu steigern und auf diese Weise
die Realität für kurze Zeit außer Kraft zu setzen, ohne sich doch völlig
von der Realität abzukoppeln. Auch unsere Krebsautoren scheinen
ein derartiges Hochgefühl der eigenen magischen Herrschaft über die
Realität entwickelt zu haben – ein Gefühl, das sie glauben läßt, sie
könnten die Bedrohung durch Schreiben unter Kontrolle halten. Dieses neue Gefühl der Allmacht war – häufig unbewußt – eine psychische Vorbedingung, um ihre schöpferischen Bestrebungen aufzunehmen und zu vollenden.

Die beiden folgenden recht eindrucksvollen Zitate veranschaulichen das Gefühl von Allmacht, das angesichts des Todes unvermittelt
auftreten kann. Zunächst eine Äußerung von Peter Noll (1984):
»Schon bald nach dem Befund kam mir wie eine Erlösung der Gedanke, mein Tod solle zelebriert werden, vielleicht schon auf der letzten Strecke des Weges vom Tumor zum Tod, sicher aber nach dem
Tod« (S. 12). Das zweite Zitat stammt von Walter Matthias Diggelmann (1979), der an einem Gehirntumor litt:

»Wenn mein langsames Sterben, das nicht mehr anzuzweifeln ist,
vorbestimmt ist, dann habe ich nur noch einen letzten Wunsch: daß
ich selbst aus diesem Sterben eine wunderbare, große, spannende Geschichte machen kann, eine Geschichte, die mir so viel Geld einbringt, daß es mir gelingen könnte, Medizin zu studieren, Neurologie,
eine Klinik aufzubauen, um ein Gehirn zu erfinden. Den Preis würde
ich bezahlen. Ich würde ein Gehirn erfinden für einen Erfinder, der
Erfinder erfindet, der den Erfindern, die er erfunden hat, sagt, was sie
weiter zu erfinden haben, und ich wäre der Erfinder des Erfinders der
Erfinder. Ich wäre der Erfinder meiner selbst« (S. 27 f.).

Der Verlust des Selbstwertgefühls sowie die Beeinträchtigung oder der teilweise Verlust des Körper-Ichs rufen ungeheure Ängste und Leiden hervor. Angesichts dieser akuten Bedrohung sehnt sich der Patient nach dem früheren Zustand der Unversehrtheit. Unbewußt verlangt ihn nach dem frühesten Gefühl von Ganzheit, das er in der Vereinigung mit seinem ersten, schutzgewährenden Objekt empfand. Beim kreativen Schreiben gibt der Autor einen Teil seiner bewußten Abwehr auf; im Dienste seines Ichs gleitet er in eine schöpferische Regression, in deren Tiefe er seinem verlorenen, zerstörten, doch geliebten Objekt neues Leben einzuhauchen vermag. Darüber hinaus kann der Krebspatient im Resultat seines Schreibens eine neue Gestalt entdecken, die neue und befriedigende Gefühle hervorruft – das bewußte Zeugnis der inneren Wiederbelebung des primären Objekts und der Vereinigung mit ihm. Anders gesagt: Durch die Macht seiner Phantasien in Zusammenhang mit seiner Aktivität vermag der Patient sein schwer gestörtes dynamisches und triebökonomisches Gleichgewicht zu stabilisieren.

Dieses neue Gleichgewicht kann man vielleicht am besten durch eine bemerkenswerte Passage von Fitz Mullan (1985) veranschaulichen, in der er den erfolgreichen Kampf gegen seinen Lungentumor schildert:

»An einem bestimmten Punkt, als es mir schlechter kaum noch gehen konnte und ich ziemlich verzweifelt war, entwickelte ich die lebhafte und hartnäckig wiederkehrende Phantasie, in die Gebärmutter zurückzukehren. Dort lag das Problem, sagte ich mir, und die einzig wahre Lösung bestand darin, zum Ort des Verbrechens zurückzukehren und ganz neu zu beginnen. Chemotherapie und Bestrahlung erfolgten nach begangener Tat und waren relativ nutzlos. Ich kam mir vor wie Humpty Dumpty[1], den sämtliche Männer und Pferde des Königs zusammenzuflicken versuchen.

Während ich im Bett lag und gegen den Brechreiz ankämpfte, wanderten meine Augen ziellos über die Tabellen und Fieberkurven, die an die Wände geheftet waren. [...] Ich stellte mir vor, ganz von vorn zu beginnen. Das schien logisch und vielversprechend. Ein schrecklicher Irrtum war dies alles, und so absurd ging es seinem Ende entge-

---

1 Eine aus englischen Kinderreimen bekannte Figur. In Lewis Carrols *Alice hinter den Spiegeln* tritt sie als eiförmiges – und entsprechend zerbrechliches – Männlein auf, dem der König versprochen hat, im Falle eines Unglücks alle seine Reiter zu senden; A. d. Ü.

gen, daß wir einfach aufhören und neu beginnen mußten. Wie, so fragte ich mich, könnte ich wieder hineinkommen? Ich war so verdammt groß – so unangenehm riesenhaft. Und würde Mom das wirklich alles nochmal durchmachen wollen? Sie würde mitmachen müssen. Allein konnte ich es nicht schaffen, das wußte ich. Würde sie bereit sein, das alles hinzunehmen, Wehen, Entbindung, den Säugling, Schule und Masern und so fort, alles ganz von vorn? Wenn sie den Grund dafür verstehen würde, dachte ich, so könnte man sie überzeugen, doch die Größe war ein wirkliches Problem. Wie sollte ich je wieder hineinkommen? Während der schlimmsten Anfälle von Übelkeit und Depression, als ich nichts essen konnte und völlig verunstaltet war – Mom war manchmal da, manchmal nicht –, war ich tagelang besessen davon, in die Gebärmutter zurückzukehren. Diese Phantasie, so unsinnig sie war, half mir durch eine furchtbare Zeit. Sie bot mir einen Ausweg, als all meine Rationalität als Arzt, als Patient und als Sohn mir sagte, daß ich mit dem Rücken zur Wand stehe. Als die schlimmsten Folgen der Behandlung abklangen und sich eine neue Lebenschance bot, wurde die Phantasie allmählich seltener und weniger zwanghaft« (S. 45 f.).

In ähnlichem Stil beschreibt Beutler (1980) ihre Fähigkeit, sich innere Phantasien und Objekte ins Bewußtsein zu rufen und auf diese Weise ihre Angst unter Kontrolle zu halten. Ihre Phantasien verdeutlichen auch ihren Wunsch, mit dem einst allmächtigen Vater zu verschmelzen; dieser hatte unter demselben Karzinom am Hals gelitten wie sie, doch hatte er bis ins hohe Alter ein aktives Leben geführt. Indem Beutler ihre Ängste und Verluste auf schöpferische Weise durcharbeitete, folgte sie dem Rat ihres Vaters: »Heult nicht einfach, wenn euch die Welt nicht paßt. Nehmt sie lieber übers Knie, bis sie rund läuft« (S. 67). In den folgenden Sätzen beschreibt Beutler ihre Angst und ihre Phantasien, als sie nach ihrer Operation am Hals erwachte und voller Entsetzen feststellte, daß sie weder sprechen noch ihre Zunge bewegen konnte: »›Vater der du bist – ‹, warum rufst du? Im Mund sind Felsbrocken und ich kann sie nicht verschieben [...]. ›Hier bin ich, Vater.‹ Ich stemme mich gegen die Felsen, ich will die Gebirge verschieben« (S. 78). »[...] ich bin eingekesselt in Knochen. Oder ist das Wort *Felsen* richtiger? Bin ich eingeklemmt? Oder heißt es ›festgemauert in der Erden‹?« (S. 89) »*Vater ist im Haus*. Kann ich ihn sehen, wenn ich die Tür aufmache? [...] Die Tür springt auf, meine Mutter wartet schon, und mein Vater ist zu Hause« (S. 91).

216

Ted Rosenthal versuchte, seine Todesangst zu überwinden, indem er die Hoffnung nährte, »die wahre, verlorene Liebe« zu finden. Er litt unter akuter Leukämie und war erst 31 Jahre alt, als er die folgenden Zeilen schrieb (1973, S. 21):

> Ich kann es nicht abstellen
> Darf nicht nackt sein
> Darf nicht fortgehen
> Ich laufe umher wie verrückt, haue mich ins Bett,
>   sitze zusammengekrümmt
> Nicke geistesabwesend
> Stelle mir vor, Zeit zu haben für Gedanken, und träume
> Von Liebe –
> Wo ist mein Ort
> In den Stahlklauen dieses verwegenen, hektischen Nordens
>   der Pioniere
> Um das Herz zu pflügen und Schätze zu befreien
> Aus der eisigen, geballten Faust des Selbst?
> Ich muß mich zusammenreißen.
> Ich muß gehen!
> Um über die Gebete der Vergangenheit zu springen,
>   komme ich in den Norden
> Ungeübt, fürchterlich schnaufend,
> Und staune über meine Seele und die wahre, verlorene Liebe,
> Die ich finden will.

In einer leeren Welt des Leids, der Angst und des Schreckens vermag der schreibende Patient eine Phantasie zu besetzen, die seine innere Leere ausfüllt und seine äußere Existenz bereichert. Die vorigen drei Zitate zeigen eindrücklich, wie wichtig es für den Krebspatienten ist, mit seinen Phantasien in Fühlung zu bleiben.

Der Tod bedeutet endgültiges Alleinsein, die unwiderrufliche Trennung von der Mutter, doch psychisch beinhaltet er auch die beruhigende Phantasie einer Vereinigung mit ihr – in Gestalt der Mutter Erde (vgl. Freud 1913b, S. 193). Diesen Wunsch nach Vereinigung mit der Erde veranschaulicht Dora Hauri (1982), wenn sie schreibt: »Barfuß bin ich in der frischgepflügten Erde gegangen. Mit bloßen Füßen die Erde berührt. Ich habe den Herbst gesehen, Blumen und Blätter, von Sommer, Sonne, Wind und Regen hart drangenommen, fallen, wechseln nochmals die Farbe, wollen beachtet werden in ihrem Gelb und Rot, fallen. Ich habe den Herbst gesehen. Ich bin mit bloßen Füßen über den Acker gegangen« (S. 33).

Phantasien und Träume helfen dem Patienten, die Integrität seines Selbst zu erhalten; sie schützen ihn vor unerträglicher Einsamkeit und Angst. Diggelmann (1979) schreibt dazu: »Warum nicht eine Geschichte erfinden: ›Der Mann mit dem bösen Baum im Kopf‹? Irgend etwas wird mir einfallen; ich sterbe erst, wenn ich nichts mehr erfinden kann. Ich bin tot, wenn ich nichts mehr erfunden habe. Ich bin erst tot, wenn ich schweige« (S. 62).

Schreiben ist auch das Instrument, mit dessen Hilfe der Patient einen aktiven Dialog mit seiner Vergangenheit, Gegenwart und Zukunft aufrechterhält. Es läßt ihn ein Gefühl für das Gleichgewicht der Lebensalter wiedererlangen, ein Gefühl, daß durch seine Ängste erschüttert und verdunkelt worden war. Sikes (1980), die unter Brustkrebs litt, schildert die Veränderung ihres Zeitgefühls von dem Moment an, da sie mit einer lebensbedrohenden Krankheit konfrontiert war:

»Als ich jung war, schien die Zeit unendlich lang. Zu warten, bis man am Ende des Tages aus der Schule stürmte, zu warten, bis er mich anzusehen geruhte – zu warten war unmöglich. Die Zeit würde nicht vorübergehen.

Auch jetzt ist die Zeit etwas Unmögliches, aber auf andere Weise. Ich warte nicht mehr auf sie. Ich muß laufen, um sie einzuholen. Ich versuche sie zu fassen, versuche, sie zur Verlangsamung zu zwingen und sie für einen Augenblick anzuhalten, doch es gelingt mir nicht. Ich bin jetzt wie das Kind, das im Auto fährt und dem es zu langweilig wird, nach vorne zu schauen; es beginnt, durch das Rückfenster auf die Straße zu starren, die sich hinter ihm entrollt. ›Langsam‹, ruft es, ›da *war* etwas!‹

Doch das steht nicht in seiner Macht, und das Auto ist weitergerast. Die Vision ist verloren.

Wir sind immerzu Kinder« (S. 80f.).

Krebspatienten haben oft das Gefühl, ihren Zeitsinn eingebüßt zu haben. Diggelmann (1979) erwähnt in seinem Tagebuch »die merkwürdige Erfahrung, daß sich mein Zeitbegriff verändert hat. Die Zeit vergeht so langsam, wie Sand durch ein Sandglas rieselt« (S. 71). Die Empfindung des Krebspatienten, in der Ebbe der Zeit festzusitzen, beschrieb Ted Rosenthal (1973, S. 20), als er mit akuter Leukämie im Krankenhaus lag:

Was hat dieser unbekümmerte Stachel des Lebens
   mit mir zu tun
und mit meinen trüben Gedanken?
Über dreißig und auf der Suche nach Lebenskraft
Einsam, voll Sehnsucht und Verlangen
Ängstlich, irgend etwas aufzugeben
Müdes, erdgebundenes Ich, muß ich den Norden überspringen
Den äußersten Norden
Sibirien, den Norden des Pelzhandels, wo jeder Laut
Zu dröhnendem, knatterndem Lärm wird
In der transkontinentalen Falle
Der Zeit?

Das Gefühl der Auflösung in diesem Gedicht – »trübe Gedanken« in einer Welt voll »Lärm« –, hängt damit zusammen, daß der Krebspatient den Kontakt zu den natürlichen Zeitrhythmen verliert.

Krebspatienten, die ihren Zeitsinn verlieren, verlieren damit auch ihr Gefühl der Lebenssicherheit. Beim Schreiben und bei der schöpferischen Arbeit tun sie daher alles nur Mögliche, um sich ein Gefühl für die Zeit zu bewahren. So unternahm zum Beispiel Noll (1984) besondere Anstrengungen, dem Fluß der Zeit zu folgen. Er litt unter Blasenkrebs, lehnte es jedoch ab, ihn medizinisch behandeln zu lassen. In seinem Tagebuch beschreibt er den Wechsel der Jahreszeiten, die er über einem kleinen Bergsee beobachtete, nahe seines Landhauses, in das er sich zum Schreiben zurückgezogen hatte. Das Beobachten und Aufzeichnen der jahreszeitlichen Veränderungen gab Noll einen Halt innerhalb der kurzen Zeitspanne, die ihm noch blieb. Das Bild des Sees und seiner Veränderungen kehrt in seinem Tagebuch immer wieder, ähnlich einer Melodie, die innerhalb eines größeren Werks wiederholt anklingt. Der Gang der Jahreszeiten vermittelte Noll eine tröstliche Beziehung zur Kontinuität des Lebensflusses, und darüber hinaus diente er ihm als Spiegel, der das projizierte Bild seines eigenen Dahinschwindens wiedergab:

»*Heute ist der 28. Dezember 1981,* ich sitze in meiner Wohnung in Laax, habe den Blick auf das zugeschneite Seelein und den Wald dahinter, von den Tannen fällt der Schnee« (S. 7).

»29. Dezember 1981 [...] Der dunkle Wald hinter dem zugeschneiten Seelein und der weiße Hang gegen Falera sind so schön, daß ich das alles noch lange sehen möchte« (S. 14).

»27. Mai 1982 [...] Das Seelein ist groß geworden, hat trübes, braungrünes Wasser. Von allen Seiten singen die Vögel auf mich ein [...]. Von ferne ein Kuckuck, sein Ruf lockt in die Weite, verstärkt das Gefühl des Frühsommers. Den Frühling habe ich verpaßt, sofern er überhaupt stattgefunden hat« (S. 198).

»9. Juli 1982 [...] Am Rande des Seeleins haben sich zwei Fischreiher niedergelassen, zum erstenmal habe ich ihre schrillen, häßlichen Schreie gehört. [...] Im Augenblick habe ich, wenn ich nach draußen schaue, ein ganz genaues Gefühl, daß die Erde sich wälzt, von der Sonne weg gegen die Sterne. Am Morgen entsteht dieses Gefühl nicht. Es ist ein Abendgefühl« (S. 237 f.).

»24. Juli 1982 [...] Das Seelein ist jetzt ganz vom grünen Schilf überwachsen. Jetzt schön auch im Regen, der einen feinen Schleier vor den Wald hängt« (S. 243).

»27. August [...] Es ist kalt geworden. Der Regen fällt mit einem einschläfernden Geräusch in die neblige Dämmerung. Das Seelein ist ganz zugewachsen. Noch aber ist das Schilf grün« (S. 258).

Noll sah die Natur entsprechend seiner inneren Wahrnehmung. In seinem geschwächten Zustand fühlte er den Tod nahen. Seine Erde wälzte sich tatsächlich langsam gen Himmel, in Richtung auf den Abend und die Dunkelheit. Er selbst war es, der in einer »nebligen Dämmerung« lebte.

»Kreativitäts-Übertragung« oder die »Geschenk-Situation« zwischen dem Krebsautor und seinem Gefährten

Bevor der Krebspatient tatsächlich zu schreiben beginnt, phantasiert er über das Schreiben. In diesem Vorstadium scheinen seine Omnipotenzgefühle besonders ausgeprägt zu sein. Die Empfindung, allmächtig zu sein, treibt ihn zu schöpferischer Arbeit und ermöglicht ihm die Illusion, durch Schreiben könne er die drohende Katastrophe abwenden. Wenn er schließlich damit beginnt, verlagert sich das Zentrum seiner Aufmerksamkeit von der Omnipotenz zum inneren Selbst, was zu einer gewissen Isolation führt. Hinzu kommt noch die Isolation, die jeder erfährt, der vom Tode bedroht ist.

In diesem Zustand der Einsamkeit und der Isolation hat der Krebsautor ein besonders starkes Bedürfnis nach der Nähe eines stützenden

Gefährten, eines nahestehenden Menschen, mit dem er sein Werk teilen kann. Mit diesem Gefährten geht er eine Art idealisierter Übertragungsbeziehung ein, ähnlich derjenigen, die jeder sterbende Patient zu seinem Psychiater oder Psychotherapeuten hat. In dieser Beziehung erfahren beide Partner ein intensives Geben und Nehmen, das noch belebt wird durch den regressiven Wunsch nach einem ursprünglichen Idyll der Liebe, der Sicherheit und des völligen Vertrauens.

Auch zahlreiche gesunde Künstler haben eine derartige enge Beziehung beschrieben (Auchter 1978). Kohut (1975) bezeichnet sie als »Kreativitäts-Übertragung«; er beschreibt sie als idealisierte Übertragung, die auf eine normale Entwicklungsphase zurückgeht, in der Erfahrungen des Kindes mit einfühlsamen, als omnipotent erlebten Erwachsenen Gefühle des Vertrauens und des narzißtischen Wohlbefindens erwecken. Kohut schildert, wie Künstler während der schöpferischen Arbeit häufig eine Person für sich gewinnen, die sie für omnipotent halten und mit der sie vorübergehend verschmelzen können. Zuvor schon hatte Eissler (1978) eine ähnlich nahe, idealisierte Beziehung zwischen dem sterbenden Patienten und seinem Psychiater beschrieben; er nannte das eine »Geschenk-Situation«. Das »Geschenk« an den Patienten besteht darin, daß der Therapeut, der Arzt oder ein Gefährte als Objekt verfügbar ist.

Der Krebspatient bzw. der Autor wählt gewöhnlich eine Person, welche die omnipotente Übertragung gewährleisten kann und die verfügbar ist, so daß mit ihm oder ihr eine zeitweilige Verschmelzung möglich ist. Nicht selten ist diese Person der Arzt; es kann aber auch ein Freund, ein Familienangehöriger oder ein Vorbild sein. In ihrem Tagebucheintrag vom 25. September 1976 benennt Maxi Wander lakonisch das Wesentliche dieses Vorgangs: »Habe an Christa W[olf] und nach Wien geschrieben. Möchte, daß einer kommt, an dessen Leben ich mich festsaugen könnte. Lebenstransfusion!« (S. 31)

Auch der Fall des Ulysses S. Grant, des achtzehnten Präsidenten der Vereinigten Staaten, ist hierfür ein anschauliches Beispiel. Im Jahr 1884, sieben Jahre nach Ende seiner Amtszeit, war Grant ein ruinierter Mann: Seine Karriere war zerstört, sein Geschäft bankrott. Außerdem war bei ihm ein squamöses Zellkarzinom am Hals aufgetreten, über dessen schlechte Prognose ihn sein Arzt, Dr. Hancock Douglas, voll und ganz unterrichtete. Da erhielt er den Besuch von Mark Twain, der ein großer Bewunderer Grants war. Twain schlug vor, Grant solle seine Memoiren schreiben, die er dann in seinem eigenen Verlag, Webster & Co., veröffentlichen würde. Twain war auch bereit, einen beträchtlichen Vorschuß zu zahlen. Grant, der wegen seines nicht mehr operablen Karzinoms unglaubliche Schmerzen litt und der außer einigen Briefen noch nie etwas geschrieben hatte, stimmte diesem ziemlich unrealistischen Vorschlag zu, wobei er vor allem an die finanzielle Sicherheit seiner Familie nach seinem Tod dachte. Gerade zu dieser Zeit wurde Mark Twain wegen seines Romans *Huckleberry Finn* gefeiert; das Vertrauen dieses Autors in Grants literarische Fähigkeiten und die ausgezeichnete Unterstützung durch seinen ihm ergebenen Arzt ermöglichten es Grant, trotz aller Schmerzen und trotz seiner Schwäche eine zweibändige Autobiographie zu verfassen. Mit Hilfe seiner beiden Gefährten gelang es Grant, sein Selbstvertrauen wiederzuerlangen, das durch seine furchtbare Krankheit und durch den finanziellen Bankrott schwer beschädigt worden war. Die Erneuerung seines Omnipotenzgefühls ermöglichte es ihm, die Realität seines Sterbens vorübergehend außer Kraft zu setzen. Er starb, fünf Tage nachdem er den zweiten Band seiner Autobiographie vollendet hatte – genau an dem Tag, den er selbst vorausgesagt hatte –, umgeben von seiner Familie und seinem Arzt. Die Memoiren Grants sind mit den von Caesar verfaßten Kommentaren vergleichbar, und die Fachleute sind sich darin einig, daß seine Schriften von hohem historischen und literarischen Wert sind (Nelson 1981).

Das volle Vertrauen, das Twain und sein Arzt Hancock Douglas ihm erwiesen, verschaffte Grant eine »haltende Umwelt«, wie Winnicott (1971) dies genannt hat. Das daraus resultierende Gefühl, getragen und unterstützt zu werden, ließ neue Hoffnung erwachsen und ermöglichte es ihm, Vergangenheit, Gegenwart und Zukunft in ein neues Gleichgewicht zu bringen. Nachdem er die beiden Bände einmal vollendet hatte, blieb nichts mehr, was ein Festhalten am Leben hätte ermöglichen können – dies belegt der letzte Brief, den Grant an seinen Arzt richtete:

»Doktor, nachdem ich in dieser schönen Gegend angelangt bin und nach einer vollkommenen, ungefähr zehnstündigen Nachtruhe habe ich meine Schmerzen beobachtet und sie mit denen der vergangenen paar Wochen verglichen. Ich fühle es deutlich, daß mein Organismus sich darauf vorbereitet, auf eine dieser drei Arten zerstört zu werden: durch Verbluten, durch Strangulierung oder durch Entkräftung. Die erste und zweite Möglichkeit kann wahrscheinlich jeden Moment eintreten und mich von meinen irdischen Leiden erlösen. Den Zeitpunkt, an dem das letztere erfolgen wird, kann man mit beinahe mathematischer Sicherheit berechnen. Bei Zunahme der täglichen Nahrung habe ich in den letzten beiden Wochen sehr rasch an Gewicht und Kraft verloren. Es gibt keine Hoffnung, daß dies noch lange so weitergehen könnte« (zit. n. Nelson 1981, S. 435).

Ein weiteres Beispiel einer Kreativitäts-Übertragung ist die Beziehung zwischen Alice James und ihrer Freundin und Gefährtin Katherine Peabody Loring; in dem Tagebuch, das James während ihrer drei letzten Lebensjahre führte, hat sie diese Beziehung geschildert. Obgleich die Freundschaft der beiden Frauen bereits elf Jahre zuvor begonnen hatte, wurde sie für Alice James während dieser letzten Jahre doch sehr viel bedeutsamer. Nachdem bei ihr Brustkrebs diagnostiziert worden war – es war in ihrem letzten Lebensjahr –, half ihr die enge Bindung zu Katherine, Angst und Schmerz zu überwinden; sie ermöglichte es ihr, weiterzuschreiben bis zum Vortag ihres Todes.

Vier Monate, bevor sie starb, schrieb James (1964) in ihr Tagebuch: »Die tückische Freundin Morphia, die, während sie den Schmerz ermordet, den Schlaf zerstört und den scheußlichsten Nervenqualen Tür und Tor öffnet, hat uns vor drei oder vier Wochen all ihre Laster enthüllt, und K[atherine] und ich waren näher daran, auf Grund zu laufen, als jemals zuvor« (S. 222). Einen Monat später heißt es: »Da die häßlichsten Dinge der Entstehung der schönsten dienen, ist es nicht verwunderlich, daß diese unselige granitene Substanz in meiner Brust der Nährboden sein sollte für das vollkommene Erblühen von Katherines beispiellosem Genius der Freundschaft und der Hingabe. Meine schwache Feder ist außerstande, die Geschichte ihrer Aufmerksamkeit, Geduld und unermüdlichen Hilfe zu erzählen, doch all die Schmerzen und Qualen scheinen mir ein geringer Preis für all das Glück und den Frieden, mit dem sie meine Tage erfüllt« (S. 225). Am Tag vor ihrem Tode diktierte sie Katherine Loring ihren letzten Eintrag:

»4. Mai 1892

Langsam werde ich abgeschliffen auf dem unerbittlichen Schleifstein körperlichen Schmerzes, und in zwei Nächten hätte ich Katherine beinahe um die tödliche Dosis gebeten, doch auf so ungewohnten Wegen geht man zaudernd, und man harrt aus von Sekunde zu Sekunde. Ich habe das sichere Gefühl, es sei unmöglich, doch nur noch sehr kurze

Zeit, dann wird der irregeführte kleine Hammer, der mich in Gang hält, einsehen, daß es angemessen wäre, seine verworrene Laufbahn zu beenden. Wie auch immer, körperlicher Schmerz, wie tief er auch sei, hört von selbst auf, und er fällt ab vom Geist wie trockene Hülsen, wohingegen innere Mißklänge und Nervenqualen die Seele abstumpfen. Diese letzteren werden völlig von Katherines rhythmischen Händen beherrscht, so daß ich keine Furcht mehr habe vor dem wunderbaren Augenblick, wenn ich zum ersten Mal fühle, in die Tiefsee göttlichen Erliegens hinabgetragen zu werden, und all die liebgewonnenen, alten Mysterien und Wunder sah ich in Nebel zergehen! [...]

Katherine kann nichts dafür, so ist sie nun mal, eine schlichte Verkörperung der Gesundheit, und Baldwin nannte sie ›Neuenglands Professorin für das Erledigen von Sachen‹« (S. 232).

Der Kommentar von Katherine Loring zeigt, wie wichtig diese Notiz für die sterbende Alice James war. James fand keine Ruhe, bevor sie nicht ihre Dankbarkeit zum Ausdruck gebracht hatte für Katherines Treue ihr gegenüber – obgleich sie sie im selben Atemzug als »Professorin« würdigt, gemäß dem sardonischen Stil, der ihr gesamtes Tagebuch durchzieht. Loring schreibt: »Das Diktat vom 4. Mai ging ihr schon den ganzen Tag im Kopf herum, und obwohl sie sehr schwach war und das Diktieren sie sehr ermüdete, kam sie innerlich nicht zur Ruhe, bevor es niedergeschrieben war; dann wurde sie erlöst« (zit. n. James 1964, S. 232). Erst nachdem sie sich bei ihrer geliebten Freundin für das wundervolle »Geschenk« bedankt hatte, das sie von ihr empfangen hatte, konnte James in Frieden sterben.

Eine ähnlich ausgeprägte »Kreativitäts-Übertragung« findet man in Peter Nolls *Diktaten über Sterben und Tod* (1984). Drei Tage, nachdem sein Blasenkrebs diagnostiziert worden war und er entschieden hatte, ihn nicht behandeln zu lassen, traf sich Noll mit Max Frisch, mit dem er gut befreundet war, und bat ihn, nach seinem Tod im Großmünster in Zürich die Gedenkrede zu halten. Frisch stimmte zu, und damit begann seine Rolle als Gefährte, der Noll auf seinem letzten Weg zur Seite stand. Die starke Identifikation und die enge Freundschaft mit dem berühmten Autor gaben Noll die Kraft und die Inspiration, angesichts einer dauernden Bedrohung durch den Tod sein eindrucksvolles Buch zu schreiben. Einmal reisten sie sogar zusammen nach Ägypten. Je weiter Nolls Krankheit fortschritt, um so wichtiger wurden die Besuche des Freundes und die intellektuelle Verständigung mit ihm. Als er einmal einige Tage allein an einem Ferienort verbrachte, begann er an der Qualität seiner Diktate zu zweifeln und wurde depressiv. Während des Endstadiums seiner Krankheit schließlich mußte Frisch unglücklicherweise ins Ausland reisen. Die Freunde verabschiedeten sich voneinander, und noch bevor Frisch an seinem Zielort gelandet war, starb Noll.

Fritz Zorn: Schreiben als phallische Abwehr

Ich möchte schließen mit einem Negativbeispiel zu der These, die ich in diesem Kapitel entwickelt habe – dem psychologischen Selbstporträt, das der Schweizer Autor Fritz Zorn mit seinem Buch *Mars* lieferte. Zorn hatte an der Universität Zürich studiert und in Romanistik promoviert. *Mars* verfaßte er 1977; das Buch wurde zum Bestseller, zum Symbol, ja zum Manifest einer ganzen Generation, und es wurde in zahlreiche Sprachen übersetzt. Ich möchte mich im folgenden nicht mit den sozialpsychologischen und sozialpolitischen Botschaften des Buchs auseinandersetzen, auch nicht mit Zorns These, daß der Krebs psychischen Ursprungs ist, sondern mich statt dessen auf diejenigen Passagen konzentrieren, die für die Fragen der Kreativität und der Wiedergutmachung relevant sind.

Zorn beginnt sein Buch mit der folgenden Erklärung: »Ich bin jung und reich und gebildet; und ich bin unglücklich, neurotisch und allein. Ich stamme aus einer der allerbesten Familien des rechten Zürichseeufers, das man auch die Goldküste nennt. Ich bin bürgerlich erzogen worden und mein ganzes Leben lang brav gewesen. [...] Natürlich habe ich auch Krebs, wie es aus dem vorher Gesagten eigentlich selbstverständlich hervorgeht« (S. 25). Hier handelt es sich nicht um den Versuch, Leid zu überwinden, sondern die Hoffnungslosigkeit, die der Autor empfindet, wird lediglich gespiegelt. Zorn schildert, wie er aufwuchs, wie er seine Kindheit und seine Jugendzeit erlebte, ohne je Kind oder Jugendlicher gewesen zu sein, und wie er seine Erwachsenenjahre verbrachte, ohne je zur Reife gelangt zu sein. Die strengen Rituale seines Elternhauses zwangen ihn zu einer völligen Unterdrückung seiner Gefühlswelt. »Die Hamletfrage, die mein Elternhaus bedrohte, lautete: Harmonie oder Nichtsein« (S. 28). Das logische Resultat dieses emotionalen Vakuums war der Krebs, der ihn schließlich aus einer Zeit der latenten und später manifesten Depression befreite. In seinem Krebs fand er einen Widersacher, den er bekämpfen konnte, und über den Kampf fand er zu einer Identität. Der Name »Zorn« ist ein Pseudonym – sein wirklicher Nachname lautete Angst –, und diesem Zorn machte er nun in seinem Buch Luft. Er schlug los mit derselben tödlichen Wucht, die ihn selbst niedergestreckt hatte. Er wollte endlich gehört werden.

Während seiner Jugendjahre war Zorn mit dem Gefühl umhergegangen, eine »tote Krähe« hänge an seinem Hals (S. 57) – eine geradezu unheimliche Vorahnung seines bösartigen Lymphoms, das dann als Tumor am Hals in Erscheinung trat. Wehmütig interpretiert Zorn diesen Tumor als Summe all der hinuntergeschluckten Tränen, die er nicht weinen durfte und die sich in seiner Kehle sammelten, um dort die tödliche Wucherung zu bilden. Mars ist ein Protest gegen diesen emotionalen Tod inmitten des Lebens, die Wehklage eines »Knaben«, der mit 31 Jahren noch niemals emotionale Nähe oder sexuelle Liebe erfahren hat.

Doch Mars ist ein autistisches Buch. Über seine persönlichen Beziehungen spricht der Autor nur wenig. So erwähnt er beispielsweise auf über zweihundert Seiten nur beiläufig seinen Bruder und die Gymnasiasten, die er unterrichtete. Er bringt keine anderen Gefühle zum Ausdruck als Enttäuschung, Depression, Hoffnungslosigkeit – und Zorn. Er beklagt weder seine verlorenen Objekte noch seine Vergangenheit noch seinen schmerzenden Körper noch seine von der Krankheit gekappte Zukunft – keinerlei Versuch der Trauer. Die einzige in emotionaler Weise vermittelte Erfahrung in dem gesamten Buch findet sich am Ende, eine Vision der Gewalt, eine Phantasie, die sich gegen seine Mutter richtet: »Auf visionäre Weise habe ich mich immer wieder gesehen, wie ich meine Mutter die Kellertreppe hinabwerfe und dann ihr blutiges Haupt immer und immer wieder auf den Steinboden hinschlage, bis es sich als formlose Masse in einer Lache aus Blut auflöst. Eine grauenhafte Vision – aber eine wirkliche« (S. 194).

An diese Phantasie schließt sich eine weitere an, bei der es darum geht, die Schweizerische Kreditanstalt in die Luft zu jagen, die Bank, bei der er das vom Vater ererbte Geld deponiert hat: »An diesem Ort liegt mein elterliches Erbe in sichtbarer Form, und dieses Erbe besteht ja nur zum allerkleinsten Teil aus Tausenden von Franken, sondern vor allem aus Tausenden von Ängsten und Nöten und Verzweiflungen« (S. 195).

In diesen beiden Visionen phantasiert Zorn die Zerstörung seiner primären Objekte. Wenn ein nur geringes Vertrauen besteht, daß das gute Objekt äußerlich oder innerlich je wiederhergestellt werden könnte, wenn es also als unwiderruflich verloren empfunden wird, als zerstört, als gepeinigt *und* peinigend – dann wird zwangsläufig die innere Situation als hoffnungslos wahrgenommen. Der einzige Schutz vor völliger Verzweiflung, der danach dem Autor noch bleibt, besteht in gewaltsamen Abwehrmechanismen. Diese kommen zum Ausdruck in den Gefühlen des Triumphs, der Verachtung und der Allmacht, die in dem Buch immer wiederkehren. Anders als das Selbstvertrauen, das der Wiedervereinigung mit dem guten Objekt entspringt, dienen sie keineswegs dazu, die bedrohliche Realität, die Zorns Schilderung beherrscht, vorübergehend außer Kraft zu setzen. Zorn bedarf dieses Buchs – und der Wut, die es überflutet –, um eine Mauer um sich zu ziehen, die alle anderen Gefühle auf Distanz hält, um sich dagegen zu schützen, Verlust und Schmerz zu empfinden, um nicht wahrnehmen zu müssen, wie unstillbar sein übermächtiges Verlangen nach Nähe ist. Schließlich verdeutlichen jene Visionen auch, daß sich Zorn mit den verlorenen und zerstörten Objekten nach wie vor identifiziert: denn er schlägt so zu, wie er selbst geschlagen wurde.

Auf der Ebene des Unbewußten bedeutet das Schreiben dieses Buchs für Zorn eher die Wiedergutmachung und Wiederherstellung seiner narzißtischen Integrität, weniger die Wiedergutmachung des verlorenen inneren Objekts. In diesem Sinne veranschaulicht *Mars* die bereits erwähnte Dynamik phallischer Kreativität, die Hagglund beschrieben hat (1978, S. 125). Das Gefühl von Vitalität, das aus dieser Anstrengung erwächst, beruht letztlich auf einer im Innersten sich vollziehenden Verleugnung des Verlusts. Dahinter steckt eine unbewußte Annahme: Was immer das verlorene Objekt an Gutem auch besessen haben mag – durch Selbst-Heilung und den damit verbundenen Sieg über die Kastrationsangst ist es am ehesten zurückzuerlangen. Paradoxerweise erfordert es diese Selbsterhöhung, daß Zorn seine sadistischen Triebregungen auch gegen sich selbst richtet; ganz ähnlich hat dies Chasseguet-Smirgel (1986) in ihrer Studie über Perversion beschrieben. In seinem Buch reduziert Zorn sich selbst zu einem »Fall« und entfernt sich damit noch mehr von seiner menschlichen Verfaßtheit. Mehr noch, er verherrlicht sogar diese Situation gegen Ende des Buches, indem er sich als gefallenen Engel zeichnet, der sich gegen Gott erhebt – ein Kampf, dessen Ergebnis nur die Verdammnis sein kann. Letztlich gelangt Zorn durch sein Werk nicht zu einer Empfindung des Selbst, doch immerhin gelingt es ihm, ein Gefühl von Bedeutsamkeit zu erfahren. In seinem Kommentar zu Zorns Buch schreibt dazu Muschg (1981): »Ein Schatten von Allmacht schwebt über seiner Ohnmacht. Er zeigt eine grandiose Maske vor, die darüber täuscht, daß er sein Gesicht nicht gefunden hat« (S. 72).

Wie schon einmal als Heranwachsender, begab sich Zorn nun erneut in psychotherapeutische Behandlung. Damit machte er den aktiven Versuch, einen Partner zu finden, mit dem gemeinsam er seine letzte Reise antreten konnte – doch ohne Erfolg. Über die Zeit der Psychotherapie schreibt Zorn:

»Dieses erste Jahr meiner Psychotherapie wurde das schlimmste meines Lebens, denn bevor sie etwas Neues schaffen konnte, mußte zuerst noch alles Alte kaputtgehen. Und es *ging* tatsächlich kaputt. Meine ehemals nur vage Idee, daß ich wohl zuerst den Tod erleiden müßte, bevor an eine Wiedergeburt zu denken sei, wurde in der Psychotherapie dergestalt in Wirklichkeit umgesetzt, daß ich im Verlauf dieses Jahres, unter grauenvollen seelischen Qualen, tatsächlich den Tod erlitt, nämlich den Tod meines ganzen bisherigen Ich. Zuletzt war dieses Ich denn wohl ganz und gar tot, denn es blieb auch gar nichts mehr davon übrig« (S. 145).

Nirgendwo lesen wir etwas über die tiefen Gefühle der Enttäuschung und der Wut, die Zorn empfunden haben muß: Sein Versuch, sein Leben jemandem mitzuteilen und im letzten Augenblick noch zu lernen, über seine Bedürfnisse zu sprechen, hatte sich als zwecklos erwiesen. Zorn schreibt, es würde »zu schwierig« sein, die Psychotherapie zu schildern – er verwendet damit denselben Ausdruck, mit dem seine Eltern unbequeme Fragen abgeschnitten hatten, die er als Kind gestellt hatte. In der Tat wäre es »zu schwierig« gewesen, einzugestehen, daß die Psychotherapie lediglich sein frühestes Trauma wiederholte: den Mangel an emotionalem Kontakt. Und ebenso wäre es zu schwierig gewesen, die verhängnisvollen unbewußten Identifikationen beider Therapeuten mit dem zerstörten inneren Objekt und demnach auch mit dem Krebs zu analysieren.

Nach der Schilderung von »Mars« hat die Psychotherapie lediglich seinen ganzen Jammer offengelegt, das Fehlen jeden menschlichen Kontakts, die tiefe soziale Isolation und die Impotenz, die ihn in tiefe Depression und in ein Gefühl der Anomalität geführt hatten. Diese projektive Identifizierung beider therapeutischer Partner mit dem

»bösen« Introjekt des Patienten, das der Krebs symbolisierte, sowie die konsequente Verschmelzung mit diesem »bösen« Introjekt hatten seine Vernichtungsangst noch gesteigert. Sein Wunsch, sich durch Psychotherapie von diesen bösen Introjekten zu befreien, führte nur zu völliger innerer Leere bei gleichzeitiger Todesangst. Eine eindrucksvolle Veranschaulichung dieser Identifikation bietet auch jene Passage, in der Zorn über seinen Haß auf Gott spricht und über seinen dringlichen Wunsch, daß Gott sterben möge: »Ich habe mich in visionärer Sicht schon in einen Kampf mit Gott verwickelt gesehen, in dem wir einander beide mit derselben Waffe bekämpfen, und zwar beide mit Krebs. [...] Ich bin das Karzinom Gottes« (S. 218f.).

Hier geht es nicht um die Vereinigung mit einer empfangenden Mutter Erde oder mit einem schutzgewährenden Gottvater, sondern um eine Identifizierung mit den bösen Anteilen des inneren Objekts, mit seinem Krebs. Angesichts dieser Identifizierung bietet der Tod freilich keine Erlösung. Offensichtlich kann sich in einer solchen Situation auch keine »Kreativitäts-Übertragung« entwickeln, und es gibt kein »Geschenk«, das empfangen werden könnte. Glücklicherweise war Zorn dazu fähig, sich mit diesem Buch selbst ein Geschenk zu machen: Von seinem Psychotherapeuten erfuhr er am Abend vor seinem Tod, das es zur Publikation angenommen sei. Die folgende Passage macht deutlich, welch tiefes eigenes Bedürfnis Zorn mit seinem Buch befriedigte:

»An meinem Elend hat sich nichts geändert, und das einzige, was ich angesichts dieses Elends tun kann, ist, es immer und immer wieder aufzuschreiben. Solange ich von meinem Jammer noch nicht erlöst bin, muß ich es immer wieder sagen und all mein Elend herausschreien, selbst wenn ich nie mehr alles ausspeien kann und ich mein ganzes Leben lang nur mein Leid von mir geben muß. Es ist nichts Schönes, sein ganzes Leben lang nur seine unverdaute Vergangenheit zu erbrechen; aber diese Vergangenheit nicht erbrechen zu können, ist noch schlimmer. Das beelendende Gefühl vor dem Erbrechen ist immer noch unangenehmer als das Erbrechen selbst« (S. 184).

Zorns Kreativität, betrachtet man sie unabhängig von ihrer dynamischen Funktion, bleibt beeindruckend. Der Autor war fähig, den Prozeß seiner physischen und psychischen Zerstörung in ein literarisches Werk zu überführen. Indem er seine narzißtische Wut auf sein gesamtes Buch übertrug, erlangte er eine neue, schöpferische Gestalt. Unglücklicherweise bewahrte ihn dies jedoch nicht davor, iso-

liert und einsam zu bleiben und mit Schrecken seinem Tod entgegen-
zusehen: »sterben muß ich als einzelner und allein. [...] die Ursache
meines Todes wird, glaube ich, jedermann einleuchten, aber meine
eigenen Ängste und Schmerzen sind nur für mich, denn die kann mir
keine Erklärung abnehmen. Als Toter werde ich einer von vielen
sein, und auch der Grund, warum ich gestorben sein werde, wird von
vielen begriffen werden, aber als Sterbender bin ich allein« (S. 213).

Zusammenfassung

Krebs repräsentiert gewöhnlich die eigenen »bösen« Anteile – auf
unterster Ebene die Ablagerungen des bösen Objekts. Gerade darum
wird die Bedrohung durch unheilbaren Krebs psychisch im Sinne
eines endgültigen Aufstiegs des bösen Objekts und einer entsprechenden Zerstörung alles Guten erfahren. Gegen diese psychische Bedrohung ist die Kreativität, die sich zum Beispiel in einem letzten Buch
verkörpert, eine mächtige Waffe. Durch ein gesteigertes Omnipo-
tenzgefühl und durch die zeitweilige Aufhebung der Realität, die mit
dem schöpferischen Prozeß einhergeht, vermag der vom Krebs bedrohte Autor, Wiedergutmachung an seinen guten Objekten zu leisten: In Gestalt seines Buchs verleiht er ihnen Unsterblichkeit. Da
diese Objekte auch zu seiner inneren Welt gehören, kann er so auch
das wohltuende Gefühl wiedererlangen, in die Vergangenheit einge-
bettet zu sein, und er vermag seine verlorenen oder zerstörten Liebes-
objekte wiederherzustellen. Indem er während des Schreibens in Verbindung zu ihnen bleibt, ist er imstande, um die Welt zu trauern, die
er im Begriff ist zu verlieren. Die enge emotionale Beziehung zu
einem Gefährten, mit dem er vorübergehend verschmelzen und mit
dem er seine schöpferische Arbeit teilen kann, läßt den Autor die
Gegenwart wiedergewinnen – trotz der düsteren Zukunftsaussichten.
Auf diese Weise entdeckt er auch einen neuen Sinn in seinem Leben,
der ihn durch seine letzten Tage trägt.

4. Klinische Überlegungen zur Kunsttherapie mit Krebspatienten

Man könnte glauben, Kunsttherapie mit Krebspatienten, unter denen auch unheilbar Kranke sind, müsse ziemlich deprimierend sein. Dies ist jedoch keineswegs der Fall. Der Therapeut genießt dieselbe Schutzfunktion des Schöpferischen wie der Leser einer Krebsgeschichte. Darüber hinaus ist das eigene schöpferische Vermögen des Therapeuten bisweilen hilfreich, wenn es um das Durcharbeiten besonders schwieriger, von Gegenübertragungen geprägter Konstellationen geht.

Wie bereits erwähnt, machte Winnicott (1971) die Beobachtung, daß Säuglinge im Alter von vier bis sechs Monaten in der Lage sind, Objekte zu schaffen, die sie dann als Mutterersatz betrachten. Winnicott deutete dies als einen Akt ursprünglicher Kreativität; er bezeichnete das so geschaffene Objekt als Übergangsobjekt, da es eine Rolle spielt beim Übergang von der primären Einheit des Säuglings mit der Mutter zu einem unabhängigeren Selbst, das vom anderen getrennt ist. Mit Hilfe des Übergangsobjekts vermag das Kind spielerisch seine Trennungsängste zum Ausdruck zu bringen und sie damit zu überwinden.

In der Kunsttherapie beobachten wir einen analogen Vorgang. Hier inszenieren wir eine Begegnung zwischen der subjektiven Welt des Patienten und der äußeren Realität, die durch den Kunsttherapeuten repräsentiert wird. Das Bild existiert in einer Zone zwischen diesen beiden Bereichen, d.h. in einer Übergangszone; es wird so zu einem Übergangsobjekt, zu einer Brücke zwischen innerer und äußerer Welt. Beide Welten tragen bei zur Erschaffung des Bildes, und gerade dieses Bild ist es, das dem Patienten ermöglicht, innere und äußere Realität gleichzeitig voneinander getrennt zu halten und miteinander in Beziehung zu setzen. Otto Rank (1932) schreibt dazu: »Kunst und Spiel verbinden die Welt der subjektiven Irrealität und der objektiven Realität harmonisch, indem sie die Kanten verbinden, ohne sie zu verwischen« (S. 104).

Mit ihren Zeichnungen schaffen die Patienten faßbare und verständliche Projektionen ihrer inneren Bilder. Das gestaltete Bild kann dann gemeinsam mit dem Therapeuten genauer betrachtet und gedeutet werden. Diese besondere Art »gemeinsamen Erlebens« liefert – innerhalb der schützenden Grenzen des schöpferischen Prozesses – eine gewisse psychische Unterstützung, und es fördert das gegenseitige Vertrauen zwischen Patient und Therapeut. Es entwickelt sich eine grundlegende Partnerschaft, ähnlich der Beziehung zwischen dem spielenden Kind und seiner verfügbaren, doch unaufdringlichen Mutter. Durch Malen kann der Patient seine Trennungsängste zum Ausdruck bringen; der Therapeut wiederum kann seine Bezogenheit auf den Patienten zeigen, indem er diese Ängste akzeptiert und widerspiegelt. Damit ermöglicht er es dem Patienten, sie wieder zu introjizieren, d. h. sie als Teil einer tatsächlich tragenden Erfahrung in sich aufzunehmen. Auf noch tieferer Ebene vermag der Patient jene Trennungsängste zu überwinden, indem er den Therapeuten als gutes Objekt introjiziert, das mit ihm verbündet ist. Sowohl für den Patienten als auch für den Therapeuten repräsentieren die Bilder, die im Verlauf dieses Prozesses entstehen, die zwischen ihnen geknüpfte Verbindung.

Diese Verbindung hat noch einen weiteren Aspekt jenseits der Introjektion des Therapeuten durch den Patienten. Das von dem Patienten erschaffene Bild wird ihn selbst überleben; es ermöglicht damit dem Therapeuten, die Verbindung auch nach dem Ableben des Patienten noch am Leben zu erhalten, und es wird ihn für alle Zeiten an den Patienten erinnern. Damit wird das Bild zur Verkörperung von Unsterblichkeitsphantasien auf seiten des Patienten. Die Hoffnung, in den eigenen Schöpfungen zu überleben – diese spiegeln ja die gesamte Persönlichkeit wider – und auf diese Weise im Gedächtnis der anderen weiterzuleben, vermag die Todesangst zu mindern, die alle Krebspatienten erfahren – unabhängig davon, wie die Prognose ihrer Krankheit lautet.

Mittels ihrer schöpferischen Arbeit kann eine vom Tode bedrohte Person heftige Gefühle äußern, insbesondere Gefühle der Mißgunst und der Wut, die andernfalls verdrängt oder verleugnet würden. Insofern der Therapeut in der Lage ist, diese abgespaltenen Gefühle zu erkennen und zu spiegeln, macht er sie auch zugänglich, so daß sie durchgearbeitet und integriert werden können. Der Patient kann dann seine Abwehr gegen diese Empfindungen aufgeben; er erlebt den Therapeuten als gutes, intaktes Objekt, den seine negativen Gefühle nicht zerstören können. Das Gefühl emotionaler Freiheit, das daraus resultiert, kann die Aufgabe der Selbst-Heilung erleichtern. Jeder Krebspatient erlebt seine Krankheit als eine Bedrohung seines

Selbstgefühls, als narzißtische Kränkung. Als eine ihrer hauptsächlichen Aufgaben versucht die Kunsttherapie, die intakten, gesunden, kreativen Anteile des Selbst aufzudecken, sie dem Patienten vor Augen zu führen und so die Wunde zu heilen.

Wie wir in den folgenden Falldarstellungen sehen werden, ist Kunsttherapie jedoch keineswegs unabhängig von dem Auf und Ab der therapeutischen Beziehung. Nach überraschend kurzer Zeit tauchen Übertragungen auf und schaffen neue Verbindungen zwischen Patient und Therapeut. Dieses Wirksamwerden von Übertragungen bedeutet, daß sich nun auf den Therapeuten alle möglichen Wünsche, Ängste und Hoffnungen richten – einschließlich Gefühlen der Liebe, des Neids und der Mißgunst –, die sich zuvor auf andere Personen bezogen, die in den entscheidenden Entwicklungsphasen des Patienten für ihn wichtig waren. Diese Übertragungsphänomene sind bei jeder Art von Psychotherapie zu erwarten; jedoch ist die psychotherapeutische Beziehung zum Krebspatienten etwas Besonderes, insofern hier die Übertragung entscheidend geprägt ist von den psychologischen Begleiterscheinungen des Krankheitsprozesses. Im folgenden werden wir die zwischenmenschliche Dynamik etwas näher betrachten, und zwar bei zwei Arten von Krebspatienten: solchen mit soliden Tumoren und solchen, die unter Leukämie leiden.

Kunsttherapie mit Leukämie-Patienten

Da bei diesem Leiden der gesamte Körper von dem bösartigen Prozeß betroffen ist, können Leukämie-Patienten ihre Krankheit in keiner besonderen Körperregion lokalisieren. Daher haben sie es mit sehr intensiven Ängsten zu tun, die sie in der akuten Phase geradezu überfluten können. Bei dieser übermächtigen Angst der Patienten spielen eine ganze Reihe von Faktoren mit, darunter auch das hohe Fieber und die körperliche Schwäche, die mit der Krankheit einhergehen – Symptome, die Verleugnung und Rationalisierung unmöglich machen, da sie bereits auf das nahende Ende hindeuten. Diese Symptome, die allumfassenden Ängste und das daraus resultierende Grauen vor psychischem Zerfall tragen dazu bei, daß die Patienten sich als schwache und gebrochene Persönlichkeiten erfahren. Dementsprechend treten bei ihnen mächtige, jedoch ambivalente Wünsche auf, die auf eine Wiedervereinigung mit dem verlorenen, guten

Objekt abzielen. Über die äußere Welt versuchen sie, eine neue Verbindung zu ihm herzustellen, insbesondere dadurch, daß sie eine bedeutsame, jedoch sichere und abgeschirmte Beziehung zu einem anderen eingehen.

Aus diesem Grund neigt der Leukämie-Patient dazu, den Psychotherapeuten als Verkörperung sämtlicher gesunder Anteile seiner selbst zu sehen (Dreifuss/Meerwein 1984a). Unbewußt hegt er von daher den Wunsch, mit dem Therapeuten psychisch zu verschmelzen. Dieser Wunsch flößt ihm jedoch Angst ein, denn eine solche Vereinigung würde seine psychische Integrität bedrohen und seine Unabhängigkeit untergraben – und beides ist ja schon durch die Regression ernsthaft beeinträchtigt, die dem Patienten durch seine Krankheit aufgenötigt ist. Der Leukämie-Patient hat daher das starke Bedürfnis, diese Wünsche zu verleugnen und gegenüber dem Therapeuten eine angemessene innere Distanz aufrechtzuerhalten. Das Bild, das sich zwischen Patient und Kunsttherapeut befindet und als Übergangsobjekt dient, kann dazu beitragen, diese dringend benötigte Distanz sicherzustellen. Es ermöglicht dem Leukämie-Patienten, eine Verschmelzung mit dem Therapeuten zu vermeiden und sich damit ein gewisses Maß an Autonomie zu erhalten. Bildsequenzen können außerdem dazu dienen, mögliche Störungen in der Beziehung zum Therapeuten zu kontrollieren; sie machen es einfacher, das Arbeitsbündnis aufrechtzuerhalten.

Die folgenden Fälle illustrieren die unterschiedlichen Bedeutungen, die die Kunsttherapie für den Leukämie-Patienten gewinnen kann.

Fall 1: Frau S. ist 58 Jahre alt und Mutter zweier erwachsener Söhne; sie wurde mit akuter myeloischer Leukämie ins Krankenhaus eingewiesen. Bis kurz vor Ausbruch ihrer Krankheit hatte sie als Putzfrau in einer Schule gearbeitet. Ihre Zimmergenossin – auch sie eine meiner Leukämie-Patientinnen – hatte bemerkt, daß Frau S. sich sehr wünschte, mit mir in Kontakt zu kommen, und so stellte sie uns einander vor. Von da an begann ich, mit ihr zu arbeiten.

Auf dem Bild, das die Patientin in der ersten Sitzung spontan zeichnete (Abb. 1), sind einige Paare von Blumen zu erkennen. Jedoch ist innerhalb jedes Paares eine der Blumen in irgendeiner Weise minderwertig: kleiner, unvollständig oder mit einem Blatt zuwenig. D.h., die Paare sind jeweils zusammengestellt aus einem starken, gesunden und einem schwächeren, kranken oder unvollständigen Exemplar. Man

Abb. 1: *Blumenpaare*, Farbstifte.

darf vermuten, daß die Patientin ein starkes Bedürfnis zeigen wird, ihr gesundes, unangegriffenes Selbst, das sie im eigenen Innern nicht mehr wahrzunehmen vermag, auf die gesunde Therapeutin zu projizieren.

Auch auf dem zweiten Bild von Frau S., einem Aquarell, kommen Paare vor: zwei Hunde und zwei Sonnen bzw. Sonne und Mond (Abb. 2). Als zugehörige Assoziationen nannte die Patientin ihre Großmutter und einen kleinen Hund, den sie als Kind besaß; beide erfreuten und trösteten sie, wenn sie krank war. Bereits in der zweiten Sitzung setzte die Übertragung ein – der Hund dürfte ein Übergangsobjekt darstellen, und die sorgende Großmutter wird möglicherweise mit der Therapeutin assoziiert. Ähnlich wie in dem ersten Bild scheint einer der beiden Hunde weniger kräftig.

Auf dem nächsten Bild (ohne Abb.) stellte die Patientin einen Traum dar, den sie unmittelbar nach ihrer Einweisung ins Krankenhaus gehabt hatte. Da die Universitätsklinik überbelegt war, hatte sie die erste Nacht in einem kleinen Nebenraum für Untersuchungen zugebracht. In ihrem Traum befand sie sich in einem Riesenrad, und die Leute, die über ihr saßen, stießen ihr fortwährend mit den Füßen in den Rücken. Damit assoziierte sie ihren Eindruck, von ihrem Ehe-

235

Abb. 2: *Zwei Paare*, Farbstifte.

mann und von ihren erwachsenen Söhnen nicht anerkannt zu werden. Ihren Wert – so schien ihr – konnte sie gegenüber der Familie nur durch besonders fleißige Arbeit zu Hause und in ihrem Beruf unter Beweis stellen. Nun, da sie krank in der Klinik lag, fürchtete sie, als Patientin genauso übersehen zu werden wie zu Hause – abgeschoben in einen kleinen Nebenraum. Da sie ihrer Arbeit als Hausfrau nicht mehr nachgehen konnte, befürchtete sie überdies, auch die bescheidene Position noch einzubüßen, die sie sich durch ihren Fleiß geschaffen hatte.

In Abb. 3 stellt die Patientin sich selbst dar, ungeschützt in einem überdimensionierten Krankenbett liegend. Sie erklärte dazu, in letzter Zeit habe sie niemand besucht und sie fürchte, ihre Familie habe sie bereits vergessen. Die verwelkenden Blumen neben dem Bett erinnerten sie an den Blumenstrauß, den einer ihrer Söhne bei seinem letzten Besuch vor einer Woche mitgebracht hatte; sie symbolisieren ihr beschädigtes, krankes Selbst und das Anwachsen ihres bereits ausgeprägten Minderwertigkeitsgefühls. Auf das Kopfkissen und in zwei Ecken des Bildes habe sie Tränen der Trauer und der Enttäuschung gemalt, erklärte sie der Therapeutin weiter.

236

Abb. 3: *Ich liege im Krankenbett,* farbige Filzstifte.

Dieses Bild zeigt eindrücklich, daß die Leukämie bei der Patientin Angst vor sozialer Isolation ausgelöst hat. Es veranschaulicht die verleugnete Wut gegen den bösartigen Prozeß und gegen ihre wenig fürsorgliche Familie, aber auch die depressiven Gefühle, welche die Verleugnung der Wut nach sich zog. Das Medium des Bildes – ein Übergangsobjekt, das dieser Patientin die Basis einer verläßlichen Beziehung zur Therapeutin verschaffte – ermöglichte es ihr, ihre starken Emotionen mitzuteilen und auf diese Weise den Zwang zu mindern, sie abzuspalten. Durch Einsicht in die Unsicherheit ihres Lebens vermochte sie diese negativen Gefühle erneut in ihre Persönlichkeit zu integrieren.

Sowohl während ihrer Aufenthalte im Krankenhaus als auch zu Hause während der Phasen der Remission fuhr Frau S. fort, zu zeichnen und zu malen. Mit dem Zeichenstift in ihrem geliebten Garten sitzend, hatte sie ein Mittel gefunden, um sich mit ihrer Familie, den Ärzten und Schwestern über die Probleme zu verständigen, denen sie sich als kranke Hausfrau gegenübersah. Sie erzählte mir, neulich habe sie zu Hause ihren Sohn gebeten, ihr zu zeigen, wie man perspektivisch zeichne; er habe es ihr vorgeführt, indem er die Dorfstraße zeichnete, die zum örtlichen Friedhof führt. Was ich von dieser merk-

Abb. 4: *Stufen zum Himmel*, farbige Filzstifte.

würdigen Wahl halte, wollte sie wissen, und sie war sehr erleichtert, als ich sagte, dies zeige meiner Ansicht nach die Angst ihres Sohnes vor ihrem herannahenden Tod. Einige Zeit später zeichnete die Patientin für mich einen Plan ihres Dorfs, und sie war recht erstaunt, ihren eigenen, großen Grabstein darauf zu erblicken, den sie unbewußt auf dem Friedhof plaziert hatte.

Auf allen ihren Wegen führte Frau S. ihr Skizzenbuch mit sich. Es leistete ihr Gesellschaft und festigte die Beziehung zu ihren gesunden, intakten und kreativen Anteilen ebenso wie die Beziehung zu ihrer Kunsttherapeutin – ungefähr so, wie beim Kind der Teddybär die Beziehung zur abwesenden Mutter sicherstellt. Ähnlich dem Teddybär ermöglichten ihr diese Bilder, eine übermächtige Trennungsangst unter Kontrolle zu halten und um die Verluste, die ihr bevorstanden, zu trauern.

Fall 2: Die folgenden Bilder wurden von dem 48jährigen Spediteur P. gezeichnet, der unter Leukämie litt und nach einem Rückfall erneut ins Krankenhaus eingewiesen worden war. Er war verheiratet und Vater zweier erwachsener Kinder. Bereits während seines ersten Aufenthalts im Krankenhaus hatte ich mit ihm gearbeitet.

Ohne ausführlich auf seine gesamte Kunsttherapie einzugehen, möchte ich im folgenden fünf Zeichnungen erörtern, die der Patient während seiner letzten Lebensmonate anfertigte und die verschiedene Wege zu seinem Ende darstellen. Während seines ersten Krankenhausaufenthalts hatte er eine intensive Übertragungsbeziehung zu mir entwickelt. In seinem ersten Bild nach dem Rückfall malte er, wie er sagte, links das Krankenhaus und rechts ein Schweizer Chalet (Abb. 4). Die Mitte des Bildes wird beherrscht von riesigen Treppenstufen, die in den Himmel führen, wobei auf die erste Stufe ein winziges Fahrrad gezeichnet ist. Mit dem Chalet assoziierte der Patient Erinnerungen an sein Traumhaus in den Alpen, wohin er sich gewöhnlich zurückzog, um inmitten der Natur zu sein. Die Fassade des Krankenhauses – über einem schwarzen Baum schaut er selbst aus dem Fenster – steht offenbar für seine augenblickliche Situation. Die Stufen führen ihm zufolge in einen »bunten Himmel« und repräsentieren wohl seinen Versuch, die tödliche Bedrohung zu verleugnen. Das Fahrrad schließlich könnte seinen Wunsch zum Ausdruck bringen, irgendeine Verbindung herzustellen zwischen Krankenhaus und Chalet – zwei Welten, die er zu diesem Zeitpunkt als scharf voneinander getrennt erlebte.

Das zweite Bild zeigt zwei Bullaugen am Rumpf eines großen Schiffes (Abb. 5). Wenn man hinaus auf die See schaut, sieht man das blaue Wasser, das von Fischen belebt ist und von Unterwasserpflanzen, die wie Blutzellen aussehen. Neben den Bullaugen erscheinen noch zwei grüne, hölzerne Schiffsleitern, die in den Himmel führen, sowie zwei hölzerne Masten, die ebenfalls bis in den Himmel ragen. Auch in diesem Bild beeindruckt wieder die Häufigkeit von Paaren – stillschweigender Ausdruck des Bedürfnisses nach einem harmonischen inneren Gleichgewicht. Der Name des Schiffes ist »Zukunft«. Wie bereits in dem ersten Bild scheinen die Stufen nach oben zu führen, eigentlich dem Tod entgegen, während das in kräftigen Farben gemalte Wasser mit seinen lebendigen Organismen das tröstliche Gefühl ausdrückt, innerhalb des therapeutischen Bündnisses geborgen zu sein.

Das nächste Bild (Abb. 6) wurde zunächst skizziert und dann im Verlauf zweier Sitzungen sorgfältig mit Wasserfarben ausgemalt. Es zeigt zwei Wege, die, wie der Patient erklärte, aus entgegengesetzten Richtungen kommen; sie treffen sich, führen zu der Kirche im Hintergrund, die zugleich Mittelpunkt des Dorfs ist, und dann weiter zu dem

Abb. 5: *Zukunft*, farbige Filzstifte.

Abb. 6: *Schweizer Alm*, Aquarell.

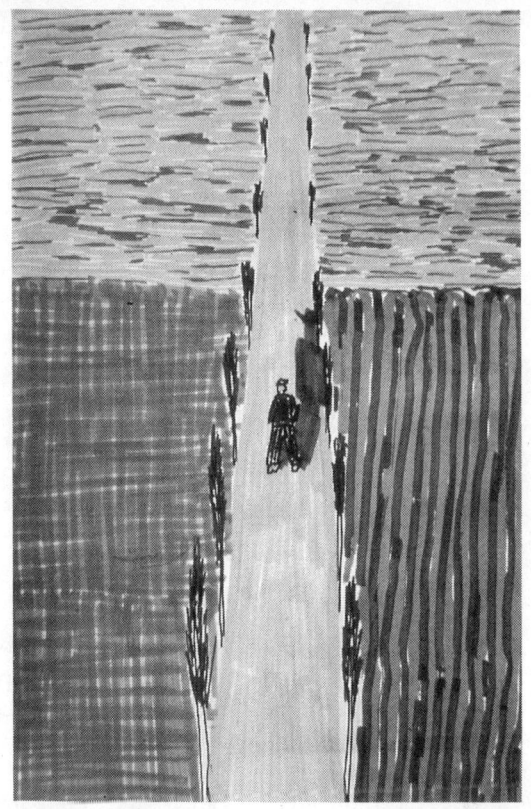

Abb. 7: *Spaziergang in den Sonnenuntergang,* farbige Filzstifte.

Chalet rechts oben, das inmitten eines grünen Feldes steht. Der Patient vertraute mir an, er habe immer große Freude empfunden, wenn er in »seine Alpen« gefahren sei; dort stärkte ihn das Zusammensein mit befreundeten Bauern, und er fühlte sich in naher Verbindung zu Gott und der Natur.

Das folgende Bild (Abb. 7) zeigt, daß sich der Patient seiner unsicheren Zukunft durchaus bewußt war. Sein Onkologe hatte ihm mitgeteilt, daß keine weitere Behandlung den malignen Prozeß würde aufhalten können; daraufhin hatten er und seine sehr teilnahmsvolle Frau beschlossen, daß er die Zeit, die er noch hatte, zu Hause verbringen sollte. Das Bild zeigt, wie er dem Sonnenuntergang entgegen-

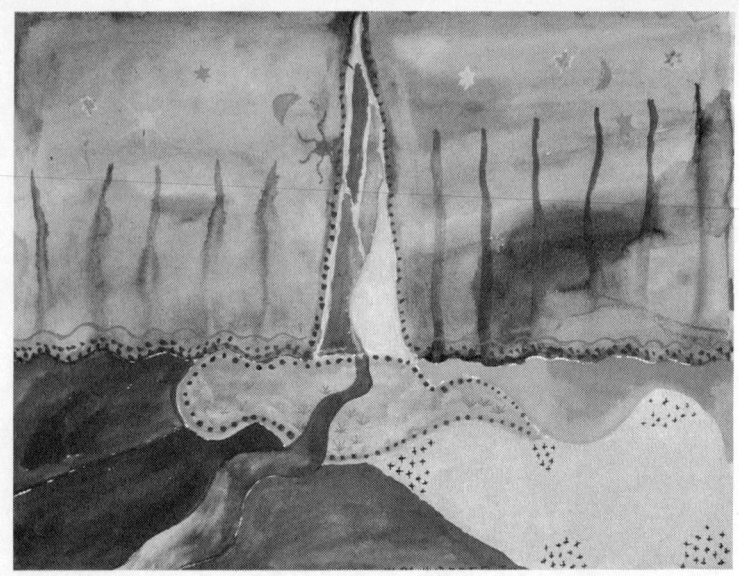

Abb. 8: *Der Vorhang ist noch nicht geschlossen,* Aquarell.

geht, der Zukunft; nur sein Schatten begleitet ihn, sein Doppelgänger, der den Tod bedeutet. Dieser Schatten wird von vorn projiziert, d.h., der Patient weicht hier von einer realistischen Darstellung ab, um zu einem persönlichen, symbolischen Ausdruck zu gelangen, der seinen neuen Realitätssinn genauer abbildet. Als er die Sitzung verließ, betrachtete er das Bild und bemerkte dazu, er fühle sich keineswegs allein, sondern getragen und umschlossen von der Natur. Dann bat er mich, die Therapie bei ihm zu Hause fortzusetzen.

Bei meinem ersten Besuch forderte er mich auf, mit ihm gemeinsam ein neues Bild zu beginnen. Er malte nun den »schwarzen Vorhang«, der in seinem Innern herabgefallen war, nachdem ihm klar wurde, daß die Leukämie der letzten Chemotherapie widerstanden hatte und daß eine weitere Behandlung nicht mehr möglich war (Abb. 8). Bei diesem Vorhang ließ er einen Spalt offen – einen Spalt der Hoffnung, wie er sagte. Dann bat er mich, den Vordergrund des Bildes mit verschiedenen Farben auszumalen, die wir in der Vergangenheit gemeinsam benutzt hatten – ein Zeichen dafür, daß das Gefühl von Kontinuität, das unsere Sitzungen ihm vermittelten, noch immer sehr wichtig für ihn war.

Während dreier weiterer Besuche arbeiteten wir an diesem Bild, und es schien, als sträubte sich der Patient dagegen, dieses letzte Werk zu vollenden. Nach einer Unterbrechung von einigen Tagen während der Weihnachtsferien traf ich ihn bei meinem nächsten Besuch sehr geschwächt und mit hohem Fieber an. Er konnte kaum mehr essen. Er fühle sich gepeinigt, sagte er, denn ständig habe er eine Vision vor Augen, die ihm den Schlaf raube. Da er viel zu schwach war, um diese Vision zu zeichnen, beschrieb er sie mir. Es war ein sehr schmaler Weg, der sich vor ihm erstreckte. Rechts und links war Leere. Der Weg führte nirgendwohin. Nichts war zu sehen jenseits des Horizonts. Die Steine, mit denen der Weg gepflastert war, sahen alle gleich aus. Ich ermutigte ihn, weiter über diese Vision zu phantasieren, und er bemerkte, wie allein er sich fühlte auf diesem schmalen Weg. Die mehrtägige Unterbrechung der Therapie hatte seine Todesangst intensiviert, und nur meine Gegenwart, die ihm ermöglichte, seine Vision mitzuteilen, beruhigte den sterbenden Patienten.

Ich erinnerte Herrn P. an die vielen Wege, denen wir in unserer Kunsttherapie während des vergangenen Jahres gemeinsam gefolgt waren: Alle standen in irgendeiner Beziehung zur Natur. Dies veranlaßte ihn, über die guten, geborgenen und sogar religiösen Gefühle zu sprechen, die er im Laufe der Jahre im Schutz der Natur genossen hatte. Zum erstenmal erzählte er mir davon, wie sein Vater – der starb, als der Patient sechzehn Jahre alt war – ihn zum Jagen und Wandern in die Berge mitgenommen hatte und wie angenehm und aufregend diese Ausflüge gewesen waren. Der therapeutische Prozeß und die Übertragungsbeziehung stimulierten den Patienten; er war nun fähig, sich die positiven Erfahrungen seiner Vergangenheit ins Gedächtnis zurückzurufen und sein gutes internalisiertes Objekt – den Vater – neu zu besetzen. Die Trennung von diesem guten internalisierten Objekt schien damit am Ende seines Lebens aufgehoben.

Fall 3: Die drei im folgenden beschriebenen Bilder (ohne Abb.) wurden von Frau H. gezeichnet, einer 38jährigen Leukämie-Patientin. Sie war verheiratet, Hausfrau von Beruf und Mutter eines achtjährigen Jungen. In der ersten Sitzung äußerte sie die Befürchtung, ihr Sohn könnte vielleicht besser zeichnen als sie, doch am Ende dieser Sitzung war sie stolz auf ihr erstes Bild und hängte es über ihrem Bett auf. In der nächsten Sitzung erzählte sie mir, das Malen helfe ihrem Mann, wenn er deprimiert sei, und sie brachte die Hoffnung zum Ausdruck, daß die Kunsttherapie nun auch ihr Hilfe bringe.

Ich arbeitete mit ihr vom ersten bis zum letzten Zyklus ihrer chemotherapeutischen Behandlung, etwa sechs Monate lang. Drei der Bilder, die nach einigen Monaten entstanden, veranschaulichen eine reaktive Regression nach der vorübergehenden Trennung von den wichtigsten Personen, die sich um sie kümmerten.

Bei dem ersten Bild, das kurz vor Ostern entstand, hatte die Patientin Vergnügen daran, mit Wasser und Farben zu spielen; sie genoß es, ihre Pinselstriche und das Verfließen der Farben zu beherrschen. Nachdem sie in der Zeit vor dieser Sitzung recht verschlossen gewesen war, öffnete sie sich nun mir gegenüber und erzählte mir von den Sorgen des letzten Jahres: dem Herzinfarkt ihres Mannes und einem Unfall ihres kleinen Jungen, der operiert werden mußte. Sie sprach von ihrer Angst, mit diesen Schicksalsschlägen allein fertigwerden zu müssen, und teilte mir damit unbewußt ihren Wunsch mit, ich möge ihr bei der Auseinandersetzung mit ihrer Krankheit zur Seite stehen.

Gegen Ende der Sitzung erinnerte ich sie an mein bevorstehendes dreitägiges Osterwochenende. Sofort war sie niedergeschlagen. Dies würde nun die dritte Trennung sein: Ihre Zimmergenossin, ebenfalls eine Leukämie-Patientin, der sie mittlerweile sehr nahestand, durfte Ostern zu Hause verbringen, und ihr Arzt, den sie sehr gern mochte, hatte kürzlich die Klinik für immer verlassen. Indem ich mich verabschiedete und ihre Bilder mitnahm, um sie meinem Supervisor zu zeigen, verstärkte ich ungewollt ihr Gefühl des Verlassenseins.

Bei unserer nächsten Sitzung nach Ostern zeichnete Frau H. spontan ein recht konfus wirkendes Bild, das, wie sie erklärte, den Kampf der guten gegen die bösen Blutzellen darstellte. Sie entschuldigte sich dafür, daß sie das Verfließenlassen des Wassers und der Farben nicht mehr so gut beherrschte wie zuvor. Bei der Besprechung des Bilds sprach sie von ihrer akuten Angst vor dem »fremden« Blut in ihr – sie hatte eine Bluttransfusion erhalten –, und sie fragte mich, was es in ihrem Körper bewirkte. Das tiefe Gefühl der Entfremdung, das Frau H. nach der Trennung von ihrer Zimmergenossin, ihrem Arzt und ihrer Therapeutin in der bedrohlichen Umgebung des Krankenhauses empfunden hatte, war durch das »fremde Blut« noch verstärkt worden. Dieses intensive Gefühl der Fremdheit führte zu einer vorübergehenden Einschränkung der psychischen Kontrolle und der motorischen Koordination und von daher auch zu Ängsten vor psychischer und physischer Fragmentierung.

Während der nächsten Sitzung fragte mich Frau H., ob ich vorhabe, in diesem Krankenhaus zu bleiben; sie hatte davon gehört, daß ich gerade eine Privatpraxis eröffnete. Ich versicherte ihr, daß ich auch weiterhin mit ihr und anderen Krankenhauspatienten arbeiten würde. Das beruhigte sie; sie nahm nun wieder ihre Aktivitäten in eigene Hände und bat mich um eine Form, um damit einen Kreis zu zeichnen. Ich gab ihr einen Teller, dessen Umriß sie nachzog und als Grundlage einer einfachen Komposition benutzte. Sie war zufrieden mit ihrem Bild. Das Versprechen meiner Gegenwart (d. h. der Objektkonstanz), das ich ihr nach meiner Abwesenheit gegeben hatte, zusammen mit der technischen Hilfestellung durch ein äußeres Objekt (der Teller), verhalf ihr nach ihrer Regression zu einem neuen Gefühl der Stärke und des Einflusses. Die Beseitigung der »Fremdheit« in der äußeren Umgebung – meine Rückkehr erfolgte gleichzeitig mit dem Auftreten eines neuen Arztes – half ihr, mit den übermächtigen Phantasien einer inneren Fremdheit fertigzuwerden, die von dem bösartigen Prozeß in ihrem Blut herrührte.

Ohne das verworrene Bild mit den guten und bösen Blutzellen und ohne das folgende, mit Hilfe des Tellers gemalte Bild, mit dem sie ihre Regression zunächst darstellen und dann unter Kontrolle bringen konnte, hätte sich Frau H. wahrscheinlich einfach in sich selbst zurückgezogen. Die Bilder ermöglichten es ihr, ihren inneren Zustand mitzuteilen, ohne sie jedoch dazu zu zwingen, ihre tiefe Abhängigkeit von mir einzugestehen. Sie sicherten die Distanz, die sie zur Wahrung ihrer Autonomie benötigte, und dienten gleichzeitig als Mittel der Verständigung.

Fall 4: Frau P. war eine 39jährige, verwitwete Lehrerin, die ihren Ehemann durch einen Motorradunfall verloren hatte. Sie wünschte eine kunsttherapeutische Behandlung, nachdem sie einen zweiten Rückfall ihrer akuten Leukämie erlitten hatte und ihr klar geworden war, daß sie bald sterben würde (vgl. Dreifuss/Meerwein 1984a). Während des ersten Gesprächs schaute die Patientin öfter auf mein langes Haar. Sie erzählte, auch sie habe ihr Haar lang getragen, doch durch die Chemotherapie habe sie es eingebüßt, weshalb sie jetzt ein Kopftuch trage. Sie habe ein zwanghaftes Bedürfnis entwickelt, in den Spiegel zu schauen – und tatsächlich zog sie nun einen Spiegel hervor und betrachtete sich. Es schien, als trete die Patientin sich selbst gegenüber, und zwar durch mich, in der sie ihre teils gefürchtete, teils ersehnte »Doppelgängerin« erblickte. Es war, als würde sie sagen: »Ich möchte so sein wie du, war es auch einmal, bin es jetzt nicht mehr. Im Spiegel muß ich immer wieder prüfen, ob es wahr ist oder nicht. In dir begegnet mir mein Ich als Nicht-Ich, im Spiegel mein Nicht-Ich als Ich« (ebd., S. 287).

Bei unserem zweiten Treffen zeichnete Frau P. spontan eine kleine Insel mit einer Palme. Dazu sagte sie, noch immer hoffe sie, sich auf eine solche Insel retten zu können. Als ich sie danach fragte, was sie wohl bei unserem nächsten Treffen gerne zeichnen würde, antwortete sie: »Ich möchte, daß Sie dann eine zweite Palme auf die Insel zeichnen.« Damit teilte sie unbewußt ihren Wunsch mit, in ihrer bedrohlichen Isolation einen Gefährten zu finden, eine Doppelgängerin. Noch vor unserer nächsten Sitzung zeichnete sie mit den Farbstiften, die ich ihr überlassen hatte, einen kräftigen, stabilen Baum mit kahlen Ästen, dessen Krone durch die Form der unterirdischen Wurzeln widergespiegelt wurde – erneut ein verborgenes, gespiegeltes Ebenbild.

In der nächsten Sitzung teilte mir die Patientin mit, sie habe beschlossen, nach Hause zurückzukehren – in einen anderen Landesteil der Schweiz –, denn eine weitere Behandlung sei nicht möglich. Sie zeichnete zwei Bilder, die jeweils eine sitzende, traurig aussehende Frau zeigten. Auf dem einen Bild war das Haar der Frau von einem Kopftuch bedeckt, auf dem anderen konnte man das schwarze Haar der Therapeutin erkennen. Die beiden Frauen winkten einander zum Abschied zu, wie die Patientin erklärte. Kurze Zeit nach ihrer Heimkehr starb Frau P.

Diese sehr kurze Beziehung zwischen Patientin und Kunsttherapeutin wurde von dem starken Verlangen der Patientin beherrscht, eine intakte Doppelgängerin zu finden, um in ihrer bedrohlichen Isolation nicht allein zu bleiben. Diese letzte Beziehung blieb frei von manifesten Konflikten und vermochte ihr eine gewisse »Verwurzelung« zu verleihen, was ihr das Akzeptieren des Todes erleichterte und einen echten Abschied ermöglichte.

Paare kommen in den Bildern von Leukämie-Patienten recht häufig vor. Da alle bisher erörterten Bilder im Rahmen einer Kunsttherapie entstanden, müssen wir diese »Doppelgänger« auf dem Hintergrund der Objektbeziehungsstruktur des Patienten verstehen, vor allem im Hinblick darauf, wie diese Struktur in der Übertragungsbeziehung zur Kunsttherapeutin erscheint. Die Therapeutin wird für den Patienten unbewußt zur Doppelgängerin. Meist erblickt der Leukämie-Patient im Therapeuten sein gesundes Ebenbild, das er in sich aufnehmen möchte, um selbst wieder narzißtische Intaktheit zu erlangen. Doch gelegentlich repräsentieren das Spiegelbild, der Doppelgänger oder der Schatten für den schwerkranken Patienten nicht nur Gesundheit und Überleben, sondern auch die Möglichkeit seines Todes, seines Nichtseins; in diesem Fall werden sie zu Auslösern tiefer Ängste (vgl. Dreifuss/Meerwein 1984a).

Das Motiv des Doppelgängers taucht in der westlichen Literatur immer wieder auf, so z. B. in den Werken von Jean Paul, Kleist, E.T.A. Hoffmann, Dostojewski, Mörike, Poe, Rilke und anderen. Untersuchungen zur Bedeutung dieses Motivs finden sich bei Rank (1914), Freud (1919), Benedetti (1975), Dettmering (1986) und Dreifuss/Meerwein (1984a). Rank verglich den Doppelgänger mit dem Spiegelbild, das Narziß im Wasser erblickt. In der Gestalt seines Doppelgängers begegnet Narziß seinem eigenen Ich. Der Doppelgänger bin also eigentlich ich selbst, und gleichzeitig nehme ich mich von außen wahr: als Ich und als Nicht-Ich. Damit nimmt der Doppelgänger eine ambivalente Stellung ein: Stets erinnert das Spiegelbild das Subjekt an sein mögliches Nichtsein. Das Anderssein des Doppelgängers kann Liebe ebenso wie Wut hervorrufen; er kann sogar – wie in Oscar Wildes *Dorian Gray* – den Impuls auslösen, ihn zu vernichten. Umgekehrt kann aber auch der Verlust des Doppelgängers für die Todesdrohung stehen. Aus diesem Zusammenhang läßt sich der Aberglaube deuten, die Begegnung mit dem eigenen Doppelgänger kündige den nahen Tod an. So findet sich z. B. in vielen Kulturen die Sitte, in einem Haus, in dem ein Toter liegt, alle Spiegel zu verhängen: In einem Trauerhaus das eigene Spiegelbild zu erblicken bedeutet Tod. Schatten, Spiegelbild und Doppelgänger repräsentieren nach Rank Vorboten des Todes.

Freud (1919) hat diesen Gedanken weiter ausgeführt:

»Denn der Doppelgänger war ursprünglich eine Versicherung gegen den Untergang des Ichs, eine ›energetische Dementierung der Macht des Todes‹ (O. Rank), und wahrscheinlich war die ›unsterbliche‹ Seele der erste Doppelgänger des Leibes. Die Schöpfung einer solchen Verdopplung zur Abwehr gegen die Vernichtung hat ihr Gegenstück in einer Darstellung der Traumsprache, welche die Kastration durch Verdopplung oder Vervielfältigung des Genitalsymbols auszudrücken liebt; sie wird in der Kultur der alten Ägypter ein Antrieb für die Kunst, das Bild des Verstorbenen in dauerhaftem Stoff zu formen. Aber diese Vorstellungen sind auf dem Boden der uneingeschränkten Selbstliebe entstanden, des primären Narzißmus, welcher das Seelenleben des Kindes wie des Primitiven beherrscht, und mit der Überwindung dieser Phase ändert sich das Vorzeichen des Doppelgängers, aus einer Versicherung des Fortlebens wird er zum unheimlichen Vorboten des Todes. [...]

Aber nicht nur dieser der Ich-Kritik anstößige Inhalt kann dem Doppelgänger einverleibt werden, sondern ebenso alle unterbliebenen Möglichkeiten der Geschickgestaltung, an denen die Phantasie noch festhalten will, und alle Ich-Strebungen, die sich infolge äußerer Ungunst nicht durchsetzen konnten, sowie alle die unterdrückten Willensentscheidungen, die die Illusion des freien Willens ergeben haben« (S. 258 f.)

Hinsichtlich der »Ich-Strebungen«, die von ihrer Krankheit durchkreuzt wurden, sind alle Leukämie-Patienten besonders empfindlich.

Die klinische Folge dieser Suche nach dem Doppelgänger ist der starke Drang des Leukämie-Patienten, sich mit seinem Zimmergenossen, dem Arzt oder mit einer wichtigen Person aus dem Behandlungsteam völlig zu identifizieren. Im Kampf des Patienten mit dem Tode kann diese Identifizierung zu einem Rückhalt und zu einer Quelle der Stärke werden, doch ebenso kann sie seine Selbstkontrolle, seine Ichgrenzen und seine Autonomie bedrohen und schließlich zu einer malignen Regression führen. Findet dann der Patient keinen zufriedenstellenden »Doppelgänger«, den er verinnerlichen kann, so bleibt ihm unter Umständen nur die Erfahrung eines starken, verdrängten Neids und die daraus resultierende Angst vor Vergeltungsaktionen der beneideten Person. Somit kommt es zu einer Art negativer Verdoppelung. Um diesem unheimlichen, gefährlichen Rivalen zu entkommen, zieht sich der Leukämie-Patient zurück und hebt die Besetzung der äußeren Welt auf.

Die Einführung eines Übergangsobjekts in Gestalt eines künstlerischen oder literarischen Werks sichert dem Leukämie-Patienten eine Bühne, eine Projektionsfläche für sein »Verdoppelungsbedürfnis«. Sowohl die völlige Verschmelzung mit dem Objekt als auch die Vernichtungsphantasien gegenüber dem beneideten, weil überlebenden Doppelgänger können damit auf annehmbare Weise abgewehrt werden.

Kunsttherapie mit Tumor-Patienten

Im Gegensatz zum Leukämie-Patienten vermag der Tumor-Patient seinen Krebs innerhalb des eigenen Körpers zu lokalisieren, d. h. innerhalb einer oder mehrerer umgrenzbarer Körperzonen. Das ermöglicht ihm auf psychischer Ebene, eine innere Verbindung zwischen diesem Tumor und den negativen, gefährlichen, bösen und bedrohlichen Anteilen seiner Persönlichkeit herzustellen. Gegen diese wiederum kann er sich mittels psychischer Abwehrmechanismen wie z. B. Verleugnung und Projektion zur Wehr setzen. Insgesamt ist daher sein Selbstgefühl stabiler und weniger von Fragmentierung bedroht als das des Leukämie-Patienten. Der Tumor-Patient ist damit auch besser auf die Beziehung mit einem Kunsttherapeuten vorbereitet, der ihm dabei helfen soll, die intakten, gesunden Anteile seines Selbst aufzudecken, und von dem er sich die Heilung seiner vom Krebs verursachten narzißtischen Kränkung erhofft. Da dem Tumor-Patienten ein größerer Betrag psychischer Energie zur Verfügung steht als dem Leukämie-Patienten, ist er auch eher dazu bereit, den Therapeuten als unabhängige Person wahrzunehmen und auf dieser Basis eine Verbindung zu ihm zu gestalten. Diese Verbindung läßt sehr bald Übertragungsreaktionen aufkommen, die sowohl Liebe als auch Haß beinhalten. Das Bild, das im Rahmen der Kunsttherapie entsteht, dient dem Tumor-Patienten unmittelbar als Mittel, um eine enge Beziehung zum Therapeuten zu entwickeln und aufrechtzuerhalten – zu einem Therapeuten, dem er vertrauen und mit dem er sich messen kann, wenn es um die Fertigkeit oder gar das Talent zu künstlerischer Arbeit geht.

Fall 5: Frau L. war eine 39jährige, attraktive Akademikerin; sie war zweimal geschieden und hatte zwei Söhne im Teenageralter. Zwei Jahre nach einer Mastektomie traten bei ihr Metastasen auf, die sich über die Rückenwirbel ausbreiteten und schließlich zu einer Lähmung beider Beine führten.

Die Therapie erstreckte sich über acht Monate. In jeder Sitzung entstand ein Bild, und einige wenige dieser Arbeiten möchte ich im folgenden erörtern. Die Patientin war recht freimütig und konnte sich auch bei Ärzten und Schwestern beschweren; dennoch war sie beliebt wegen ihrer offenen und direkten Art (weitere Einzelheiten siehe Dreifuss-Kattan 1986). Das erste Bild (Abb. 9), das in unserer dritten Sitzung entstand, stellt eine »Vision« dar, welche die Patientin gehabt

Abb. 9: *Eine Vision,* farbige Filzstifte.

hatte. Eine Toilettenschüssel, so erzählte sie, sei durch ihr Fenster geflogen und habe sich knapp vor ihrem Kopf in ein goldenes Glücksschweinchen verwandelt. In unserer Besprechung wurde deutlich, daß sich die anale Aggression der Patientin, dargestellt durch die Toilette, gegen die jüngere, gesunde, beneidete Therapeutin richtete, und diese wollte sie von sich wegstoßen. Gleichzeitig hoffte die Patientin, ihre Therapie (wie schon ihre Aggression) werde etwas Gutes hervorbringen und die Therapeutin dazu bestimmen, bei ihr zu bleiben.

Nachdem ihr Vater einen geplanten Besuch abgesagt hatte und in Vorwegnahme einer kurzen Trennung von mir, begann die Patientin in den folgenden Sitzungen Bilder zu zeichnen, die ihr krankes, abhängiges und isoliertes Patienten-Selbst darstellten. Daraus wiederum ergaben sich neue Bildphantasien ihrer Abhängigkeit, die sie zeichnerisch umsetzte.

Aus dieser Serie stammt das folgende Bild (Abb. 10), das gleichzeitig zwei dieser Phantasien zeigt. Links sehen wir ein embryoähnliches Gebilde, das ein Kreuz und einen Davidstern umschließt und mit einem Telephonhörer verbunden ist – sie hält Fühlung zu sich selbst.

Abb. 10: *Verbindungen,* farbige Filzstifte.

Rechts im Bild ist ein Sturm dargestellt, in dem die Patientin, wie sie erklärte, zu ertrinken fürchtet. Inmitten des Sturms fahren zwei vereinte Herzen davon. Der Wunsch der Patientin, sich mit der Therapeutin zu vereinen, wird durch das Kreuz und den Davidstern dargestellt, die für ihre und meine Religion stehen, aber auch durch die beiden Herzen, die das Verlangen nach Vereinigung angesichts der drohenden Trennung durch den Tod repräsentieren. Dieselben starken Übertragungsaffekte zeigten sich auch in dem Gespräch während dieser Sitzung. Ausdrücklich brachte die Patientin ihren Wunsch zum Ausdruck, mich zu Hause zu besuchen. Kurze Zeit später fuhr sie mit einem Rollstuhltaxi in die Stadt und landete nach einigen verpaßten Abfahrten an der Straße, in der sie – wie sie wußte – damals lebte. Um diese Zeit begann sie auch von ihrer Hoffnung zu sprechen, die Kunsttherapie möge sie mit dem schöpferischen, gesunden Teil ihrer selbst in Verbindung setzen. Diese Hoffnung war dann der Gegenstand des folgenden Bildes (Abb. 11), das sie kurz vor meinem Urlaub zeichnete. Es zeigt einen stämmigen Baum, der in zwei Hälften gespalten ist. Während auf der einen Seite Herbstblätter schlaff herabhängen, sind die Äste der anderen Hälfte geschmückt vom Wachstum eines

251

Abb. 11: *Der gespaltene Baum*, farbige Filzstifte.

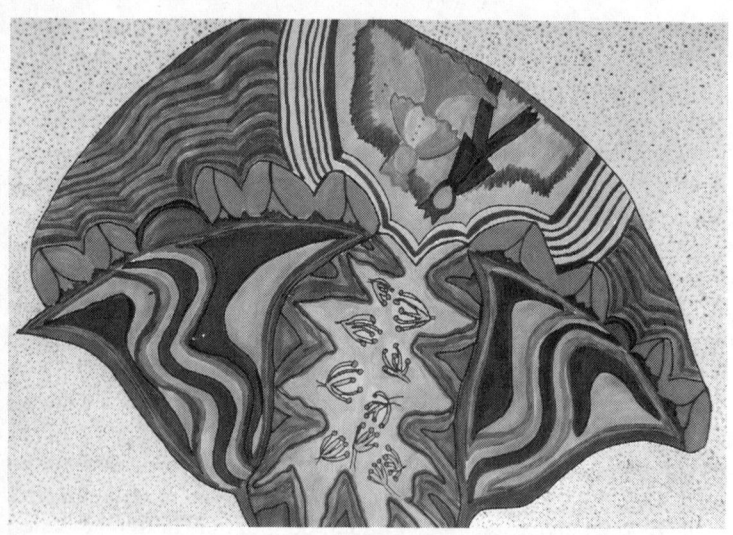

Abb. 12: *Die Hochzeitsglocke*, farbige Filzstifte.

neuen Frühlings – Verkörperung der schöpferischen Energie, die der kunsttherapeutische Prozeß stimuliert hatte. Die Patientin hatte das Gefühl, sie könne die Therapeutin gehen lassen und dennoch mit der schöpferischen Arbeit fortfahren.

Das vierte Bild (Abb. 12) malte die Patientin während meiner Abwesenheit; sie nannte es »Die Hochzeitsglocke«. Es verdeutlicht die enge Verbindung zwischen Patientin und Therapeutin sowie zwischen der Patientin und ihrer neu gewonnenen schöpferischen Seite. Im Unterschied zu den Bildern von Leukämie-Patienten, bei denen derartige Objekte verdoppelt werden, erscheinen die beiden Figuren auf diesem Bild, ein Mann und eine Frau, deutlich unterschieden.

Das fünfte Bild (Abb. 13) zeigt einen Pfau, in der römischen Mythologie das Symbol der Unsterblichkeit. Angeregt wurde es durch das Wiederaufleben der schöpferischen Kraft der Patientin. Mit seinen riesigen Ausmaßen steht der Pfau für das Hervorbrechen einer »phallischen« Abwehr (Hagglund 1978), auf die sich die Patientin nun zurückzog. Er ist die magische Kraft, die ihre Omnipotenz stärkt – trotz physischer Schwäche und Todesangst. Das sechste Bild (Abb. 14) zeigt die andere Seite dieser starken Abwehr: ihr Bewußtsein des nahen Todes. Das sargähnliche Boot schwimmt der untergehenden Sonne entgegen, deren Farben sich im Gesicht der Person widerspiegeln.

Durch die positive Erfahrung des Malens und durch die Beziehung zu ihrer Therapeutin konnte Frau L. ihre beschädigte Selbstachtung wiedererlangen. Ihre anfängliche anale Aggression, die sich zuvor schon gegen das Behandlungsteam gerichtet hatte, ging allmählich in phallische Abwehr über, die sie vor übermächtiger Angst und Einsamkeit schützte. Diese Abwehr schirmte sie auch gegen den Neid und die Mißgunst ab, die sie gegenüber der Therapeutin und anderen Personen hegte – weil diese noch immer über Attribute verfügten, die sie selbst im Verlauf ihrer Krankheit eingebüßt hatte. Am Ende ihres Lebens war das Malen für Frau L. eine Quelle der Befriedigung und der Freude.

Fall 6: Frau Z. war eine 48jährige, unverheiratete Frau mit metastasierendem Brustkrebs im Endstadium (vgl. Dreifuss/Meerwein 1984a). Als Folge von Bestrahlungen, die wegen Metastasen in der Lunge notwendig wurden, litt sie unter Atemnot und Erstickungsängsten. Sie war sich ihrer letztlich hoffnungslosen Situation bewußt, und es war ihr klar, daß trotz der Chemotherapie, die ihr versuchsweise

Abb. 13: *Der Pfau*, farbige Filzstifte.

Abb. 14: *Die untergehende Sonne*, farbige Filzstifte.

verabreicht wurde, der tödliche Verlauf ihrer Krankheit nicht mehr aufzuhalten war. Als ich ihr im ersten Gespräch das Ziel der Kunsttherapie erläuterte, warf die Patientin ein, sie habe sich während ihrer Krankenhausaufenthalte schon oft vorgestellt, daß sie sich, könnte sie nur zeichnen, als kleinen Wurm darstellen würde, der von einem riesigen Arzt untersucht wird.

Das erste Bild wollte die Patientin mit mir gemeinsam zeichnen, und das Ergebnis war das Bild zweier nahezu identischer Blumen in einer Vase. In dieser Sitzung, insgesamt erst unsere zweite Begegnung, fühlten wir uns bereits recht wohl miteinander. Gegen Ende hatte sich die Angst der Patientin vermindert, ihr Atmen war entspannter. In der nächsten Sitzung war Frau Z. begierig darauf, mit selbständigem Zeichnen zu beginnen. Sie malte einen Himmel und verzierte ihn mit Musiknoten, die wie Kochlöffel aussahen. Dazu assoziierte sie die kulinarischen Gerichte, die sie an Wochenenden für ihren alten Vater kochte, um dessen Gunst zu gewinnen. (Die Patientin lebte bei ihren Eltern, und ihre Mutter bestand darauf, während der Woche allein zu kochen.) Dann malte sie eine Kirche – wobei sie erklärte, religiös sei sie eigentlich nicht – und fügte auf einer Wiese an der Kirche noch zwei kleine, identische Blumen hinzu.

Plötzlich öffnete sich die Tür ihres Krankenzimmers, und der neue onkologische Konsiliarius trat herein, ohne zu bemerken, daß hier eine kunsttherapeutische Sitzung im Gange war. Er ignorierte meine Bitte, uns nicht zu unterbrechen, und begann, die Patientin zu untersuchen. Dabei störte er sie nicht nur, sondern machte sich auch noch lustig über die Kunsttherapie. Mich fragte er in kritischem Ton, welchen Zweck das habe. Irritiert entgegnete ich ihm, ich werde ihm das ein andermal erklären. Nachdem die Untersuchung abgeschlossen war und er den Raum verlassen hatte, bekam die Patientin einen schweren Hustenanfall. Zu dem zuvor durchaus positiven Bild fügte sie dann noch einen Wurm im Gras hinzu und daneben einen kleinen, roten Marienkäfer. Die nicht eben einfühlsame Einmischung des Onkologen hatte das ursprünglich gute Arbeitsbündnis unterbrochen, und die Patientin stellte sich jetzt, ihrer früheren Phantasie entsprechend, als Wurm dar – ein hilfloses Opfer des Arztes.

Darüber hinaus konnte die Patientin die Kunsttherapeutin jetzt nicht mehr als verläßliche Gefährtin betrachten. Ich war nun durch das Bild des Marienkäfers repräsentiert – ein Glücksbringer vielleicht, doch kein Schutz gegen das Eindringen des Arztes. Sie verlor das Vertrauen in meine Fähigkeit, ihre »Spiel«-Fläche als Übergangsobjekt zu hüten. Das beunruhigende Gefühl, das daraus resultierte, war nun nicht etwa das der gemeinsamen Machtlosigkeit, sondern vielmehr der Differenzen zwischen uns. Denn anders als sie konnte ich immerhin noch danach streben, dem Arzt ebenbürtig zu werden und damit zu einer Person zu werden, mit der sich die Patientin nicht mehr identifizieren konnte. So lange mich die Patientin als ihre Doppelgängerin wahrgenommen hatte – das kam zum Ausdruck in den beiden nahezu gleichen Blumen des ersten Bildes und den beiden kleinen Blumen vor der Kirche im zweiten Bild –, so lange konnte sie auch ihre Nähe zum Tod mit mir teilen, den die Kirche repräsentierte. Die narzißtische Kränkung, die ihr das grobe Eindringen des Arztes zugefügt hatte, ließ sie wieder zum Wurm werden, und sie unterstrich die Differenz zwischen ihr und der Therapeutin. Gegen mich gerichtete Gefühle des Neids und der Mißgunst wurden wach, Gefühle, die teilweise auf einen ungelösten ödipalen Konflikt zurückgingen, auf den bereits das erste Bild mit den Musiknoten bzw. Kochlöffeln indirekt angespielt hatte. Noch am selben Tag beschloß Frau Z., mit ihrer alten Mutter nach Hause zurückzukehren. Dort starb sie einige Tage später.

Ich bemerkte eingangs, daß der »Doppelgänger« in Werken von Leukämie-Patienten vorkommt, nicht jedoch in denen von Tumor-Patienten. In unserem letzten Fall allerdings ist der Verdoppelungsvorgang offenkundig bei einer Patientin aufgetreten, die unter metastasierendem Brustkrebs litt und sich im Endstadium ihrer Krankheit befand. Wenn der Krebs erst einmal metastasiert und der Patient sich in einem physisch regredierten Zustand befindet, so kann die Krankheit nicht mehr lokalisiert werden; die Drohung des Todes wird dann so übermächtig, daß sie den Wunsch hervorrufen kann, einen Doppelgänger zu finden und mit ihm zu verschmelzen, um dem Tod nicht allein entgegengehen zu müssen.

Der schöpferische Prozeß der Wiedergutmachung, den diese Falldarstellungen aus der Kunsttherapie wie auch die Literatur von Krebspatienten erkennen lassen, ermöglicht den Kranken, die Einheit ihres Selbst wiederherzustellen. Ihre Werke halten die Integrität ihrer Persönlichkeit aufrecht und bieten einen Schutz vor dauernder Angst, Einsamkeit und psychischer Auflösung. Die 28jährige Krebspatientin Dora Hauri (1982) schreibt: »Wenn ich male, spüre ich den Schmerz weniger, der nahende Tod ist mir bewußt, aber er verliert an

Konkretem, der Gedanke ist nicht spitz, auch nicht stumpf, er ist einfach. [...] ich spüre, das Malen in mir ist wie eine Pflanze frisch gesät, ›und die Frucht kann wachsen‹. Mit der Malerei kann ich der Krankheit etwas entgegensetzen« (S. 51).

Krebspatienten sind dazu gezwungen, um ihren Körper und um »Objekte« der äußeren Welt zu trauern. Häufig wird das Verlorene durch verschiedene Phantasien ersetzt; besonders verbreitet sind Unsterblichkeitsphantasien und die Vorstellung, sich mit Mutter Erde oder mit einem geliebten, jedoch verstorbenen Familienangehörigen wiederzuvereinen. Bisweilen werden Verluste auch ersetzt oder kompensiert durch intensivierte Beziehungen zu den Personen, die sich um den Patienten kümmern. Der drohende Tod bringt viele Krebspatienten dazu, ihr Leben völlig neu zu bewerten. Sie blicken auf ihre Erfahrungen zurück im Lichte des nahenden Todes und bemühen sich um eine neue, andersgeartete Ganzheit. Viele Krebspatienten haben das starke Bedürfnis, diese neue Synthese ihrer Lebenserfahrungen denjenigen mitzuteilen, die ihnen nahe sind, sei es der Psychotherapeut, der Arzt oder ein Freund (Hagglund 1978).

Phantasien sind für den Krebspatienten eine letzte Verbindung zum Leben. Gehen auch die strukturierten Phantasien noch verloren – was als Folge der Lebensbedrohung, die der Krebs darstellt, durchaus eintreten kann –, so führt dies zu einem Zustand des Zerfalls und bedeutet für den Patienten völlige Vernichtung, äußersten Schrecken und tiefste Einsamkeit. Andererseits bewahrt die schöpferische Arbeit den Patienten davor, den Kontakt zu seinen Phantasien zu verlieren, und sie wirkt seiner Befürchtung entgegen, seine Phantasien selbst den vertrautesten Personen nicht mehr mitteilen zu können. Diggelmanns (1979) Sätze führen vor Augen, wie wichtig es ist, dem Leid und dem Schmerz schöpferischen Ausdruck zu verleihen, wenn man eine geliebte Person oder die eigene körperliche Integrität verloren hat:

»Es war mein einziges Mittel, meine einzige Waffe gegen die Krankheit, die ich einzusetzen hatte, daß ich mir damals vor über sieben Wochen dieses Diktaphon beschaffte – das heißt, eigentlich wurde es mir geschenkt –, weil ich mir sagte: Was immer mit dir geschehen ist, du gibst nicht auf, du münzt das sofort um. Du mußt etwas damit anfangen. Du mußt Phantasie haben. Du kannst dich jetzt nicht totstellen. [...] Es muß sich eine neue Sprache ergeben. Es müssen meine Angst und mein Weinen darin eingehen, ohne daß ich sage: Ich weine. Mein Leiden muß darin eingehen, mein körperlicher Schmerz, ohne daß ich sage: Es schmerzt mich. Alles muß darin eingehen. Es muß ein Gedicht werden. Ich bin damals, als man mir unumwunden erklärte, was mit mir los sei, ich bin damals dem Tod begegnet. Er stand da, er stand draußen am Fenster. Er bettelte, und ich habe ihn eingelassen, ich habe ihn aufgenommen« (S. 102).

Der Patient, der mit seinem eigenen Tod konfrontiert ist, muß die Besetzung der äußeren Welt schrittweise vermindern und statt dessen seine innere Welt stärker besetzen. Damit verinnerlicht er alle positiven Erfahrungen, die er mit Objekten der äußeren Welt je gemacht hat, und stärkt so sein Ichgefühl. Indem er schreibt oder malt, teilt er mit anderen die Angst und die Depression, die mit der Todesdrohung einhergehen. Gleichzeitig erfüllt seine schöpferische Arbeit seine inneren Erfahrungen mit neuem Leben – mit einem Leben, das ihn selbst überdauern wird. Freud (1914) schreibt: »es soll die Affektlage, die psychische Konstellation, welche beim Künstler die Triebkraft zur Schöpfung abgab, bei uns wieder hervorgerufen werden« (S. 198). Für den von Krebs betroffenen Autor oder Künstler ist dieses Mit-anderen-Teilen entscheidend, denn es bestätigt den inneren schöpferischen Widerhall. »Du mußt Phantasie haben. [...] Es muß sich eine neue Sprache ergeben« – diese Worte Diggelmanns sind ebenso an den Leser gerichtet. Das gemeinsame imaginative Erlebnis verleiht dem schöpferischen Akt Gültigkeit, es bestärkt ein neues Gefühl der Sicherheit, das dem Patienten helfen kann, seine Todesangst durchzuarbeiten oder sogar zu überwinden.

Indem wir ein Buch lesen wie das von Diggelmann oder indem wir ein vergleichbares Bild betrachten, identifizieren wir uns mit den starken Gefühlen, die der Künstler bzw. der Patient zum Ausdruck bringt. Doch gleichzeitig nehmen wir teil an dessen Erfahrung der Formgebung und der Verinnerlichung, d. h. an der Neuerschaffung einer verlorenen Welt (Segal 1952). Wir spüren, wie der Künstler mit seinem Verlust umgeht und wie er den Prozeß des Durcharbeitens auf uns überträgt – und zwar in einer Art und Weise, daß jener Verlust aufgehoben scheint. Der Leser oder der Kunsttherapeut identifiziert sich mit den verlorenen und wiedergefundenen inneren Objekten, die der Künstler darstellt, und durch Introjektion bezieht er die damit verbundenen Ängste und Emotionen in seine eigene innere Welt ein. Mit Hilfe des künstlerischen oder literarischen Werks des Krebspatienten vermag der Leser bzw. der Therapeut Verbindung zu ihm aufzunehmen.

Wird der Inhalt, den der Therapeut introjiziert, in angemessener Weise analysiert, so wird er nicht nur ein tiefes Gefühl der Bedrohtheit erkennen lassen, sondern auch die dynamische Struktur der inneren Welt des Patienten. Diese Struktur verkörpert sich in seinen schöpferischen Werken, seinen Bildern und Geschichten, die innerhalb der Kunsttherapie als Basis einer konkreten, symbolischen Interaktion zwischen Patient und Therapeut dienen. Im Rahmen der kunsttherapeutischen Behandlung umschließt die Therapeutin all das, was der Patient auf sie übertragen hat; sie wird damit zum Äquivalent der guten Mutter, die einen geschützten Raum, eine Umgebung, ein Medium zur Verfügung stellt, innerhalb dessen der vom Tode bedrohte Patient sich frei bewegen kann wie ein Kind in der Übergangsphase: zwischen der Illusion der Vereinigung und der Tatsache des Getrenntseins.

Im Kontext der Übertragung – oder einer engen Freundschaft, wie wir im vorigen Kapitel sahen – wird das Bild oder die Geschichte zu einem abgeschirmten Spielplatz, der dem Patienten dazu dient, seine innere Welt zum Ausdruck zu bringen und damit seine Ängste vor Trennung, Verlust und Tod zu lindern.

5. Probleme der Übertragung und Gegenübertragung bei der Arbeit mit Krebspatienten

Das angestrebte Ziel der psychoanalytischen Behandlung ist die Entwicklung der Ichfunktionen des Patienten: Er soll sich von infantilen Fixierungen befreien, und eine gestärkte Autonomie des Ichs soll zu besseren inneren und äußeren Objektbeziehungen führen. Der Patient soll seine inneren Konflikte überwinden, die Symptome sollen verschwinden, und schließlich sollen sich Übertragung und Gegenübertragung zum Zeichen des erfolgreichen Abschlusses auflösen.

Im Verlauf der psychoanalytischen Behandlung schwerkranker oder sterbender Krebspatienten ist es notwendig, die Ichfunktionen zu externalisieren; gleichzeitig werden jedoch die äußeren Objektbeziehungen immer weiter eingeschränkt. Folglich kann es hier auch zu keiner Auflösung der Übertragung kommen. Dies steht in krassem Gegensatz zu den Zielvorstellungen der psychoanalytisch orientierten Therapeuten und kann erhebliche Angst auslösen. Der Tod eines Patienten, der noch tief in die Übertragung verstrickt war, kann vom Therapeuten in einer Weise erlebt werden, als erleide er selbst einen partiellen Tod – und viele Therapeuten vermeiden dies, indem sie es überhaupt ablehnen, in einen therapeutischen Prozeß einzutreten.

Dennoch finden wir in der psychoanalytischen Literatur einzelne Falldarstellungen, bei denen es um den für den unheilbar kranken Patienten charakteristischen Wandel der Objektbeziehungen geht, um seine Regression, seine Abwehrmechanismen und seine Phantasiearbeit. Umfassendere psychoanalytische Studien zu diesem Thema gibt es von Eissler (1955), Hagglund (1978) und Norton (1963). Es ist interessant, daß es bei den genannten Fällen stets um Krebspatienten geht. Das mag an mehreren Gründen liegen: 1. Krebs ist die zweithäufigste Todesursache beim Menschen; 2. der Tod durch Krebs ist gewöhnlich ein langsamer Prozeß, bei dem man psychische Veränderungen über einen langen Zeitraum beobachten kann; 3. der bösartige Tumor repräsentiert für den Patienten häufig – bewußt wie unbewußt – den bösen Anteil seiner Persönlichkeit bzw. böse innere Objekte und beeinflußt daher direkt sein Selbstgefühl und seine Beziehungen zu anderen. Die Folge davon ist tiefe Vernichtungsangst und Isolation. Der Patient hat das Gefühl, sein Krebs sei ein Eindringling, der von innen kommt (»Mein Krebs frißt mich auf«); der Wunsch, in eine Psychotherapie einzutreten, schließt daher auch den Wunsch ein, seine »psychische Realität« von diesen bösen Introjekten zu entleeren (Meerwein 1987a).

Das Übertragungsgefühl des Patienten

Als Beweggrund dafür, eine Psychotherapie zu beginnen, nennen viele Krebspatienten – häufig bereits im fortgeschrittenen Stadium der Krankheit – ihr Gefühl, falsch gelebt zu haben. Man kann diese Aussage so interpretieren, daß der Patient unbewußt das »gute« Objekt wiedererlangen und introjizieren möchte, das er infolge des Krebses eingebüßt hat, d. h. durch die Entleerung seiner psychischen Realität.

Wie bereits gesagt, ist der Krebspatient dazu gezwungen, sowohl um seinen Körper als auch um Objekte der äußeren Welt zu trauern. Neben Unsterblichkeitsphantasien und Phantasien der Wiedervereinigung mit verstorbenen Familienangehörigen, mit der Mutter Erde usw. gibt es für jene Objekte noch einen weiteren wesentlichen Ersatz, nämlich intensivere Beziehungen zu den Menschen, die sich um den Patienten kümmern, insbesondere zum Psychotherapeuten. Diesem versucht er die neue Synthese seiner Lebenserfahrungen zu vermitteln, und zwar eine, die seiner gegenwärtigen Realität und dem nahe bevorstehenden Tod tatsächlich besser entspricht (Hagglund 1978).

In der Anfangsphase der Therapie kann es vorkommen, daß der Patient seine Krankheit auf den Therapeuten überträgt. Der Therapeut wird dann zu einer Figur, die den »Krebs« symbolisch repräsentiert: Er mißhandelt den Patienten, indem er ihm auf sadistische Weise Schmerz und Leid zufügt, und er verhält sich auch sonst wie ein sehr böses inneres Objekt (Meerwein 1987a). Es gehört zu den Aufgaben im frühen Stadium der Therapie, die Projektionen des Patienten zu analysieren – zunächst die Projektionen auf den Therapeuten, dann die Projektionen auf den Krebs. Man muß dem Patienten dabei helfen, zwischen diesen Projektionen und dem Krebs selbst klar zu unterscheiden (Searles 1981), und diese Klärung kann für den Patienten eine erhebliche Erleichterung bedeuten. Ist das therapeutische Bündnis erst einmal gefestigt, dann erfahren sowohl der in seinem Leben bedrohte Patient als auch der Therapeut ein intensives Geben und Nehmen.

Aus diesem Grund entwickelt sich gegenüber dem einfühlsamen Therapeuten häufig eine idealisierende Übertragung. Sie leitet sich vom Wunsch des Patienten her, auf eine sehr frühe Stufe der Liebe, der völligen Sicherheit und des absoluten Vertrauens zu regredieren. Es ist keineswegs einfach, mit der Ambivalenz umzugehen, die jeder Idealisierung zu eigen ist. In der ersten Phase der Regression kommt es bei manchen Patienten zu einer Externalisierung des Über-Ichs oder von dessen psychischen Vorläufern wie z. B. des idealisierten Bilds der Eltern. Dem Wunsch, sich mit dem Therapeuten zu identifizieren, kann ein derart ambivalentes Bild ernsthafte Schwierigkeiten in den Weg legen. Aufgrund seiner Jugend, Gesundheit und Vitalität oder wegen anderer Eigenschaften kann sich der Therapeut sehr schnell in der Rolle des beneideten Elternteils finden, und aufgrund der darauf bezogenen negativen Gefühle des Zorns, der Ernüchterung, der Eifersucht und der Auflehnung wird er dann möglicherweise vom Patienten abgelehnt. Die Ablehnung des Therapeuten ist für den Patienten häufig die einzige Möglichkeit, die strengen Anteile seines Über-Ichs zu beschwichtigen; indem er die Behandlung einseitig beendet, versucht er, Schuldgefühle abzuwenden und der Angst zuvorzukommen, abgewiesen oder verlassen zu werden.

Norton (1963) beschreibt eindrücklich, wie man gegenüber dem unheilbar kranken Patienten diese negativen Gefühle des Neids und der Mißgunst deuten kann, und zwar in bezug auf die ungelösten Konflikte aus der ödipalen Phase. Sie deutet diese Gefühle als verständliche Wiederholung einer kindlichen Reaktionsweise, die wegen der ungewöhnlich starken Abhängigkeit vom Therapeuten reaktiviert wird und die letzten Endes eine Antwort darstellt auf den malignen Krankheitsverlauf. Diese Deutung der negativen Übertragung entlastet möglicherweise den Patienten von Schuldgefühlen; er wird dann in der Lage sein, sich erneut mit dem Therapeuten zu vereinigen und den Wunsch nach Identifizierung zuzulassen.

Searles (1981) hat noch eine weitere unbewußte Manifestation ödipaler Eifersucht beobachtet. Er schildert, wie der Krebs des Patienten zum Ausgangspunkt einer »Triangularisierung« des therapeutischen Prozesses werden kann. Im Dreieck Patient–Arzt–Tumor kann der Patient zu einem argwöhnischen Rivalen werden. Diese Rivalität wird deutlich bei Patienten, die ihren Ärzten (und Therapeuten) zu verstehen geben, sie behandelten sie wohl nur aus wissenschaftlichem Interesse an dem Tumor und nicht um ihrer selbst willen. Der Patient fühlt sich weitgehend ausgeschlossen und ignoriert; der Brennpunkt der Aufmerksamkeit ist sein Krebs. Diese Art von Eifersucht kann man meist dadurch überwinden, daß man den ödipalen Konflikt rekonstruiert und durcharbeitet.

In der zweiten Phase der Regression muß der Therapeut einen immer größeren Anteil der Ichfunktionen des Patienten übernehmen. Er muß bereit sein, den Patienten bei bestimmten täglichen Aktivitäten zu unterstützen, die dieser nicht mehr zu bewältigen vermag. Beispielsweise las Norton ihrem Patienten vor, als dieser erblindete. Eine derartige veränderte, wesentlich mütterliche Verbindung kann den Patienten dazu bringen, die Therapeutin als innerlich gegenwärtig wahrzunehmen, und zwar auch dann, wenn sie abwesend ist. »Die Grenzen zwischen Außen und Innen sind bisweilen verschwommen«, schreibt Norton (1963, S. 555). Wegen der Internalisierung des Therapeuten wird die Übertragung nun besonders intensiv – ein Vorgang, den Eissler (1978) für notwendig hält. Eissler führt an, durch Intensivierung der Übertragung könne man das Leiden des Patienten, selbst bei beträchtlichen Schmerzen, auf ein Minimum reduzieren. Durch die Übertragung aktiviert der Therapeut ein archaisches Vertrauen in die Welt, die ein grundlegendes Gefühl mütterlichen Schutzes zu neuem Leben erweckt. Balint (1966) ist der Auffassung, die Beziehung zwischen Mutter und Kind gründe auf der »Wechselwirkung reziproker Triebziele«, und innerhalb dieser werden die Mutterliebe und die Liebe zur Mutter als gleichen Ursprungs empfunden.

Ein Problem dieser elementaren Partnerschaft zwischen Therapeut und Patient ist die Tatsache, daß sie ständig durch bevorstehende Verluste bedroht ist und daher immerzu abgestützt werden muß. Sie ist daher auch notwendig von ambivalentem Charakter, wobei sich diese Ambivalenz allerdings in Merkmalen zeigt, die von denen der ödipalen Rivalität verschieden sind. Einerseits gibt es den Wunsch, sich zurückzuziehen, um der Trennung zuvorzukommen, andererseits aber auch den entgegengesetzten Wunsch, sich anzuklammern, um die Trennung zu vermeiden. Ähnlich verhält es sich auf der Ebene der Sprache und der symbolischen Interaktion; auch hier bringt die unmittelbare Bedrohung des Lebens zwei entgegengesetzte Wünsche hervor: Der Patient möchte hören, daß alles in Ordnung sei, aber er möchte auch hören, daß seine Krankheit ernst genommen wird. Die folgenden Fallbeispiele verdeutlichen die besonderen Probleme, welche die Übertragung bei Krebspatienten mit sich bringt.

Fall 1: Frau W., eine 40jährige Geschäftsinhaberin, verheiratet und Mutter eines 15jährigen Jungen und eines fünfjährigen Mädchens, hatte sich wegen Brustkrebs bereits einer Mastektomie unterzogen. Einige Jahre später entwickelte sich bei ihr eine akute Leukämie, und sie wurde erneut hospitalisiert. Da sie sehr verzweifelt war, war eine Kunstpsychotherapie indiziert. Jedoch lehnte die Patientin dieses Angebot zunächst ab und beteuerte, sie könne einfach nicht zeichnen. Ihre fünfjährige Tochter könne das besser und werde sie auslachen, wenn sie sehe, was Mutti zustandegebracht habe. Mit dieser Erklärung brachte die Patientin zum Ausdruck, daß sie sich fürchtete und schämte, sich der Therapeutin als brustlose, kindische und unterentwickelte Frau zu zeigen. Sie erwartete, die Therapeutin werde sie abweisen, wenn sie schlecht zeichnete – genau, wie es ihr nach der Mastektomie bereits ihr Ehemann angedroht hatte. Ein zweites Mal wollte sie sich einer derartigen Drohung nicht aussetzen. Nachdem ich ihr eine Deutung gegeben hatte, beruhigte sich die Patientin und war zu psychotherapeutischer Arbeit bereit.

Im Rahmen der Behandlung arbeiteten wir die Neidgefühle durch, mit denen die Patientin zu kämpfen hatte. Diese Neidgefühle hatte sie externalisiert, indem sie die Personen, die sich um sie kümmerten, in gute und böse unterteilt hatte. Die Schwestern nahm sie als böse wahr und kommandierte sie herum, während sie sich gegenüber den Ärzten freundlich und willfährig verhielt. Im Verlauf der Therapie erkrankte Frau W. an einer Lungenentzündung; sie erhielt Infusionen an beiden Armen und war damit zu völliger motorischer Passivität verurteilt. Daraufhin wurde sie gegenüber den Schwestern aggressiv und brachte lauthals ihren Neid zum Ausdruck, so daß es recht schwierig wurde, für sie zu sorgen. Unbewußt versuchte sie, auch mich zu deaktivieren; so begrüßte sie mich nach einem Wochenende mit den Worten: »Ich dachte, Sie hätten sich beim Skifahren ein Bein gebrochen.« Häufig trat sie meinen therapeutischen Interventionen entgegen mit Bemerkungen wie: »Sie können gut reden, Sie sind jung, hübsch und gesund.« Es ist klar, daß solche Äußerungen des Neids beim Therapeuten Schuldgefühle hervorrufen können. Die unbewußte Identifizierung des Therapeuten mit dem Patienten, die sich bisweilen in Träumen manifestiert, vermag diese Schuldgefühle wiederum aufzulösen. Nachdem die Patientin an Lungenentzündung erkrankt war, träumte ich, meine Lunge sei von einer unheilbaren Pilzinfektion befallen.

Im Verlauf ihrer Krankheit mußte sich Frau W. noch einer weiteren

Operation unterziehen, da erneut Brustkrebs aufgetreten war. In den Sitzungen nach dieser Operation rief sich die verzweifelte Patientin erstmals Erinnerungen an ihre »gute« Großmutter ins Gedächtnis, zu der sie von ihrer frühen Kindheit bis ins Erwachsenenalter mit allen ihren Lebensproblemen hatte gehen können. Die Großmutter hatte sie gepflegt, wenn sie krank war, hatte sie vor den Schlägen des Vaters geschützt und sie gegenüber ihren drei Schwestern bevorzugt, indem sie sie mit besonderen kleinen Geschenken heraushob. Im Vergleich zu dieser Großmutter wurde die Mutter als »böse« wahrgenommen, als eine Frau ohne Wärme, die unfähig war, ihren Kindern Liebe zu bezeugen. Allerdings war diese Mutter mit 65 Jahren noch immer kerngesund und lebte seit der Scheidung vom Vater zusammen mit ihrem Geliebten. »Daß meine Mutter mit einem Mann zusammenlebt, das ist der Grund dafür, warum sie gesund ist«, sagte die todkranke Patientin voller Neid.

Die Deutung des Spaltungsvorgangs, durch den das Pflegeteam wie auch die Therapeutin in eine »gute« Großmutter und eine »böse« Mutter aufgeteilt wurde, brachte der Patientin erhebliche Erleichterung; ebenso das Durcharbeiten ihrer Befürchtung, die »guten« Anteile der Therapeutin könnten durch ihren Neid zerstört werden. Danach war sie in der Lage, meine Hilfe anzunehmen und zu internalisieren, wodurch sie ihre inneren Erfahrungen stärker besetzte. Dem Verlust ihrer kranken, »bösen« Brust konnte sie nun die Introjektion der »guten« Brust der Therapeutin entgegensetzen, doch war dies erst möglich, nachdem ihr Neid auf die Gesundheit der Therapeutin, ein Ableger ihres Neids auf die Gesundheit der Mutter, durchgearbeitet worden war.

Die intensive Beziehung zum Psychotherapeuten, der eine »haltende Umwelt« bietet, kann dem Patienten selbst noch angesichts des unmittelbar bevorstehenden Todes Hoffnung vermitteln. Diese Hoffnung muß man jedoch unterscheiden von der anfänglichen Verleugnung, die wir zu Beginn der Krankheit antreffen. Wenn diese anfängliche »adaptive« Verleugnung bis ins Endstadium fortdauert, so wird sich im Patienten schleichend ein Gefühl der Hoffnungslosigkeit ausbreiten, und in diesem Fall ist eine Psychotherapie nicht möglich. Seine Hoffnung vermag der Patient dadurch zum Ausdruck zu bringen, daß er Zugang gewinnt zu primärprozeßhaften Phantasien, die er dann als »befreiend« erlebt. »Ich lebe jetzt viel intensiver als zuvor«, ist eine typische Äußerung in diesem Stadium. Die Kontrolle des Sekundärvorgangs scheint außer Kraft gesetzt, und der Patient versucht, dem Therapeuten sein »ozeanisches Gefühl« mitzuteilen. Ist dieses Gefühl sehr ausgeprägt, so kann es psychotischen Charakter annehmen und die Personen, die sich um den Patienten kümmern, stark irritieren.

Während der Endphase tritt bei den Patienten häufig ein charakteristisches Spaltungsphänomen auf: die Wahrnehmung der Nähe des Todes, verbunden mit dem Glauben, zu überleben. Dieser Glaube an ein dauerndes Überleben drückt sich oft in lebhaften Zukunftsphantasien aus. Da diese Hälfte der Spaltung in krassem Gegensatz zur Realität steht, ist es für den Therapeuten meist recht schwierig, damit umzugehen. Er muß die Spaltung akzeptieren und darf keinesfalls versuchen, sie zu blockieren – etwa, indem er sich weigert, den Phantasien des Patienten zuzuhören, oder indem er selbst die Realität des drohenden Todes des Patienten verleugnet. Wie bereits oben ausgeführt, muß der Therapeut fähig sein, für beide Anteile des Patienten Sympathie zu hegen, für das sterbende wie für das überlebende Selbst (vgl. Kap. I,6). Nur so kann er sicherstellen, daß der Patient sich als ganzer Mensch gehalten, getragen und ans Ende seines Lebens begleitet fühlt (Dreifuss 1986).

Das folgende Fallbeispiel schildert die intensive, regressive Übertragungsreaktion, die ein Patient im Endstadium während seiner letzten psychotherapeutischen Sitzung zeigte.

Fall 2: Der 24jährige Patient Z., der unter einem Sarkom litt, hatte sich dafür entschieden, zu Hause zu sterben; dort besuchte ich ihn. Ich hatte bereits seit nahezu drei Jahren kunsttherapeutisch mit ihm gearbeitet und ihn durch zahlreiche Operationen, Chemotherapie- und Strahlentherapiebehandlungen begleitet. Seit einigen Tagen war sein Zimmer mit den Bildern geschmückt, die wir in unseren Kunsttherapie-Sitzungen gemeinsam gemalt hatten. Wegen Lungenmetastasen konnte Z. nicht mehr normal atmen; daher war er an eine Sauerstoffflasche angeschlossen. Er fühlte sich außerordentlich schwach, war bewegungsunfähig und konnte sich nicht mehr ohne Hilfe im Bett aufrichten.

Sofort als ich eintrat, nannte er meinen Namen; offenbar hatte er auf meinen Besuch gewartet. Mit leiser Stimme sagte er: »Ich bin am Sterben, seit einigen Minuten fühle ich es ganz intensiv.« Darauf nahm er meine Hand und hielt sie fest in seiner. »Ihre Hand ist schön kühl, meine ist heiß«, sagte er, während er meine Hand noch festhielt.

Dann summte er einige Minuten lang leise die Melodie eines Walzers. »Das ist ein Walzer«, sagte ich. »Ja, ich möchte jetzt Walzer tanzen«, antwortete er mit erregter Stimme. Ich blieb in gespannter Aufmerksamkeit, antwortete aber nichts. Plötzlich schlug Z. mit der Hand auf seine Bettwäsche und zerstörte damit das Gefühl friedvoller Nähe, das zwischen uns für einige Minuten entstanden war. »Alles war umsonst«, sagte er, »meine Planung hat nicht geklappt. Ich wollte noch bis zu meinem 25. Geburtstag leben.« Dann warf er plötzlich seine Bettdecke zurück und zeigte mir seine abgezehrten, schwachen Beine und sein Geschlechtsteil. Er forderte mich auf, sein Bett neu herzurichten, was ich, etwas verunsichert, ausführte. »Es war eine gute Stunde«, resümierte Z., »wann kommen Sie zurück?« Er bat mich, den Termin unseres nächsten Treffens – das am nächsten Tag stattfinden sollte – in sein Notizbuch einzutragen, da er selbst zu schwach dazu war. Darauf dankte er mir für alles, was ich für ihn getan hatte, und bat mich, zu gehen. Am darauffolgenden Tag starb er.

Bei dieser letzten Begegnung wußten wir beide, daß er dem Tod sehr nahe war, und der Patient versuchte die Sitzung dazu zu nutzen, den Tod gleichsam durch eine Probe vorwegzunehmen. In seiner Phantasie versuchte er, mit mir als Tanzpartnerin zu verschmelzen und so die Illusion zu nähren, seinen letzten Tanz nicht allein tanzen zu müssen. Gleichzeitig brachte er das starke Bedürfnis zum Ausdruck, ich solle ihn fest und schützend halten und ihm gleichsam wie einem Säugling die Windeln wechseln. Was er mir – und sich – mit dem Entblößen seiner Nacktheit sagen wollte, war vielleicht dies: »Wir können uns nicht mehr vereinigen, wir sind keine Partner mehr. Ich bin sterbenskrank und abhängig, und du bist gesund und stark. Wir müssen beide diese Tatsache akzeptieren.« Vielleicht wollte er mir eine partielle Abwehr gegen die Bedrohung bieten, welche die Verschmelzung mit einem Sterbenden darstellt.

Der Grat zwischen Trennung und Vereinigung, den der Therapeut und der Patient gemeinsam beschreiten, ist äußerst schmal. Dem Bedürfnis des Patienten nach Vereinigung muß der Therapeut einen gewissen Widerstand entgegensetzen. Das ist jedoch nicht immer leicht. Manchmal ist man gezwungen, Parameter zu akzeptieren, die der Patient vorgegeben hat. So zum Beispiel in einem von Norton (1963) beschriebenen Fall: Gleichsam als symbolische Verwirklichung einer Vereinigung im Tode gab ihr die Patientin ein rotes

Kleid, das sie bei ihrer bevorstehenden Beerdigung tragen sollte. Norton akzeptierte und trug das Kleidungsstück.

Nach Hagglund (1978) ist es die wichtigste Aufgabe des Therapeuten, der mit unheilbar Kranken und mit Sterbenden arbeitet, die Verbindung des Patienten zu seiner Phantasiewelt zu stärken und diese Phantasien einzubinden in die Kommunikation zwischen Patient und Therapeut. Phantasien, Träume und Übertragungsaffekte tragen alle dazu bei, den Patienten stärker an den Therapeuten zu binden; sie wirken daran mit, das Selbst des Patienten in Kohärenz zu erhalten, und sie bewahren es davor, in einen Zustand des Zerfalls zu geraten, einen Zustand des Schreckens und der ewigen Einsamkeit. Die Behandlung des sterbenden Patienten muß auf die sogenannte »Geschenk-Situation« ausgerichtet sein (Eissler 1978). Das entscheidende Geschenk, das der Therapeut dem Patienten anbietet, ist er selbst als verfügbares Objekt (Norton 1963).

Die Gegenübertragung des Therapeuten

Der Therapeut, der mit Patienten im Endstadium arbeitet, nimmt eine große persönliche Herausforderung an; daher ist es außerordentlich wichtig, Gegenübertragungen zu erkennen und zu analysieren. Wie bereits gesagt: Der Krebspatient, der zur psychotherapeutischen Behandlung kommt, möchte »seinen inneren Raum entleeren«, um seine »bösen« Introjekte loszuwerden, die für ihn den Krebs repräsentieren. Die Folge ist, daß er, während er dem Tod entgegensieht, sich leer fühlt. Klinisch gesprochen, tritt dieses Gefühl des Patienten als »primäre Depression« auf. Er äußert dann etwa, er habe »seine Welt verloren«; oder auch, der Krebs stehe für all die Tränen, die er in seinem Leben habe schlucken müssen – wie es Zorn (1977) formuliert. In einer solchen Situation hat der Therapeut häufig den Eindruck, keinen wirklichen Kontakt zum Patienten zu haben. Entweder identifiziert sich der Therapeut mit dem leeren inneren Raum des Patienten, oder aber er fühlt sich von dessen Welt völlig ausgeschlossen. Leicht kann er die Leere des Patienten als sekundäre Reaktion auf Verlust, Kastration, Angst oder anale Abweisung mißverstehen. Oder aber die ungeheure Aufgabe, mit dieser Leere umzugehen, wächst dem Therapeuten über den Kopf und raubt ihm jede Hoffnung; dann kann es vorkommen, daß er es sogar ablehnt, die psychotherapeutische Arbeit mit dem Patienten aufzunehmen (Meerwein 1987a).

Kommt es jedoch zu der Entscheidung, ein Arbeitsbündnis miteinander einzugehen, so wird der Patient den Therapeuten sofort idealisieren. Der Therapeut steht nun unter dem Druck, den Patienten »heilen« zu sollen, und möglicherweise erweckt dies zunächst sein Allmachtsgefühl zu neuem Leben. Rückfälle und weiteres Fortschreiten des bösartigen Prozesses können dann – bei gegebener Überidentifizierung mit dem Patienten – ohne weiteres Depressionen beim Therapeuten auslösen. In diesem Fall zeigt dann auch der vom Tod bedrohte Patient häufig ambivalente Gefühle: einerseits aggressive Impulse, andererseits Verschmelzungswünsche.

Psychoanalytische Autoren haben die Ambivalenz beschrieben, die der Gegenübertragung mit dem sterbenden Patienten innewohnt. Auf seiten des Therapeuten geht diese Ambivalenz auf eine ganze Reihe von Ursachen zurück. Eine davon ist die Mobilisierung eigener infantiler Todeswünsche, die bisher erfolgreich abgewehrt werden konnten. Zwangsläufig gemahnen sie den Therapeuten an seine eigene Sterblichkeit. Eine weitere Quelle der Ambivalenz ist die Tatsache, daß der Therapeut sich darüber im klaren ist, daß am Ende jener ungewöhnlichen Reise durchaus der Tod des Patienten stehen kann. Stirbt der Patient tatsächlich, so sterben mit ihm auch persönliche Züge, die der Therapeut auf ihn übertragen hat. Am Ende der Reise wartet auf den Therapeuten nicht die Befriedigung, dem Patienten zu mehr Autonomie und zu reiferen Objektbeziehungen verholfen zu haben – am Ende steht vielmehr ein Verlust, den nun auch der Therapeut selbst zu betrauern hat.

Wie wir im vorigen Beispiel sahen, sieht sich der Therapeut auch eigenen Schuldgefühlen gegenüber. Die Schuld des Überlebens und der Neid, manchmal sogar der Haß des Patienten können ihn schwer belasten, und daraus kann ein tieferes Bedürfnis erwachsen, sich mit dem Patienten zu identifizieren, um jene Schuld abzuwehren. Verstärkte Identifizierung hat jedoch ihre eigenen Tücken: Sie führt gewöhnlich dazu, daß Mechanismen der Distanzierung ausgelöst werden. Derartige Abwehrmaßnahmen im Kontext der Gegenübertragung können sich auf verschiedenste Weise zeigen. Möglicherweise beginnt der Therapeut, Sitzungen zu versäumen, oder er versucht, den Patienten mit oberflächlichen Erklärungen zu beruhigen. Er wird überfürsorglich oder fängt plötzlich an, den therapeutischen Dialog übermäßig zu intellektualisieren. Eine derartige unbewußte Abwehr zielt darauf ab, die Ambivalenz zu überwinden, die der Therapeut gegenüber einer Verschmelzung mit dem unheilbar kranken Patienten empfindet.

Im Umgang mit Krebs und mit Patienten, die an anderen unheilbaren Krankheiten leiden, sind derartige Gefühle der Ambivalenz unvermeidlich, und sie können daher auch nicht durchgearbeitet werden. Statt dessen muß der Therapeut sich ihrer bewußt werden und sie verstehen; nur dann kann er auch den Patienten verstehen und ihm Hilfe bieten. Die folgende Fallskizze macht dies deutlich.

Fall 3: Die 37jährige Frau Y., Mutter eines fünfjährigen Mädchens, mußte sich nach einem Rückfall ihrer akuten myeloischen Leukämie einer Knochenmarkstransplantation unterziehen. Der Eingriff blieb jedoch ohne Erfolg, und die Patientin starb schließlich nach schwerem Leiden. Das Pflegeteam hatte sich intensiv um sie gekümmert; es war hochmotiviert bei dem Versuch, die erheblichen Qualen, die teilweise durch die Behandlung verursacht wurden, zu lindern. Bei einer Teambesprechung während des Endstadiums dieser Patientin erzählte eine der Schwestern von einem Traum, den die Patientin ihr mitgeteilt hatte. Sie träumte, von Jägern verfolgt zu werden, die auf der Jagd nach Menschen waren. Sie mußte vor ihnen davonlaufen, und am Ende des Traums sah sie mit Erleichterung, wie ein Mann gerettet wurde. Dieser Traum machte den Mitgliedern des Pflegeteams erst klar, wie schwierig es für sie war, sich in die Rolle von Menschenjägern versetzt zu sehen, die der Patientin Schmerzen und Qualen auferlegen – eine Rolle, die als um so negativer dadurch erschien, daß am Ende nicht die Patientin, sondern jemand anderes das Martyrium überlebte.

Das Dilemma der Schwestern kam in Träumen zum Ausdruck, die zwei von ihnen nacheinander dem Psychotherapeuten mitteilten. Eine der Schwestern träumte, ihre Großmutter zeige ihr die tote, jedoch schöne Patientin und mache sie darauf aufmerksam, wie still diese nun sei. Eine andere Schwester träumte, die Patientin sei gestorben, müsse jedoch versteckt werden, damit niemand sie finde. Beide Schwestern konnten die Qualen der jungen Patientin kaum mehr ertragen, die aufgrund der Behandlung mittlerweile völlig entstellt war. Um diese Leiden abzukürzen und um sich aus der Rolle des Jägers zu befreien, entwickelten die Schwestern – verständlicherweise – Todeswünsche gegenüber der Patientin. Schuld- und Schamgefühle waren die Folge. Da sie fürchteten, die Patientin könne ihnen ihre Todeswünsche vom Gesicht ablesen, getrauten sich die beiden Schwestern nach diesen Träumen kaum mehr, das Zimmer der Patientin zu betreten. Das Verbalisieren dieser Wünsche und deren Akzeptanz durch den Psychotherapeuten verschaffte den Schwestern beträchtliche Erleichterung.

Da der Patient in gewisser Weise einen Vorsprung an Lebenserfahrung gegenüber dem Therapeuten hat, kann es vorkommen, daß dieser seinerseits Neid entwickelt. Der Patient »weiß« mehr darüber, wann und woran er oder sie sterben wird, als der Therapeut. Dieser beneidet dann den Patienten um sein Wissen und muß dies wiederum abwehren, z. B. indem er sich wegen seines Überlebens schuldig fühlt (Meerwein 1987a).

In der Endphase der Behandlung tritt in der Gegenübertragung das Gefühl auf, in den Prozeß des Sterbens hineingezogen zu werden: Auf der Suche nach einem Gefährten für seine letzte Reise schaut der Patient dem Therapeuten tief in die Augen – buchstäblich oder im übertragenen Sinne. Der Gefahr der völligen Identifizierung in dieser Phase kann man nur dadurch begegnen, daß man fortwährend bereit ist, durch Deutung eine erneute Triangulierung durchzusetzen. Dies ist die Voraussetzung dafür, daß Hoffnung aufkommen kann und daß der Patient den »Halt« internalisiert, den der Therapeut für ihn darstellt. Psychotherapeuten, die mit sterbenden Krebspatienten arbeiten und die nicht unterscheiden können zwischen Identifizierung und Deutung, verhindern damit eine eigentliche Trauerarbeit mit den Patienten; sie berauben sie der Hoffnung, die der Internalisierung des »Halts« entspringt. Solche Therapeuten sind stets in Gefahr, eine primärprozeßhafte Halluzination von Unsterblichkeit zu entwickeln und mit ihrem Patienten zu verschmelzen.

Für Kunsttherapeuten bietet die eigene künstlerische Tätigkeit eine Möglichkeit, Gefühle der Gegenübertragung zu klären. Der Prozeß der Selbstbeobachtung durch Malen ist der sogenannten gleichschwebenden Aufmerksamkeit vergleichbar, die der Therapeut in die therapeutische Arbeit einbringt. Das Bild integriert Primär- und Sekundärvorgang, und es fördert das intuitive Verständnis des Therapeuten von Gefühlen der Übertragung wie der Gegenübertragung.

Fast drei Jahre lang arbeitete ich mit der 42jährigen, unverheirateten Frau B., die für einen Verlag tätig war. Bereits seit fünf Jahren litt sie unter Brustkrebs und hatte sich zahlreichen Operationen sowie schwierigen chemo- und radiotherapeutischen Behandlungen unterziehen müssen. Zwischen uns hatte sich eine ausgezeichnete Beziehung entwickelt, wobei die Häufigkeit und die Art unserer Sitzungen mit dem jeweiligen Stand ihrer Krankheit wechselte. Frau B. war kaum älter als ich; auch sie war alleinstehend, hatte einen interessanten Beruf und ähnliche Hobbys. Dieser Ähnlichkeiten war sie sich jedoch nicht bewußt, denn ich versuchte trotz ihres Drängens auf eine persönlichere Beziehung eine neutrale, therapeutische Haltung zu wahren. Durch die Kunsttherapie eröffneten sich für die Patientin auch noch andere Ausdrucksmöglichkeiten; so machte sich etwa ihr alter Wunsch, zu schreiben, gegen Ende ihres Lebens erneut geltend. Sie war mir dankbar dafür, daß ich ihr dazu verholfen hatte, dieses Ziel zu erreichen. Doch beneidete sie mich auch um meine berufliche Stellung, um meine Unabhängigkeit und Autonomie. Aufgrund der vielen Ähnlichkeiten konnte ich mich nur zu leicht mit ihr identifizieren. Je kränker sie wurde, desto enger und gleichzeitig ambivalenter wurde unsere Beziehung. Einerseits repräsentierte ich für die Patientin die gesunden und schöpferischen Anteile ihrer eigenen Persönlichkeit; andererseits jedoch war ich ein Spiegel, in dem sie die Begrenzungen ihres Lebens und ihren bevorstehenden Tod erblickte. Obgleich sie mit ihren literarischen Veröffentlichungen einigen Erfolg errang, wurde ihr doch immer mehr bewußt, daß ihre Kreativität den bösartigen Krankheitsprozeß nicht aufhalten konnte, wie sie unbewußt gehofft hatte.

Neben intensiver psychoanalytischer Supervision begann ich aus einem dringenden inneren Bedürfnis heraus, Frau B. während meiner freien Zeit zu Hause zu malen. Zu diesem Zeitpunkt befand sich die Patientin bereits im Endstadium ihrer Krankheit, so daß ich sie in ihrer Wohnung besuchte. Zunächst malte ich sie im Bett liegend und in realistischer Weise (Abb. 1). Ihr flehender Blick scheint zu sagen: »Komm, tu doch was für mich.« Sowohl dieser Ausdruck als auch ihre Haltung spiegelten ihr tatsächliches Verhalten wider. Bei jedem Besuch freute sich die Patientin, mich zu sehen; sie war begierig darauf, mit mir über ihre Texte zu sprechen, doch gleichzeitig vermittelte sie mir auch die Frustration darüber, daß alles, was ich ihr zu bieten hatte, unzureichend war. Sie wollte mehr, vielleicht meinen gesunden Körper und meine unbegrenzte Zukunft. Das rote, hölzerne Spielzeug, das über ihrem Krankenbett hing, verwandelte sich in meinem Bild in einen roten Krebs.

In Abb. 2 betonte ich mehr die verführerische, herausfordernde Haltung der Patientin. Sie kämpft wie kokettierend mit dem Tod, der sie niederzudrücken versucht. Als ich dieses Bild betrachtete, wurde mir zum erstenmal klar, wie stark ich ihr Bestreben verspürte, mich mit hineinzuziehen, mich zum Tode zu verlocken und zu verführen. Es war, als würde sie sagen: »Sieh, es ist doch nicht so schlimm, komm, mach doch mit.«

In Abb. 3 manifestiert sich bereits mein Wunsch nach Distanz, wie aus der Bildperspektive deutlich hervorgeht. Die Patientin liegt allein in ihrem Bett, doch scheint sie etwas unter ihrem Bettlaken zu verbergen. Während unserer Sitzungen kam Frau B. nun immer häufiger auf

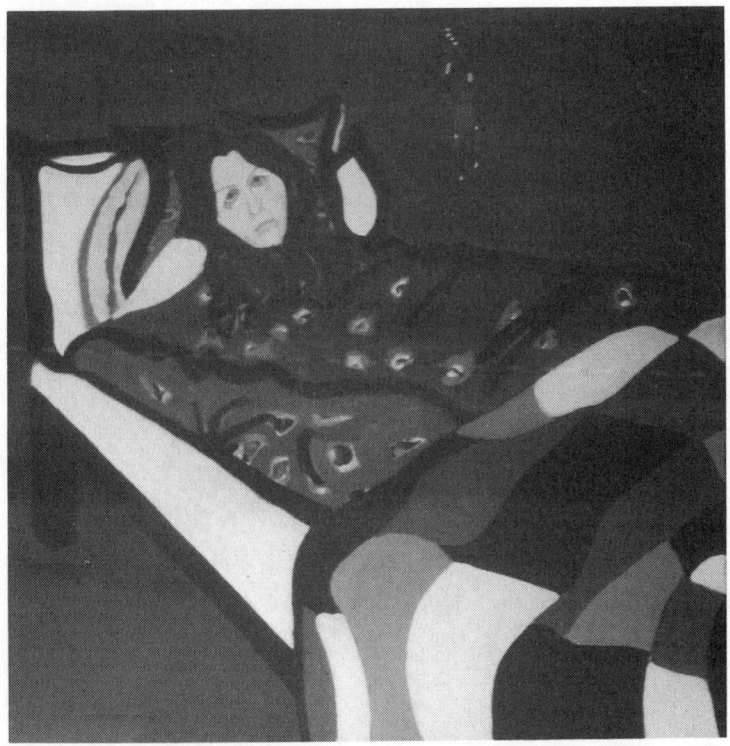

Abb. 1: Esther Dreifuss-Kattan, *Frau B. im Bett,* Acryl auf Leinwand, 1 x 1 m.
(Verlag Hans Huber, Bern 1986)

ihren Suizidwunsch zu sprechen, und sie bat mich offen darum, ihr dabei zu helfen. Ich deutete ihre Suizidabsichten als den Wunsch, das Schicksal in die eigenen Hände zu nehmen, die Kontrolle über das Leben wiederzuerlangen. Gleichzeitig sagte ich ihr jedoch, daß ich ihr bei diesem Schritt in keiner Weise helfen könne. Unsere Treffen wurden nun immer schwieriger, und ich fühlte deutlich, wie sie mich in ihre Suizidabsichten hineinziehen wollte. Dieser Druck, den ich empfand, muß mich zu meinem vierten und letzten Bild inspiriert haben (Abb. 4). In einer wahren Wut legte ich acht Stunden lang pausenlos Farbe auf Farbe, gleichsam eine ganztägige Schlacht, die sich auf einer Zwei-Meter-Leinwand abspielte. Am Ende war ich höchst erstaunt über das Ergebnis: Ich sitze auf dem steifen, toten Körper der Patientin – und bin, identifiziert mit ihr, selbst ein Leichnam. Mir wurde klar, wie begierig ich darauf war, die Patientin als Verstorbene zu betrachten, nichts mehr zu tun zu haben mit ihrem Beschwatzen und Umschmeicheln, mit ihrem tiefen Leid und ihrer Todessehnsucht, die mir solche Schuldgefühle bereitet hatte. Schuldig fühlte ich

Abb. 2: Esther Dreifuss-Kattan, *Verführerischer Tod,* Acryl auf Leinwand, 1 x 1 m. (Verlag Hans Huber, Bern 1986)

Abb. 3: Esther Dreifuss-Kattan, *Verbergen,* Acryl auf Leinwand, 1 x 1 m. (Verlag Hans Huber, Bern 1986)

mich auch wegen all der unausgesprochenen Feindseligkeit und Wut, die sich bei mir angestaut hatten, und wegen des Todeswunsches, den ich selber hegte. So schuldig fühlte ich mich, daß ich, nachdem ich sie vorzeitig zu einem Leichnam gemacht hatte, auch mich selbst in einen Leichnam verwandelte. Es war, als ob ich glaubte, nach unserer langen und schmerzlichen Begegnung nur durch meinen eigenen Tod zu einem von Schuld ungestörten Seelenfrieden gelangen zu können.

Bevor ich Frau B. ohne Aggression ans Ende ihres Lebens begleiten konnte, mußte ich meine eigenen Todeswünsche auf schöpferischer Ebene ausagieren. Nur durch meine Bilder wurde mir meine Ambivalenz bewußt. Sie ermöglichten es mir, Kontrolle über diese Ambivalenz zu erlangen, ohne eine unbewußte Abwehr zu mobilisieren, die in völligem Gegensatz zu meinem Verständnis des therapeutischen Prozesses gestanden hätte. Der Psychotherapeut muß fähig sein, seine Gefühle des Hasses ebenso zu erfahren wie Gefühle der Liebe; nur dann vermag er mit seinem Schmerz um den Patienten umzugehen, der ihm ans Herz gewachsen ist.

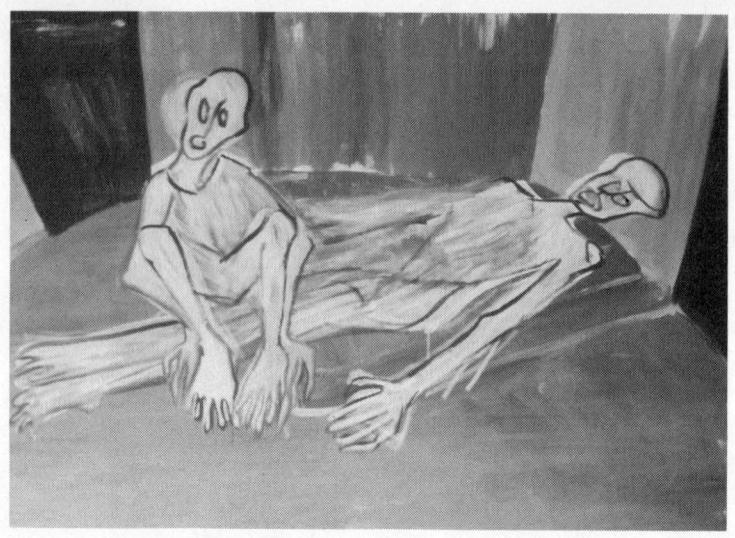

Abb. 4: Esther Dreifuss-Kattan, *Tod,* Acryl auf Leinwand, 1 x 2 m.
(Verlag Hans Huber, Bern 1986)

6. Objektverlust und Kunst –
Die Familie des Krebspatienten

In diesem Kapitel soll es um einige Aspekte der Trauerarbeit gehen, wie sie bei den Angehörigen derer, die an Krebs sterben, zu beobachten ist. Veranschaulichen möchte ich diesen Vorgang der Trauer anhand der bemerkenswerten Serie von Bildern, die der Schweizer Maler Ferdinand Hodler zum Gedenken an seine unheilbar erkrankte Geliebte schuf. Die Analyse dieser Bilder von Hodler werde ich ergänzen durch Material aus der Kunsttherapie; auch hier läßt sich der Prozeß der Trauer an Inhalt, Form und Technik von Bildern ablesen, die von überlebenden Familienangehörigen Krebskranker geschaffen wurden. Trauerarbeit können wir dann als erfolgreich betrachten, wenn die Person, die den Verlust erlitten hat, sich nach Ende einer Trauerphase wieder frei genug fühlt, um neue Beziehungen einzugehen, Freude zu erfahren und Energie aufzuwenden für befriedigende Aktivitäten und andere Formen der Sublimation.

Interessanterweise hat Freud die Entstehung seiner klassischen *Traumdeutung* (1900) auf die aktive Trauerarbeit um seinen Vater zurückgeführt, der 1897 starb. Freud schreibt: »Für mich hat dieses Buch nämlich noch eine andere subjektive Bedeutung, die ich erst nach seiner Beendigung verstehen konnte. Es erwies sich mir als ein Stück meiner Selbstanalyse, als meine Reaktion auf den Tod meines Vaters, also auf das bedeutsamste Ereignis, den einschneidendsten Verlust im Leben eines Mannes« (S. 24). Für Freud wie für Hodler resultierte aus dem erfolgreichen Abschluß der Trauer eine außergewöhnliche, unvergängliche Schöpfung und ein sinnerfülltes Leben danach.

Ferdinand Hodler:
Ausdruck von Liebe in der Darstellung des Todes

In das Thema einführen soll zunächst jener Zyklus von Bildern, den Hodler zwischen 1905 und 1915 schuf. Hodler zeichnete, malte und modellierte seine Geliebte Valentine Godé-Darel, während diese sich von einer schönen Frau in eine kranke Patientin verwandelte, die an Brustkrebs litt und schließlich auch daran starb. In mehr als fünfzig

Ölgemälden, 130 Zeichnungen, 200 Skizzen und einer Büste setzte Hodler bildlich um, was er als ein Absinken der Geliebten aus der »Vertikalen des Lebens« in die »Horizontale des Todes« wahrnahm (zit. n. Kraft 1984, S. 312). Die Bilder Hodlers erfassen jedoch nicht nur die Wandlungen eines kranken Menschen; sie verdeutlichen auch, wie Hodler mit dem langsamen Sterben Valentines zu leben und durch seine Kunst gleichzeitig darüber hinwegzukommen vermochte (Dreifuss 1982).

Ein unbewußtes Motiv für Hodlers aktive künstlerische Teilnahme an Valentines Sterben dürfte darin zu finden sein, daß seine Kindheit von zahlreichen Verlusten geprägt war. Mit fünf Jahren verlor er seinen Vater, der an Tuberkulose starb. Mit vierzehn mußte er seine tote Mutter von der Weide ihres Hofs nach Hause tragen. Zwischen dem sechsten und dem 31. Lebensjahr verlor er fünf Brüder, seine einzige Schwester sowie einen Halbbruder – alle durch Tuberkulose, die damals, wie heute der Krebs, die verbreitetste lebensbedrohende Krankheit war. »In der Familie war es ein allgemeines Sterben«, erinnerte sich Hodler später. »Mir war schließlich, als wäre immer ein Toter im Haus und als müsse es so sein« (zit. n. Kraft 1984, S. 318). Als Hodler 55 Jahre alt und zum zweitenmal verheiratet war, begegnete er Valentine. Fünf Jahre später hatte sie eine Tochter von ihm. Zu diesem Zeitpunkt litt sie bereits unter Brustkrebs, an dem sie zwei Jahre später starb.

Das Leben Hodlers zeigt eine tragische Abfolge von Verlusten geliebter Menschen, und dadurch war er schon frühzeitig von Trauer okkupiert. Alle seine wichtigen Beziehungen waren äußerst brüchig und von geringer Verläßlichkeit, insbesondere die zu Valentine. Der einzige Partner, auf den er sich verlassen konnte, scheint seine Kunst gewesen zu sein. Seine Beziehung zu Valentine war gespannt und »nicht arm auch an Aggressionen, schweren Auseinandersetzungen und schließlich auch Schuldgefühlen«, wie Kraft schreibt (1984, S. 321). Sie trennten sich häufig, nur um bald darauf wieder vereint zu sein. Von seiner zweiten Ehefrau ließ er sich jedoch nicht scheiden – nicht einmal, nachdem Valentine ihm eine Tochter geboren hatte. Doch besuchte er sie, nachdem sie erkrankt war. Daß diese periodischen Trennungen sich auch während der akuten Phase von Valentines Krankheit fortsetzten, macht deutlich, wie sehr ihre Beziehung von Konflikten, Todesangst und Schuldgefühlen geprägt war.

Mittels seines Bilderzyklus war Hodler in der Lage, die Gefühle von Liebe, Aggression und Schuld durchzuarbeiten, die in jedem Prozeß der Trauer auftreten. Er porträtierte nicht nur Valentine an ihrem Ende, sondern erfaßte ebenso den Tod und das Sterben selbst. Er schuf unsterbliche Werke, die Valentine und auch den Künstler selbst überdauerten. Seine Hoffnung, das einst geliebte und nun verlorene innere Objekt wiederzuerlangen, wird deutlich an seiner Todesvorstellung, die er in seinem Notizbuch notierte: »Was den Tod anbelangt, ist die Einheit gänzlich« (zit. n. Kraft 1984, S. 313). Durch sein Malen gelang es Hodler, erneut Nähe zu seiner sterbenden Geliebten zu erlangen und gleichzeitig die zahlreichen Verluste seiner Kindheit emotional wiederzubeleben. Indem er malte, konnte er Valentines Sterben verarbeiten und es – zusammen mit seinen frühen Verlusten – in seine Persönlichkeit reintegrieren. Er stellte sich dem Tod, indem er ihn malte.

Die Kunstgeschichte kennt nichts, was diesem Bilderzyklus vergleichbar wäre. Er setzt ein mit der Huldigung weiblicher Schönheit – das berühmte Gemälde *La Parisienne* (Abb. 1) ist dafür jedoch nur ein Beispiel, für das Valentine Modell stand. 1913 feierte er die Geburt ihrer Tochter mit mehreren Zeichnungen. Andere Bilder aus

Abb. 1: Ferdinand Hodler, *La Parisienne,* 1909, Öl auf Leinwand, 41,5 x 40,5 cm. (Privatbesitz)

diesem Jahr lassen jedoch erste Anzeichen von Valentines Karzinom erkennen, an dem sie 1914 operiert werden mußte. Noch vor der Operation fertigte Hodler seine einzige Büste von ihr – als ob er sie mit den eigenen Händen erschaffen müßte, bevor er ihr erlaubte, sich unter das Messer des Chirurgen zu begeben. Einige Monate später wurde eine erneute Operation notwendig, und die folgenden Bilder (Abb. 2–6) zeigen den allmählichen Verfall der einst schönen Frau. Ende 1914 gab es keinerlei Hoffnung mehr auf Genesung; der Künstler porträtierte Valentine auf ihrem Kissen liegend, zugedeckt und mit geschlossenen Augen (Abb. 4). Im Januar 1915 starb Valentine; Hodler malte die Tote dreimal. In sein Notizbuch schrieb er in diesen Tagen: »Der Tod, die Permanenz der Unbeweglichkeit, die absolute Unbe-

Abb. 2: Ferdinand Hodler, Bildnis Valentine Godé-Darel, 1914, Öl auf Leinwand, 44,5 x 35,5 cm. (Privatbesitz)

Abb. 3: Ferdinand Hodler, Bildnis der kranken Valentine Godé-Darel, 1914,
Öl auf Leinwand, 46 x 38 cm. (Privatbesitz)

weglichkeit der Sprache, die Permanenz der Abwesenheit einer Le-
benserscheinung sind darum so eindrucksvoll, weil der Beschauer des
Toten gewahr wird, daß er selbst und daß alle anderen auch immer
dahin müssen. Alle müssen dahin. Wir müssen nicht außer acht lassen, daß unsere Einheit größer ist als unsere Unterschiede« (zit. n.
Kraft 1984, S. 313).

Hodlers verzweifelte Anstrengungen, sein verlorenes inneres Objekt innerhalb seiner Kunst wiederzuerschaffen, ist auch dadurch be-
zeugt, daß er häufig das Gefühl hatte, seine Bilder seien nicht gut
genug, nicht konkret genug, nicht wirklich. Dies ist auch der Grund

dafür, warum er sich gezwungen fühlte, Valentine vor ihrer Mastektomie zu modellieren. Kraft (1984) zitiert den Augenzeugen H. Mühlestein:

»Dieser schöne Kopf, diese ganze Figur, wie eine byzantinische Kaiserin auf den Mosaiken von Ravenna – und diese Nase, dieser Mund – und die Augen, auch sie, diese herrlichen Augen – all das werden die Würmer fressen! Und nichts davon wird übrig bleiben, nichts, rein nichts! etwa dieses Zeug da – ?‹ Und er [Hodler] wies verächtlich auf seine Arbeiten: ›Fetzen Papier‹ seien das, und all das Gemalte ringsum: ›beschmierte und verdreckte Hudeln und Lumpen!‹ Und er schrie mich förmlich an: ›Kann man sie denn da mit Händen greifen? – Kann man diese Fetzen und Lumpen so in die Arme nehmen?‹ – Und griff mit zitternden Armen in die Luft und

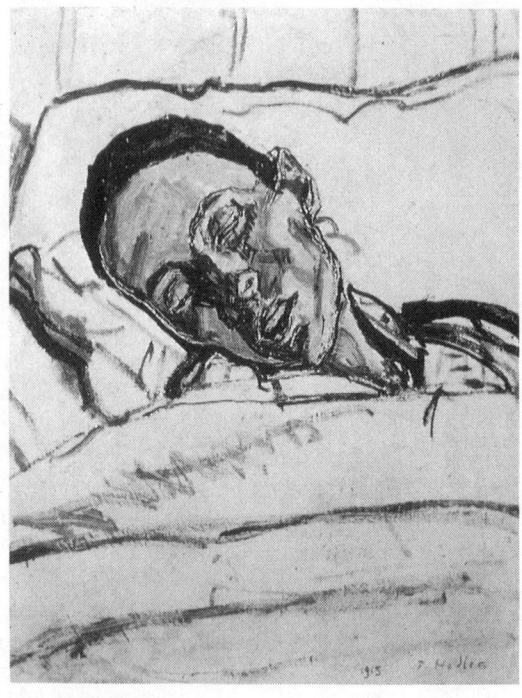

Abb. 4: Ferdinand Hodler, Zur Seite gesunkener Kopf der sterbenden Valentine Godé-Darel, 1915, Öl auf Leinwand, 54,5 x 45 cm. (Privatbesitz)

Abb. 5: Ferdinand Hodler, Die sterbende Valentine Godé-Darel, 24. Januar 1915, Öl auf Leinwand, 60,5 x 90,5 cm. (Basel, Kunstmuseum, Öffentliche Kunstsammlung)

schloß sie vor seiner Brust zu einem Ring und schüttelte ihn mit schmerzverzerrtem Gesicht nah vor meinen Augen immer und immer wieder« (S. 320).

Nach Januar 1915 malte Hodler keine Bilder mehr von Valentine. Wir dürfen vermuten, daß er seinen Verlust zu dieser Zeit erfolgreich durchgearbeitet hatte.

In Hodlers Bildern spiegelt sich die Trauer um seine Geliebte Valentine Godé-Darel, gleichzeitig aber auch die um die zahlreichen toten Angehörigen und um sein verlorenes inneres Objekt. Die schöpferische Arbeit half ihm, die Wandlungen zu betrauern, die Valentine im Sterben durchlief, und sie ermöglichte ihm, die vielfältigen Gefühle zum Ausdruck zu bringen, die der Vorgang des Sterbens in ihm wachrief.

Mitte der achtziger Jahre wurde Hodlers Bilderzyklus vom Sterben Valentines im Zürcher Kunsthaus ausgestellt. Die Schweizer Künstlerin und Schriftstellerin Erica Pedretti, die damals selbst wegen Brustkrebs in Behandlung war, sah dort die Bilder und wurde durch sie zu ihrem preisgekrönten Roman *Valerie oder Das unerzogene Auge* (1986) inspiriert. Dieser Roman zeichnet zwei Hauptfiguren: Franz,

283

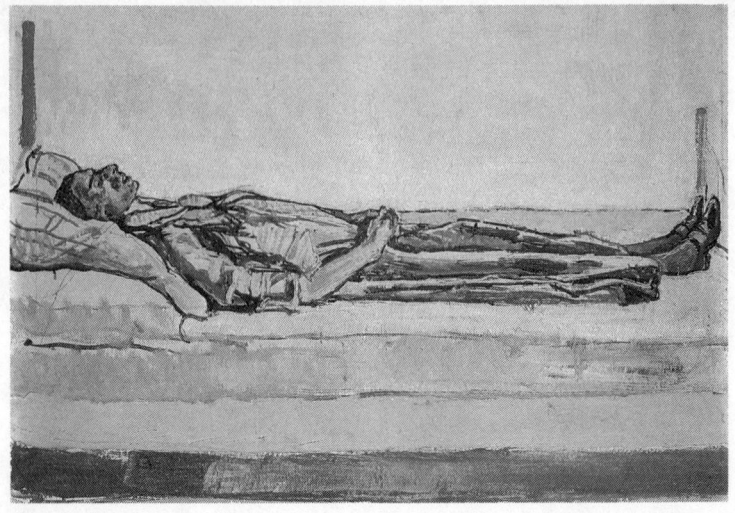

Abb. 6: Ferdinand Hodler, Die tote Valentine Godé-Darel, 26. Januar 1915, Öl auf Leinwand, 65 x 81 cm. (Basel, Rudolf Staechlin'sche Familienstiftung)

der für Ferdinand Hodler steht, und Valery, die dessen Geliebte Valentine repräsentiert. Abwechselnd identifiziert sich Pedretti mit dem Künstler Franz, der seine an Krebs sterbende Geliebte malt, und mit dem sterbenden Modell selbst.

In den folgenden Passagen versucht die Autorin zu begreifen, was der schöpferische Prozeß für den Künstler und für die Patientin jeweils bedeutet, d. h. für den Gesunden, der um seinen bevorstehenden Verlust trauert, wie auch für diejenige, die vom Tode bedroht ist. Zunächst die Passage, in der sich Pedretti (1986) mit Franz – also mit Hodler – identifiziert:

»Fieberhaft zeichnet er ab, was er beim Hereinkommen mit einem ersten Blick aufgenommen hat, zeichnet es aus seinem Kopf heraus, übersetzt seine Angst aufs Papier, raus aus ihm, dieses Dahinsiechen, ihre sichtbare Todesangst raus aus dem Gehirn, wo alles zerstörerisch weiterwirkt, langsam tötet, solange es nicht irgendwie gebannt, sichtbar gemacht und damit kontrollierbar wird.

Ich hab so noch allemal überlebt, ich atme noch, zeichne noch, zeichne mein Grauen, meine Todesangst auf, nein, das ist es noch nicht einmal, ich komme Angst und Grauen zuvor: zeichnend fürchte ich nichts, nichts außer meinem Unvermögen, das, was meine Augen wahrnehmen, aufs Papier zu bringen.

[...] Indem ich das Leiden aufzeichne, das Sterben darstelle, distanziere ich mich: ganz deutlich lebe ich ja: ich bemühe mich, ich arbeite verzweifelt an etwas, das gar nicht leicht ist, und ich freue mich an allem, was mir gelingt. So konzentriert arbeiten, bedeutet ihm konzentriert leben, es ist nicht er, es ist die andere, die stirbt« (S. 148 f.).

Dann identifiziert sich Pedretti mit Valery – d. h. mit Hodlers Geliebter Valentine –, die an Brustkrebs stirbt:

»Valerie kann ihren Blick nicht von Franz wenden: Ihr ist, als zöge er mit jedem Bleistiftstrich ein Stück Oberfläche, ihre Haut, Stück um Stück ein Stück ihres Lebens von ihr ab. Ich bin jetzt nicht mehr, was ich heute früh war. Ohne das Blatt zu sehen, weiß ich, daß ich mich verändere, daß meine Erscheinung sich stündlich von seiner Zeichnung entfernt.

Und er weiß das auch und fährt fort zu zeichnen. [...]

Was ist das für ein Mensch, der alles aufzeichnen, sichtbar machen muß, als ginge ich ihm so nicht für immer verloren.

Ihm geht es um seine Bilder [...]: Er will weder sich selbst noch die Betrachter täuschen. Er will überleben« (S. 183).

Überleben: das war es, was Hodler wollte.

Künstlerischer Ausdruck und Durcharbeiten der Trauer bei Angehörigen der an Krebs Verstorbenen

Die erste Reaktion, wenn man vom Tod eines geliebten Menschen erfährt, ist Schock und Ungläubigkeit. Die Gefühlswelt des Trauernden ist wie gelähmt und betäubt – mit einem treffenden bildlichen Ausdruck spricht der Talmud vom Schwert des Todes, das zwischen den Schultern des Trauernden steckt (Dreifuss 1983). Vorherrschend sind Empfindungen des Nicht-wahrhaben-Wollens und der starken Identifizierung mit dem Toten, die es dem Trauernden zunächst ermöglicht, die Realität des Verlusts für kurze Zeit zu verleugnen. Eine derartige Verleugnung durch Identifizierung zeigte zum Beispiel der Geliebte einer Frau, die ich im Endstadium ihrer Leukämie behandelt hatte. Nachdem sie in seiner Gegenwart gestorben war, hielt er weiterhin ihre Hand und weigerte sich, ihr Zimmer zu verlassen. Ich wurde herbeigerufen, und erst, nachdem ich ihn hinausgeführt und sein Verlangen nach Vereinigung mit der toten Freundin gedeutet hatte, vermochte er etwas Distanz zu ihr zu gewinnen.

Da Wut und Aggression gegen den Toten zu diesem Zeitpunkt undenkbar sind, sanktioniert das Über-Ich jeden Ausdruck derartiger Regungen sofort durch heftige Schuldgefühle. Die ambivalenten Gefühle, die man naturgemäß gegenüber emotional nahestehenden Menschen hegt, schließen sowohl Liebe als auch Haß ein; Haß ist jedoch in der Situation der Trauer tabu. Freud (1915) erklärte, angesichts eines Verlusts erlaubten nur der Träumende, das Kind und der Primitive ihren negativen Gefühlen, in Erscheinung zu treten. Interessanterweise verschaffen zahlreiche Stammesriten derartigen aggressiven Impulsen ein Ventil. Sie gestatten den Trauernden selbstdestruktive Handlungen – etwa, dem eigenen Körper Schnittwunden zuzufügen –, die sie von Schuldgefühlen entlasten. In der jüdischen Religion ist die *Keria*, bei der der Trauernde nach dem Tod eines Elternteils seine Kleider zerreißt, symbolischer Ausdruck der gleichen Reaktion. Das Verarbeiten von Verlust und Trauer auf therapeutischem Wege kann nur dann erfolgreich sein, wenn die Gefühle des Hasses und der Aggression zum Ausdruck gelangen und angemessen analysiert werden können. Wenn es nichts gibt, was den Schuldgefühlen entgegenwirkt, die aus jenen negativen Impulsen hervorgehen und zu deren fortdauernder Unterdrückung beitragen, so kann sich das Gefühl einer psychischen Knebelung entwickeln, das schließlich in Depression übergeht.

Der folgende klinische Fall, der kunsttherapeutisch behandelt wurde, verdeutlicht diesen Sachverhalt. Es handelte sich um eine 42jährige Frau, deren Ehemann eineinhalb Jahre zuvor an einem Melanom verstorben war (vgl. Dreifuss 1983). Die Überweisung an mich erfolgte wegen Depression, Schlaflosigkeit und beginnenden Alkoholmißbrauchs – alles Folgen einer unzureichenden Trauerarbeit.

In ihrer ersten Collage (Abb. 7), die sie aus Schwarzweiß-Abbildungen aus Zeitschriften anfertigte, stellt sie den Beginn eines neuen Jahres dar; noch immer ist dieser beherrscht vom Gefühl des Verlusts, den der leere Lehnstuhl symbolisiert. Mit ihrem zweiten Bild (Abb. 8), gleichfalls eine Collage, zeigt die Patientin, wie ihre Depression sie gefangenhält. Das dritte Bild (Abb. 9) veranschaulicht

Abb. 7: *1983 – Nichts wird mehr sein wie zuvor*, Schwarzweiß-Collage.

Abb. 8: *Eingesperrte Depression*, farbige Collage.

Abb. 9: *Die Trauer hemmt das Wachstum,* Collage und Fotokopie, schwarz-weiß.

den Gegensatz zwischen dem üppigen Wachstum des Frühlings, das sie zu Lebzeiten ihres Mannes sinnlich wahrnahm, und der Hemmung dieses Wachstums nach seinem Tod. Das Auto im Bild bringt den Wunsch zum Ausdruck, die beiden Erfahrungen miteinander zu verbinden.

Mit dem Fortgang der Sitzungen wurde Frau X. klar, wie schuldig sie sich fühlte wegen des Todes ihres Mannes. Bis zum letzten Tag seiner Krankheit hatte er darauf beharrt, sie sei verantwortlich für seinen raschen Verfall, da sie ihn dazu genötigt hatte, einen Arzt aufzusuchen. Ihr Schuldgefühl fand seinen Ausdruck in einem wiederkehrenden Alptraum, in dem sie ihren Mann tot in seinem offenen Sarg liegen sah, mit schwer verstümmeltem Körper aufgrund der Autopsie und mit einem vorwurfsvollen, auf sie gerichteten Blick.

Die vierte Collage (Abb. 10) verbildlicht die Identifikation von Frau X. mit dem bösen, schmutzigen, aggressiven Krebs. Die aus einer Zeitschrift entnommene Schlagzeile – »Der nächste, bitte!« – deutet an, daß sie darauf wartet, zur Strafe vom Krebs erwischt zu werden. Zu dieser Zeit träumte sie auch, einen Gehirntumor zu haben – kein Wunder nach all den Monaten, in denen sie innerlich die Anklagen ihres Mannes vernommen und den anwachsenden Zorn

Abb. 10: *Der nächste, bitte!* Collage und Fotokopie, schwarz-weiß.

gegen ihn verdrängt hatte. Das fünfte Bild (Abb. 11) veranschaulicht diese stumme Verdrängung; es zeigt den Wunsch, ihr Kopf möge explodieren und den enormen Druck freigeben. Die Bedeutung des sechsten Bildes (Abb. 12), einer Collage aus Zeichnung und kopiertem Material, erschloß sich erst durch die freie Assoziation der Patientin. Als Kind hatte sie zu Hause kein fließend Wasser und mußte daher in der Schule duschen. Sie schämte sich sehr, nackt vor all den anderen Mädchen zu duschen, die das zu Hause tun konnten, und sie beneidete sie darum. Jetzt in der Therapie, da sie sich mit dem schmutzigen Krebs identifiziert fühlte, hoffte sie, daß die Behandlung sie reinwaschen und wie die anderen Mädchen machen würde. – Übrigens verweist auch die Schere, die bei der Collagentechnik benötigt wird, auf ihren verdrängten Zorn gegen den toten Ehemann.

Die folgende Passage von Freud (1912) erfaßt die Dynamik, die den starken Schuldgefühlen von Frau X. zugrunde lag:

»Wenn eine Frau ihren Mann, eine Tochter ihre Mutter durch den Tod verloren hat, so ereignet es sich nicht selten, daß die Überlebende von peinigenden Bedenken, die wir ›Zwangsvorwürfe‹ heißen, befallen wird, ob sie nicht selbst durch eine Unvorsichtigkeit oder Nachlässigkeit den Tod der geliebten Person verschuldet habe. Keine

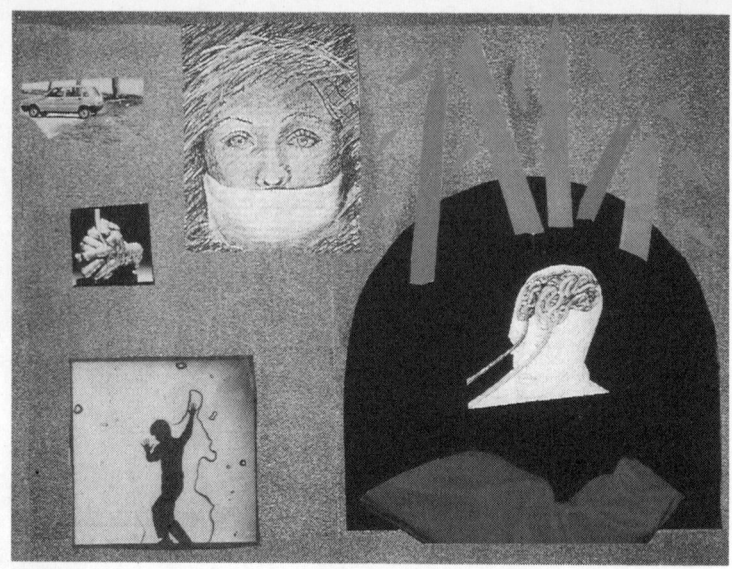

Abb. 11: *Entspannung,* Collage und Fotokopie, schwarz-weiß.

Erinnerung daran, wie sorgfältig sie den Kranken gepflegt, keine sachliche Zurückweisung der behaupteten Verschuldung vermag der Qual ein Ende zu machen, die etwa den pathologischen Ausdruck einer Trauer darstellt und mit der Zeit langsam abklingt. [...] Wir haben erfahren, daß diese Zwangsvorwürfe in gewissem Sinne berechtigt und nur darum gegen Widerlegung und Einspruch gefeit sind. Nicht als ob die Trauernde den Tod wirklich verschuldet oder die Vernachlässigung wirklich begangen hätte, wie es der Zwangsvorwurf behauptet; aber es war doch etwas in ihr vorhanden, ein ihr selbst unbewußter Wunsch, der mit dem Tode nicht unzufrieden war und der ihn herbeigeführt hätte, wenn er im Besitze der Macht gewesen wäre« (S. 350f.).

Latente aggressive Gefühle können einer echten Trauer im Wege stehen – und der Kreativität ebenso. Die Wechselbeziehung zwischen diesen beiden Vorgängen wird erkennbar an dem folgenden Fall einer Frau, deren Ehemann an Bronchialkrebs gestorben war. Zum Zeitpunkt des Todes ihres Mannes war Frau B. Mutter dreier Kinder und Pflegemutter eines 14jährigen, aus Asien stammenden Mädchens. Dieses Mädchen und die Mutter hatten intensiv um die Liebe des Mannes konkurriert, und oft empfand die Mutter bewußt Eifersucht auf

Abb. 12: *Die Dusche*, Collage und Fotokopie, schwarz-weiß.

das heranwachsende Mädchen, das außerordentlich schön war. Als
der Ehemann krank wurde, verließ das Mädchen das Haus, und sie
kehrte erst zurück, nachdem ihr Pflegevater gestorben war. Zumindest teilweise scheint ihr Umzug durch die Angst vor der Rache der
eifersüchtigen Pflegemutter motiviert gewesen zu sein.

Im Rahmen der Therapie stellte sich Frau B. jenem Gefühl, durch
Aggression zum Tod ihres Mannes beigetragen zu haben. Das erste
Porträt, das sie in der Therapie malte, erstaunte sie selbst durch seinen
finsteren Ausdruck; um die entsprechende Emotion nicht wahrhaben
zu müssen, bedeckte sie das Gesicht sofort mit Kreppband (Abb. 13).
Diese Hemmung blieb zunächst bestehen: Als sie einige Zeit später
gebeten wurde, aus dem Gedächtnis das Gesicht von jemandem aus
ihrer Therapiegruppe zu zeichnen, brachte sie lediglich die Konturen
zustande, und dies, obwohl sie jahrelang an einer Kunstschule gewesen
war (Abb. 14). Dieses zweite Bild verdeutlicht, wie ihre Depression,
hinter der sich Wut verbarg, tatsächlich ihre Fähigkeit lahmlegte, eine
andere Person wahrzunehmen. Dies war weniger eine Zeichnung als
vielmehr der Ausdruck einer Blockade, die das Zeichnen verhinderte.

In der nächsten Sitzung bat ich die Patientin, einen Ort darzustellen,

Abb. 13: *Selbstporträt,* Farbstifte und Kreppband.

an dem sie sich ihrer Meinung nach wohlfühlen würde (Abb. 15). Zum erstenmal ging Frau B. engagiert zu Werke. Sie entschied sich für eine Collage, die den Kopf eines toten Mannes in einem hölzernen Sarg zeigt, darüber ein großes schwarzes Kreuz. Ein Bild ihrer selbst, das von traurigem Ausdruck war, plazierte sie so, daß es auf die Collage schaute. Dieses Bild zeigt, daß sie zu einer ästhetischen Distanz zu ihrer Wut gelangt ist, für die der Gebrauch der Schere bei der Collagentechnik nur ein motorisches Ventil geboten hatte. Nach dieser Sitzung war sie wieder fähig zu zeichnen und schöpferisch zu arbeiten, und sie konnte nun auch mit dem Schmerz um den Tod ihres Mannes umgehen.

Für die zweite Phase der Trauer hat der Talmud das Bild eines Schwerts, das von vorn auf den Trauernden zeigt, so daß er es be-

Abb. 14: *Porträt*, Farbstifte.

trachten kann. In dieser Phase ist der Trauernde gezwungen, sich der tatsächlichen Abwesenheit der geliebten Person zu stellen. Pollock nennt dies die Zeit der Katharsis durch Sprechen – die Zeit also, in der der Trauernde Erleichterung darin findet, mit seiner Familie und mit Freunden über den Verstorbenen zu sprechen. Manchmal allerdings ist dieses Sprechen weniger eine Hilfe für den Trauernden, um mit dem Tod fertigzuwerden, als vielmehr ein Mittel, den Verstorbenen festzuhalten.

Freud (1917) schreibt, es sei »sehr bemerkenswert, daß es uns niemals einfällt, die Trauer als einen krankhaften Zustand zu betrachten und dem Arzt zur Behandlung zu übergeben, obwohl sie schwere Abweichungen vom normalen Lebensverhalten mit sich bringt. Wir ver-

Abb. 15: *Trauer*, farbige Collage.

trauen darauf, daß sie nach einem gewissen Zeitraum überwunden sein wird« (S. 197f.). Jedoch erwähnt Freud auch das »begreifliche Sträuben« gegen einen Rückzug der Libido von dem Verstorbenen: »Dies Sträuben kann so intensiv sein, daß eine Abwendung von der Realität und ein Festhalten des Objekts durch eine halluzinatorische Wunschpsychose zustande kommt« (S. 198). So fiel es zum Beispiel dem Freund der Leukämiepatientin, der das Zimmer nach ihrem Tod nicht verlassen wollte, äußerst schwer, seinen Wunsch nach Wiedervereinigung mit der toten Geliebten aufzugeben. Die starke anfängliche Verleugnung ihres Todes setzte sich noch eine gewisse Zeit fort, und zwar in Gestalt der Phantasie, die tote Freundin habe sich in einen Schutzengel verwandelt, der ihm überallhin folge. Die Trennung, die der Tod mit sich brachte, war innerhalb dieser Phantasie aufgehoben. Zeitweilig wurde die Phantasie äußerst lebhaft, ähnlich einer halluzinatorischen Wunscherfüllung. Fortgesetzte Trauerarbeit ermöglichte ihm jedoch, diese Phantasie aufzugeben und sich der Wirklichkeit zu stellen, d. h. dem Leben ohne seine Geliebte.

Empfängt der Hinterbliebene tröstenden Besuch, so ist es ein normaler Vorgang, wenn er dabei über den Verstorbenen grübelt. Dies kann jedoch auch in ein krankhaftes Nachforschen übergehen – so zum Beispiel bei einem 13jährigen Jungen, der von seiner Mutter, die an Brustkrebs starb, zur therapeutischen Behandlung geschickt wurde. Von Geburt an hatte der Junge unter einer körperlichen Krankheit gelitten, die ihn gegenüber seiner Mutter in ungebührliche Abhängigkeit gebracht hatte. Er war in einer derart symbiotischen Abhängigkeit gehalten worden, daß er nach der tödlichen Erkrankung seiner Mutter erklärte: »Wenn du stirbst, sterbe ich auch.« Nachdem sie gestorben war, fürchtete er unbewußt, daß die heftigen aggressiven Gefühle, die aus seiner Abhängigkeit resultierten, sie getötet haben könnten. Später bestand er darauf, die Therapeutin solle mit ihm nach der Mutter suchen, und zwar in den düsteren Kellerräumen des Krankenhauses, in dem sie behandelt worden war.

Auch für die nächste Phase der Trauer bietet der Talmud ein anschauliches Bild: Das Schwert des Todes begleitet den Trauernden auf den Markt. Obgleich der Trauernde noch immer in enger Berührung mit der Erfahrung des Verlusts ist, kehrt er nun zurück an die Arbeit und in die Gemeinschaft. Ein volles Jahr – mit seiner Abfolge von Jahreszeiten, Gefühlen und Erinnerungen, die alle den Schmerz über den Verlust wieder aufleben lassen – scheint für viele Menschen der angemessene Zeitraum zu sein, innerhalb dessen sie die Trauerarbeit vollenden. Das verdeutlicht etwa eine junge Witwe, die ich behandelte, die Mutter dreier Kinder. An ihrem letzten Geburtstag, bevor ihr unheilbar kranker Ehemann starb, half dieser ihr bei den Vorbereitungen zu einer kleinen Feier. Als im folgenden Jahr erneut ihr Geburtstag bevorstand, erwartete sie unbewußt von ihrem achtjährigen Sohn, er möge bei den Vorbereitungen die Rolle des verstorbenen Vaters übernehmen. Als sie sich in der Therapie der unangemessenen Anforderungen an ihren Jungen bewußt wurde, merkte sie, daß sie erneut um den Verlust ihres Mannes trauerte.

Kreativität vermag eine bedeutende Rolle zu spielen bei der Trauer um einen geliebten Menschen und bei der Aufgabe, mit dem Verlust fertigzuwerden. Trauer bedeutet den Rückzug der Libido als Folge des Objektverlusts. Ein ähnlicher Rückzug vollzieht sich bei der schöpferischen Arbeit – hier als Folge der Regression, die sich als Sehnsucht nach der Illusion einer Vertrautheit zeigt, wie sie in der Übergangsphase zwischen Mutter und Kind bestanden hat. Schreibend oder zeichnend kann sich der Hinterbliebene über den Verlust trösten, indem er etwas Neues erschafft. Auch können die ambivalenten Gefühle, die mit dem Verlust eines wichtigen Objekts einhergehen, gefahrlos in das schöpferische Produkt einfließen. Hier können sie erkannt und neu integriert werden, und auf diese Weise leisten sie ihren eigenen Beitrag dazu, eine neue innere Ordnung hervortreten zu lassen. Die künstlerische Arbeit hilft dem Hinterbliebenen dabei, zu einem neuen narzißtischen Gleichgewicht zu gelangen. Dabei braucht das tote Objekt emotional nicht völlig zu verschwinden: Sein Andenken kann durch das Kunstwerk jederzeit neu belebt und gewürdigt werden.

Ich möchte schließen mit einem Zitat von Ferdinand Hodler (zit. n. Kraft 1984, S. 322):

»So kommt der Tod auf uns zu, jede Sekunde unseres Lebens ist es eine schöne, ruhige Bewegung und eine Gegenbewegung. Wenn du ihn aufnimmst in dein Wissen, in deinen Willen, das schafft die großen Werke! Und du hast nur dieses eine Leben, um etwas zu leisten. Das gliedert unser ganzes Leben, es gibt ihm einen vollkommen anderen Rhythmus. Das zu wissen, das verwandelt den Todesgedanken in eine gewaltige Kraft...«

Danksagung

Dieses Buch ist als solches eine Danksagung, die ich meinem verstorbenen Freund, Lehrer und Mentor Professor Dr. Fritz Meerwein schulde, Lehranalytiker am Freud-Institut in Zürich sowie Gründer und Leiter des psychiatrischen konsiliarischen Dienstes in der Abteilung für Innere Medizin des Universitätsspitals Zürich. Er führte mich durch die Gebiete der Psychoonkologie und der Psychoanalyse, und seinen produktiven Fragen und Ratschlägen, seiner Kritik und Unterstützung verdanke ich den Ansporn, dieses Buch zu schreiben.

Ebenso danke ich Professor Dr. Georg Martz, Leiter der Abteilung für Onkologie am Universitätsspital Zürich, der bereits ab 1979 Kunst-Therapie als integralen Bestandteil des psychosozialen konsiliarischen Dienstes unterstützt hat. Mein Dank gilt auch meinen Lehrern Edith Kramer von der New York University, Künstlerin und Pionierin der Kunsttherapie, sowie Dr. Penelope Williamson und Dr. Marvin Surkin vom Union Institute in Cincinnati, Ohio, die meine Studien engagiert und ausdauernd unterstützten. Wertvolle Hilfe bei der redaktionellen Arbeit, als ich mit Englisch – meiner zweiten Sprache – zu kämpfen hatte, verdanke ich meiner Freundin Dr. Tobe Mostysser; Olive Simone und Chris Price halfen mir beim Abschreiben des Manuskripts, und meine Studenten Onn Ychilov und Michal Falkan Navon von der Universität Tel Aviv leisteten wirklich hilfreiche Unterstützung bei der Forschungsarbeit. John Kerr vom Verlag The Analytic Press war mir bei der Vorbereitung dieses Buchs ein tatkräftiger und ermutigender Berater. Vielen Dank auch meinem Ehemann, Shlomo, für Toleranz und Beistand, und meinen beiden kleinen Mädchen, Sarit Yolanda und Gabriela Caroline, für ihre Geduld mit der schreibenden Mammi. Der herzlichste Dank gilt meinen Patienten, die mir erlaubten, sie auf ihrer letzten Reise zu begleiten.

Literaturverzeichnis

Alsop, S. (1973), *Stay of Execution*, Philadelphia, PA.

Auchter, T. (1978), ›Die Suche nach Vorgestern. Trauer und Kreativität‹, in: *Psyche*, 1, S. 52–77.

Badruddin, K. (1982), *Poems of Gitanjali*, London.

Baines, M. (1984), ›Cancer pain‹, in: *Postgrad. Med. J.*, 60, S. 852–857.

Balint, A. (1966), *Die Urformen der Liebe und die Technik der Psychoanalyse*, Stuttgart.

Baltrusch, H. (1969), ›Psychosomatische Beziehungen bei Krebspatienten‹, in: *Psychosom. Med.*, 15–31, S. 196–215.

Benedetti, G. (1975), *Psychiatrische Aspekte des Schöpferischen und schöpferische Aspekte der Psychiatrie*, Göttingen.

Beutler, M. (1980), *Fuss fassen*, Bern.

Bibring, G. (1961), *The mechanism of depression*, in: *Affektive Disorders*, hg. v. P. Greenacre, New York.

Brüschweiler, J. (1976) (Bearb.), *Ein Maler vor Liebe und Tod: Ferdinand Hodler und Valentine Godé-Darel. Ein Werkzyklus 1908–1915*, Zürich.

Buchanan, W. (1978), *A Shining Season*, Albuquerque (University of New Mexico).

Cassileth, B./Cassileth, P. (1982), *Clinical Care of the Terminal Cancer Patient*, Philadelphia, PA.

Chasseguet-Smirgel, J. (1984), ›Thought on the concept of reparation and the hierarchy of creative acts‹, in: *Internat. Rev. Psycho-Anal.*, 11, S. 399–406.

– (1986), *Kreativität und Perversion*, Frankfurt a.M.

Dettmering, P. (1986), *»Die erleuchteten Fenster« – Protokoll einer Doppelgängererfahrung*, in: ders., *Dichtung und Psychoanalyse II*, Eschborn, 3. Aufl.

Diggelmann, W.M. (1979), *Schatten. Tagebuch einer Krankheit*, Zürich.

Dreifuss, E. (1982), ›Der Krebspatient und seine Familie – Erfahrungen aus der Klinik‹, in: *Schweizerische Rundschau für Medizin*, 49, S. 1927–1934.

– (1983), ›Verlust und Trauerarbeit in der jüdischen Tradition, in: *Schweizerische Ärztezeitung*, 64(46), S. 1928–1935.

Dreifuss, E./Meerwein, F. (1984a), ›Das Doppelgänger-Motiv‹, in: *Zeitschrift für Psychosom. Med. und Psychoanal.*, 3, S. 282–291.

– (1984b), *Die Psychotherapie Sterbender – Der Beitrag der Psychoanalyse*, in: *Die Begleitung Sterbender. Theorie und Praxis der Thanatotherapie*, hg. v. I. Spiegel-Rösing u. H. Petzold, Paderborn.

Dreifuss-Kattan, E. (1986), *Praxis der klinischen Kunsttherapie*, Bern/Stuttgart/Toronto.

- (1988), ›The psychotherapeutic significance of art therapy in the treatment of adult cancer patients‹, in: *Japanese Bull. Art Therapy*, 19, S. 89–99.

Eissler, K. (1978), *Der sterbende Patient. Zur Psychologie des Todes*, Stuttgart-Bad Cannstatt.

Fiore, N. (1979), ›Fighting cancer: One patient's perspective‹, in: *New Eng. J. Med.*, 300, S. 284–289.

Freud, S. (1900), *Die Traumdeutung*, in: *Studienausgabe*, Frankfurt a.M., 8. Aufl. 1989, Bd. II.

- (1908), *Der Dichter und das Phantasieren*, in: *Studienausgabe*, Bd. X, S. 171–179.

- (1910), *Eine Kindheitserinnerung des Leonardo da Vinci*, in: *Studienausgabe*, Bd. X, S. 91–159.

- (1912), *Totem und Tabu*, in: *Studienausgabe*, Bd. IX, S. 291–444.

- (1913a), *Das Interesse an der Psychoanalyse*, in: *Gesammelte Werke*, hg. v. Anna Freud u. a., Bd. 8, Frankfurt a.M., 8. Aufl. 1978, S. 389–420.

- (1913b), *Das Motiv der Kästchenwahl*, in: *Studienausgabe*, Bd. X, S. 183–193.

- (1914), *Der Moses des Michelangelo*, in: *Studienausgabe*, Bd. X, S. 197–220.

- (1915), *Zeitgemäßes über Krieg und Tod*, in: *Studienausgabe*, Bd. IX, S. 35–60.

- (1917), *Trauer und Melancholie*, in: *Studienausgabe*, Bd. III, S. 197–212.

- (1919), *Das Unheimliche*, in: *Studienausgabe*, Bd. IV, S. 243–274.

- (1925a), »*Selbstdarstellung*«, in: *Gesammelte Werke*, Bd. 14, Frankfurt a.M., 6. Aufl. 1976, S. 31–96.

- (1925b), *Die Widerstände gegen die Psychoanalyse*, in: *Gesammelte Werke*, Bd. 14, S. 99–110.

- (1926), *Hemmung, Symptom und Angst*, in: *Studienausgabe*, Bd. VI, S. 233–308.

- (1927), *Die Zukunft einer Illusion*, in: *Studienausgabe*, Bd. IX, S. 139–189.

- (1928), *Dostojewski und die Vatertötung*, in: *Studienausgabe*, Bd. X, S. 271–286.

- (1986), *Briefe an Wilhelm Fließ 1887–1904*, hg. v. J.M. Masson, Frankfurt a.M.

Goldberg, G. (1981), *Medicine as food: Exploring the unconscious meanings of cancer treatment*, in: ders. (Hg.), *Psychotherapeutic Treatment of Cancer Patients*, New York.

Golub, S. (1981), ›Coping with cancer: Freud's experiences‹, in: *Psychoanal. Rev.*, 68, S. 191–200.

Greenberger, E. (1965), ›Fantasies of women confronting death‹, in: *J. Consul. Psychol.*, 29, S. 252–260.

Greer, S./Morris, T./Pettingale, K. (1979), ›Psychological response to breast cancer: Effect on outcome‹, in: *Cancer*, 13, S. 785–787.

Hackett, T./Cassem, N./Raker, J. (1973), ›Patients delay in cancer‹, in: *New Eng. J. Med.*, 289, S. 14–20.

Häfliger, U. (1988), Versuch einer Entwicklungslinie des Zeiterlebens, unpub. Ms. (Zürich).

Hagglund, T. (1978), *Dying. A Psychoanalytic Study with Special References to Individual Creativity and Defense Organization*, New York.

– (1980), The dying patient. Vortrag bei der International Conference of Psychoanalysis, New York City.

Hauri, D. (1982), *Ich habe den Herbst gesehen*, Basel.

Henze, C. (1987), *Poems by Claire Henze*, in: *Confronting Cancer Through Art*, hg. v. Regents of the University of California, Los Angeles (Jonsson Comprehensive Cancer Center at the University of California).

Higginbotham, M. (1974), *With Each Passing Moment*, Tampa, FL.

Hoffer, W. (1964), ›Mund, Hand und Ich-Integration‹, in: *Psyche*, 6, S. 2.

Hosch, T. (1986), *Krebs von Januar bis August? Stationen einer Morbus-Hodgkin-Erkrankung*, Heidelberg.

Howe, H. (1981), *Do Not Go Gentle*, New York.

James, A. (1964), *The Diary of Alice James*, hg. v. L. Edel, New York.

Jones, E. (1960), *Das Leben und Werk von Sigmund Freud*, Bd. 3, Bern/Stuttgart.

Klein, M. (1948), *Contribution to Psycho-Analysis*, London.

– (1957), *Envy and Gratitude*, New York.

– (1975), *Love, Guilt and Reparation and Other Works 1921–1945*, New York.

Kohut, H. (1975), ›Kreativität, Charisma, Gruppenpsychologie‹, in: *Psyche*, 8, S. 681–720.

Kovner, A. (1988a), ›Transparence‹, in: *Tel Aviv Review*, 1.

– (1988b), ›In their infuriating confidence‹, in: *Tel Aviv Review*, 1.

Kraft, H. (1984), *Objektverlust und Kreativität – eine Darstellung anhand Ferdinand Hodlers Werkzyklus über Valentine Godé-Darel*, in: *Psychoanalyse, Kunst und Kreativität heute*, hg. v. H. Kraft, Köln.

Kübler-Ross, E. (1971), *Interviews mit Sterbenden*, Stuttgart/Berlin 1971.

Langer, C. (1989), ›The art of healing‹, in: *Ms. Magazine*, Jan./Feb., S. 132.

Langer, S. (1953), *Feeling and Form*, New York.

Lazarus, R. (1981), *The costs and benefits of denial*, in: *Stressful Life Events and Their Contexts. Monographs in Psychological Epidemiology*, Bd. 2, hg. v. B. Dohrenwend, New York.

Lenker, C. (1984), *Krebs kann auch eine Chance sein. Zwischenbilanz oder Antwort an Fritz Zorn*, Frankfurt a.M.

Lichtenberg, J.D. (1991), *Psychoanalyse und Säuglingsforschung*, Berlin usw.

Lipowski, Z. (1979), ›Physical illness, the individual and the coping process‹, in: *Psychiat. Med.*, 1, S. 91–102.

Lorde, A. (1984), *Auf Leben und Tod. Krebstagebuch,* Berlin

Meerwein, F. (Hg.) (1981), *Einführung in die Psycho-Onkologie,* Bern/
Stuttgart/Wien.

– (1985), *Das Erstgespräch auf der Abteilung für Onkologie,* in: *Das therapeutische Gespräch mit Krebskranken,* hg. v. W. Bräutigam u. F. Meerwein, Bern.

– (1986a), *Das ärztliche Gespräch. Grundlagen und Anwendungen,* Bern.

– (1986b), *Selbstaggression, Selbstzerstörung, Suizid in der psychosomati-
schen Medizin unter besonderer Berücksichtigung der Krebskrankheiten,*
in: *Selbstaggression, Selbstzerstörung, Suizid,* hg. v. H. Braun, Zürich.

– (1987a), ›Bemerkungen zur Metapsychologie schwerer Krebserkran-
kungen‹, in: *Bulletin der Schweiz. Gesellschaft für Psychoanal.,* 32,
S. 123–196.

– (1987b), *Angst vor Wahrheit am Krankenbett,* in: *Angst,* hg. v. H.J.
Schultz, Stuttgart.

– (1988), ›Die psychologisch-symbolische Bedeutung des Mamma-Karzi-
noms‹, unpub. Ms.

– (1989), ›Zeiterleben im psychoanalytischen Prozeß‹, in: *Zeitschrift für
Psychosom. Med. und Psychoanal.,* 2, S. 156–174.

Meerwein, P. (1980), *Der Krebspatient und sein Arzt im 19. Jahrhundert. Ursprünge der Psychoonkologie?* Diss. Zürich.

Metzger, D. (1983), *I am no longer afraid,* in: *The Woman Who Slept with
Men to Take the War Out of Them and Tree,* Berkeley, CA.

Michie, M. (1980), ›A splendid day‹, in: *Virginia Quart. Rev.,* 56, S. 410–423.

Mullan, F. (1985), *Vital Signs. A Doctor's Struggle with Cancer,* New York.

– (1987), *A midwife to art,* in: *Confronting Cancer through Art,* hg. v. Regents of the University of California, Los Angeles (Jonsson Comprehensive
Cancer Center at the University of California).

Murray, M. (1975), *The Great Mother and Other Poems,* New York.

Muschg, A. (1981), *Literatur als Therapie? Ein Exkurs über das Heilsame und
das Unheilbare,* Frankfurt a.M.

Nelson, R. (1981), ›The final victory of General U.S. Grant‹, in: *Cancer,* 47,
S. 483–496.

Noll, P. (1984), *Diktate über Sterben und Tod,* Zürich.

Norton, J. (1963), ›Treatment of a dying patient‹, in: *The Psychoanalytic
Study of the Child,* 25, S. 360–400, New York.

Pao, P.N. (1983), ›Suspension of the reality principle in adaptation and creativity‹, in: *Psychoanal. Inq.,* 3, S. 431–449.

Pedretti, E. (1986), *Valerie oder Das unerzogene Auge,* Frankfurt a.M.

Pietzcker, C. (1978), *Zur Psychoanalyse der literarischen Form,* in: *Perspektiven psychoanalytischer Literaturkritik,* hg. v. S. Goeppert, Freiburg i.Br.

Pollock, G. (1961), ›Mourning and adaptation‹, in: *Internat. J. Psycho-Anal.,*
42, S. 341–361.

- (1978), ›Process and affect: Mourning and grief‹, in: *Internat. J. Psycho-Anal.*, 59, S. 255–276.

Portenoy, R./Foley, K. (1989), *Management of cancer pain*, in: *Handbook of Psychooncology*, hg. v. J. Holland u. J. Rowland, New York.

Prevost, F. (1976), *Mein Leben beginnt noch einmal. Ein Sieg über den Krebs*, Freiburg i.Br./Basel/Wien.

Rank, O. (1914), *Der Doppelgänger*, in: *Psychoanalytische Literaturinterpretation. Aufsätze aus ›Imago. Zeitschrift für Anwendung der Psychoanalyse auf die Geisteswissenschaften‹*, hg. v. J.M. Fischer, Tübingen 1980.

- (1932), *Art and Artist*, New York 1975.

Redd, W. (1989), *Management of anticipatory nausea and vomiting*, in: *Handbook of Psychooncology*, hg. v. J. Holland u. J. Rowland, New York.

Reichstein, R. (1986), *Zimtbaum. Gedichte*, Zürich.

- (1988), *Lichterloh. Gedichte*, Zürich.

- (1990), Unveröffentlichtes Gedicht.

Reimann, B. (1984), *Die geliebte, die verfluchte Hoffnung*, Darmstadt.

Rilke, R.M. (1975), *Sämtliche Werke in zwölf Bänden*, Frankfurt a.M., Bd. 3.

Robbins, G.A./McDonald, M./Pack, C. (1983), ›Delay in the diagnosis and treatment of physicians with cancer‹, in: *Cancer*, 6, S. 624–626.

Rollin, B. (1976), *First You Cry*, New York.

Romm, S. (1983), ›The Oral Cancer of Sigmund Freud‹, in: *Clin. Plastic Surgery*, 10, S. 709–716.

Rose, G. (1980), *The Power of Form*, New York.

Rosenthal, T. (1973), *How Could I Not Be Among You?* New York.

Sattilaro, A. (1985), *Rückruf ins Leben. Die Geschichte meiner Krebsheilung*, Holthausen/Münster.

Schein, C. (1981), ›The death of Ivan Ilych‹, in: *N. Y. State J. Med.*, März, S. 416.

Schur, M. (1973), *Sigmund Freud. Leben und Sterben*, Frankfurt a.M.

Schwartz, R. (1984), ›Aufklärung über die Tumordiagnose und Vorwissen bei Patientinnen unter Brustkrebsverdacht‹, in: *Psychother. Med. Psychol.*, 34, S. 111–115.

Schwerin, D. (1988), *Diary of a Pigeon Watcher*, New York.

Searles, H. (1981), *Psychoanalytic therapy with cancer patients*, in: *Psychotherapeutic Treatment of Cancer Patients*, hg. v. J. Goldberg, New York.

Segal, H. (1952), ›Psychoanalytic approach to aesthetics‹, in: *Internat. J. Psycho-Anal.*, 31, S. 196–206.

- (1974), *Melanie Klein. Eine Einführung in ihr Werk*, München

Sherman, Ch. et al (Hg.) (1987), *Manual of Clinical Oncology*, Berlin usw., 4. Aufl.

Sikes, S. (1984), ›Beating the boogeyman. A cancer patient's diary‹, in: *Bull. Menn. Clin.*, 48, S. 293–317.

- (1988), ›Falling off the Matterhorn‹, in: *Calyx*, 2, S. 80–86.

Sloterdijk, P. (1978), *Literatur und Organisation von Lebenserfahrung,* München.

Solschenizyn, A. (1971), *Krebsstation,* 2 Bde., Reinbek.

Sontag, S. (1978), *Krankheit als Metapher,* München/Wien.

Spitz, R. (1967), *Vom Säugling zum Kleinkind,* Stuttgart.

Stoudemire, A. (1983), ›The onset and adaptation to cancer: Psychodynamics of an ill physician‹, in: *Psychiat.,* 46, S. 377–387.

Tallmer, J. (1989), ›Strokes of pain, comfort and joy‹, in: *New York Post,* 2. Juni.

Tolstoj, L. N. (1882), *Der Tod des Iwan Iljitsch,* Frankfurt a.M. 1985.

Twycross, R. G. (1984a), ›Analgesics‹, in: *Postgrad. Med. J.,* 60, S. 876–880.

– (1984b), ›Control of pain‹, in: *J. Royal Coll. Physicians of London,* 18, S. 32–39.

Twycross, R.G./Ventafridda, V. (Hg.) (1980), *The Continuing Care of Terminal Cancer Patients,* Oxford usw.

Vollmöller, W. (1982), ›Ambulante Einzelpsychotherapie bei Krebspatienten‹, in: *Onkologie,* 5.

Wander, M. (1980), *Leben wär' eine prima Alternative,* Darmstadt.

Webster, H. (1980), *Bulletins from a War,* Washington, DC.

Weisman, A. (1972), *On Dying and Denying. A Psychiatric Study of Terminality,* New York.

– (1979), *Coping with Cancer,* New York.

Winnicott, D.W. (1958), *Von der Kinderheilkunde zur Psychoanalyse,* Frankfurt a.M., 2. Aufl. 1988.

– (1965), *Reifungsprozesse und fördernde Umwelt. Studien zur Theorie der emotionalen Entwicklung,* Frankfurt a.M., 2. Aufl. 1985.

– (1969), ›Übergangsobjekte und Übergangsphänomene‹, in: *Psyche,* 33, S. 660–682.

– (1971), *Vom Spiel zur Kreativität,* Stuttgart, 4. Aufl. 1987.

– (1974), ›Fear of breakdown‹, in: *Internat. Rev. Psycho-Anal.,* 1, S. 103–107.

Zorn, F. (1977), *Mars,* München.

Ausgewählte Literatur

Alsop, S. (1973), *Stay of Execution,* Philadelphia, PA.

Andres, S./Steiger, B. (1986), *Stella. One Woman's Victory over Cancer,* Tempe, AZ.

Bayh, M. (1979), *Marvella. A Personal Journey,* New York.

Benedict, I. (1987), *Laßt mir meine bunten Farben,* München.

Berte, R. (1987), *To Speak Again. My Victory Over Throat Cancer,* Greenwich, CT.

Beutler, M. (1980), *Fuss fassen,* Bern.

Bishop, B. (1986), *My Triumph Over Cancer,* New Canaan, CT.

Blumberg, R. (1982), *Headstrong,* New York.

Boyd, P. (1985), *The Silent Wound,* Reading, MA.

Brody, J. (1978), *You Can Fight Cancer and Win,* New York.

Brooks, S. (1973), *The Cancer Story,* New York.

Brown, J. (1980), *Terry Fox. A Pictorial Tribute to the Marathon of Hope,* Canada (Paper Jacks).

Buchanan, W. (1978), *A Shining Season,* Albuquerque (University of New Mexico).

Cler, A./Pendelton, B. (1987), *Cancer, God and I and a Natural Cure,* New York.

Cook, S. (1982), *Second Life,* New York.

Cuneo, A. (1982), *Eine Messerspitze Blau. Chronik einer Ablation,* Zürich.

Ford, B./Chase, C. (1978), *The Times of My Life,* New York.

Diggelmann, W.M. (1979), *Schatten. Tagebuch einer Krankheit,* Zürich.

– (1980), *Spaziergänge auf der Margareteninsel. Erzählungen,* Zürich.

Friebel-Röhring, G. (1985), *Ich habe Krebs! Na und?* Rastatt.

Geier, M. (1985), *Cancer. What's It Doing in My Life?* Pasadena, CA.

Gonte, M. (1987), *It Can't Happen To Me,* Southfield, MI.

Graham, J. (1983), *In the Company of Others,* New York.

Hauri, D. (1982), *Ich habe den Herbst gesehen,* Basel.

Helman, E. (1986), *A Life. How a Surgeon Faced His Fatal Illness,* New York.

Heyst, I. van (1982), *Das Schlimmste war die Angst. Geschichte einer Krebserkrankung und ihrer Heilung,* Frankfurt a.M.

Higginbotham, M. (1974), *With Each Passing Moment,* Tampa, FL.

Hosch, T. (1986), *Krebs von Januar bis August? Stationen einer Morbus-Hodgkin-Erkrankung,* Heidelberg.

Howe, H. (1981), *Do Not Go Gentle,* New York.

Ireland, J. (1987), *Life Wish,* Boston, MA.

James, A. (1964), *The Diary of Alice James,* hg. v. L. Edel, New York.

Jones, I. (1986), *I'm Dying and You Don't Know What to Say*, New York.

Kelli, O. (1980), *Until Tomorrow Comes*, Everest House.

Lee, L. (1978), *Wenn du durch's Feuer gehst, sollst du nicht brennen*, Gütersloh (*Walking Through the Fire. A Hospital Journal*, New York 1977).

Lenker, C. (1984), *Krebs kann auch eine Chance sein. Zwischenbilanz oder Antwort an Fritz Zorn*, Frankfurt a.M.

Lorde, A. (1984), *Auf Leben und Tod. Krebstagebuch*, Berlin.

Lovato, R. (1977), *All the Days of My Life*, Palos Verdes, CA.

Metzger, D. (1983), *The Woman Who Slept with Men to Take the War Out of Them and Tree*, Berkeley, CA.

Michie, M. (1980), ›A splendid day‹, in: *Virginia Quart. Rev.*, 56, S. 410 bis 423.

Mullan, F. (1985), *Vital Signs*, New York.

Murphy, R. (1987), *The Body Silent*, New York.

Nethery, S. (1980), *Ein Jahr, das zählt. Brustkrebs, meine Welt und ich*, Marburg a.d. Lahn (*One Year and Counting. Breast Cancer, My World and Me*, Grand Rapids, MI, 1978).

Noll, P. (1984), *Diktate über Sterben und Tod*, Zürich.

Pedretti, E. (1986), *Valerie oder das unerzogene Auge*, Frankfurt a.M.

Pepper, C. (1984), *We the Victors*, Garden City, NY.

Pradeau, J. (1976), *I Had This Little Cancer*, New York.

Prevost, F. (1976), *Mein Leben beginnt noch einmal. Ein Sieg über den Krebs*, Freiburg i.Br./Basel/Wien.

Radner, G. (1989), *It's Always Something*, New York.

Reimann, B. (1984), *Die geliebte, die verfluchte Hoffnung*, Darmstadt.

Rollin, B. (1976), *First You Cry*, New York.

Rosenthal, T. (1973), *How Could I Not Be Among You?* New York.

Rossi, N. (1983), *From This Day Forward*, New York.

Ryan, C./Ryan, K. (1979), *A Private Battle*, New York.

Sandkorn, A. (1986), *Das Signal oder Die Entfernung eines Knotens*, Frankfurt a.M.

Sanes, S. (1978), *A Physician Faces Cancer Himself*, Albany, NY.

Sarton, M. (1985), *Eine Abrechnung*, München (*A Reckoning*, New York 1978).

– (1980), *Recovering*, New York.

Sattilaro, A. (1985), *Rückruf ins Leben. Die Geschichte meiner Krebsheilung*, Holthausen/Münster.

Schnurre, M./Kreibich-Fischer, R. (1987), *Ich will fliegen, leben, tanzen. Zwei Frauen arbeiten mit Krebskranken*, Freiburg i.Br./Basel/Wien.

Schwerin, D. (1988), *Diary of a Pigeon Watcher*, New York.

Sikes, S. (1984), ›Beating the boogeyman. A cancer patient's diary‹, in: *Bull. Menn. Clin.*, 48, S. 293–317.

– (1988), ›Falling off the Matterhorn‹, in: *Calyx*, 2, S. 80–86.

Simpson, M./Martin, F. (1976), *Coping with Cancer. One Person's Coureageous Fight,* Nashville, TN.

Smith, M. (1987), *The Shining Eyes of Dawn,* Nopoly Press.

Solkoff, J. (1983), *Learning to Live Again. My Triumph Over Cancer,* New York.

Solschenizyn, A. (1971), *Krebsstation,* 2 Bde., Reinbek.

Spingarn, D. (1982), *Hanging in There. Living Well on Borrowed Time,* New York.

Svenison, K. (1978), *Learning to Live With Cancer,* St.Martin's Press.

Troll, P. (1983), *On With My Live,* New York.

Tsongas, P. (1984), *Heading Home,* New York.

Wander, M. (1980), *Leben wär' eine prima Alternative,* Darmstadt.

Watson, D. (1985), *Fear No Evil. One Man Deals With Terminal Illness,* Shaw.

Weingarten, V. (1978), *Intimations of Mortality,* New York.

Zorn, F. (1977), *Mars,* München.

Wissenschaftliche Beiträge von Krebspatienten

Elias, N. (1982), *Über die Einsamkeit der Sterbenden in unseren Tagen,* Frankfurt a.M.

Fiore, N. (1979), ›Fighting cancer: One patient's perspective‹, in: *New Eng. J. Med.,* 300, S. 284–289.

– (1984), *The Road Back to Health. Coping with the Emotional Side of Cancer,* New York.

Kushner, R. (1975), *Breast Cancer. A Personal History and an Investigative Report,* New York.

Pao, P.N. (1983), ›Suspension of the reality principle in adaptation and creativity‹, in: *Psychoanal. Inq.,* 3, S. 431–449.

Silver, A. (1982), ›Resuming the work with a life-threatening illness‹, in: *Contemp. Psychoanal.,* 18, S. 314–326.

Sontag, S. (1978), *Krankheit als Metapher,* München/Wien.

Stoudemire, A. (1983), ›The onset and adaptation to cancer: Psychodynamics of an ill physician‹, in: *Psychiat.,* 46, S. 377–387.

Gedichte

Badruddin, K. (1982), *Poems of Gitanjali,* London.

Kovner, A. (1987), *Sloan-Kettering,* Tel Aviv.

Lifshitz, L. (Hg.) (1988), *Her Soul Beneath the Bone. Women's Poetry on Breast Cancer,* Chicago.

Murray, M. (1975), *The Great Mother and Other Poems,* New York.

Reichstein, R. (1986), *Zimtbaum. Gedichte,* Zürich.

– (1988), *Lichterloh. Gedichte,* Zürich.

Sullam, E. (1987), *Out of Bounds,* Potomac, MD.

Vanessapress (Hg.) (1986), *Bits of Ourselves. Woman's Experiences with Cancer,* Fairbanks, AK.

Walle, E. van de (1984), *Falling from Grace,* Vancouver, BC.

Webster, H. (1980), *Bulletins from a War,* Washington, DC.

Zadravec, K. (1980), *Shewski's Ladder,* Chevy Chase, MD.

– (1986), *How to Travel,* College Park, MD.

Namenverzeichnis

Angelika Mechtel
Jeden Tag will ich leben

Ein Krebstagebuch
Band 10874

Dieses Buch will trösten, Mut machen, seelischen Widerstand und den Willen zum Widerspruch gegen die Autorität des Medizinbetriebs herausfordern. Die Tagebuchaufzeichnungen dienten als Versuch der Klärung, der Selbstbeobachtung und als psychisches Ventil. Die hier eingefügten erläuternden Zwischentexte, die den Ablauf des Geschehens erzählen, verbinden die Eintragungen. Auf diese Weise entsteht im Wechsel zwischen Nähe und Distanz eine Art Psychogramm, sozusagen eine Geographie der Befürchtungen, Todesängste und Depressionen, aber auch der Auflehnung, des Überlebenswillens und der trotzigen Hoffnung. Angelika Mechtel, an Brustkrebs erkrankt, entscheidet sich gegen den Willen der Ärzte, die eine Amputation empfehlen, für eine brusterhaltende Operation. Ihrer persönlichen Form der Auseinandersetzung mit der gefürchteten Krankheit Krebs hat sie jedoch den Vorrang gegeben vor dem Erteilen von Ratschlägen. Und darin liegt vielleicht eine Chance, mitbetroffenen Frauen zu helfen, der jeweils als ganz individuell empfundenen Bedrohung durch die Diagnose Brustkrebs Widerstand entgegenzusetzen, sich den Abläufen nicht wehrlos ausgeliefert zu fühlen, sondern Mut zu selbstverantwortlichen Entscheidungen zu finden.

Fischer Taschenbuch Verlag

fi 1133 / 1

Lebenskrisen · Lebenschancen

Fischer Taschenbuch Verlag

Lebenskrisen · Lebenschancen

Pia Frey
**Die »Liebe
meines Vaters«**
Annäherungen an
einen sexuellen Miß-
brauch. Band 11121

Josef Gabriel
**Verblühender
Mohn**
Aids – die letzten
Monate einer Bezie-
hung. Band 3249

Hartmut
Gagelmann
Annas Tod
Briefe an das Leben
Band 11029

Verena
Günther-Gödde
Die Lösung
Befreiung aus einer
psychischen Abhän-
gigkeit. Band 10881

Monika
Hahn-Lepper
**Nicht zum
Leben geboren**
Trauerarbeit nach
dem Verlust meiner
Kinder. Band 10257

Torey L. Hayden
Kevin
Der Junge, der nicht
sprechen wollte
Band 3253

Christine Hofmann
Stunden, die zählen
Ein Kind findet ein
Zuhause. Band 3296

Anne Karedig
**Zieh dich
schon mal aus, ich
hol' inzwischen
den Stock**
Versuch einer
Aufarbeitung
Band 10382

Monika Knorr
Bauchschmerzen
Von der Auflehnung
meines Körpers
Band 10377

Ruth van Leeuwen
**Rückkehr zur
Offenheit**
Eine Frau lernt ihr
Leben wieder lieben
Band 3271

Christiane Lenker
**Krebs greift das
Herz nicht an**
Mein zweites Leben
Band 11623
**Krebs kann auch
eine Chance sein**
Zwischenbilanz
oder Antwort an
Fritz Zorn
Band 3288

Fischer Taschenbuch Verlag

Lebenskrisen · Lebenschancen

Marlene Lohner
Plötzlich allein
Frauen nach dem
Tod des Partners
Band 3290

Mary MacCracken
**Charlie, Eric und
das ABC des
Herzens**
Außenseiter im
Klassenzimmer
Band 3273
Lovey
Die Therapie eines
schwierigen Kindes
Band 3274

Kristine
Malecki-Gilys
**Diese eine
Reise noch**
Eine Mutter stirbt
Band 11037

Angelika Mechtel
**Jeden Tag will
ich leben**
Ein Krebstagebuch
Band 10874

Dieter Menninger
**Lerne Abschied
nehmen**
Protokolle eines
Schlaganfalls
Band 11089

Helene Merz
**Die verborgene
Wirklichkeit**
Geschichte einer
Verstörung
Band 3265

Ulrike Millhahn
**Von der Schwierig-
keit eine gute Stief-
mutter zu sein**
Band 11141

Hiltrud Minwegen
Mario
Von der Sucht
zur Hoffnung
Band 3282

Bertram Münker
**Schmerzlose
Entwicklung**
Ein Krebstagebuch
Band 3275

Regina
Pickel-Bossau/
Walter Bachmann
Ich will – laßt mich
Ein Leben mit Roll-
stuhl und Krücken
Band 3270

Fischer Taschenbuch Verlag

fi 26 / 9 c

Lebenskrisen · Lebenschancen

Irmgard Poppe-Teufel
Tollkirschenzeit
Malignes Melanom
als Erfahrung
der Lebensgrenze
Fischer

Beat Schliep
Von Arzt zu Arzt
Die Odyssee
eines Kranken
Fischer

Necha Zupnik
**Janina ist nicht
wie die anderen**
Ein Kind mit Handikaps

Lebenskrisen · Lebenschancen
Fischer

Irmgard
Poppe-Teufel
Tollkirschenzeit
Malignes Melanom
als Erfahrung der
Lebensgrenze
Band 10419

Nina Rempp
Schichtbarrieren
Von den Verständi-
gungsschwierig-
keiten in einer
Psychoanalyse
Band 3254

Jennifer Roth
**Der Weg der
Glückseligkeit**
Meine Jahre in einer
totalitären Sekte
Band 11081

Karin Rüttimann
**Das geschenkte
Jahr.** Ein Abschied
Band 3267

Bea Schilling
**Wiegenlied mit
Spätfolgen**
Aus dem
Leben einer
Co-Alkoholikerin
Band 3268

Beat Schliep
Von Arzt zu Arzt
Die Odyssee
eines Kranken
Band 10749

Bernd-Joachim
Schulz
**Das hoffnungslose
Leben der Anna M.**
Bericht über eine
Schizophrenie
Band 3255

Kathryn Seidick
**Mit den Anfor-
derungen wächst
der Mut**
Der Kampf einer
Mutter um ihr
schwerkrankes
Kind
Band 3283

Lydia Stephan
**Du hättest so
gern noch ein
bißchen gelebt**
Band 3297

Hans D. Wallburg
Nachtfrost
Tagebuch eines
Alkoholrückfalls
Band 11689

Necha Zupnik
**Janina ist nicht
wie die anderen**
Band 11325

Fischer Taschenbuch Verlag

fi 26 / 3 d

Psychologie

Eine Auswahl

Alexandra Adler
**Individual-
psychologie
Anleitung zur
Praxis**
Band 10131

Robert F. Antoch
**Von der
Kommunikation zur
Kooperation**
Studien zur indivi-
dual-psychologischen
Theorie und Praxis
Band 4618

Charles Brenner
**Grundzüge der
Psychoanalyse**
Band 6309

**Praxis der
Psychoanalyse**
Psychischer Konflikt
und Behandlungs-
technik
Band 6740

Hilde Bruch
Eßstörungen
Zur Psychologie und
Therapie von Überge-
wicht und Magersucht
Band 6796

**Das verhungerte
Selbst**
Gespräche mit
Magersüchtigen
Band 10167

Almuth Bruder-Bezzel
**Geschichte der
Individualpsychologie**
Band 10793

Ernst Federn /
Gerhard
Wittenberger (Hg.)
**Aus dem Kreis
um Sigmund Freud**
Nachträge zu den
»Wiener Protokollen«
Band 10809

Sándor Ferenczi
**Schriften zur
Psychoanalyse**
Auswahl
in zwei Bänden
Herausgegeben von
Michael Balint
 I. Band: Bd. 7316
II. Band: Bd. 7317

Bernhard
Handlbauer
**Die Adler-
Freud-Kontroverse**
Band 7425

Jolande Jacobi
**Die Psychologie
von C. G. Jung**
Eine Einführung
in das Gesamtwerk
Band 6365

Russell Jacoby
**Die Verdrängung
der Psychoanalyse**
oder Der Triumph
des Konformismus
Band 10518

Fischer Taschenbuch Verlag

fi 1191 / 4 a

Psychologie

Eine Auswahl

 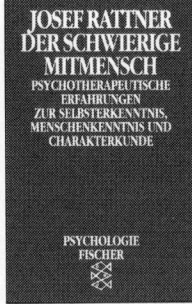 

Arthur Janov
Der neue Urschrei
Fortschritt in
der Primärtherapie
Band 11554

Arthur Koestler
**Die Armut
der Psychologie**
Zwischen Couch und
Skinner-Box und
andere Schriften
Band 4616

Marianne Krüll
Freud und sein Vater
Die Entstehung der
Psychoanalyse und
Freuds ungelöste
Vaterbindung
Band 11078

Margaret S. Mahler
**Studien über die drei
ersten Lebensjahre**
Band 10798

Josef Rattner
**Psychotherapie
als Menschlichkeit**
Band 6253
Tugend und Laster
Tiefenpsychologie als
angewandte Ethik
Band 10410

Reimut Reiche
Geschlechterspannung
Eine psychoanalytische
Untersuchung
Band 10329

Rainer Schmidt
**Träume und
Tagträume**
Eine individual-
psychologische
Analyse
Band 10649

Rainer Schmidt (Hg.)
**Die Individual-
psychologie
Alfred Adlers**
Band 6799

Harry Stroeken
**Freud und
seine Patienten**
Band 10856

Erwin Wexberg
**Zur Entwicklung der
Individualpsychologie**
und andere Schriften
Herausgegeben von
Gerd Lehmkuhl
Band 4619

Fischer Taschenbuch Verlag

fi 1191 / 5 b

Psychologische Ratgeber

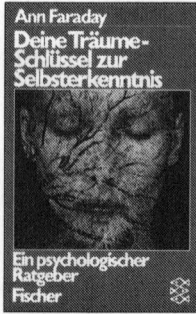  

George R. Bach /
Herb Goldberg
**Keine Angst vor
Aggression**
Die Kunst der
Selbstbehauptung
Band 3314

George R. Bach /
Peter Wyden
Streiten verbindet
Spielregeln für
Liebe und Ehe
Band 3321

Eugene C. Bianchi
Mit den Jahren gehen
Ein Wegbegleiter für
ein schöpferisches
Älterwerden
Band 11294

Katharina Dalton
**Mütter nach
der Geburt**
Wege aus
der Depression
Band 10955

Esther
Dreifuss-Kattan
Krebs
Kreativität
und Selbst-Heilung
Band 11278

Ann Faraday
**Deine Träume –
Schlüssel zur
Selbsterkenntnis**
Band 3306

Ingrid Fiala
**Mein Kind, dein Kind,
unser Kind**
Vom Umgang mit den
Problemen in einer
neuen Partnerschaft
Band 3529

Günther Gauß
**Angewandtes
Ganzheits-Training**
Übungen und
Erfahrungen
Band 3537

Der Weg zum Selbst
Übungen zur auto-
meditativen Energetik
Band 3536

Liz Greene
Kosmos und Seele
Wege zur Partnerschaft
Ein astro-psycho-
logischer Ratgeber
Band 10748

Werner Gross
Sucht ohne Drogen
Arbeiten, Spielen,
Essen, Lieben ...
Band 3531

Wolfgang Hölzle
**Krankheit als
Neubeginn**
Bewußter leben
nach dem Herzinfarkt
Band 3360

Edith Laudowicz
**Älter werden
wir doch alle ...**
Individuelle
Erfahrungen und
gesellschaftliche
Perspektiven
Band 11462

Fischer Taschenbuch Verlag

fi 9 / 7 a

Psychologische Ratgeber

**Gottfried Lutz /
Barbara Künzer-
Riebel (Hg.)
Nur ein Hauch
von Leben**
Eltern berichten vom
Tod ihres Babys und
von der Zeit der Trauer
Band 10616

**Angelika Mechtel
Jeden Tag
will ich leben**
Ein Krebstagebuch
Band 10874

**Else Müller
Du spürst unter
deinen Füßen das Gras**
Autogenes Training
in Phantasie- und
Märchenreisen
Vorlesegeschichten
Band 3325

**Else Müller
Du fühlst die Wunder
nur in dir**
Autogenes Training
und Meditation in
Alltagsbeobachtungen,
Aphorismen und
Haikus
Band 11692

**Auf der Silberlicht-
straße des Mondes**
Autogenes Training
mit Märchen zum
Entspannen und
Träumen
Band 3363

**Wege in der
Wintersonne**
Autogenes Training
in Reiseimpressionen
Band 11354

**Renate Schwab
Der Drache im Herzen
des Lebensbaums**
Mit Märchen
meditieren
Band 10163

**Reinhart Stalmann
Psychosomatik**
Wenn die Seele leidet,
wird der Körper krank
Ein Therapeut erklärt
Fälle aus der Praxis
Band 3332

**Sven Wahlroos
Familienglück
kann jeder lernen**
Band 3302

Fischer Taschenbuch Verlag